2023ANTIQUES
AUCTION RECORDS

拍卖年鉴 翡翠珠宝

2022-01-01～2023-01-01

欣 弘 编

U0107180

cns PUBLISHING & MEDIA | 湖南美术出版社

全国百佳图书出版单位

·长 沙·

图书在版编目（CIP）数据

2023古董拍卖年鉴·翡翠珠宝 / 欣弘编. — 长沙:湖
南美术出版社, 2023.2
ISBN 978-7-5356-9994-7

Ⅰ.①2… Ⅱ.①欣… Ⅲ.①历史文物－拍卖－价格－
中国－2023－年鉴②翡翠－拍卖－价格－中国－2023－
年鉴③宝石－拍卖－价格－中国－2023－年鉴
Ⅳ.①F724.787-54

中国版本图书馆CIP数据核字(2022)第246175号

2023古董拍卖年鉴·翡翠珠宝
2023 GUDONG PAIMAI NIANJIAN·FEICUI ZHUBAO

出 版 人：黄　啸

编　 者：欣　弘

策　 划：易兴宏　李志文

责任编辑：李　坚

资料统筹：李　倩

湖南美术出版社出版发行(长沙市东二环一段622号)

湖南省新华书店经销

雅昌文化(集团)有限公司制版、印刷

开本：787mm×1092mm　1/16　印张：18

版次：2023年2月第1版　印次：2023年2月第1次印刷

书号：ISBN 978-7-5356-9994-7

定价：198.00元

邮购联系：0731-84787105 邮编：410016
电子邮箱：market@arts-press.com
如有倒装、破损、少页等印装质量问题，请与印刷厂联系髁换。
联系电话：0755-83366138

目　　录

凡　例

1. 《2023古董拍卖年鉴》分瓷器卷、玉器卷、杂项卷、翡翠珠宝卷、书画卷，共五册，收录了纽约、伦敦、巴黎、日内瓦、香港、澳门、台北、北京、上海、广州、昆明、天津、重庆、成都、合肥、南京、西安、沈阳、济南等城市或地区的几十家拍卖公司几百个专场2022年度的拍卖成交记录与拍品图片。

2. 本书内文条目原则上保留了原拍卖记录（由于拍品来自不同的拍卖公司，为便于搜索，对于用词不一致的名称，如"Cartier"与"CARTIER""年年有鱼"与"年年有余"，"水呈"与"水丞"，"安迪·沃荷"与"安迪·沃霍尔"，"三联葫芦瓶"与"三连葫芦瓶"等，均不作统一），按拍品号、品名、估价、成交价、尺寸、拍卖公司名称、拍卖日期等排序，部分原内容缺失或不详的不注明。书画卷内文条目还有作者姓名、作品形式、创作年代等内容。玉器卷中收入了部分非玉器物，如琥珀、菩提子、蜜蜡、水晶、翡翠、碧玺等。拍品尺寸中的"直径"如无特殊说明，均指最大直径。因陶器部分拍品不多，此内容放在了瓷器卷中。

3. 因境外拍卖公司所在地不同，本书拍品估价涉及多个币种：RMB（人民币），USD（美元），EUR（欧元），GBP（英镑），HKD（港币），NTD（新台币），CHF（瑞士法郎）。但本书所有拍品成交价均按汇率转换成RMB（人民币）。

4. 多人合作的作品，条目中仅列出一或两位主要作者的名字。

佩饰件

吊 坠

3178 清乾隆 翡翠螭龙佩
估　价：RMB 180,000~200,000
成交价：RMB 287,500
长6cm 中国嘉德 2022-12-26

2050 清 翡翠雕子孙绵绵坠
估　价：RMB 50,000~70,000
成交价：RMB 287,500
28mm×26mm×24mm 西泠印社 2022-08-20

3940 清 翡翠浮雕童子献寿葫芦形佩
估　价：RMB 30,000~50,000
成交价：RMB 138,000
长7.4cm；宽4.9cm 西泠印社 2022-01-23

3868 "翠沁"福豆木那坑高冰满绿翡翠吊坠
估　价：RMB 6,000,000~9,000,000
成交价：RMB 8,280,000
吊坠90mm×35mm×24mm，
翡翠78.8mm×36.8mm×16.5mm
西泠印社 2022-08-21

4744 清 翡翠雕双鱼吉庆佩
成交价：RMB 40,250
53mm×49mm×5mm
西泠印社 2022-01-23

3755 "宝瓶观音"冰种阳绿观音翡翠吊坠
估　价：RMB 2,200,000~2,800,000
成交价：RMB 2,530,000
84mm×33mm×6mm 西泠印社 2022-01-23

3758 "佛手福天"满绿冰种翡翠吊坠
估 价：RMB 8,000,000~12,000,000
成交价：RMB 13,915,000
佛手72mm×45mm×23mm，重约115.16g 西泠印社 2022-01-23

3733 "天使"冰种翡翠吊坠
估 价：RMB 400,000~500,000
成交价：RMB 460,000
吊坠75mm×35mm×10mm
西泠印社 2022-01-23

3816 "花"金镶冰种翡翠吊坠
估 价：RMB 70,000~80,000
成交价：RMB 92,000
75mm×38mm×11mm 西泠印社 2022-08-21

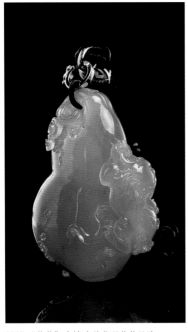

3867 "葫芦"金镶冰种翡翠葫芦吊坠
估 价：RMB 3,800,000~4,800,000
成交价：RMB 4,370,000
翡翠51mm×63.3mm×19.1mm
西泠印社 2022-08-21

1926 "天赐福挂"天然"帝王绿"翡翠配钻
石挂坠
成交价：RMB 29,885,898
翡翠约55.25mm×40.80mm×12.25mm
香港苏富比 2022-10-07

3736 "笑口常开"冰种佛公翡翠吊坠
估 价：RMB 500,000~600,000
成交价：RMB 575,000
34mm×28mm×3mm 西泠印社 2022-01-23

22 19世纪早期 精美珍珠和钻石可变形吊坠
估　价：EUR 30,000~50,000
成交价：RMB 258,492
3.8cm×0.5cm 巴黎佳士得 2022-07-07

36 JEAN FOUQUET 装饰艺术银漆吊坠
估　价：EUR 7,000~12,000
成交价：RMB 275,724
8.8cm×（1.0—2.9cm）
巴黎佳士得 2022-07-07

3749 冰种翡翠吊坠
估　价：RMB 80,000~90,000
成交价：RMB 97,750
39mm×16mm×10mm
西泠印社 2022-01-23

48 20世纪初 天然珍珠和钻石吊坠
估　价：CHF 100,000~150,000
成交价：RMB 837,935
长4.6cm 日内瓦佳士得 2022-11-08

3769 6.90克拉樱花粉摩根石两用戒指/吊坠
估　价：RMB 45,000~55,000
成交价：RMB 109,250
18mm×10mm 西泠印社 2022-01-23

218 冰种翡翠吊坠
估　价：RMB 200,000~300,000
成交价：RMB 230,000
5cm×2.2cm 上海嘉禾 2022-11-20

3744 冰种满绿翡翠吊坠
估　价：RMB 180,000~200,000
成交价：RMB 207,000
43mm×17mm×12mm 西泠印社 2022-01-23

342 珐琅、碧玺和钻石吊坠
估　价：EUR 2,800~3,500
成交价：RMB 44,032
75mm×35mm 巴黎苏富比 2022-09-30

1884 超凡极品天然"帝王绿"翡翠配钻石及宝石挂坠
估　价：HKD 35,000,000~55,000,000
成交价：RMB 21,065,690
57.00mm×22.00mm×11.15mm 香港苏富比 2022-04-29

168 梵克雅宝 缟玛瑙和钻石吊坠
估　价：USD 12,000~18,000
成交价：RMB 79,499
项链长33.7cm 纽约佳士得 2022-02-10

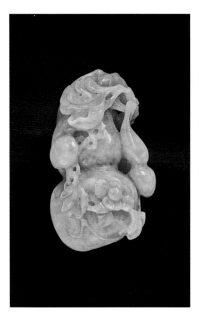

776 翠玉瓜瓞绵绵佩
估　价：USD 5,000~7,000
成交价：RMB 132,149
高6.3cm 纽约佳士得 2022-09-23

54 蒂芙尼 钻石和金蝎子吊坠和梵克雅宝 钻石和金蝎子棒别针
估　价：USD 5,000~7,000
成交价：RMB 71,549
吊坠5.8cm×4.5cm；棒别针7.9cm×1.3cm
纽约佳士得 2022-02-10

51 梵克雅宝 绿玉髓和金色"波斯波利斯之狮"吊坠
估　价：USD 10,000~15,000
成交价：RMB 302,095
长9.4cm 纽约佳士得 2022-02-10

13 梵克雅宝 青金石、祖母绿和钻石巨蟹座
奖章
估　价：EUR 4,000~6,000
成交价：RMB 103,397
6.3cm×5.5cm
巴黎佳士得 2022-07-07

2135 翡翠玻璃种福豆
估　价：RMB 58,000~68,000
成交价：RMB 69,000
上海嘉禾 2022-01-01

1154 翡翠挂件
估　价：RMB 80,000~120,000
成交价：RMB 138,000
荣宝斋（南京）2022-12-08

1167 翡翠观音吊坠
估　价：RMB 80,000~120,000
成交价：RMB 92,000
7.5cm×3.9cm×1.3cm
荣宝斋（南京）2022-12-08

1129 翡翠观音挂件
估　价：RMB 100,000~200,000
成交价：RMB 230,000
荣宝斋（南京）2022-12-08

1159 翡翠观音挂件
估　价：RMB 30,000~50,000
成交价：RMB 138,000
荣宝斋（南京）2022-12-08

1140 翡翠观音挂件
估　价：RMB 80,000~100,000
成交价：RMB 138,000
荣宝斋（南京）2022-12-08

1903 翡翠及钻石吊坠
估　价：HKD 200,000~300,000
成交价：RMB 410,427
吊坠长4.4cm 佳士得 2022-05-25

5054 翡翠满绿玻璃种观音挂件
估　价：AED 4,920,000
成交价：RMB 10,346,154
哈布斯堡 2022-12-18

24 格拉夫 镶嵌的坦桑石和钻石吊坠
估　价：USD 15,000~20,000
成交价：RMB 280,736
3.9cm×2.0cm 纽约佳士得 2022-04-07

3879 福瓜高冰木那坑帝王绿吊坠
估　价：RMB 6,000,000~9,000,000
成交价：RMB 6,900,000
西泠印社 2022-08-21

56 古董蓝宝石和钻石吊坠
估　价：USD 300,000~500,000
成交价：RMB 3,775,393
3.2cm×2.3cm 纽约佳士得 2022-04-13

511 古董天然珍珠和钻石吊坠
估　价：GBP 15,000~20,000
成交价：RMB 144,046
长3.1cm 伦敦佳士得 2022-06-16

3850 金镶冰种翡翠吊坠
估　价：RMB 180,000~200,000
成交价：RMB 207,000
吊坠长4.4cm 西泠印社 2022-08-21

3829 金镶冰种翡翠满绿佛吊坠
估　价：RMB 200,000~250,000
成交价：RMB 230,000
翡翠20mm×30mm 西泠印社 2022-08-21

53 古董西班牙钻石、祖母绿和珐琅吊坠胸衣
装饰品
估　价：USD 10,000~15,000
成交价：RMB 184,709
13.0cm×11.0cm 纽约佳士得 2022-06-08

154 古董硬币和金吊坠
估　价：USD 2,000~3,000
成交价：RMB 32,077
长4.1cm 纽约佳士得 2022-06-11

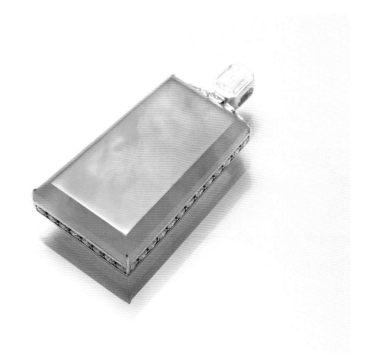

3874 金镶冰种翡翠三彩吊坠
估　价：RMB 450,000~550,000
成交价：RMB 1,092,500
翡翠55.5mm×32.9mm×7mm
西泠印社 2022-08-21

3726 金镶冰种佛翡翠吊坠
估　价：RMB 140,000~160,000
成交价：RMB 218,500
直径约52mm 西泠印社 2022-01-23

3739 金镶冰种叶子吊坠
估　价：RMB 140,000~150,000
成交价：RMB 195,500
翡翠40mm×22mm×4mm
西泠印社 2022-01-23

3845 金镶翡翠吊坠
估　价：RMB 100,000~120,000
成交价：RMB 115,000
珠宝53.6mm×36mm 西泠印社 2022-08-21

3742 金镶冰种观音翡翠吊坠
估　价：RMB 160,000~180,000
成交价：RMB 184,000
翡翠70mm×30mm×17mm
西泠印社 2022-01-23

3853 金镶冰种珠子翡翠吊坠
估　价：RMB 400,000~600,000
成交价：RMB 460,000
珠宝58.8mm×31.7mm×13mm
西泠印社 2022-08-21

129 卡地亚 金吊坠
估　价：USD 5,000~7,000
成交价：RMB 19,249
4.5cm×3.3cm 纽约佳士得 2022-04-08

3873 金镶冰种满绿葫芦吊坠
估　价：RMB 700,000~900,000
成交价：RMB 805,000
吊坠53mm×28mm×26.6mm
西泠印社 2022-08-21

3828 金镶冰种紫翡翠吊坠
估　价：RMB 120,000~180,000
成交价：RMB 138,000
珠宝47mm×47.7mm×19.4mm
西泠印社 2022-08-21

887 凯撒黄金、祖母绿和白银吊坠
估　价：EUR 9,000~15,000
成交价：RMB 129,096
50mm×18mm×15mm
巴黎苏富比 2022-09-28

7607 可乐设计 天然冰种翡翠配钻石及彩色
宝石"凤凰涅槃"吊坠
估　价：RMB 128,000~168,000
成交价：RMB 147,200
吊坠长6.9cm 北京保利 2022-07-28

18 两个蓝宝石和钻石吊坠
估　价：CHF 200,000~300,000
成交价：RMB 5,961,703
3.9cm×2.3cm 日内瓦佳士得 2022-05-11

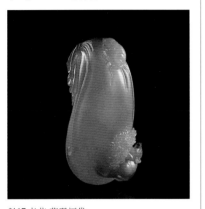

6117 老蒋 翡翠福袋
估　价：RMB 120,000~180,000
成交价：RMB 161,000
永乐拍卖 2022-07-26

976 缅甸天然翡翠"观音"挂件
估　价：RMB 42,000~62,000
成交价：RMB 48,300
主石59.4mm×31.6mm×13.2mm
北京保利 2022-02-03

3851 老坑冰种满绿豆子吊坠
估　价：RMB 480,000~550,000
成交价：RMB 552,000
翡翠53mm×20mm×13mm
西泠印社 2022-08-21

2132 满绿翡翠弥勒佛
估　价：RMB 250,000~350,000
成交价：RMB 322,000
42.8mm×41.7mm×12.7mm
上海嘉禾 2022-01-01

977 缅甸天然紫罗兰翡翠"熊猫"吊坠
估　价：RMB 52,000~82,000
成交价：RMB 57,500
吊坠长3.5cm 北京保利 2022-02-03

3824 平安扣日月同辉吊坠
估　价：RMB 85,000~95,000
成交价：RMB 97,750
珠宝一长50.4mm；珠宝二长40.8mm
西泠印社 2022-08-21

2122 天然冰种翡翠叶子配红宝石吊坠
估　价：RMB 60,000~88,000
成交价：RMB 69,000
主石37.3mm×20.1mm 保利厦门 2022-10-21

367 天然翡翠（A货）糯米冰种观音吊坠
估　价：RMB 180,000~280,000
成交价：RMB 414,000
高73mm；宽47mm；重42.59g
上海嘉禾 2022-08-28

113 19世纪初的精美珍珠和钻石吊坠
估　价：EUR 10,000~15,000
成交价：RMB 120,629
8.4cm×4.5cm 巴黎佳士得 2022-07-07

249 水晶、粉红色碧玺和钻石吊坠
估　价：USD 4,000~6,000
成交价：RMB 13,506
3.5cm×3.5cm 纽约佳士得 2022-06-11

2178 天然翡翠"平安扣"挂坠项链
估　价：HKD 1,800,000~2,800,000
成交价：RMB 1,744,200
翡翠约32.8mm×7.07mm×9.35mm 保利香港 2022-07-13

1981 天然翡翠"宝宝佛"吊坠项链
估　价：HKD 3,800,000~5,800,000
成交价：RMB 4,055,877
项链长81.0cm 佳士得 2022-11-28

1847 天然翡翠雕"观音"配钻石挂坠
估　价：HKD 2,600,000~3,800,000
成交价：RMB 2,051,179
47.88mm×31.95mm×7.38mm 香港苏富比 2022-10-07

2047 天然翡翠"平安扣"挂坠
估　价：HKD 150,000~250,000
成交价：RMB 162,792
保利香港 2022-10-11

2816 天然翡翠雕"观音"配钻石挂坠
估　价：HKD 80,000~120,000
成交价：RMB 54,783
香港苏富比 2022-10-12

2049 天然翡翠挂坠
估　价：HKD 380,000~450,000
成交价：RMB 412,406
保利香港 2022-10-11

2945 天然翡翠雕"平安扣"一对
估　价：HKD 100,000~200,000
成交价：RMB 140,409
香港苏富比 2022-04-15

2076 天然翡翠及钻石胸针/挂坠
估　价：HKD 250,000~350,000
成交价：RMB 271,320
保利香港 2022-10-11

2840 天然翡翠配红宝石及钻石挂坠
估　价：HKD 20,000~30,000
成交价：RMB 81,005
香港苏富比 2022-04-15

2820 天然翡翠配钻石挂坠
估　价：HKD 45,000~80,000
成交价：RMB 62,772
香港苏富比 2022-10-12

340 19世纪下半叶及其后 自然珍珠及钻石吊坠
估　价：CHF 20,000~30,000
成交价：RMB 322,878
日内瓦苏富比 2022-11-09

2170 天然翡翠配钻石"佛公"挂坠
估　价：HKD 88,000~160,000
成交价：RMB 123,120
保利香港 2022-07-13

2208 天然满绿翡翠年年有"鱼"款配钻石吊坠
估　价：RMB 180,000~380,000
成交价：RMB 253,000
吊坠48.9mm×18.3mm 保利厦门 2022-10-21

309 祖母绿和钻石吊坠
估　价：EUR 4,000~6,000
成交价：RMB 35,226
巴黎苏富比 2022-09-30

2788 天然翡翠配钻石挂坠
估　价：HKD 60,000~80,000
成交价：RMB 85,598
香港苏富比 2022-10-12

2789 天然紫色翡翠配钻石挂坠
估　价：HKD 80,000~100,000
成交价：RMB 47,935
香港苏富比 2022-10-12

181 钻石和沙弗莱石榴石吊坠
估　价：USD 20,000~30,000
成交价：RMB 384,973
长3.5cm 纽约佳士得 2022-04-08

2597 当代 18K金镶钻翡翠佛挂坠
估　价：RMB 160,000~180,000
成交价：RMB 184,000
高4cm；重12.89g 中鸿信 2022-09-11

2598 当代 18K金镶钻翡翠佛挂坠
估　价：RMB 220,000~250,000
成交价：RMB 253,000
高3.5cm；重11.567g 中鸿信 2022-09-11

2599 当代 18K金镶钻翡翠灵芝挂坠
估　价：RMB 120,000~150,000
成交价：RMB 138,000
高3.5cm 中鸿信 2022-09-11

吊　牌

3709 "踏雪寻梅"木那坑冰种翡翠牌
成交价：RMB 20,700
翡翠48mm×32mm×5.5mm
西泠印社 2022-01-23

1130 翡翠灵芝纹牌
估　价：RMB 10,000~15,000
成交价：RMB 138,000
4cm×2.5cm 荣宝斋（南京）2022-12-08

23 近代 天然翡翠山水牌
估　价：RMB 10,000
成交价：RMB 13,800
长7cm；宽5cm；厚1cm 浙江御承 2022-08-28

3756 "青山绿水"玻璃种变色翡翠平安无事牌
估　价：RMB 7,000,000~9,000,000
成交价：RMB 8,970,000
翡翠60mm×32.5mm×12mm 西泠印社 2022-01-23

扳　指

4757 天然翡翠扳指
估　价：RMB 250,000~300,000
成交价：RMB 287,500
外直径29.3mm 中国嘉德 2022-06-27

戒　指

2818 "巴西"亚历山大变色石配钻石戒指
估　价：HKD 100,000~200,000
成交价：RMB 183,612
香港苏富比 2022-04-15

3734 "绿洲"冰种辣绿翡翠蛋面戒指
估　价：RMB 900,000~1,000,000
成交价：RMB 1,035,000
西泠印社 2022-01-23

3831 冰种翡翠扳指
估　价：RMB 28,000~32,000
成交价：RMB 32,200
10.7mm×4.7mm 西泠印社 2022-08-21

3817 "女皇"15.02克拉浓彩黄（FANCY INTENSE YELLOW）钻石戒指
估　价：RMB 2,200,000~2,800,000
成交价：RMB 2,875,000
西泠印社 2022-01-23

1841 "苏富比钻石" "喀耳刻"3.27克拉艳彩蓝色内部无瑕钻石配玉髓及钻石戒指
估　价：HKD 35,000,000~45,000,000
成交价：RMB 35,586,658
香港苏富比 2022-04-29

1 0.41克拉花式粉红色自然色VS1净度彩色钻石和钻石戒指
估　价：USD 450,000~550,000
成交价：RMB 3,331,790
纽约佳士得 2022-08-18

8 0.77克拉浓彩粉红色自然色VS2净度彩色钻石和钻石戒指
估　价：USD 45,000~65,000
成交价：RMB 640,729
纽约佳士得 2022-08-18

2 0.84克拉，浓彩粉红色，自然色，内部无瑕净度钻石和钻石戒指
估　价：USD 50,000~70,000
成交价：RMB 844,124
纽约佳士得 2022-06-10

2055 1.01克拉深彩粉色钻石配钻石戒指
估　价：HKD 1,800,000~2,500,000
成交价：RMB 1,559,520
保利香港 2022-07-13

3768 1.30克拉哥伦比亚未经注油木佐色祖母绿戒指
估　价：RMB 100,000~120,000
成交价：RMB 126,500
西泠印社 2022-01-23

3811 1.01克拉淡粉色水滴形钻石戒指
估　价：RMB 160,000~180,000
成交价：RMB 184,000
西泠印社 2022-01-23

476 1.04克拉F颜色VS1净度钻石戒指
估　价：EUR 3,000~5,000
成交价：RMB 28,180
巴黎苏富比 2022-09-30

89 1.40克拉浓彩深紫粉色自然色内部无瑕彩色钻石和钻石戒指
估　价：USD 200,000~300,000
成交价：RMB 2,266,889
纽约佳士得 2022-06-08

4 1.01克拉深彩粉红色自然色SI2净度彩色钻石和钻石戒指
估　价：USD 60,000~80,000
成交价：RMB 555,298
纽约佳士得 2022-08-18

1821 1.06克拉彩红色钻石配钻石戒指
估　价：HKD 3,000,000~5,000,000
成交价：RMB 3,780,252
香港苏富比 2022-04-29

479 1.63克拉红宝石和钻石戒指
估　价：EUR 2,600~3,500
成交价：RMB 22,897
巴黎苏富比 2022-09-30

1854 1.76克拉淡粉红色钻石配红宝石戒指，
卡地亚 戒台
估　价：HKD 380,000~700,000
成交价：RMB 486,032
香港苏富比 2022-04-29

728 1.88克拉红宝石和钻石戒指
估　价：EUR 12,000~18,000
成交价：RMB 68,851
巴黎苏富比 2022-09-28

2022 10.05克拉斯里兰卡蓝宝石配钻石戒
指，未经加热
估　价：HKD 420,000~650,000
成交价：RMB 430,920
保利香港 2022-07-13

573 1.80克拉、1.20克拉和1.15克拉钻石三石
戒指
估　价：GBP 10,000~15,000
成交价：RMB 154,336
伦敦佳士得 2022-06-16

1876 1.92克拉梨形哥伦比亚天然祖母绿及
1.54克拉梨形G/SI1钻石戒指
估　价：HKD 250,000~350,000
成交价：RMB 486,705
佳士得 2022-11-28

1863 10.07克拉枕形斯里兰卡天然蓝宝石戒指
估　价：HKD 700,000~1,000,000
成交价：RMB 811,175
佳士得 2022-11-28

179 1.83克拉和1.80克拉双石钻石戒指
估　价：USD 15,000~20,000
成交价：RMB 224,568
纽约佳士得 2022-04-08

71 10.03克拉蓝宝石和钻石戒指
估　价：USD 5,000~7,000
成交价：RMB 84,412
纽约佳士得 2022-06-10

1820 10.13克拉轻淡粉红棕色钻石配钻石戒指
估　价：HKD 2,400,000~3,500,000
成交价：RMB 2,592,172
香港苏富比 2022-04-29

12 10.28克拉，彩粉紫色，自然色，I2净度钻石戒指
估　价：CHF 150,000~250,000
成交价：RMB 2,234,494
日内瓦佳士得 2022-11-08

4714 10.33克拉斯里兰卡"皇家蓝"蓝宝石配钻石戒指，未经加热
估　价：RMB 420,000~550,000
成交价：RMB 517,500
中国嘉德 2022-12-15

258 10.67克拉蓝宝石和钻石戒指
估　价：USD 6,000~8,000
成交价：RMB 135,148
纽约佳士得 2022-02-10

263 10.31克拉J颜色VS1净度钻石戒指
估　价：USD 120,000~180,000
成交价：RMB 1,510,476
纽约佳士得 2022-02-10

1964 10.33克拉圆形F/VS1（极优切割、打磨及比例）钻石戒指
估　价：HKD 3,200,000~4,800,000
成交价：RMB 3,592,348
佳士得 2022-11-28

17 10.75克拉祖母绿和钻石戒指
估　价：CHF 100,000~150,000
成交价：RMB 791,383
日内瓦佳士得 2022-11-08

3 10.32克拉F颜色内部无瑕IIa型钻石戒指
估　价：USD 250,000~350,000
成交价：RMB 2,477,485
纽约佳士得 2022-08-18

18 10.56克拉蓝宝石戒指
估　价：EUR 300,000~400,000
成交价：RMB 2,757,243
巴黎佳士得 2022-07-07

1844 10.76克拉天然"哥伦比亚木佐"无油祖母绿配钻石戒指
估　价：HKD 3,500,000~5,000,000
成交价：RMB 4,330,267
香港苏富比 2022-10-07

1972 10.85克拉长方形哥伦比亚天然祖母绿戒指
估 价：HKD 3,800,000~5,800,000
成交价：RMB 4,403,523
佳士得 2022-11-28

1115 11.15克拉艳彩粉红色内部无瑕(IF)钻石配钻石戒指
成交价：RMB 409,894,881
香港苏富比 2022-10-07

17 10.88克拉蓝宝石和钻石戒指
估 价：CHF 120,000~180,000
成交价：RMB 2,044,012
日内瓦佳士得 2022-05-11

3786 11.17克拉缅甸皇家蓝蓝宝石戒指，未经加热
估 价：RMB 1,800,000~2,200,000
成交价：RMB 2,185,000
西泠印社 2022-01-23

4 11.46克拉E颜色，SI2净度圆形明亮式切割钻石铂金戒指
估 价：USD 200,000~300,000
成交价：RMB 1,909,590
纽约佳士得 2022-02-09

560 11.00克拉祖母绿和钻石戒指
估 价：GBP 4,000~6,000
成交价：RMB 72,023
伦敦佳士得 2022-06-16

4854 11.32克拉哥伦比亚祖母绿配钻石戒指
估 价：RMB 1,500,000~2,200,000
成交价：RMB 1,725,000
中国嘉德 2022-12-15

4790 11.46克拉巴西帕拉伊巴碧玺配钻石戒指
估 价：RMB 4,100,000~5,200,000
成交价：RMB 4,025,000
中国嘉德 2022-12-15

286 11.527克拉彩色蓝宝石戒指
估　价：EUR 5,000~7,000
成交价：RMB 64,623
巴黎佳士得 2022-07-07

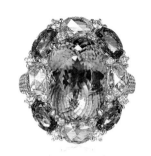

2029 11.61克拉莫桑比克帕拉伊巴碧玺配钻
石及粉色蓝宝石戒指
估　价：HKD 180,000~360,000
成交价：RMB 287,280
保利香港 2022-07-13

149 12.40克拉祖母绿和钻石戒指
估　价：EUR 15,000~20,000
成交价：RMB 163,711
巴黎佳士得 2022-07-07

189 11.54克拉蓝宝石和钻石戒指
估　价：USD 15,000~20,000
成交价：RMB 224,568
纽约佳士得 2022-04-08

1942 12.26克拉正方形浓彩黄色VS1钻石戒指
估　价：HKD 1,000,000~1,500,000
成交价：RMB 1,680,291
佳士得 2022-11-28

3802 12.41克拉尼日利亚帕拉伊巴项链戒指
两用款
估　价：RMB 280,000~300,000
成交价：RMB 322,000
西泠印社 2022-01-23

1811 11.54克拉天然斯里兰卡未经加热橙粉
红色刚玉配钻石戒指
估　价：HKD 4,500,000~5,500,000
成交价：RMB 4,104,273
香港苏富比 2022-04-29

528 12.46克拉海蓝宝石和钻石戒指
估　价：EUR 3,000~4,000
成交价：RMB 26,419
巴黎苏富比 2022-09-30

1886 12.49克拉长方形H/VVS1钻石戒指
估　价：HKD 1,800,000~2,800,000
成交价：RMB 4,519,405
佳士得 2022-11-28

237 12.62克拉蓝宝石及钻石戒指
估　价：CHF 100,000~150,000
成交价：RMB 922,509
日内瓦苏富比 2022-11-09

351 12.73克拉蓝宝石及钻石戒指
估　价：CHF 700,000~1,200,000
成交价：RMB 18,970,007
日内瓦苏富比 2022-11-09

330 12.82克拉祖母绿及钻石戒指
估　价：CHF 500,000~800,000
成交价：RMB 4,059,040
日内瓦苏富比 2022-11-09

4856 12.81克拉缅甸"皇家蓝"蓝宝石配钻石戒指，未经加热
估　价：RMB 2,800,000~4,200,000
成交价：RMB 3,277,500
中国嘉德 2022-12-15

513 13.00克拉黄色和粉色双色蓝宝石和钻石戒指
估　价：EUR 3,000~4,000
成交价：RMB 28,180
巴黎苏富比 2022-09-30

130 13.12克拉蓝宝石和钻石戒指
估　价：USD 8,000~12,000
成交价：RMB 119,248
纽约佳士得 2022-02-10

1871 13.43克拉梨形D/VS1钻石戒指
估　价：HKD 3,500,000~5,500,000
成交价：RMB 7,184,696
佳士得 2022-11-28

26 13.78克拉彩色蓝宝石和钻石戒指
估　价：USD 7,000~10,000
成交价：RMB 103,436
纽约佳士得 2022-02-09

173 13.345克拉祖母绿和钻石戒指
估　价：EUR 8,000~12,000
成交价：RMB 120,629
巴黎佳士得 2022-07-07

25 13.52克拉蓝宝石和钻石戒指
估　价：CHF 300,000~500,000
成交价：RMB 3,537,949
日内瓦佳士得 2022-11-08

317 13.83克拉蓝宝石和钻石戒指，宝格丽
估　价：CHF 50,000~70,000
成交价：RMB 1,107,011
日内瓦苏富比 2022-11-09

1968 13.32克拉长方形浓彩橘粉红色VVS1钻石戒指
估　价：HKD 28,000,000~38,000,000
成交价：RMB 29,187,660
佳士得 2022-05-25

42 14.19克拉，D色，内部无瑕钻石戒指
估　价：CHF 800,000~1,200,000
成交价：RMB 6,517,274
日内瓦佳士得 2022-11-08

15 14.26克拉S到T颜色SI1净度钻石戒指
估　价：USD 50,000~70,000
成交价：RMB 843,439
纽约佳士得 2022-04-13

62 14.84克拉蓝宝石和钻石戒指，卡地亚 镶嵌
估　价：CHF 1,000,000~1,450,000
成交价：RMB 12,812,873
日内瓦佳士得 2022-11-08

222 14.32克拉变色蓝宝石和钻石戒指
估　价：USD 10,000~15,000
成交价：RMB 88,223
纽约佳士得 2022-04-08

355 14.48克拉钻石戒指 梵克雅宝
估　价：CHF 800,000~1,200,000
成交价：RMB 6,457,563
日内瓦苏富比 2022-11-09

1889 15.29克拉梨形淡彩棕黄色VS2(极优比
例)钻石戒指
估　价：HKD 480,000~680,000
成交价：RMB 637,352
佳士得 2022-11-28

41 14.42克拉L色VS1净度钻石戒指
估　价：CHF 120,000~160,000
成交价：RMB 1,788,511
日内瓦佳士得 2022-05-11

22 15.25克拉祖母绿和钻石戒指
估　价：USD 30,000~50,000
成交价：RMB 304,799
纽约佳士得 2022-04-07

73 15.31克拉艳彩黄，自然色VVS2净度彩色
钻石戒指
估　价：USD 1,000,000~1,500,000
成交价：RMB 8,415,264
纽约佳士得 2022-04-13

1954 15.37克拉梨形D/VS2 Type IIa钻石戒指
估　价：HKD 9,000,000~12,000,000
成交价：RMB 10,456,989
佳士得 2022-11-28

332 16.00克拉红宝石及钻石戒指
成交价：RMB 5,535,054
日内瓦苏富比 2022-11-09

115 15.59克拉彩色蓝宝石和钻石戒指
估　价：USD 5,000~7,000
成交价：RMB 33,765
纽约佳士得 2022-06-10

1868 16.01克拉轻淡粉红色钻石配钻石戒指/挂坠
估　价：HKD 8,500,000~10,000,000
成交价：RMB 8,619,146
香港苏富比 2022-04-29

112 15.73克拉黄色蓝宝石和钻石戒指
估　价：USD 18,000~22,000
成交价：RMB 143,098
纽约佳士得 2022-02-10

7529 16.19克拉缅甸"皇家蓝"蓝宝石配钻石戒指，未经加热
估　价：RMB 1,800,000~3,200,000
成交价：RMB 2,070,000
北京保利 2022-07-28

1880 17.03克拉艳彩黄色钻石配钻石戒指，
宝格丽 戒台
估　价：HKD 5,800,000~7,000,000
成交价：RMB 6,696,446
香港苏富比 2022-04-29

250 17.01克拉蓝宝石和钻石戒指，Trombino，宝格丽
估　价：CHF 200,000~300,000
成交价：RMB 1,660,516
日内瓦苏富比 2022-11-09

1818 17.04克拉斯里兰卡天然星光蓝宝石及
12.73克拉缅甸天然星光红宝石戒指
估　价：HKD 300,000~500,000
成交价：RMB 370,823
佳士得 2022-11-28

1823 17.57克拉哥伦比亚祖母绿戒指
估　价：HKD 600,000~800,000
成交价：RMB 695,293
佳士得 2022-11-28

7 17.77克拉蓝宝石和钻石戒指
估　价：USD 50,000~70,000
成交价：RMB 642,620
纽约佳士得 2022-04-13

1960 18.46克拉枕形缅甸天然蓝宝石戒指
估　价：HKD 1,800,000~2,800,000
成交价：RMB 2,549,408
佳士得 2022-11-28

51 16.93克拉彩浅紫粉色钻石戒指
估　价：CHF 1,600,000~2,200,000
成交价：RMB 11,720,626
日内瓦佳士得 2022-05-11

1878 19.61克拉椭圆形缅甸天然粉红色蓝宝石戒指
估　价：HKD 5,000,000~8,000,000
成交价：RMB 9,794,805
佳士得 2022-11-28

71 18.18克拉、艳彩粉红色、自然色、VVS2净度、IIa型彩色钻石和钻石戒指
估　价：CHF 25,000,000~35,000,000
成交价：RMB 210,122,986
日内瓦佳士得 2022-11-08

1965 19.61克拉圆形D/FL Type IIa (极优切割、打磨及比例)钻石戒指
估　价：HKD 13,000,000~18,000,000
成交价：RMB 16,968,465
佳士得 2022-11-28

60 2.02克拉，J颜色，I3净度钻石戒指和钻石
戒指
估　价：USD 3,000~5,000
成交价：RMB 32,077
纽约佳士得 2022-06-10

6034 19.62克拉马达加斯加"矢车菊蓝"蓝
宝石配钻石戒指
估　价：RMB 980,000~1,300,000
成交价：RMB 1,127,000
永乐拍卖 2022-07-26

555 2.00克拉D色内部无瑕钻石戒指
估　价：GBP 10,000~15,000
成交价：RMB 133,757
伦敦佳士得 2022-06-16

794 2.02克拉艳彩黄色钻石和钻石戒指
估　价：EUR 22,000~28,000
成交价：RMB 129,096
巴黎苏富比 2022-09-28

228 19.90克拉蓝宝石和钻石戒指
估　价：USD 8,000~12,000
成交价：RMB 112,284
纽约佳士得 2022-04-08

879 2.00克拉D颜色VS1净度钻石戒指
估　价：EUR 15,000~20,000
成交价：RMB 129,096
巴黎苏富比 2022-09-28

187 2.02克拉圆形钻石戒指
估　价：USD 6,000~8,000
成交价：RMB 75,524
纽约佳士得 2022-02-10

21 2.10克拉浓彩粉红色自然色I1净度彩色钻石和钻石双石戒指
估 价：USD 200,000~300,000
成交价：RMB 2,891,791
纽约佳士得 2022-04-13

354 2.03克拉艳彩紫粉红色、自然色、VS1净度钻石及彩色钻石戒指
估 价：CHF 1,500,000~2,000,000
成交价：RMB 11,882,795
日内瓦苏富比 2022-11-09

710 2.03克拉H颜色和VS2净度钻石戒指
估 价：EUR 10,000~15,000
成交价：RMB 103,277
巴黎苏富比 2022-09-28

1808 2.04克拉长方形D/VS1钻石戒指
估 价：HKD 120,000~180,000
成交价：RMB 220,176
佳士得 2022-11-28

34 2.10克拉心形钻石戒指
估 价：USD 10,000~15,000
成交价：RMB 87,449
纽约佳士得 2022-02-10

518 2.04克拉红宝石和2.00克拉钻石戒指
估 价：EUR 6,000~8,000
成交价：RMB 52,838
巴黎苏富比 2022-09-30

792 2.08克拉艳彩黄色自然色VS1净度钻石和钻石戒指
估 价：EUR 35,000~40,000
成交价：RMB 301,225
巴黎苏富比 2022-09-28

252 2.12克拉圆形钻石戒指
估 价：USD 15,000~20,000
成交价：RMB 190,797
纽约佳士得 2022-02-10

1875 2.20克拉椭圆形巴西帕拉伊巴戒指
估　价：HKD 400,000~600,000
成交价：RMB 579,411
佳士得 2022-11-28

278 2.27克拉E（特殊白色）VVS1净度无荧光钻石和钻石戒指
估　价：EUR 15,000~18,000
成交价：RMB 146,479
巴黎佳士得 2022-07-07

245 2.38克拉红宝石和钻石戒指
估　价：USD 8,000~12,000
成交价：RMB 92,854
纽约佳士得 2022-06-11

77 2.24克拉，深棕黄色，自然色，VS2净度彩色钻石和钻石戒指
估　价：USD 5,000~7,000
成交价：RMB 54,868
纽约佳士得 2022-06-10

219 2.36克拉彩色蓝宝石和钻石戒指
估　价：USD 3,000~5,000
成交价：RMB 35,453
纽约佳士得 2022-06-11

334 2.42克拉淡彩粉红色、自然色、VS1净度钻石戒指
估　价：CHF 180,000~250,000
成交价：RMB 5,166,050
日内瓦苏富比 2022-11-09

199 2.25克拉钻石和金戒指
估　价：USD 5,000~7,000
成交价：RMB 135,148
纽约佳士得 2022-02-10

52 2.44克拉浓彩粉红色自然色VVS1净度彩色钻石和钻石戒指
估　价：USD 1,000,000~2,000,000
成交价：RMB 10,327,824
纽约佳士得 2022-04-13

641 2.50克拉亚历山大变石、红宝石和钻石戒指
估 价：GBP 7,000~10,000
成交价：RMB 82,312
伦敦佳士得 2022-06-16

2943 2.58克拉天然"缅甸鸽血红"未经加热红宝石配钻石戒指
估 价：HKD 80,000~120,000
成交价：RMB 183,612
香港苏富比 2022-04-15

2977 2.77克拉天然"巴西"未经处理亚历山大变色石配钻石戒指
估 价：HKD 260,000~350,000
成交价：RMB 324,021
香港苏富比 2022-04-15

7 2.54克拉和2.54克拉钻石 GODRON 戒指
估 价：EUR 12,000~16,000
成交价：RMB 241,259
巴黎佳士得 2022-07-07

591 2.61克拉蓝宝石和钻石戒指
估 价：GBP 6,000~8,000
成交价：RMB 82,312
伦敦佳士得 2022-06-16

2894 2.80克拉"巴西"亚历山大变色石配月光石戒指
估 价：HKD 120,000~200,000
成交价：RMB 162,010
香港苏富比 2022-04-15

333 2.75克拉彩蓝色、天然颜色、VS1净度钻石戒指
估 价：CHF 1,000,000~1,500,000
成交价：RMB 16,755,253
日内瓦苏富比 2022-11-09

584 2.81克拉G颜色VS2净度钻石戒指
估 价：GBP 15,000~20,000
成交价：RMB 329,249
伦敦佳士得 2022-06-16

74 2.87克拉钻石戒指
估　价：USD 10,000~15,000
成交价：RMB 42,206
纽约佳士得 2022-06-10

65 20.08克拉，F色，无瑕钻石戒指
估　价：CHF 1,000,000~1,500,000
成交价：RMB 9,266,057
日内瓦佳士得 2022-11-08

548 2.93克拉祖母绿和钻石戒指
估　价：GBP 4,000~6,000
成交价：RMB 87,457
伦敦佳士得 2022-06-16

365 20.16克拉蓝宝石和钻石戒指，卡地亚
估　价：CHF 1,000,000~2,000,000
成交价：RMB 20,298,859
日内瓦苏富比 2022-11-09

4857 20.47克拉哥伦比亚祖母绿配钻石戒指
未经注油
估　价：RMB 6,950,000~8,500,000
成交价：RMB 8,567,500
中国嘉德 2022-12-15

3796 20.19克拉斯里兰卡皇家蓝蓝宝石男士
戒指，未经加热
估　价：RMB 2,200,000~2,800,000
成交价：RMB 2,530,000
西泠印社 2022-01-23

36 20.53克拉J色VVS1净度钻石戒指
估　价：CHF 250,000~350,000
成交价：RMB 4,854,529
日内瓦佳士得 2022-05-11

313 20.58克拉粉色蓝宝石戒指
估　价：CHF 500,000~800,000
成交价：RMB 13,654,598
日内瓦苏富比 2022-11-09

1836 22.85克拉枕形斯里兰卡天然帕德玛刚
玉戒指
估　价：HKD 1,100,000~1,500,000
成交价：RMB 1,134,075
佳士得 2022-05-25

49 21.21克拉祖母绿和钻石戒指
估　价：CHF 140,000~240,000
成交价：RMB 2,129,180
日内瓦佳士得 2022-05-11

1905 21.76克拉天然缅甸未经加热蓝宝石配
月光石及钻石戒指
估　价：HKD 800,000~1,200,000
成交价：RMB 911,635
香港苏富比 2022-10-07

58 23.16克拉D颜色VS1净度Type IIa钻石戒指
估　价：CHF 800,000~1,200,000
成交价：RMB 6,813,374
日内瓦佳士得 2022-05-11

518 21.76克拉蓝宝石和钻石戒指
估　价：GBP 6,000~8,000
成交价：RMB 174,914
伦敦佳士得 2022-06-16

304 22.06克拉花式黄棕色、自然色、VS1 净
度钻石戒指
估　价：CHF 100,000~200,000
成交价：RMB 1,383,764
日内瓦苏富比 2022-11-09

6 23.20克拉彩黄色钻石戒指
估　价：USD 150,000~250,000
成交价：RMB 2,221,194
纽约佳士得 2022-08-18

46 23.44克拉祖母绿和钻石戒指
估　价：CHF 300,000~500,000
成交价：RMB 4,096,572
日内瓦佳士得 2022-11-08

10 24.15克拉祖母绿和钻石戒指
估　价：USD 50,000~70,000
成交价：RMB 352,627
纽约佳士得 2022-06-08

298 25.40克拉钻石和蓝宝石鸡尾酒戒指
估　价：EUR 280,000~300,000
成交价：RMB 3,015,734
巴黎佳士得 2022-07-07

133 24.01克拉黄色蓝宝石和钻石戒指
估　价：USD 12,000~18,000
成交价：RMB 79,499
纽约佳士得 2022-02-10

1919 24.97克拉枕形橙色蓝宝石戒指
估　价：HKD 600,000~800,000
成交价：RMB 753,234
佳士得 2022-11-28

335 25.88克拉尖晶石及钻石戒指
估　价：CHF 300,000~400,000
成交价：RMB 3,505,534
日内瓦苏富比 2022-11-09

47 24.15克拉变色蓝宝石和钻石戒指
估　价：USD 60,000~80,000
成交价：RMB 1,044,258
纽约佳士得 2022-04-13

276 25.34克拉祖母绿和钻石戒指
估　价：CHF 80,000~140,000
成交价：RMB 645,756
日内瓦苏富比 2022-11-09

327 26.09克拉蓝宝石和钻石戒指，
"Trombino"，宝格丽，约1970年
估　价：CHF 900,000~1,400,000
成交价：RMB 7,841,327
日内瓦苏富比 2022-11-09

1835 26.08克拉天然"缅甸皇家蓝"未经加热蓝宝石配钻石戒指
估　价：HKD 8,500,000~10,000,000
成交价：RMB 11,730,782
香港苏富比 2022-04-29

32 3.02克拉钻石和蓝宝石戒指
估　价：USD 20,000~30,000
成交价：RMB 278,246
纽约佳士得 2022-02-10

15 26.69克拉尖晶石和钻石戒指
估　价：CHF 60,000~100,000
成交价：RMB 1,362,675
日内瓦佳士得 2022-05-11

54 29.172克拉蓝宝石和钻石戒指
估　价：EUR 80,000~120,000
成交价：RMB 1,464,785
巴黎佳士得 2022-07-07

200 3.04克拉彩色蓝宝石和钻石戒指
估　价：USD 5,000~7,000
成交价：RMB 30,477
纽约佳士得 2022-04-08

3788 27克拉哥伦比亚极微油祖母绿双色金戒
指 约20世纪末期
估　价：RMB 600,000~680,000
成交价：RMB 690,000
西泠印社 2022-08-21

3932 3.02克拉天然淡彩粉棕钻石戒指
估　价：RMB 720,000~780,000
成交价：RMB 828,000
西泠印社 2022-08-21

29 3.04克拉彩色蓝宝石和钻石戒指
估　价：USD 6,000~8,000
成交价：RMB 96,252
纽约佳士得 2022-04-07

1824 3.04克拉枕形缅甸天然红宝石戒指
估　价：HKD 950,000~1,500,000
成交价：RMB 1,512,100
佳士得 2022-05-25

142 3.20克拉E色SI1净度钻石戒指
估　价：USD 28,000~32,000
成交价：RMB 360,913
纽约佳士得 2022-04-08

1845 3.60克拉长方形D/IF钻石戒指
估　价：HKD 480,000~650,000
成交价：RMB 486,705
佳士得 2022-11-28

1869 3.17及3.01克拉梨形G-F/VVS2钻石戒指
估　价：HKD 500,000~800,000
成交价：RMB 787,998
佳士得 2022-11-28

53 3.22克拉浓彩蓝绿色自然色SI2净度彩色钻
石戒指
估　价：USD 500,000~700,000
成交价：RMB 4,819,651
纽约佳士得 2022-04-13

3 3.61克拉F颜色VS2净度钻石戒指
估　价：USD 30,000~50,000
成交价：RMB 422,062
纽约佳士得 2022-06-10

871 3.19克拉粉色蓝宝石和坦桑石戒指
估　价：EUR 6,000~9,000
成交价：RMB 43,032
巴黎苏富比 2022-09-28

76 3.57克拉钻石戒指
估　价：USD 10,000~15,000
成交价：RMB 63,309
纽约佳士得 2022-06-10

1804 3.64克拉彩棕橙色钻石配钻石戒指
估　价：HKD 320,000~450,000
成交价：RMB 319,072
香港苏富比 2022-10-07

7591 3.65克拉哥伦比亚祖母绿配钻石戒指，
未经注油
估　价：RMB 800,000~900,000
成交价：RMB 793,500
北京保利 2022-07-28

1957 3.79、2.05及1.97克拉长方形天然哥伦
比亚祖母绿戒指
估　价：HKD 1,400,000~1,800,000
成交价：RMB 1,622,350
佳士得 2022-11-28

95 3.90克拉红宝石和钻石戒指
估　价：USD 3,000~5,000
成交价：RMB 40,518
纽约佳士得 2022-06-10

105 3.65克拉祖母绿和钻石戒指
估　价：USD 5,000~7,000
成交价：RMB 27,012
纽约佳士得 2022-06-10

271 3.84克拉F颜色SI1净度钻石戒指
估　价：USD 25,000~35,000
成交价：RMB 379,856
纽约佳士得 2022-06-11

72 3.99克拉彩色蓝宝石和钻石戒指
估　价：USD 4,000~6,000
成交价：RMB 101,295
纽约佳士得 2022-06-10

475 3.66克拉粉红色尖晶石和钻石戒指
估　价：EUR 3,500~5,000
成交价：RMB 33,464
巴黎苏富比 2022-09-30

366 33.13克拉D色，VVS1净度，以及IIa类钻石戒指 卡地亚
估　价：CHF 2,300,000~3,300,000
成交价：RMB 20,741,810
日内瓦苏富比 2022-11-09

287 31.06克拉蓝宝石和钻石戒指，Chopard
估　价：CHF 60,000~100,000
成交价：RMB 1,107,011
日内瓦苏富比 2022-11-09

39 38.20克拉Y到Z颜色范围VS2净度钻石戒指
估　价：USD 450,000~650,000
成交价：RMB 4,016,376
纽约佳士得 2022-04-13

270 38.59克拉蓝宝石及钻石戒指
估　价：CHF 180,000~240,000
成交价：RMB 1,476,014
日内瓦苏富比 2022-11-09

1923 36.15克拉长方形D/FL (极优打磨及比例) Type IIa 钻石戒指
估　价：HKD 24,000,000~35,000,000
成交价：RMB 25,073,100
佳士得 2022-05-25

6505 38.88克拉斯里兰卡皇家蓝色蓝宝石戒指
估　价：RMB 5,760,000~7,600,000
成交价：RMB 6,670,000
永乐拍卖 2022-07-26

349 37.50克拉艳彩黄、自然色、VS1净度黄钻戒指，"The Mouawad Empress"，Mouawad
估　价：CHF 1,800,000~3,000,000
成交价：RMB 17,641,154
日内瓦苏富比 2022-11-09

496 3克拉H颜色和SI2—I1净度钻石戒指
估　价：EUR 3,000~5,000
成交价：RMB 83,661
巴黎苏富比 2022-09-30

32 4.02克拉D颜色VS2净度钻石戒指
估　价：USD 60,000~80,000
成交价：RMB 503,753
纽约佳士得 2022-06-08

167 4.06克拉红宝石和钻石戒指
估　价：USD 15,000~20,000
成交价：RMB 126,619
纽约佳士得 2022-06-11

665 4.49克拉E色VVS1净度钻石戒指
估　价：GBP 70,000~100,000
成交价：RMB 771,678
伦敦佳士得 2022-06-16

1875 4.02克拉天然"莫桑比克"未经加热红
宝石配钻石戒指
估　价：HKD 1,400,000~1,800,000
成交价：RMB 1,620,108
香港苏富比 2022-04-29

639 4.15克拉，G颜色，VS1净度钻石戒指
估　价：GBP 40,000~60,000
成交价：RMB 308,671
伦敦佳士得 2022-06-16

13 4.63克拉E色VVS2净度钻石戒指
估　价：USD 100,000~150,000
成交价：RMB 963,930
纽约佳士得 2022-04-13

299 4.05克拉艳彩黄色、自然色、VS2 净度钻
石戒指
估　价：CHF 120,000~180,000
成交价：RMB 1,291,513
日内瓦苏富比 2022-11-09

47 4.33克拉，D色，VS1净度钻石戒指
估　价：CHF 70,000~100,000
成交价：RMB 698,279
日内瓦佳士得 2022-11-08

2980 4.69克拉天然缅甸未经加热尖晶石配钻
石戒指
估　价：HKD 90,000~120,000
成交价：RMB 70,204
香港苏富比 2022-04-15

1877 4.75克拉椭圆形斯里兰卡红宝石戒指
估　价：HKD 350,000~550,000
成交价：RMB 405,587
佳士得 2022-11-28

292 5.01克拉彩橙粉红色钻石及4.02克拉的梨
形钻石戒指
估　价：CHF 650,000~850,000
成交价：RMB 5,535,054
日内瓦苏富比 2022-11-09

1831 5.02克拉彩黄绿色钻石配钻石戒指/挂坠
估　价：HKD 780,000~1,200,000
成交价：RMB 888,844
香港苏富比 2022-10-07

6514 4.98克拉缅甸抹谷鸽血红色红宝石配钻
石戒指
估　价：RMB 6,500,000~9,800,000
成交价：RMB 7,475,000
永乐拍卖 2022-07-26

7575 5.01克拉艳彩黄色钻石配钻石戒指
估　价：RMB 1,680,000~1,880,000
成交价：RMB 2,012,500
北京保利 2022-07-28

1887 5.02克拉心形淡粉红色VS2钻石戒指
估　价：HKD 650,000~950,000
成交价：RMB 1,274,704
佳士得 2022-11-28

235 49.87克拉帕拉伊巴碧玺和钻石戒指，
Schullin
估　价：CHF 100,000~150,000
成交价：RMB 1,752,767
日内瓦苏富比 2022-11-09

3 5.02克拉I颜色SI1净度钻石戒指
估　价：USD 70,000~100,000
成交价：RMB 360,947
纽约佳士得 2022-04-07

28 5.03克拉花式绿色，自然色，净度VS1彩
色钻石和钻石戒指
估　价：CHF 240,000~340,000
成交价：RMB 2,214,347
日内瓦佳士得 2022-05-11

47 5.05克拉深彩棕绿色黄色自然色SI2净度钻石
和钻石戒指
估　价：USD 15,000~20,000
成交价：RMB 128,146
纽约佳士得 2022-08-18

196 5.11克拉彩色蓝宝石和钻石戒指
估　价：USD 15,000~20,000
成交价：RMB 112,284
纽约佳士得 2022-04-08

49 5.15克拉蓝宝石和钻石戒指
估　价：CHF 80,000~120,000
成交价：RMB 3,165,533
日内瓦佳士得 2022-11-08

4834 5.06克拉天然缅甸红宝石配钻石戒指
估　价：RMB 2,200,000~2,800,000
成交价：RMB 2,530,000
中国嘉德 2022-06-27

7596 5.12克拉缅甸抹谷"鸽血红"红宝石配
钻石戒指，未经加热
估　价：RMB 1,500,000~2,600,000
成交价：RMB 1,610,000
北京保利 2022-07-28

166 5.29克拉蓝宝石和钻石戒指
估　价：USD 4,000~6,000
成交价：RMB 44,112
纽约佳士得 2022-04-08

1865 5.10克拉梨形D/VS2钻石戒指
估　价：HKD 800,000~12,000,000
成交价：RMB 869,116
佳士得 2022-11-28

1948 5.13及5.09克拉圆形I/VS2-VS1钻石戒指
估　价：HKD 600,000~800,000
成交价：RMB 1,100,880
佳士得 2022-11-28

15 5.30克拉彩棕黄色钻石和钻石戒指
估　价：USD 50,000~70,000
成交价：RMB 341,722
纽约佳士得 2022-08-18

73 5.42克拉，彩黄色，自然色，VS2 净度彩
色钻石和钻石戒指
估　价：USD 26,000~35,000
成交价：RMB 208,547
纽约佳士得 2022-04-07

503 5.51克拉钻石戒指
估　价：GBP 15,000~20,000
成交价：RMB 246,937
伦敦佳士得 2022-06-16

132 5.34克拉彩色蓝宝石和钻石戒指
估　价：USD 2,000~3,000
成交价：RMB 119,248
纽约佳士得 2022-02-10

49 5.50克拉艳彩黄色，自然色，VVS1净度彩
色钻石和钻石戒指
估　价：USD 150,000~250,000
成交价：RMB 1,259,383
纽约佳士得 2022-06-08

186 5.54克拉彩色蓝宝石戒指
估　价：USD 8,000~12,000
成交价：RMB 52,132
纽约佳士得 2022-04-08

1958 5.32克拉椭圆形缅甸天然鸽血红红宝石戒指
估　价：HKD 14,500,000~18,000,000
成交价：RMB 15,313,005
佳士得 2022-11-28

69 5.59克拉蓝宝石戒指
估　价：USD 5,000~7,000
成交价：RMB 27,012
纽约佳士得 2022-06-10

187 5.63克拉变色蓝宝石戒指
估　价：USD 10,000~15,000
成交价：RMB 64,162
纽约佳士得 2022-04-08

1805 5.85克拉彩黄色钻石及5.85克拉彩黄棕
色钻石配钻石戒指
估　价：HKD 800,000~1,000,000
成交价：RMB 918,061
香港苏富比 2022-04-29

1810 51.50克拉天然斯里兰卡未经加热黄色
刚玉配钻石戒指
估　价：HKD 900,000~1,200,000
成交价：RMB 911,635
香港苏富比 2022-10-07

1951 5.75克拉椭圆形哥伦比亚祖母绿戒指
估　价：HKD 400,000~600,000
成交价：RMB 753,234
佳士得 2022-11-28

608 5.90克拉蓝宝石戒指
估　价：GBP 4,000~6,000
成交价：RMB 56,590
伦敦佳士得 2022-06-16

234 6.01克拉深彩橙棕色方形钻石和钻石戒指
估　价：USD 15,000~20,000
成交价：RMB 143,098
纽约佳士得 2022-02-10

23 51.28克拉I颜色SI1净度钻石戒指
估　价：USD 1,300,000~1,800,000
成交价：RMB 10,327,824
纽约佳士得 2022-04-13

2181 6.01克拉天然哥伦比亚祖母绿戒指
估　价：RMB 220,000~360,000
成交价：RMB 253,000
保利厦门 2022-10-21

1891 6.01克拉枕形艳彩黄色VS2(极优打磨)
钻石戒指
估　价：HKD 1,500,000~2,500,000
成交价：RMB 1,512,100
佳士得 2022-05-25

66 6.10克拉彩色蓝宝石和钻石戒指
估　价：USD 4,000~6,000
成交价：RMB 32,077
纽约佳士得 2022-06-10

75 6.14克拉N颜色VVS1净度钻石戒指
估　价：USD 35,000~55,000
成交价：RMB 319,044
纽约佳士得 2022-06-08

1840 6.02克拉天然缅甸未经加热红宝石配钻
石戒指
估　价：HKD 1,100,000~1,500,000
成交价：RMB 1,367,453
香港苏富比 2022-10-07

239 6.10克拉蓝宝石和钻石戒指
估　价：USD 2,000~3,000
成交价：RMB 35,774
纽约佳士得 2022-02-10

32 6.14克拉花式棕橙色自然色VS1净度彩色
钻石戒指
估　价：USD 40,000~60,000
成交价：RMB 324,636
纽约佳士得 2022-08-18

1962 6.05克拉缅甸天然鸽血红宝石及钻石戒指
估　价：HKD 26,000,000~35,000,000
成交价：RMB 26,101,740
佳士得 2022-05-25

4831 6.16克拉D色钻石戒指
估　价：RMB 1,350,000~1,800,000
成交价：RMB 1,610,000
中国嘉德 2022-12-15

43 6.24克拉蓝宝石和钻石戒指
估 价：CHF 300,000~500,000
成交价：RMB 3,236,353
日内瓦佳士得 2022-05-11

1920 6.48克拉长方形巴西天然亚历山大石配
钻石戒指
估 价：HKD 800,000~1,200,000
成交价：RMB 1,564,409
佳士得 2022-11-28

1885 6.55克拉椭圆形D/IF钻石戒指
估 价：HKD 1,800,000~2,800,000
成交价：RMB 2,027,938
佳士得 2022-11-28

18 6.36克拉祖母绿戒指
估 价：USD 60,000~80,000
成交价：RMB 441,801
纽约佳士得 2022-04-13

197 6.48克拉祖母绿和蓝宝石戒指
估 价：USD 10,000~15,000
成交价：RMB 63,599
纽约佳士得 2022-02-10

134 6.57克拉彩色蓝宝石和钻石戒指
估 价：USD 6,000~8,000
成交价：RMB 103,348
纽约佳士得 2022-02-10

534 6.43克拉钻石戒指
估 价：GBP 26,000~35,000
成交价：RMB 360,116
伦敦佳士得 2022-06-16

4858 6.53克拉缅甸"鸽血红"红宝石配钻石戒指 未经加热
成交价：RMB 30,245,000
中国嘉德 2022-12-15

840 6.87克拉颜色为M净度为VS1钻石戒指
估　价：EUR 28,000~32,000
成交价：RMB 430,322
巴黎苏富比 2022-09-28

3938 7.01克拉艳棕绿黄钻石戒指
估　价：RMB 520,000~580,000
成交价：RMB 598,000
西泠印社 2022-08-21

20 7.14克拉红宝石和钻石戒指
估　价：CHF 1,000,000~1,500,000
成交价：RMB 7,665,046
日内瓦佳士得 2022-05-11

236 6.88克拉变色蓝宝石和钻石戒指
估　价：USD 5,000~7,000
成交价：RMB 51,674
纽约佳士得 2022-02-10

606 7.11克拉钻石戒指
估　价：GBP 25,000~45,000
成交价：RMB 308,671
伦敦佳士得 2022-06-16

1813 7.15克拉梨形D色钻石戒指，卡地亚 戒台
估　价：HKD 1,800,000~2,600,000
成交价：RMB 1,944,129
香港苏富比 2022-04-29

1967 60.79克拉枕形艳彩黄色VS2钻石戒指
估　价：HKD 18,000,000~28,000,000
成交价：RMB 19,175,745
佳士得 2022-11-28

35 7.38克拉圆形钻石戒指
估　价：USD 20,000~25,000
成交价：RMB 278,246
纽约佳士得 2022-02-10

1890 7.92克拉梨形彩黄色VVS1钻石戒指
估　价：HKD 650,000~950,000
成交价：RMB 753,234
佳士得 2022-11-28

1900 7.33克拉长方形浓彩橘粉红色VS1钻石戒指
估　价：HKD 12,000,000~18,000,000
成交价：RMB 11,700,780
佳士得 2022-05-25

28 7.45克拉J颜色VS2净度钻石戒指
估　价：USD 70,000~100,000
成交价：RMB 803,275
纽约佳士得 2022-04-13

2128 7.75克拉缅甸蓝宝石配红宝石及钻石戒
指，未经加热
估　价：HKD 280,000~480,000
成交价：RMB 359,100
保利香港 2022-07-13

189 7.92克拉圆形钻石戒指
估　价：USD 30,000~50,000
成交价：RMB 317,995
纽约佳士得 2022-02-10

7600 7.54克拉克什米尔蓝宝石配钻石戒指，
未经加热
估　价：RMB 5,500,000~6,200,000
成交价：RMB 5,520,000
北京保利 2022-07-28

79 7.79克拉F颜色VVS2净度钻石戒指
估　价：USD 200,000~350,000
成交价：RMB 1,679,177
纽约佳士得 2022-06-08

29 8.00克拉，深彩棕黄色，天然色钻石和钻
石戒指
估　价：USD 20,000~30,000
成交价：RMB 187,947
纽约佳士得 2022-08-18

4709 8.01克拉缅甸艳红色尖晶石配钻石戒指
未经加热
成交价：RMB 80,500
中国嘉德 2022-12-15

9 8.22克拉H颜色VS1净度钻石戒指
估　价：USD 120,000~180,000
成交价：RMB 1,606,550
纽约佳士得 2022-04-13

782 8.46克拉方形深彩棕黄色钻石和沙弗莱
石戒指
估　价：EUR 25,000~30,000
成交价：RMB 189,341
巴黎苏富比 2022-09-28

1857 8.12克拉椭圆形泰国红宝石戒指
估　价：HKD 450,000~650,000
成交价：RMB 521,469
佳士得 2022-11-28

59 8.25克拉祖母绿和钻石戒指
估　价：CHF 600,000~800,000
成交价：RMB 4,684,195
日内瓦佳士得 2022-05-11

1892 8.47克拉长方形艳彩黄色VS1(极优打
磨)钻石戒指
估　价：HKD 4,800,000~6,800,000
成交价：RMB 5,562,345
佳士得 2022-11-28

70 8.17克拉彩色蓝宝石和钻石戒指
估　价：USD 3,000~5,000
成交价：RMB 29,544
纽约佳士得 2022-06-10

35 8.40克拉L颜色SI2净度钻石戒指
估　价：USD 40,000~60,000
成交价：RMB 481,965
纽约佳士得 2022-04-13

1974 8.50克拉枕形克什米尔天然蓝宝石戒指
估　价：HKD 5,000,000~8,000,000
成交价：RMB 5,794,110
佳士得 2022-11-28

1864 8.51克拉枕形缅甸天然蓝宝石戒指
估　价：HKD 800,000~1,200,000
成交价：RMB 927,057
佳士得 2022-11-28

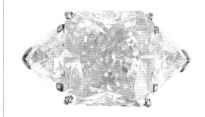

16 8.79克拉彩黄色自然色VS1净度彩色钻石
和钻石戒指
估　价：USD 70,000~100,000
成交价：RMB 602,456
纽约佳士得 2022-04-13

21 9.03克拉G颜色VS1净度钻石戒指
估　价：USD 200,000~300,000
成交价：RMB 2,015,012
纽约佳士得 2022-06-08

314 8.72克拉蓝宝石戒指
估　价：CHF 320,000~400,000
成交价：RMB 4,151,291
日内瓦苏富比 2022-11-09

188 8.83克拉彩色蓝宝石和钻石戒指
估　价：USD 8,000~12,000
成交价：RMB 68,172
纽约佳士得 2022-04-08

296 9.03克拉红宝石和钻石戒指
估　价：CHF 750,000~1,000,000
成交价：RMB 6,457,563
日内瓦苏富比 2022-11-09

85 8.78克拉蓝宝石和钻石戒指
估　价：USD 5,000~7,000
成交价：RMB 67,530
纽约佳士得 2022-06-10

27 8.90克拉，D色，VVS1净度钻石戒指
估　价：CHF 300,000~500,000
成交价：RMB 3,724,157
日内瓦佳士得 2022-11-08

1877 9.20克拉枕形天然哥伦比亚祖母绿、有
色钻石及钻石戒指
估　价：HKD 7,200,000~10,000,000
成交价：RMB 7,560,504
佳士得 2022-05-25

1975 9.23克拉蓝宝石及5.25克拉枕形D/IF Type IIa钻石戒指
估　价：HKD 15,000,000~25,000,000
成交价：RMB 13,243,740
佳士得 2022-05-25

224 9.64克拉蓝宝石和钻石戒指
估　价：USD 6,000~8,000
成交价：RMB 68,172
纽约佳士得 2022-04-08

3787 9.25克拉斯里兰卡矢车菊蓝宝石戒指，
未经加热
估　价：RMB 160,000~180,000
成交价：RMB 184,000
西泠印社 2022-01-23

289 9.59克拉钻石和钻石戒指
估　价：EUR 80,000~120,000
成交价：RMB 1,378,621
巴黎佳士得 2022-07-07

48 9.73克拉I颜色VVS1净度钻石戒指
估　价：USD 200,000~300,000
成交价：RMB 1,606,550
纽约佳士得 2022-04-13

165 9.46克拉D颜色VS1净度无荧光钻石和彩
色钻石戒指
估　价：EUR 250,000~300,000
成交价：RMB 2,067,932
巴黎佳士得 2022-07-07

7513 9.63克拉帕拉伊巴碧玺配钻石戒指
估　价：RMB 180,000~220,000
成交价：RMB 310,500
北京保利 2022-07-28

177 9.80克拉彩棕黄色圆形钻石和钻石戒指
估　价：USD 15,000~20,000
成交价：RMB 333,895
纽约佳士得 2022-02-10

59 ALEXANDRE REZA 25.03克拉蓝宝石和钻
石戒指
估　价：USD 70,000~100,000
成交价：RMB 1,526,223
纽约佳士得 2022-04-13

160 BUCCELLATI 钻石 "ROMBI ETERNELLE"
戒指和无签名钻石戒指
估　价：USD 5,000~7,000
成交价：RMB 92,854
纽约佳士得 2022-06-11

3 BVLGARI 6.04克拉，浓彩黄，自然色，
VVS2净度钻石和钻石 "TROMBINO" 戒指
估　价：CHF 80,000~130,000
成交价：RMB 1,303,455
日内瓦佳士得 2022-11-08

25 ALEXANDRE REZA 3.58克拉祖母绿和钻
石双石戒指
估　价：USD 50,000~70,000
成交价：RMB 682,784
纽约佳士得 2022-04-13

225 BUCCELLATI 钻石戒指
估　价：USD 5,000~7,000
成交价：RMB 127,198
纽约佳士得 2022-02-10

235 CHAUMET 2.00克拉红宝石和1.24克拉
钻石戒指
估　价：USD 15,000~20,000
成交价：RMB 176,446
纽约佳士得 2022-04-08

158 BUCCELLATI 钻石 "ROMBI ETERNELLE"
戒指
估　价：USD 3,000~5,000
成交价：RMB 37,986
纽约佳士得 2022-06-11

52 CHAUMET 17.80克拉祖母绿和钻石戒指
估　价：CHF 450,000~650,000
成交价：RMB 12,531,742
日内瓦佳士得 2022-05-11

11 CHAUMET 6.22克拉红宝石和钻石戒指
估　价：CHF 150,000~250,000
成交价：RMB 2,384,681
日内瓦佳士得 2022-05-11

37 CHOPARD 祖母绿和钻石戒指
估　价：CHF 300,000~500,000
成交价：RMB 2,384,681
日内瓦佳士得 2022-05-11

34 DENISE ROBERGE 6.53克拉G颜色VS1净
度钻石戒指
成交价：RMB 1,124,585
纽约佳士得 2022-04-13

241 CHAUMET 6.61克拉G颜色VS1净度无荧
光钻石和钻石戒指
估　价：EUR 100,000~150,000
成交价：RMB 1,378,621
巴黎佳士得 2022-07-07

538 DE GRISOGONO 黄金和钻石 "ONDE"
戒指
估　价：GBP 4,000~7,000
成交价：RMB 51,445
伦敦佳士得 2022-06-16

551 DIOR "CYGNE BLANC" 钻石戒指
估　价：GBP 5,000~8,000
成交价：RMB 82,312
伦敦佳士得 2022-06-16

12 CHAUMET 蓝宝石和钻石戒指
成交价：RMB 732,393
巴黎佳士得 2022-07-07

6062 DebellesLu设计18.82克拉缅甸粉色蓝宝
石配钻石戒指，未经加热处理
估　价：RMB 1,860,000~2,560,000
成交价：RMB 2,139,000
永乐拍卖 2022-07-26

251 DIOR "DIIORETTE" 漆、紫水晶和钻
石戒指
估　价：EUR 5,000~7,000
成交价：RMB 34,466
巴黎佳士得 2022-07-07

184 DIOR GOURMANDE 摩根石、蓝宝石、珍珠母贝和钻石戒指
估　价：EUR 7,000~10,000
成交价：RMB 86,164
巴黎佳士得 2022-07-07

39 GEORGES FOUQUET 祖母绿和钻石戒指
估　价：EUR 30,000~50,000
成交价：RMB 258,492
巴黎佳士得 2022-07-07

42 JEAN FOUQUET 7.139克拉蓝宝石和蓝宝石钻石戒指
估　价：EUR 50,000~80,000
成交价：RMB 603,147
巴黎佳士得 2022-07-07

122 ELIZABETH GAGE 2.00克拉M颜色SI1净度钻石戒指
估　价：USD 6,000~8,000
成交价：RMB 68,172
纽约佳士得 2022-04-08

62 HEMMERLE 4.79克拉G颜色VVS2净度钻石戒指
估　价：USD 70,000~100,000
成交价：RMB 682,784
纽约佳士得 2022-04-13

263 JEAN VENDOME 5.04克拉G颜色SI2净度Ia型弱荧光钻石戒指
估　价：EUR 30,000~40,000
成交价：RMB 413,586
巴黎佳士得 2022-07-07

146 Fred 珊瑚和钻石鸡尾酒戒指
估　价：EUR 5,000~6,000
成交价：RMB 64,623
巴黎佳士得 2022-07-07

1972 Moussaieff设计 18.88克拉圆形D/FL Type IIa (极优切割、打磨及比例)钻石戒指
估　价：HKD 16,500,000~25,000,000
成交价：RMB 13,758,060
佳士得 2022-05-25

1969 Moussaieff设计 3.06克拉长方形艳彩蓝色IF钻石戒指
估　价：HKD 40,000,000~60,000,000
成交价：RMB 33,302,220
佳士得 2022-05-25

65 REZA 5.56克拉祖母绿和7.51克拉蓝宝石戒指
估　价：USD 20,000~30,000
成交价：RMB 506,475
纽约佳士得 2022-06-10

261 POIRAY 彩色蓝宝石和钻石戒指
估　价：EUR 8,000~12,000
成交价：RMB 146,479
巴黎佳士得 2022-07-07

180 REZA 2.55克拉红宝石和2.28克拉钻石戒指
估　价：USD 30,000~50,000
成交价：RMB 521,318
纽约佳士得 2022-04-08

237 REZA 7.03克拉红宝石和钻石戒指
估　价：USD 30,000~50,000
成交价：RMB 360,913
纽约佳士得 2022-04-08

36 RAYMOND YARD 蓝宝石和钻石戒指
估　价：USD 12,000~18,000
成交价：RMB 794,988
纽约佳士得 2022-02-10

178 REZA 3.89克拉红宝石和钻石戒指
估　价：USD 5,000~7,000
成交价：RMB 320,811
纽约佳士得 2022-04-08

84 REZA 蓝宝石和祖母绿戒指
估　价：USD 7,000~10,000
成交价：RMB 126,619
纽约佳士得 2022-06-10

661 RITZ 12.56克拉浓彩黄色VS2净度彩色钻
石和钻石戒指
估　价：GBP 120,000~150,000
成交价：RMB 1,646,245
伦敦佳士得 2022-06-16

529 VERDURA 橄榄石和钻石"叶子"戒指
估　价：GBP 4,000~6,000
成交价：RMB 46,301
伦敦佳士得 2022-06-16

1025 白金、蓝色、黄色和精美蓝宝石戒指
估　价：GBP 12,000~18,000
成交价：RMB 84,218
伦敦苏富比 2022-09-08

1833 Ronald Abram 8.88克拉艳彩橙黄色钻石
配钻石戒指
估　价：HKD 5,000,000~8,000,000
成交价：RMB 7,748,899
香港苏富比 2022-10-07

145 VERNEY 祖母绿和钻石戒指
估　价：USD 2,000~4,000
成交价：RMB 51,674
纽约佳士得 2022-02-10

1034 白金、钻石和碧玺戒指
估　价：GBP 24,000~34,000
成交价：RMB 145,979
伦敦苏富比 2022-09-08

10 SPOULDING & CO. 3.46克拉古董蓝宝石
和钻石戒指
估　价：USD 60,000~80,000
成交价：RMB 963,930
纽约佳士得 2022-04-13

232 奥斯卡海曼兄弟 5.25克拉浓彩黄色钻石
和钻石戒指
估　价：USD 50,000~70,000
成交价：RMB 476,993
纽约佳士得 2022-02-10

1043 白金、钻石和红碧玺戒指
估　价：GBP 24,000~30,000
成交价：RMB 134,749
伦敦苏富比 2022-09-08

1050 白金、钻石和坦桑石戒指
估　价：GBP 28,000~38,000
成交价：RMB 190,895
伦敦苏富比 2022-09-08

19 宝格丽 15.98克拉浓彩黄色，自然色VS1净
度彩色钻石和钻石 "TROMBINO" 戒指
估　价：USD 200,000~300,000
成交价：RMB 4,617,736
纽约佳士得 2022-06-08

27 宝格丽 6.64克拉蓝宝石和钻石 "TROMBINO"
戒指
估　价：USD 30,000~50,000
成交价：RMB 562,293
纽约佳士得 2022-04-13

1927 宝格丽 15.23克拉艳彩黄色 内部无瑕钻
石配钻石戒指
估　价：HKD 5,500,000~6,500,000
成交价：RMB 6,837,264
香港苏富比 2022-10-07

71 宝格丽 2.01克拉，浓彩黄色，自然色，
VS1净度彩色钻石和钻石戒指
估　价：USD 15,000~20,000
成交价：RMB 136,358
纽约佳士得 2022-04-07

32 宝格丽 9.50克拉U到V颜色VVS2净度钻
石、红宝石和蓝宝石戒指
估　价：USD 40,000~60,000
成交价：RMB 883,603
纽约佳士得 2022-04-13

53 宝格丽 9.55克拉蓝宝石和钻石戒指
估　价：CHF 850,000~1,200,000
成交价：RMB 7,239,210
日内瓦佳士得 2022-05-11

81 宝格丽 4.96克拉蓝宝石和钻石戒指
估　价：USD 6,000~8,000
成交价：RMB 126,619
纽约佳士得 2022-06-10

64 宝格丽 9.56克拉D颜色VVS2钻石戒指
估　价：USD 400,000~600,000
成交价：RMB 4,016,376
纽约佳士得 2022-04-13

88 宝格丽 红碧玺和钻石戒指
估　价：USD 3,000~5,000
成交价：RMB 46,427
纽约佳士得 2022-06-10

2009 宝格丽设计 2.82克拉缅甸"鸽血红"红
宝石配钻石戒指，未经加热
估　价：HKD 680,000~880,000
成交价：RMB 656,640
保利香港 2022-07-13

14 宝格丽 星星红宝石、钻石和彩色钻石戒指
估　价：USD 30,000~50,000
成交价：RMB 545,732
纽约佳士得 2022-06-08

155 宝格丽 蓝宝石戒指
估　价：USD 5,000~7,000
成交价：RMB 71,751
纽约佳士得 2022-06-11

2010 宝格丽设计 3.21克拉D色钻石戒指，净
度内部无瑕
估　价：HKD 880,000~1,200,000
成交价：RMB 902,880
保利香港 2022-07-13

185 宝诗龙 复古黄水晶戒指 约1945年
估　价：USD 3,000~5,000
成交价：RMB 30,477
纽约佳士得 2022-04-08

776 宝格丽 蓝宝石戒指
估　价：EUR 2,000~3,000
成交价：RMB 22,377
巴黎苏富比 2022-09-28

2118 宝格丽设计 6.76克拉克什米尔"皇家
蓝"蓝宝石配钻石戒指，未经加热
估　价：HKD 2,400,000~3,800,000
成交价：RMB 2,052,000
保利香港 2022-07-13

1868 宝石 "Panthère" 戒指
估　价：HKD 160,000~250,000
成交价：RMB 324,470
佳士得 2022-11-28

1950 宝石戒指
估　价：HKD 500,000~800,000
成交价：RMB 648,043
佳士得 2022-05-25

3735 冰种正阳绿翡翠素面男戒
估　价：RMB 400,000~500,000
成交价：RMB 483,000
翡翠21mm×12mm×5mm
西泠印社 2022-01-23

318 彩色钻石和钻石戒指
估　价：EUR 3,000~5,000
成交价：RMB 48,435
巴黎苏富比 2022-09-30

467 宝石镶嵌和钻石戒指
估　价：EUR 7,500~8,500
成交价：RMB 83,661
巴黎苏富比 2022-09-30

237 彩色蓝宝石和钻石戒指
估　价：USD 5,000~7,000
成交价：RMB 47,699
纽约佳士得 2022-02-10

205 翠绿石榴石和7.70克拉钻石戒指
估　价：USD 30,000~50,000
成交价：RMB 158,998
纽约佳士得 2022-02-10

478 碧玺和钻石戒指
估　价：EUR 1,300~1,700
成交价：RMB 12,329
巴黎苏富比 2022-09-30

180 彩色钻石和钻石戒指
估　价：USD 10,000~15,000
成交价：RMB 103,348
纽约佳士得 2022-02-10

884 大卫·韦伯 蓝宝石、红宝石、祖母绿和钻石戒指
估　价：EUR 9,500~12,000
成交价：RMB 86,064
巴黎苏富比 2022-09-28

844 大卫·韦伯 水晶和钻石戒指
估　价：EUR 8,000~12,000
成交价：RMB 68,851
巴黎苏富比 2022-09-28

161 大卫·韦伯 养殖珍珠和钻石戒指
估　价：USD 6,000~8,000
成交价：RMB 120,304
纽约佳士得 2022-04-08

203 大卫·韦伯 钻石"棱镜"戒指
估　价：USD 6,000~8,000
成交价：RMB 71,751
纽约佳士得 2022-06-11

3 大卫·韦伯 "TIGER" 戒指 祖母绿钻石
和珐琅
估　价：EUR 6,000~8,000
成交价：RMB 64,623
巴黎佳士得 2022-07-07

206 大卫·韦伯 钻石、珐琅和金戒指组
估　价：USD 6,000~8,000
成交价：RMB 75,971
纽约佳士得 2022-06-11

27 大卫·韦伯 钻石和珐琅戒指
估　价：USD 8,000~12,000
成交价：RMB 63,309
纽约佳士得 2022-06-10

50 大卫·韦伯 33.66克拉花式棕黄色自然色
VS1净度钻石和钻石、珐琅戒指
估　价：USD 250,000~350,000
成交价：RMB 2,562,916
纽约佳士得 2022-08-18

194 大卫·韦伯 钻石"城市之光"戒指
估　价：USD 8,000~12,000
成交价：RMB 185,707
纽约佳士得 2022-06-11

92 大卫·莫里斯 彩色钻石和钻石永恒戒指
估　价：USD 40,000~60,000
成交价：RMB 545,732
纽约佳士得 2022-06-08

577 戴比尔斯 2.52克拉，D颜色，SI1净度，
Type IIa钻石戒指
估　价：GBP 15,000~20,000
成交价：RMB 205,781
伦敦佳士得 2022-06-16

1817 蛋白石戒指
估　价：HKD 50,000~80,000
成交价：RMB 57,941
佳士得 2022-11-28

1834 蒂芙尼 10.01克拉圆形 D色 内部无瑕钻
石戒指
估　价：HKD 5,500,000~7,500,000
成交价：RMB 6,837,264
香港苏富比 2022-10-07

96 蛋白石和钻石戒指
估　价：USD 5,000~7,000
成交价：RMB 46,427
纽约佳士得 2022-06-10

618 卡地亚 祖母绿、红宝石和钻石戒指
估　价：GBP 3,000~5,000
成交价：RMB 61,734
伦敦佳士得 2022-06-16

35 蒂芙尼 10.21克拉蓝宝石和钻石戒指
估　价：USD 40,000~60,000
成交价：RMB 755,630
纽约佳士得 2022-06-08

461 蛋白石和钻石戒指
估　价：EUR 1,200~1,800
成交价：RMB 10,568
巴黎苏富比 2022-09-30

44 蒂芙尼 9.94克拉尖晶石和钻石戒指
估　价：USD 20,000~30,000
成交价：RMB 545,732
纽约佳士得 2022-06-08

26 蒂芙尼 13.91克拉H颜色VS2净度钻石戒指
估　价：USD 350,000~500,000
成交价：RMB 3,052,446
纽约佳士得 2022-04-13

42 蒂芙尼 Belle ÉPOQUE 蓝宝石和钻石戒指
估　价：USD 100,000~150,000
成交价：RMB 722,948
纽约佳士得 2022-04-13

43 蒂芙尼 祖母绿和钻石戒指
估　价：USD 8,000~12,000
成交价：RMB 67,574
纽约佳士得 2022-02-10

70 梵克雅宝 15.73克拉蓝宝石和钻石戒指
估　价：USD 100,000~150,000
成交价：RMB 3,052,446
纽约佳士得 2022-04-13

46 蒂芙尼 坦桑石和钻石戒指
估　价：USD 6,000~8,000
成交价：RMB 51,674
纽约佳士得 2022-02-10

857 蒂芙尼 钻石戒指
估　价：EUR 5,000~8,000
成交价：RMB 55,942
巴黎苏富比 2022-09-28

6 梵克雅宝 3.02克拉D颜色VVS1净度钻石戒指
估　价：USD 80,000~120,000
成交价：RMB 713,650
纽约佳士得 2022-06-08

145 蒂芙尼 养殖珍珠和钻石戒指
估　价：USD 5,000~7,000
成交价：RMB 25,665
纽约佳士得 2022-04-08

1908 法贝热 "Tatiana" 钻石戒指
估　价：HKD 750,000~950,000
成交价：RMB 478,608
香港苏富比 2022-10-07

83 梵克雅宝 彩色蓝宝石和缟玛瑙戒指
估　价：EUR 10,000~15,000
成交价：RMB 189,560
巴黎佳士得 2022-07-07

106 梵克雅宝 红宝石和钻石戒指
估　价：USD 3,000~5,000
成交价：RMB 35,453
纽约佳士得 2022-06-10

131 梵克雅宝 蓝宝石和钻石戒指
估　价：USD 3,000~5,000
成交价：RMB 23,635
纽约佳士得 2022-06-11

171 梵克雅宝 钻石戒指
估　价：USD 8,000~12,000
成交价：RMB 39,749
纽约佳士得 2022-02-10

144 梵克雅宝 红宝石和钻石戒指
估　价：USD 5,000~7,000
成交价：RMB 42,206
纽约佳士得 2022-06-11

190 梵克雅宝 钻石和金戒指
估　价：USD 10,000~15,000
成交价：RMB 127,198
纽约佳士得 2022-02-10

30 梵克雅宝 钻石戒指
估　价：USD 6,000~8,000
成交价：RMB 67,530
纽约佳士得 2022-06-10

254 梵克雅宝 蓝宝石和钻石"神秘镶嵌"戒指
估　价：USD 15,000~20,000
成交价：RMB 202,590
纽约佳士得 2022-06-11

223 梵克雅宝 钻石和金戒指
估　价：USD 3,000~5,000
成交价：RMB 18,571
纽约佳士得 2022-06-11

31 梵克雅宝 钻石戒指
估　价：USD 12,000~18,000
成交价：RMB 101,295
纽约佳士得 2022-06-10

46 梵克雅宝 钻石炸弹戒指
估　价：USD 8,000~12,000
成交价：RMB 143,501
纽约佳士得 2022-06-10

1863 丰吉 "烈焰之泉" 7.64克拉天然 "缅甸鸽血红" 未经加热红宝石配钻石戒指
估　价：HKD 11,000,000~18,000,000
成交价：RMB 11,282,390
香港苏富比 2022-10-07

769 翡翠戒指
估　价：EUR 18,000~20,000
成交价：RMB 223,767
巴黎苏富比 2022-09-28

1884 格拉夫 13.32克拉浓彩黄色钻石配钻石戒指
估　价：HKD 2,000,000~3,000,000
成交价：RMB 2,506,997
香港苏富比 2022-10-07

253 格拉夫 红宝石和钻石戒指
估　价：USD 20,000~30,000
成交价：RMB 135,060
纽约佳士得 2022-06-11

28 粉色蓝宝石和钻石戒指
估　价：USD 5,000~7,000
成交价：RMB 51,718
纽约佳士得 2022-02-09

43 格拉夫 41.36克拉，D色，VVS1净度，可能内部无瑕，出色的抛光和对称性，IIa型钻石戒指
估　价：CHF 3,000,000~5,000,000
成交价：RMB 27,000,137
日内瓦佳士得 2022-11-08

68 古柏林 9.19克拉蓝宝石和钻石戒指
估　价：USD 10,000~15,000
成交价：RMB 92,854
纽约佳士得 2022-06-10

4830 瑰丽的5.01克拉天然莫桑比克红宝石配
钻石戒指
估　价：RMB 1,400,000~1,800,000
成交价：RMB 1,495,000
中国嘉德 2022-06-27

647 海瑞·温斯顿 3.24克拉钻石戒指
估　价：GBP 18,000~25,000
成交价：RMB 154,336
伦敦佳士得 2022-06-16

208 古董钻石和珐琅"嘉年华假面舞会"戒指
估　价：USD 5,000~7,000
成交价：RMB 75,524
纽约佳士得 2022-02-10

28 古董钻石戒指 约1900年
估　价：USD 4,000~6,000
成交价：RMB 29,901
纽约佳士得 2022-08-18

12 海瑞·温斯顿 25.20克拉D颜色VVS2净度，可能内部无瑕，IIa型钻石戒指
估　价：CHF 1,800,000~2,200,000
成交价：RMB 15,776,206
日内瓦佳士得 2022-05-11

163 海瑞·温斯顿 蓝宝石和钻石戒指
估　价：USD 5,000~7,000
成交价：RMB 36,091
纽约佳士得 2022-04-08

442 海蓝宝石、蓝宝石和钻石戒指
估　价：EUR 2,800~3,500
成交价：RMB 24,658
巴黎苏富比 2022-09-30

1828 海瑞·温斯顿 8.05克拉方形 D色 内部无
瑕钻石戒指
估　价：HKD 3,800,000~4,800,000
成交价：RMB 2,962,814
香港苏富比 2022-10-07

19 海瑞·温斯顿 5.16克拉，D色，内部无瑕
净度钻石戒指
估　价：CHF 180,000~250,000
成交价：RMB 1,675,871
日内瓦佳士得 2022-11-08

763 海蓝宝石黄金和钻石戒指
估　价：EUR 4,000~6,000
成交价：RMB 60,245
巴黎苏富比 2022-09-28

514 红宝石和钻石戒指
估　价：GBP 4,000~6,000
成交价：RMB 133,757
伦敦佳士得 2022-06-16

2925 海蓝宝石配钻石戒指
估　价：HKD 100,000~150,000
成交价：RMB 108,007
海蓝宝石16.4mm×12.5mm×8.5mm
香港苏富比 2022-04-15

1834 海瑞·温斯顿 7.60克拉椭圆形D色内部
无瑕钻石戒指
估　价：HKD 3,500,000~4,500,000
成交价：RMB 3,780,252
香港苏富比 2022-04-29

808 红宝石和钻石戒指
估　价：EUR 5,000~7,000
成交价：RMB 47,335
巴黎苏富比 2022-09-28

320 红宝石和钻石戒指
估　价：EUR 4,000~6,000
成交价：RMB 35,226
巴黎苏富比 2022-09-30

115 黄色蓝宝石和钻石戒指
估　价：USD 12,000~18,000
成交价：RMB 111,298
纽约佳士得 2022-02-10

521 尖晶石和钻石戒指
估　价：GBP 6,000~8,000
成交价：RMB 102,890
伦敦佳士得 2022-06-16

373 红宝石和钻石戒指
估　价：EUR 3,500~5,000
成交价：RMB 33,464
巴黎苏富比 2022-09-30

473 火蛋白石和钻石戒指
估　价：EUR 1,600~2,000
成交价：RMB 14,090
巴黎苏富比 2022-09-30

1817 卡地亚 "Panthère" 钻石配缟玛瑙及祖
母绿戒指
估　价：HKD 240,000~350,000
成交价：RMB 626,749
香港苏富比 2022-10-07

303 红玉髓和钻石戒指
估　价：EUR 1,500~3,000
成交价：RMB 13,210
巴黎苏富比 2022-09-30

1894 卡地亚 10.45克拉天然 "克什米尔" 未经加热蓝宝石配钻石戒指
估　价：HKD 7,800,000~10,000,000
成交价：RMB 9,750,336
香港苏富比 2022-10-07

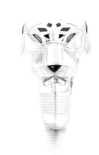

44 卡地亚 11.13克拉D颜色VVS2净度可能内
部无瑕IIa型钻石戒指
估　价：CHF 750,000~950,000
成交价：RMB 5,621,034
日内瓦佳士得 2022-05-11

778 卡地亚 4.96克拉K颜色VVS2净度钻石戒指
估　价：EUR 28,000~35,000
成交价：RMB 344,257
巴黎苏富比 2022-09-28

506 卡地亚 珐琅和金戒指，"黑豹"
估　价：EUR 5,000~7,000
成交价：RMB 44,032
巴黎苏富比 2022-09-30

51 卡地亚 21.98克拉蓝宝石、祖母绿和钻石
戒指
估　价：USD 100,000~150,000
成交价：RMB 2,329,498
纽约佳士得 2022-04-13

174 卡地亚 5.01克拉F颜色VS1净度无荧光钻
石戒指
估　价：EUR 80,000~120,000
成交价：RMB 818,556
巴黎佳士得 2022-07-07

754 卡地亚 黄金和钻石戒指
估　价：EUR 10,000~15,000
成交价：RMB 223,767
巴黎苏富比 2022-09-28

549 卡地亚 3.01克拉H颜色VVS1净度钻石戒指
估　价：GBP 25,000~35,000
成交价：RMB 288,093
伦敦佳士得 2022-06-16

1861 卡地亚 5.58克拉榄尖形D色内部无瑕钻
石戒指
估　价：HKD 2,000,000~3,000,000
成交价：RMB 2,160,144
香港苏富比 2022-04-29

803 卡地亚 蓝宝石和钻石戒指
估　价：EUR 4,000~6,000
成交价：RMB 51,639
巴黎苏富比 2022-09-28

18 卡地亚 蓝宝石戒指
估　价：USD 15,000~20,000
成交价：RMB 503,753
纽约佳士得 2022-06-08

2992 卡地亚 镶嵌12.84克拉天然斯里兰卡未
经加热蓝宝石配钻石戒指
估　价：HKD 1,600,000~2,600,000
成交价：RMB 1,404,093
香港苏富比 2022-04-15

161 卡地亚 钻石和缟玛瑙 "PANTHÈRE" 戒指
估　价：EUR 12,000~14,000
成交价：RMB 120,629
巴黎佳士得 2022-07-07

253 卡地亚 珊瑚和钻石戒指
估　价：EUR 5,000~7,000
成交价：RMB 43,082
巴黎佳士得 2022-07-07

38 卡地亚 星光蓝宝石和蓝宝石戒指
估　价：USD 40,000~60,000
成交价：RMB 281,146
纽约佳士得 2022-04-13

1853 卡地亚 钻石及红宝石配贝母及祖母绿
戒指
估　价：HKD 180,000~280,000
成交价：RMB 648,043
香港苏富比 2022-04-29

1867 卡地亚 镶嵌 10.16克拉圆形E色内部无
瑕钻石戒指
估　价：HKD 5,500,000~8,000,000
成交价：RMB 5,616,374
香港苏富比 2022-04-29

2045 卡地亚设计 8.388克拉缅甸红宝石配钻石戒指，未经加热
成交价：RMB 49,248,000
保利香港 2022-07-13

309 蓝宝石、祖母绿、钻石和缟玛瑙戒指，
"Panthère"，卡地亚
估　价：CHF 20,000~30,000
成交价：RMB 415,129
日内瓦苏富比 2022-11-09

181 蓝宝石和钻石戒指
估　价：USD 6,000~8,000
成交价：RMB 43,724
纽约佳士得 2022-02-10

138 蓝宝石和钻石戒指
估　价：USD 12,000~18,000
成交价：RMB 126,619
纽约佳士得 2022-06-11

6 蓝宝石和钻石戒指
估　价：CHF 80,000~120,000
成交价：RMB 1,070,695
日内瓦佳士得 2022-11-08

218 蓝宝石和钻石戒指
估　价：USD 20,000~30,000
成交价：RMB 441,115
纽约佳士得 2022-04-08

233 蓝宝石和钻石戒指
估　价：USD 8,000~12,000
成交价：RMB 236,355
纽约佳士得 2022-06-11

40 蓝宝石和钻石戒指
估　价：CHF 60,000~80,000
成交价：RMB 651,727
日内瓦佳士得 2022-11-08

108 蓝宝石和钻石戒指
估　价：USD 4,000~6,000
成交价：RMB 46,427
纽约佳士得 2022-06-10

758 蓝宝石和钻石戒指
估　价：EUR 8,000~12,000
成交价：RMB 60,245
巴黎苏富比 2022-09-28

1028 蓝色鲨鱼皮、白金和黑金、钻石和蓝宝石戒指
估　价：GBP 6,500~8,500
成交价：RMB 50,531
伦敦苏富比 2022-09-08

805 莫布桑蓝宝石、红宝石、祖母绿和钻石戒指
估　价：EUR 6,000~8,000
成交价：RMB 55,942
巴黎苏富比 2022-09-28

1038 抛光金、粉红色蓝宝石和祖母绿戒指
估　价：GBP 14,000~20,000
成交价：RMB 78,604
伦敦苏富比 2022-09-08

486 蓝色托帕石和钻石戒指
估　价：EUR 1,200~1,600
成交价：RMB 11,448
巴黎苏富比 2022-09-30

466 浓绿石榴石戒指
估　价：EUR 3,000~5,000
成交价：RMB 28,180
巴黎苏富比 2022-09-30

2898 帕拉伊巴碧玺配钻石戒指
估　价：HKD 240,000~360,000
成交价：RMB 280,818
香港苏富比 2022-04-15

1846 刘孝鹏设计 9.66克拉天然"克什米尔"未经加热蓝宝石配钻石戒指
估　价：HKD 9,000,000~15,000,000
成交价：RMB 9,137,752
香港苏富比 2022-04-29

15 青金石钻石戒指
估　价：EUR 6,000~8,000
成交价：RMB 43,082
巴黎佳士得 2022-07-07

465 沙弗莱石榴石和钻石戒指
估　价：EUR 5,000~7,000
成交价：RMB 48,435
巴黎苏富比 2022-09-30

29 双石祖母绿和钻石戒指
估　价：USD 6,000~8,000
成交价：RMB 95,480
纽约佳士得 2022-02-09

154 坦桑石和钻石戒指
估　价：USD 8,000~12,000
成交价：RMB 60,152
坦桑石 21.37mm × 16.73mm × 9.00mm
纽约佳士得 2022-04-08

439 珊瑚和钻石戒指
估　价：EUR 2,000~3,000
成交价：RMB 17,613
巴黎苏富比 2022-09-30

2 双体珍珠和钻石戒指
估　价：EUR 8,000~12,000
成交价：RMB 146,479
巴黎佳士得 2022-07-07

141 坦桑石和钻石戒指
估　价：USD 8,000~12,000
成交价：RMB 160,384
坦桑石 19.60mm × 19.02mm × 15.22mm
纽约佳士得 2022-06-11

1878 尚美 5.82克拉天然 "克什米尔"未经
加热蓝宝石配钻石戒指
估　价：HKD 3,200,000~4,800,000
成交价：RMB 3,646,541
香港苏富比 2022-10-07

79 坦桑石和钻石戒指
估　价：USD 4,000~6,000
成交价：RMB 95,399
坦桑石 24.80mm × 17.66mm × 12.06mm
纽约佳士得 2022-02-10

1864 天然 "帝王绿"翡翠配钻石戒指
估　价：HKD 2,400,000~3,500,000
成交价：RMB 2,506,997
翡翠19.39mm × 15.33mm × 7.62mm
香港苏富比 2022-10-07

1844 天然"帝王绿"翡翠配钻石戒指
估　价：HKD 3,800,000~4,800,000
成交价：RMB 4,104,273
翡翠18.62mm × 14.86mm × 8.01mm
香港苏富比 2022-04-29

1832 天然翡翠蛋面戒指
估　价：HKD 80,000~120,000
成交价：RMB 162,235
蛋面16.3mm × 11.6mm × 5.9mm
佳士得 2022-11-28

1900 天然翡翠蛋面戒指
估　价：HKD 880,000~1,500,000
成交价：RMB 1,738,233
蛋面17.0mm × 14.0mm × 8.5mm
佳士得 2022-11-28

4811 天然帝王绿翡翠马鞍指环
估　价：RMB 520,000~650,000
成交价：RMB 598,000
中国嘉德 2022-06-27

1895 天然翡翠蛋面戒指
估　价：HKD 80,000~120,000
成交价：RMB 162,235
蛋面18.7mm × 13.2mm × 7.1mm
佳士得 2022-11-28

1838 天然翡翠戒指
估　价：HKD 60,000~80,000
成交价：RMB 75,323
翡翠19.3mm × 12.9mm 佳士得 2022-11-28

1831 天然翡翠蛋面戒指
估　价：HKD 65,000~95,000
成交价：RMB 104,293
蛋面16.7mm × 14.0mm × 8.7mm
佳士得 2022-11-28

1896 天然翡翠蛋面戒指
估　价：HKD 160,000~250,000
成交价：RMB 301,293
蛋面19.36mm × 15.17mm × 9.30mm
佳士得 2022-11-28

1824 天然翡翠戒指
估　价：HKD 80,000~150,000
成交价：RMB 162,010
翡翠21.50mm × 14.45mm × 3.76mm
香港苏富比 2022-04-29

1848 天然翡翠戒指
估　价：HKD 800,000~1,200,000
成交价：RMB 569,772
香港苏富比 2022-10-07

1887 天然翡翠配钻石戒指
估　价：HKD 2,200,000~3,500,000
成交价：RMB 1,595,362
香港苏富比 2022-10-07

1802 天然斯里兰卡未经加热星光蓝宝石配钻
石戒指
估　价：HKD 90,000~150,000
成交价：RMB 540,036
香港苏富比 2022-04-29

1975 天然翡翠马鞍戒指
估　价：HKD 480,000~680,000
成交价：RMB 556,234
马鞍21.1mm×7.1mm×4.4mm
佳士得 2022-11-28

1925 天然翡翠配钻石戒指
估　价：HKD 3,500,000~5,000,000
成交价：RMB 3,988,404
翡翠22.10mm×18.76mm×7.12mm
香港苏富比 2022-10-07

94 天然珍珠和钻石戒指
估　价：USD 5,000~7,000
成交价：RMB 25,667
纽约佳士得 2022-04-07

1826 天然翡翠马鞍戒指
估　价：HKD 80,000~150,000
成交价：RMB 97,206
香港苏富比 2022-04-29

2812 天然翡翠配钻石戒指
估　价：HKD 3,000,000~3,500,000
成交价：RMB 2,808,187
香港苏富比 2022-04-15

423 天然珍珠和钻石戒指
估　价：EUR 1,000~1,500
成交价：RMB 16,732
巴黎苏富比 2022-09-30

272 香奈儿 "CAMELIA" 钻石和彩色钻石
戒指
估　价：EUR 20,000~30,000
成交价：RMB 275,724
巴黎佳士得 2022-07-07

156 星光蓝宝石和钻石戒指
估　价：USD 8,000~12,000
成交价：RMB 48,122
纽约佳士得 2022-04-08

110 养殖珍珠和钻石戒指组
估　价：USD 5,000~7,000
成交价：RMB 42,206
纽约佳士得 2022-06-10

410 萧邦 钻石戒指
估　价：EUR 1,000~1,500
成交价：RMB 14,090
巴黎苏富比 2022-09-30

348 养殖巴洛克珍珠和钻石戒指
估　价：EUR 2,600~3,500
成交价：RMB 22,897
巴黎苏富比 2022-09-30

786 伊利亚斯·拉劳尼斯 黄金戒指
成交价：RMB 12,910
巴黎苏富比 2022-09-28

241 星光蓝宝石和钻石戒指
估　价：USD 8,000~12,000
成交价：RMB 135,148
纽约佳士得 2022-02-10

162 养殖珍珠和彩色钻石戒指
估　价：USD 5,000~7,000
成交价：RMB 27,012
纽约佳士得 2022-06-11

1859 赵心绮 1.81克拉椭圆形 D色 钻石配红宝
石戒指
估　价：HKD 700,000~1,200,000
成交价：RMB 1,367,453
香港苏富比 2022-10-07

66 祖母绿和钻石戒指
估 价：USD 60,000~80,000
成交价：RMB 361,474
纽约佳士得 2022-04-13

40 紫红色玫瑰 8.82克拉，浓彩深紫粉色，自然色，VVS1净度，可能内部无瑕，IIa型彩色钻石
和钻石戒指
估 价：USD 4,000,000~6,000,000
成交价：RMB 43,223,856
纽约佳士得 2022-04-13

512 紫水晶和钻石鸡尾酒戒指
估 价：EUR 1,500~2,400
成交价：RMB 16,732
巴黎苏富比 2022-09-30

86 祖母绿、彩色钻石和钻石戒指
估 价：USD 7,000~10,000
成交价：RMB 75,971
纽约佳士得 2022-06-10

243 祖母绿和钻石戒指
估 价：USD 20,000~30,000
成交价：RMB 222,597
纽约佳士得 2022-02-10

216 紫水晶和钻石戒指 约1950年
估 价：USD 3,000~5,000
成交价：RMB 25,665
纽约佳士得 2022-04-08

50 祖母绿和钻石戒指
估 价：USD 150,000~250,000
成交价：RMB 2,088,516
纽约佳士得 2022-04-13

408 祖母绿和钻石戒指
估 价：EUR 6,000~10,000
成交价：RMB 176,128
巴黎苏富比 2022-09-30

752 祖母绿和钻石戒指
估　价：EUR 10,000~15,000
成交价：RMB 146,309
巴黎苏富比 2022-09-28

1808 祖母绿配钻石戒指
估　价：HKD 70,000~90,000
成交价：RMB 410,427
香港苏富比 2022-04-29

158 钻石永恒戒指
估　价：USD 5,000~7,000
成交价：RMB 60,152
纽约佳士得 2022-04-08

1965 祖母绿及钻石戒指
估　价：HKD 6,650,000~8,500,000
成交价：RMB 7,020,468
佳士得 2022-05-25

1938 钻石戒指
估　价：HKD 500,000~800,000
成交价：RMB 579,411
佳士得 2022-11-28

79 钻石永恒戒指
估　价：USD 10,000~15,000
成交价：RMB 185,707
纽约佳士得 2022-06-10

1841 祖母绿及钻石戒指
估　价：HKD 2,500,000~3,500,000
成交价：RMB 3,132,208
佳士得 2022-05-25

567 钻石戒指，约1910年及以后
估　价：GBP 4,000~6,000
成交价：RMB 30,867
伦敦佳士得 2022-06-16

175 钻石永恒戒指
估　价：USD 25,000~35,000
成交价：RMB 270,120
纽约佳士得 2022-06-11

509 佐拉布 有色宝石戒指
估　价：EUR 5,000~7,000
成交价：RMB 36,987
巴黎苏富比 2022-09-30

1 1.62克拉浓彩黄色钻石、钻石和养殖珍珠
耳环
估　价：USD 15,000~20,000
成交价：RMB 251,877
长2.7cm×2 纽约佳士得 2022-06-08

61 10.36克拉和9.87克拉祖母绿和钻石耳环
估　价：CHF 350,000~550,000
成交价：RMB 3,258,637
长3.8cm×2 日内瓦佳士得 2022-11-08

耳　饰

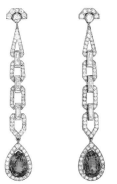

4718 "铃兰花"钻石耳环
估　价：RMB 85,000~150,000
成交价：RMB 101,200
耳环35mm×31mm×2 中国嘉德 2022-12-15

76 1.95克拉和1.69克拉祖母绿和钻石耳环
估　价：USD 20,000~30,000
成交价：RMB 268,668
长6.0cm×2 纽约佳士得 2022-06-08

31 1.62克拉和1.58克拉彩色钻石和钻石耳环
估　价：USD 10,000~15,000
成交价：RMB 76,887
1.0cm×1.0cm×2 纽约佳士得 2022-08-18

1955 10.04克拉及10.03克拉梨形D/VVS1 Type IIa钻石耳环
估　价：HKD 8,800,000~12,000,000
成交价：RMB 12,112,449
长3.6cm×2 佳士得 2022-11-28

1920 10.98克拉及10.11克拉梨形D/FL(极优打磨及比例) 钻石耳环
估　价：HKD 11,500,000~15,000,000
成交价：RMB 14,272,380
耳环长3.9cm×2 佳士得 2022-05-25

10 12.13克拉和11.04克拉梨形蓝宝石和钻石耳环
估　价：CHF 100,000~150,000
成交价：RMB 1,443,111
长5.0cm×2 日内瓦佳士得 2022-11-08

87 11.55克拉和11.02克拉钻石耳环
估　价：USD 1,100,000~1,500,000
成交价：RMB 8,795,688
长3.4cm×2 纽约佳士得 2022-06-08

336 13.73克拉和13.42克拉蓝宝石和钻石耳夹一对，海瑞·温斯顿
估　价：CHF 90,000~200,000
成交价：RMB 2,952,029
日内瓦苏富比 2022-11-09

85 13.79克拉和12.14克拉祖母绿和钻石耳环一对
估　价：USD 1,000,000~1,800,000
成交价：RMB 8,395,884
4.7cm×1.5cm×2 纽约佳士得 2022-06-08

1973 15.59克拉及15.12克拉圆形D/IF Type IIa (极优切割、打磨及比例) 钻石耳环
估　价：HKD 20,000,000~30,000,000
成交价：RMB 18,901,260
耳环长1.8cm×2 佳士得 2022-05-25

55 2.2克拉和2.29克拉钻石和钻石耳环
估　价：EUR 25,000~35,000
成交价：RMB 516,983
1.7cm×1.0cm×2 巴黎佳士得 2022-07-07

1813 2.53及2.51克拉圆形F-E/IF-VVS1(极优切割、打磨及比例) 钻石耳环
估　价：HKD 600,000~800,000
成交价：RMB 811,175
耳环长0.9cm×2 佳士得 2022-11-28

4784 2.56克拉及2.53克拉哥伦比亚祖母绿耳环
估　价：RMB 380,000~580,000
成交价：RMB 437,000
耳环14mm×14mm×2 中国嘉德 2022-12-15

7590 2.62及2.53克拉哥伦比亚祖母绿配钻石耳环，未经注油
估　价：RMB 880,000~1,000,000
成交价：RMB 897,000
耳环长2.4cm×2 北京保利 2022-07-28

1904 2.66及2.17克拉天然"巴西"未经处理亚历山大变色石配钻石耳坠一对
估　价：HKD 650,000~850,000
成交价：RMB 740,704
香港苏富比 2022-10-07

708 2.94克拉和3.72克拉钻石吊坠耳夹一对
估　价：EUR 20,000~40,000
成交价：RMB 516,386
巴黎苏富比 2022-09-28

1842 2.94克拉及2.94克拉祖母绿及钻石耳环
估　价：HKD 1,500,000~2,500,000
成交价：RMB 1,620,108
佳士得 2022-05-25

1961 21.69克拉及21.23克拉蓝宝石及钻石耳环
估　价：HKD 6,400,000~9,500,000
成交价：RMB 7,020,468
佳士得 2022-05-25

1881 2.98及2.97克拉长方形哥伦比亚天然祖
母绿耳环
估　价：HKD 1,500,000~1,800,000
成交价：RMB 1,738,233
长2.7cm×2 佳士得 2022-11-28

23 21.81克拉和18.23克拉蓝宝石和钻石耳环
20世纪早期
估　价：CHF 30,000~50,000
成交价：RMB 605,175
长2.2cm×2 日内瓦佳士得 2022-11-08

6501 26.86克拉鸽血红红宝石配钻石耳饰
估　价：RMB 3,200,000~3,600,000
成交价：RMB 3,910,000
永乐拍卖 2022-07-26

1814 3.01及3.00克拉心形艳彩黄色VS2钻石
耳环
估　价：HKD 900,000~1,200,000
成交价：RMB 1,100,880
耳环长2.2cm×2 佳士得 2022-11-28

1848 3.05及3.02克拉心形D-E/VS2-VS1钻石
耳环
估　价：HKD 500,000~800,000
成交价：RMB 579,411
耳环长1.0cm×2 佳士得 2022-11-28

876 3.06克拉和3.18克拉钻石耳钉一对
估　价：EUR 35,000~45,000
成交价：RMB 413,109
直径约9mm×2 巴黎苏富比 2022-09-28

1812 3.48克拉及3.37克拉天然缅甸未经加热
红宝石配钻石耳环一对
估　价：HKD 2,000,000~3,000,000
成交价：RMB 2,376,158
香港苏富比 2022-04-29

1806 4.00克拉及4.00克拉彩黄色钻石配钻石
耳坠一对
估　价：HKD 700,000~1,200,000
成交价：RMB 810,054
香港苏富比 2022-04-29

135 3.22克拉和3.05克拉钻石耳环
估　价：USD 20,000~30,000
成交价：RMB 202,590
长3.8cm×2 纽约佳士得 2022-06-11

4793 3.96克拉及3.69克拉哥伦比亚祖母绿配
钻石耳环 未经注油
估　价：RMB 2,300,000~3,200,000
成交价：RMB 2,990,000
耳环长36mm×2 中国嘉德 2022-12-15

1847 4.04及4.01克拉圆形E-F/VS2-VS1(极优
切割及比例)钻石耳环
估　价：HKD 1,500,000~2,500,000
成交价：RMB 1,738,233
耳环长1.1cm×2 佳士得 2022-11-28

1866 3.29及3.01克拉梨形D/I1-SI2钻石耳环
估　价：HKD 450,000~650,000
成交价：RMB 486,705
耳环长2.7cm×2 佳士得 2022-11-28

242 30.06克拉和27.56克拉祖母绿及钻石耳环
一对
估　价：CHF 120,000~220,000
成交价：RMB 1,660,516
日内瓦苏富比 2022-11-09

1916 4.11克拉及4.03克拉方形 D色 内部无瑕
及完美无瑕钻石耳坠一对
估　价：HKD 1,800,000~2,600,000
成交价：RMB 2,165,134
香港苏富比 2022-10-07

1959 4.11克拉及4.05克拉椭圆形缅甸天然鸽血红红宝石耳环
估　价：HKD 12,800,000~18,000,000
成交价：RMB 13,105,725
耳环长4.5cm×2 佳士得 2022-11-28

1873 5.18克拉及5.18克拉梨形 D色 完美无瑕
钻石耳坠一对
估　价：HKD 4,500,000~6,000,000
成交价：RMB 4,330,267
香港苏富比 2022-10-07

13 4.17克拉和4.13克拉红宝石和钻石耳环
估　价：CHF 150,000~250,000
成交价：RMB 2,725,350
长2.6cm×2 日内瓦佳士得 2022-05-11

1807 5.05克拉及5.01克拉方形D色完美无瑕
及内部无瑕钻石耳坠一对
估　价：HKD 3,000,000~4,000,000
成交价：RMB 2,052,136
香港苏富比 2022-04-29

1941 5.24及5.02克拉长方形F/VS2-VS1耳环
估　价：HKD 3,500,000~5,500,000
成交价：RMB 3,708,230
长2.4cm×2 佳士得 2022-11-28

1856 4.79及4.55克拉枕形缅甸天然尖晶石耳环
估　价：HKD 80,000~120,000
成交价：RMB 162,235
耳环长1.6cm×2 佳士得 2022-11-28

1967 5.12克拉及5.08克拉有色钻石耳环
估　价：HKD 3,200,000~5,000,000
成交价：RMB 3,888,259
耳环长0.9cm×2 佳士得 2022-05-25

1963 5.27及5.05克拉圆形D/VVS2(极优切割)
钻石耳环
估　价：HKD 3,200,000~5,000,000
成交价：RMB 4,055,877
耳环1.3cm×2 佳士得 2022-11-28

190 5.35克拉和4.49克拉蓝宝石和钻石耳环
估　价：USD 10,000~15,000
成交价：RMB 96,243
长2.5cm×2 纽约佳士得 2022-04-08

666 5.59克拉和4.81克拉祖母绿和钻石耳环
估　价：GBP 30,000~50,000
成交价：RMB 308,671
长1.5cm×2 伦敦佳士得 2022-06-16

58 6.26克拉和5.63克拉钻石耳环
估　价：USD 380,000~450,000
成交价：RMB 2,811,463
长3.5cm×2 纽约佳士得 2022-04-13

1971 5.44及5.04克拉长方形哥伦比亚天然祖
母绿耳环
估　价：HKD 3,800,000~5,800,000
成交价：RMB 3,766,171
长3.7cm×2 佳士得 2022-11-28

1883 6.06克拉及6.05克拉彩黄色钻石配钻石
耳坠一对
估　价：HKD 900,000~1,500,000
成交价：RMB 968,612
香港苏富比 2022-10-07

1870 6.31及6.05克拉梨形D/VVS1钻石耳环
估　价：HKD 4,000,000~6,000,000
成交价：RMB 3,708,230
长2.7cm×2 佳士得 2022-11-28

7 5.57克拉和5.45克拉钻石耳钉
估　价：USD 250,000~350,000
成交价：RMB 1,964,902
纽约佳士得 2022-08-18

41 6.17克拉和6.11克拉红宝石和钻石耳环
估　价：USD 120,000~200,000
成交价：RMB 839,588
长3.2cm×2 纽约佳士得 2022-06-08

2123 6.37克拉及5.88克拉哥伦比亚祖母绿配
钻石耳环，未经注油
估　价：HKD 2,800,000~3,800,000
成交价：RMB 2,872,800
耳环长3.8cm×2 保利香港 2022-07-13

1933 6.50克拉及4.27克拉天然斯里兰卡未经加热蓝宝石配钻石耳坠一对
估　价：HKD 350,000~500,000
成交价：RMB 398,840
香港苏富比 2022-10-07

60 BHAGAT 钻石和蓝宝石耳环
估　价：USD 30,000~50,000
成交价：RMB 839,588
2.8cm×2.8cm×2 纽约佳士得 2022-06-08

148 CHAUMET 珊瑚和钻石耳环
估　价：EUR 5,000~6,000
成交价：RMB 60,315
5.0cm×2.0cm×2 巴黎佳士得 2022-07-07

1943 8.02及7.13克拉梨形S-T及U-V/VS1-SI2钻石耳环
估　价：HKD 800,000~1,200,000
成交价：RMB 834,351
长4.5cm×2 佳士得 2022-11-28

74 BUCCELLATI 灰色养殖珍珠、钻石和双色金花卉耳环
估　价：USD 6,000~8,000
成交价：RMB 47,699
4.0cm×3.8cm×2 纽约佳士得 2022-02-10

642 DE GRISOGONO 红宝石和钻石 "GOCCE" 耳环
估　价：GBP 8,000~12,000
成交价：RMB 77,168
长6.5cm×2 伦敦佳士得 2022-06-16

147 ADLER 养殖珍珠和钻石耳环
估　价：USD 5,000~7,000
成交价：RMB 50,647
3.5cm×3.4cm×2 纽约佳士得 2022-06-11

159 BUCCELLATI 钻石和金 "ÉTOILÉE" 耳环
估　价：USD 3,000~5,000
成交价：RMB 46,427
5.0cm×1.6cm×2 纽约佳士得 2022-06-11

540 DE GRISOGONO 金和钻石 "吉普赛" 耳环
估　价：GBP 15,000~20,000
成交价：RMB 195,492
长5.8cm×4.0cm×2
伦敦佳士得 2022-06-16

655 DE GRISOGONO 钻石耳环
估　价：GBP 15,000~20,000
成交价：RMB 144,046
长5.5cm×2 伦敦佳士得 2022-06-16

564 DRAYSON 红宝石和钻石耳环
估　价：GBP 10,000~15,000
成交价：RMB 102,890
2.7cm×2 伦敦佳士得 2022-06-16

228 ILIAS LALAOUNIS 金耳环
估　价：USD 4,000~6,000
成交价：RMB 31,800
长10.2cm×2 纽约佳士得 2022-02-10

150 DE GRISOGONO 钻石和金 "ALLEGRA"
耳环
估　价：USD 5,000~7,000
成交价：RMB 88,223
4.4cm×2 纽约佳士得 2022-04-08

212 ELIZABETH GAGE 养殖珍珠和蓝宝石
耳环
估　价：USD 4,000~6,000
成交价：RMB 16,882
3.0cm×2.4cm×2 纽约佳士得 2022-06-11

118 ILIAS LALAOUNIS 钻石和金耳环
估　价：USD 5,000~7,000
成交价：RMB 48,126
长8.0cm×2 纽约佳士得 2022-04-07

175 DENISE ROBERGE 钻石和金耳环
估　价：USD 10,000~15,000
成交价：RMB 48,122
3.2cm×1.6cm×2 纽约佳士得 2022-04-08

33 HENRI PICQ 15.39克拉和14.85克拉钻石耳环
估　价：CHF 1,500,000~2,500,000
成交价：RMB 15,029,633
长3.4cm×2 日内瓦佳士得 2022-11-08

2016 JACQUES TIMEY为海瑞・温斯顿设计
2.10及2.08克拉哥伦比亚祖母绿配钻石耳环
估　价：HKD 380,000~560,000
成交价：RMB 430,920
耳环长4.5cm×2 保利香港 2022-07-13

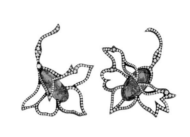

67 JAR 粉色托帕石和钻石"FLEURS"耳环
估　价：USD 60,000~80,000
成交价：RMB 1,175,424
5.3cm×3.8cm×2 纽约佳士得 2022-06-08

24 JAR 闪锌矿和钻石"煮鸡蛋"耳环
估　价：CHF 160,000~220,000
成交价：RMB 2,214,347
长4.1cm×2 日内瓦佳士得 2022-05-11

25 JAR 多宝石"圆盘"吊坠耳环
估　价：CHF 120,000~150,000
成交价：RMB 1,873,678
长8.8cm×2 日内瓦佳士得 2022-05-11

70 JAR 蓝宝石、钻石和绿色石榴石耳环
估　价：USD 200,000~300,000
成交价：RMB 2,350,848
5.7cm×4.9cm×2 纽约佳士得 2022-06-08

10 JAR "栀子花"耳环
估　价：USD 2,000~3,000
成交价：RMB 101,295
5.5cm×5.8cm×2 纽约佳士得 2022-06-10

64 JAR 多宝石和钻石橡树叶耳环
估　价：USD 100,000~150,000
成交价：RMB 3,358,354
纽约佳士得 2022-06-08

21 JAR 绿碧玺"螺旋形"耳环
估　价：CHF 120,000~150,000
成交价：RMB 1,362,675
长5.3cm×2 日内瓦佳士得 2022-05-11

501 J.K. 罗琳的格拉夫钻石"瀑布"耳环
估　价：GBP 30,000~50,000
成交价：RMB 267,515
长9.7cm×2 伦敦佳士得 2022-06-16

231 MICHELE DELLA VALLE 黄水晶、紫水晶和钻石耳环
估　价：USD 4,000~6,000
成交价：RMB 67,530
3.1cm×3.1cm×2 纽约佳士得 2022-06-11

259 MISH 钻石耳环
估　价：USD 8,000~12,000
成交价：RMB 33,389
纽约佳士得 2022-02-10

53 POMELLATO 钻石和彩色钻石 "TANGO" 耳环
估　价：USD 2,000~3,000
成交价：RMB 27,012
长6.5cm×2 纽约佳士得 2022-06-10

170 MICHELE DELLA VALLE 蓝色托帕石和钻石耳环
估　价：USD 3,000~5,000
成交价：RMB 33,685
长5.0cm×2 纽约佳士得 2022-04-08

215 PAUL KUTCHINKY 钻石和黄金项链、耳环首饰组合
估　价：USD 10,000~15,000
成交价：RMB 88,223
项链长40.6cm；耳环长3.8cm×2
纽约佳士得 2022-04-08

14 REZA 祖母绿和钻石耳环
估　价：CHF 100,000~150,000
成交价：RMB 1,447,842
长6.8cm×2 日内瓦佳士得 2022-05-11

226 MISH 养殖珍珠和处理过的彩色钻石 "TORTUGA" 耳环
估　价：USD 5,000~7,000
成交价：RMB 64,162
长3.7cm×2 纽约佳士得 2022-04-08

42 MOUAWAD 6.54克拉和6.24克拉蓝宝石和钻石耳环
估　价：CHF 500,000~700,000
成交价：RMB 4,769,362
日内瓦佳士得 2022-05-11

152 REZA 钻石耳环
估　价：USD 10,000~15,000
成交价：RMB 96,243
长5.2cm×2 纽约佳士得 2022-04-08

195 Seaman SCHEPPS 橄榄石和钻石首饰套装
估　价：USD 5,000~7,000
成交价：RMB 30,210
耳环2.2cm×1.8cm×2
纽约佳士得 2022-02-10

54 THEODOROS 祖母绿和珍珠耳环
估　价：CHF 75,000~120,000
成交价：RMB 936,839
3.1cm×3.4cm×2 日内瓦佳士得 2022-05-11

229 REZA 钻石耳环
估　价：USD 10,000~15,000
成交价：RMB 67,530
长5.2cm×2 纽约佳士得 2022-06-11

111 Seaman SCHEPPS 蓝宝石、彩色蓝宝石和橄榄石耳环
估　价：USD 4,000~6,000
成交价：RMB 22,459
2.2cm×1.8cm×2 纽约佳士得 2022-04-07

13 VERDURA 多宝石 "FULCO" 耳环
估　价：USD 6,000~8,000
成交价：RMB 51,718
2.4cm×2.4cm×2 纽约佳士得 2022-02-09

225 ROBERT PROCOP 钻石耳环
估　价：USD 4,000~6,000
成交价：RMB 17,645
2.2cm×0.6cm×2 纽约佳士得 2022-04-08

220 TAFFIN 绿松石和钻石耳环
估　价：USD 5,000~7,000
成交价：RMB 52,132
2.2cm×2.2cm×2 纽约佳士得 2022-04-08

14 VERDURA 绿色碧玺和金耳环
估　价：USD 4,000~6,000
成交价：RMB 39,783
2.8cm×2.3cm×2 纽约佳士得 2022-02-09

18 VERDURA 紫水晶、绿色碧玺和金色"拜占庭"耳环
估　价：USD 5,000~7,000
成交价：RMB 35,805
2.8cm × 2.3cm × 2 纽约佳士得 2022-02-09

2129 巴西帕拉伊巴碧玺配钻石戒指及耳环套装
估　价：HKD 880,000~1,200,000
成交价：RMB 902,880
耳环长3cm × 2 保利香港 2022-07-13

32 宝格丽 7.41克拉和7.14克拉的浅黄色彩色钻石和钻石耳环
估　价：CHF 120,000~180,000
成交价：RMB 2,299,514
日内瓦佳士得 2022-05-11

107 奥斯卡·海曼兄弟 蓝宝石和钻石耳环
估　价：USD 10,000~15,000
成交价：RMB 112,294
2.5cm × 1.8cm × 2 纽约佳士得 2022-04-07

1024 白金，蓝色、黄色和精美蓝宝石耳环一对
估　价：GBP 20,000~30,000
成交价：RMB 134,749
长度约为29mm × 2 伦敦苏富比 2022-09-08

619 宝格丽 宝石镶嵌钻石耳环
估　价：GBP 8,000~12,000
成交价：RMB 82,312
长2.2cm × 2 伦敦佳士得 2022-06-16

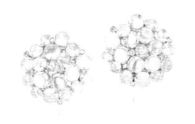

164 奥斯卡·海曼兄弟 养殖珍珠和钻石耳环
估　价：USD 6,000~8,000
成交价：RMB 48,122
2.5cm × 2.5cm × 2 纽约佳士得 2022-04-08

1048 白金、月长石和钻石耳夹一对
估　价：GBP 11,000~16,000
成交价：RMB 359,332
直径约35mm × 2 伦敦苏富比 2022-09-08

211 宝格丽 橄榄石和粉色碧玺耳环
估　价：USD 4,000~6,000
成交价：RMB 40,101
2.2cm × 2.2cm × 2 纽约佳士得 2022-04-08

140 宝格丽 红宝石和钻石花朵耳环
估　价：USD 8,000~12,000
成交价：RMB 96,243
长1.2cm×2 纽约佳士得 2022-04-08

511 宝格丽 珍珠母贝和钻石吊坠耳环一对
估　价：EUR 4,000~6,000
成交价：RMB 35,226
长约35mm×2 巴黎苏富比 2022-09-30

592 宝格丽 钻石 "PARENTESI" 耳环
估　价：GBP 6,000~8,000
成交价：RMB 123,468
长4.5cm×2 伦敦佳士得 2022-06-16

16 宝格丽 蓝宝石和钻石耳环
估　价：USD 40,000~60,000
成交价：RMB 688,462
长3.3cm×2 纽约佳士得 2022-06-08

556 宝格丽 紫水晶、碧玺和钻石耳环
估　价：GBP 8,000~12,000
成交价：RMB 82,312
伦敦佳士得 2022-06-16

186 宝格丽 钻石和金耳环
估　价：USD 5,000~7,000
成交价：RMB 31,800
纽约佳士得 2022-02-10

115 宝格丽 养殖珍珠和钻石耳环
估　价：USD 4,000~6,000
成交价：RMB 48,126
长2.4cm×2 纽约佳士得 2022-04-07

34 宝格丽 祖母绿、水晶和钻石项链和耳环套装
估　价：CHF 130,000~180,000
成交价：RMB 1,703,344
项链长38.3cm；耳环长1.9cm×2
日内瓦佳士得 2022-05-11

7618 宝诗龙 3.11克拉及2.99克拉克什米尔蓝
宝石配钻石耳环，未经加热
估　价：RMB 2,200,000~2,600,000
成交价：RMB 2,070,000
耳环长1.8cm×2 北京保利 2022-07-28

1968 宝石耳环
估　价：HKD 500,000~800,000
成交价：RMB 1,158,822
长5.8cm×2 佳士得 2022-11-28

179 彩色钻石耳环
估　价：USD 25,000~35,000
成交价：RMB 158,998
6.1cm×3.4cm×2 纽约佳士得 2022-02-10

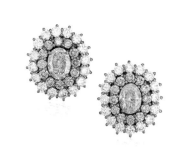

80 彩色钻石和钻石耳环
估　价：USD 12,000~18,000
成交价：RMB 160,384
1.9cm×1.6cm×2 纽约佳士得 2022-06-10

208 宝石及钻石耳坠一对
估　价：CHF 30,000~50,000
成交价：RMB 230,627
日内瓦苏富比 2022-11-09

171 彩色钻石和钻石耳环
估　价：USD 15,000~20,000
成交价：RMB 96,243
8.9cm×4.4cm×2 纽约佳士得 2022-04-08

578 彩色钻石和钻石耳环
估　价：GBP 7,000~10,000
成交价：RMB 144,046
长0.8cm×2 伦敦佳士得 2022-06-16

497 滨海B镶宝石和钻石耳夹一对
估　价：EUR 3,500~5,500
成交价：RMB 36,987
28mm×28mm×2 巴黎苏富比 2022-09-30

173 彩色钻石和钻石耳环
估　价：USD 15,000~20,000
成交价：RMB 68,172
8.3cm×3.5cm×2 纽约佳士得 2022-04-08

580 彩色钻石和钻石蝴蝶耳环
估　价：GBP 1,500~2,000
成交价：RMB 14,405
伦敦佳士得 2022-06-16

187 大卫·韦伯 珐琅、养殖珍珠和钻石首饰组
估　价：USD 8,000~12,000
成交价：RMB 101,295
耳环2.9cm×1.6cm×2
纽约佳士得 2022-06-11

50 蒂芙尼 PALOMA PICASSO 紫水晶和粉色
碧玺耳环
估　价：USD 4,000~6,000
成交价：RMB 59,089
3.1cm×2.8cm×2 纽约佳士得 2022-06-10

226 蒂芙尼 金耳环及黄金和祖母绿钥匙链
估　价：USD 3,000~5,000
成交价：RMB 17,490
耳环长2.5cm×2 纽约佳士得 2022-02-10

214 大卫·韦伯 可互换钻石、珐琅和金耳环
估　价：USD 8,000~12,000
成交价：RMB 80,203
3.5cm×1.9cm×2 纽约佳士得 2022-04-08

42 蒂芙尼 红宝石和钻石耳环
估　价：USD 6,000~8,000
成交价：RMB 127,198
1.0cm×1.0cm×2 纽约佳士得 2022-02-10

45 蒂芙尼 蓝宝石和钻石耳环
估　价：USD 6,000~8,000
成交价：RMB 151,048
1.6cm×1.3cm×2 纽约佳士得 2022-02-10

28 蒂芙尼 JEAN SCHLUMBERGER 钻石和
珐琅耳环
估　价：USD 8,000~12,000
成交价：RMB 46,427
长2.5cm×2 纽约佳士得 2022-06-10

446 蒂芙尼 黄金和钻石耳环一对
估　价：EUR 3,000~5,000
成交价：RMB 28,180
巴黎苏富比 2022-09-30

2007 蒂芙尼 紫色蓝宝石配钻石耳环
估　价：HKD 92,000~150,000
成交价：RMB 102,600
保利香港 2022-07-13

5 蒂芙尼 钻石 "蕾丝旭日形" 耳环
估　价：USD 3,000~5,000
成交价：RMB 54,868
长1.9cm×2 纽约佳士得 2022-06-10

193 蒂芙尼 钻石和金耳环
估　价：USD 5,000~7,000
成交价：RMB 35,774
长2.4cm×2 纽约佳士得 2022-02-10

1915 梵克雅宝 11.47克拉及11.40克拉 "哥伦比亚" 祖母绿配钻石耳坠一对
估　价：HKD 3,900,000~5,800,000
成交价：RMB 4,444,222
香港苏富比 2022-10-07

240 蒂芙尼 钻石 "维多利亚" 耳环
估　价：USD 2,000~4,000
成交价：RMB 46,427
0.8cm×0.8cm×2 纽约佳士得 2022-06-11

11 珐琅、钻石和金耳环
估　价：USD 3,000~5,000
成交价：RMB 38,192
长2.0cm×2 纽约佳士得 2022-02-9

35 梵克雅宝 白珊瑚和黄金首饰套装
估　价：USD 8,000~12,000
成交价：RMB 143,501
耳环2.5cm×1.9cm×2；
手链19.1cm×1.4cm
纽约佳士得 2022-06-10

48 蒂芙尼 钻石耳环
估　价：USD 3,000~5,000
成交价：RMB 37,986
2.0cm×1.6cm×2 纽约佳士得 2022-06-10

1932 梵克雅宝 11.17克拉及11.03克拉钻石耳夹一对
估　价：HKD 1,900,000~2,600,000
成交价：RMB 2,506,997
香港苏富比 2022-10-07

55 梵克雅宝 多宝石 "魔法阿尔罕布拉" 耳环
估　价：USD 5,000~7,000
成交价：RMB 48,126
7.0cm×2.2cm×2 纽约佳士得 2022-04-07

49 梵克雅宝 缟玛瑙和钻石 "MAGIC
ALHAMBRA" 耳环
估　价：USD 8,000~12,000
成交价：RMB 128,337
长5.5cm×2 纽约佳士得 2022-04-07

57 梵克雅宝 孔雀石 "PERLEE" 耳环和绿松
石 "SWEET ALHAMBRA" 耳环
估　价：USD 2,000~3,000
成交价：RMB 30,480
孔雀石耳环长1.2cm×2；
绿松石耳环长1.0cm×2
纽约佳士得 2022-04-07

7 梵克雅宝 青金石、绿松石、钻石和黄金耳环
估　价：USD 15,000~20,000
成交价：RMB 144,379
长5.7cm×2 纽约佳士得 2022-04-07

833 梵克雅宝 海蓝宝石和钻石胸针、耳环
估　价：EUR 18,000~28,000
成交价：RMB 163,522
耳环直径18mm；胸针直径27mm
巴黎苏富比 2022-09-28

50 梵克雅宝 两对缟玛瑙 "MAGIC ALHAMBRA"
耳环
估　价：USD 3,000~5,000
成交价：RMB 48,126
每个长2.1cm 纽约佳士得 2022-04-07

233 梵克雅宝 祖母绿和钻石耳环和项链，由
梵克雅宝 镶嵌
估　价：USD 10,000~15,000
成交价：RMB 112,284
项链长46.0cm；吊坠3.1cm×3.0cm
纽约佳士得 2022-04-08

530 梵克雅宝 黄金和钻石耳环
估　价：GBP 8,000~12,000
成交价：RMB 82,312
长2.2cm×2 伦敦佳士得 2022-06-16

12 梵克雅宝 玛瑙、珍珠母和钻石耳环
估　价：USD 15,000~20,000
成交价：RMB 136,358
5.7cm×1.3cm×2 纽约佳士得 2022-04-07

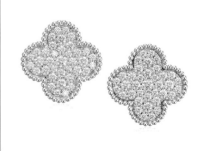

47 梵克雅宝 钻石 "魔法阿尔罕布拉" 耳环
估　价：USD 15,000~20,000
成交价：RMB 176,463
2.0cm×2.0cm×2 纽约佳士得 2022-04-07

97 梵克雅宝 钻石耳环
估　价：USD 15,000~20,000
成交价：RMB 280,736
长5.2cm×2 纽约佳士得 2022-04-07

553 梵克雅宝 钻石耳环
估　价：GBP 15,000~20,000
成交价：RMB 164,625
长2.5cm×2 伦敦佳士得 2022-06-16

175 梵克雅宝 钻石和黄金"PERLÉE"戒
指、耳环珠宝套装
估　价：USD 5,000~7,000
成交价：RMB 111,298
纽约佳士得 2022-02-10

36 梵克雅宝 钻石耳环
估　价：USD 40,000~60,000
成交价：RMB 361,474
4.7cm×1.6cm×2 纽约佳士得 2022-04-13

256 梵克雅宝 钻石耳环
估　价：EUR 10,000~15,000
成交价：RMB 224,026
5.4cm×（1.5—2.8cm）×2
巴黎佳士得 2022-07-07

22 梵克雅宝 钻石和黄金"VINTAGE
ALHAMBRA"耳环
估　价：USD 12,000~18,000
成交价：RMB 118,177
2.0cm×2.0cm×2 纽约佳士得 2022-06-10

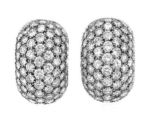

32 梵克雅宝 钻石耳环
估　价：USD 15,000~20,000
成交价：RMB 143,501
2.5cm×1.5cm×2 纽约佳士得 2022-06-10

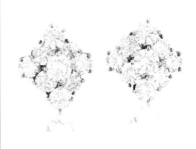

346 梵克雅宝 钻石耳夹一对
估　价：EUR 3,000~5,000
成交价：RMB 74,854
13mm×14mm×2 巴黎苏富比 2022-09-30

566 梵克雅宝 钻石花朵耳环和戒指
估　价：GBP 20,000~30,000
成交价：RMB 267,515
耳环长4.2cm×2 伦敦佳士得 2022-06-16

603 梵克雅宝 钻石戒指配钻石耳环
估　价：GBP 4,000~6,000
成交价：RMB 72,023
耳环长1.5cm×2 伦敦佳士得 2022-06-16

164 粉色碧玺、橄榄石和钻石首饰套装
估　价：USD 8,000~12,000
成交价：RMB 126,619
纽约佳士得 2022-06-11

59 缟玛瑙和钻石耳环
估　价：USD 2,000~3,000
成交价：RMB 15,194
3.0cm×2.5cm×2 纽约佳士得 2022-06-10

428 翡翠、银和金耳环一对
估　价：EUR 1,600~2,200
成交价：RMB 14,090
72mm×38mm×2 巴黎苏富比 2022-09-30

469 缟玛瑙、珊瑚和钻石吊坠耳环一对
估　价：EUR 2,000~3,000
成交价：RMB 17,613
长约45mm×2 巴黎苏富比 2022-09-30

2819 格拉夫 红宝石配钻石耳环一对
估　价：HKD 260,000~400,000
成交价：RMB 194,412
香港苏富比 2022-04-15

1856 翡翠及钻石首饰套装
估　价：HKD 2,800,000~3,800,000
成交价：RMB 2,160,144
佳士得 2022-05-25

83 缟玛瑙、钻石和种子珍珠耳环
估　价：USD 6,000~8,000
成交价：RMB 76,200
长5.8cm×2 纽约佳士得 2022-04-07

255 格拉夫 红宝石及钻石耳环一对
估　价：CHF 35,000~60,000
成交价：RMB 553,505
日内瓦苏富比 2022-11-09

7 格拉夫 钻石和彩色钻石耳环
估　价：USD 20,000~30,000
成交价：RMB 168,825
4.1cm×2.1cm×2 纽约佳士得 2022-06-10

507 古董钻石耳环
估　价：GBP 6,000~8,000
成交价：RMB 195,492
长2.8cm×2 伦敦佳士得 2022-06-16

21 海瑞·温斯顿 两枚2.06克拉D颜色VVS1净
度钻石耳环
估　价：USD 30,000~50,000
成交价：RMB 336,883
纽约佳士得 2022-04-07

267 古董珍珠和钻石耳环
估　价：USD 6,000~8,000
成交价：RMB 151,942
长7.0cm×2 纽约佳士得 2022-06-11

509 古董钻石花耳环
估　价：GBP 3,000~5,000
成交价：RMB 185,203
长2.6cm×2 伦敦佳士得 2022-06-16

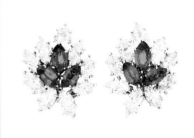

9 海瑞·温斯顿 祖母绿和钻石耳环
估　价：USD 30,000~50,000
成交价：RMB 334,178
2.6cm×2.0cm×2 纽约佳士得 2022-02-09

56 古董钻石 GIRANDOLE耳环
估　价：USD 10,000~15,000
成交价：RMB 159,522
10.5cm×3.5cm×2 纽约佳士得 2022-06-08

38 海瑞·温斯顿 6.71克拉和6.41克拉钻石耳环
估　价：USD 500,000~700,000
成交价：RMB 4,030,024
3.5cm×1.3cm×2 纽约佳士得 2022-06-08

638 海瑞·温斯顿 钻石耳环
估　价：GBP 20,000~30,000
成交价：RMB 205,781
长3.5cm×2 伦敦佳士得 2022-06-16

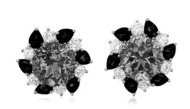

217 海蓝宝石、蓝宝石和钻石耳环
估　价：USD 5,000~7,000
成交价：RMB 36,091
1.6cm×1.6cm×2 纽约佳士得 2022-04-08

44 海瑞·温斯顿 养殖珍珠和钻石耳环
估　价：USD 5,000~7,000
成交价：RMB 111,298
2.5cm×1.3cm×2 纽约佳士得 2022-02-10

40 红宝石和钻石耳环
估　价：USD 7,000~10,000
成交价：RMB 79,499
3.8cm×0.6cm×2 纽约佳士得 2022-02-10

494 海蓝宝石和钻石吊坠耳环一对
估　价：EUR 2,000~4,000
成交价：RMB 21,135
长约40mm×2 巴黎苏富比 2022-09-30

1858 红宝石耳环
估　价：HKD 120,000~180,000
成交价：RMB 370,823
耳环长4.3cm×2 佳士得 2022-11-28

136 红宝石和钻石耳环
估　价：USD 8,000~12,000
成交价：RMB 160,406
2.3cm×1.4cm×2 纽约佳士得 2022-04-08

20 海瑞·温斯顿 6.98克拉和6.92克拉钻石耳环
估　价：CHF 400,000~600,000
成交价：RMB 5,120,716
长1.2cm×2 日内瓦佳士得 2022-11-08

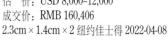
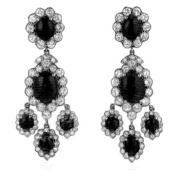

176 红宝石和钻石耳环
估　价：USD 8,000~12,000
成交价：RMB 96,243
长5.5cm×2 纽约佳士得 2022-04-08

238 红宝石和钻石耳环
估　价：USD 12,000~18,000
成交价：RMB 104,264
长3.8cm×2 纽约佳士得 2022-04-08

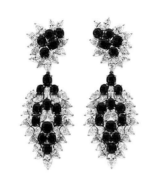

1825 红宝石及钻石耳环
估　价：HKD 950,000~1,500,000
成交价：RMB 1,026,068
佳士得 2022-05-25

779 黄金和钻石吊坠耳环一对
估　价：EUR 3,000~5,000
成交价：RMB 51,639
40mm×16mm×2 巴黎苏富比 2022-09-28

139 红宝石和钻石耳环
估　价：USD 8,000~12,000
成交价：RMB 71,751
3.3cm×1.9cm×2 纽约佳士得 2022-06-11

284 红宝石及钻石耳坠一对，1880年
估　价：CHF 12,000~18,000
成交价：RMB 129,151
日内瓦苏富比 2022-11-09

223 卡地亚 多宝石 "MELI MELO" 耳环
估　价：USD 3,000~5,000
成交价：RMB 25,665
长4.3cm×2 纽约佳士得 2022-04-08

290 红宝石和钻石耳夹一对，海瑞·温斯顿
估　价：CHF 30,000~50,000
成交价：RMB 276,753
日内瓦苏富比 2022-11-09

546 幻彩镶嵌钻石耳环
估　价：GBP 2,500~3,500
成交价：RMB 24,694
长1.5cm×2 伦敦佳士得 2022-06-16

60 卡地亚 海蓝宝石和钻石圈形耳环
估　价：USD 25,000~35,000
成交价：RMB 278,246
长2.2cm×2 纽约佳士得 2022-02-10

112 卡地亚 黑色养殖珍珠和钻石耳环
估　价：USD 5,000~7,000
成交价：RMB 29,544
4.4cm×1.3cm×2 纽约佳士得 2022-06-10

141 卡地亚 金箍耳环
估　价：USD 3,000~5,000
成交价：RMB 48,122
长3.2cm×2 纽约佳士得 2022-04-08

109 卡地亚 养殖珍珠和钻石耳环
估　价：USD 6,000~8,000
成交价：RMB 63,309
长4.4cm×2 纽约佳士得 2022-06-10

550 卡地亚 红碧玺和钻石 "CARESSE
D'ORCHIDEES" 耳环
估　价：GBP 5,000~7,000
成交价：RMB 205,781
长3.2cm×2 伦敦佳士得 2022-06-16

558 卡地亚 金圈耳环
估　价：GBP 4,000~6,000
成交价：RMB 39,098
直径4.0cm×2 伦敦佳士得 2022-06-16

147 卡地亚 珍珠、钻石和缟玛瑙
"PANTHÈRE" 耳环
估　价：USD 8,000~12,000
成交价：RMB 76,193
2.2cm×1.6cm×2 纽约佳士得 2022-04-08

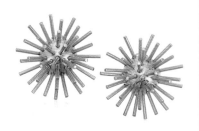

229 卡地亚 黄金 "SPUTNIK" 耳环
估　价：USD 6,000~8,000
成交价：RMB 47,699
长3.5cm×2 纽约佳士得 2022-02-10

114 卡地亚 绿玉髓和钻石耳环
估　价：USD 5,000~7,000
成交价：RMB 43,724
长4.2cm×2 纽约佳士得 2022-02-10

183 卡地亚 祖母绿、缟玛瑙和黄金
"PANTHÈRE" 吊坠耳环
估　价：USD 8,000~12,000
成交价：RMB 68,172
5.1cm×2.2cm×2 纽约佳士得 2022-04-08

31 卡地亚 钻石、祖母绿和缟玛瑙
"PANTHÈRE DE 卡地亚" 耳环
估　价：USD 30,000~50,000
成交价：RMB 587,712
6.4cm×1cm×2 纽约佳士得 2022-06-08

586 卡地亚 钻石耳环
估　价：GBP 15,000~20,000
成交价：RMB 164,625
长9.3cm×2 伦敦佳士得 2022-06-16

443 蓝宝石和珍珠母耳夹一对
估　价：EUR 4,000~6,000
成交价：RMB 35,226
巴黎苏富比 2022-09-30

36 卡地亚 钻石耳环
估　价：USD 3,000~5,000
成交价：RMB 44,116
1.0cm×1.0cm×2 纽约佳士得 2022-04-07

308 卡地亚 钻石耳夹一对
估　价：CHF 15,000~25,000
成交价：RMB 239,852
日内瓦苏富比 2022-11-09

872 蓝宝石和钻石吊坠耳环一对
估　价：EUR 5,000~7,000
成交价：RMB 43,032
长约50mm×2 巴黎苏富比 2022-09-28

47 卡地亚 钻石耳环
估　价：USD 8,000~12,000
成交价：RMB 80,192
纽约佳士得 2022-06-10

852 蓝宝石和天然珍珠耳环一对
估　价：EUR 8,000~10,000
成交价：RMB 68,851
30mm×25mm×2 巴黎苏富比 2022-09-28

240 蓝宝石和钻石耳环
估　价：USD 12,000~18,000
成交价：RMB 135,148
长3.4cm×2 纽约佳士得 2022-02-10

610 蓝宝石和钻石耳环
估　价：GBP 1,500~2,000
成交价：RMB 32,925
长3.0cm×2 伦敦佳士得 2022-06-16

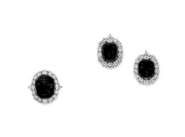

1843 蓝宝石及钻石戒指及耳环套装
估　价：HKD 1,000,000~1,500,000
成交价：RMB 4,320,288
耳环长2.3cm×2 佳士得 2022-05-25

835 绿松石、蓝宝石和钻石吊坠耳环一对
估　价：EUR 4,000~6,000
成交价：RMB 34,426
长约70mm×2 巴黎苏富比 2022-09-28

491 蓝宝石和钻石耳环一对
估　价：EUR 2,800~4,800
成交价：RMB 30,822
23mm×16mm×2 巴黎苏富比 2022-09-30

1027 蓝色钛、钻石、蓝宝石和锡兰蓝宝石耳
环一对
估　价：GBP 60,000~80,000
成交价：RMB 426,707
长45mm×2 伦敦苏富比 2022-09-8

43 绿松石和钻石耳环、胸针首饰套装
估　价：USD 6,000~8,000
成交价：RMB 59,089
耳环2.4cm×2.2cm×2；胸针3.4cm×2.8cm
纽约佳士得 2022-06-10

247 蓝宝石及钻石耳夹一对
估　价：CHF 120,000~250,000
成交价：RMB 1,752,767
日内瓦苏富比 2022-11-09

188 两对 ALEXANDRE REZA 钻石和金耳环
估　价：USD 5,000~7,000
成交价：RMB 47,699
钻石坠4.8cm×1.9cm×2；
金滴4.4cm×1.3cm×2
纽约佳士得 2022-02-10

2865 绿松石配钻石耳环一对
估　价：HKD 10,000~15,000
成交价：RMB 51,843
香港苏富比 2022-04-15

206 猫眼金绿宝石和钻石耳环
估　价：USD 8,000~12,000
成交价：RMB 120,304
2.0cm×1.6cm×2 纽约佳士得 2022-04-08

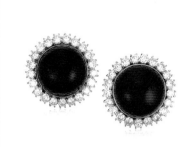

58 珊瑚和钻石耳环
估　价：USD 4,000~6,000
成交价：RMB 33,765
2.1cm×2.1cm×2 纽约佳士得 2022-06-10

80 坦桑石和钻石耳环
估　价：USD 2,000~3,000
成交价：RMB 38,159
长3.8cm×2 纽约佳士得 2022-02-10

357 莫罗尼 红宝石、蓝宝石和钻石耳环一对
估　价：EUR 2,400~3,200
成交价：RMB 22,897
47mm×35mm×2 巴黎苏富比 2022-09-30

472 珊瑚和钻石耳环一对
估　价：EUR 1,200~1,800
成交价：RMB 10,568
35mm×15mm×2 巴黎苏富比 2022-09-30

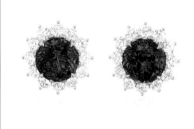

155 坦桑石和钻石耳环
估　价：USD 5,000~7,000
成交价：RMB 52,132
纽约佳士得 2022-04-08

1039 抛光金、粉红色蓝宝石和祖母绿耳环
一对
估　价：GBP 26,000~32,000
成交价：RMB 145,979
长约70mm×2 伦敦苏富比 2022-09-08

28 坦桑石和钻石耳环
估　价：USD 3,000~5,000
成交价：RMB 104,273
3.2cm×1.3cm×2 纽约佳士得 2022-04-07

142 坦桑石和钻石耳环
估　价：USD 6,000~8,000
成交价：RMB 92,854
长3.8cm×2 纽约佳士得 2022-06-11

1036 碳纤维、白金、粉红钛、钻石和粉红蓝
宝石耳环一对
估　价：GBP 30,000~40,000
成交价：RMB 190,895
长度约52mm×2 伦敦苏富比 2022-09-08

1845 天然"帝王绿"翡翠配钻石耳环一对
估　价：HKD 1,500,000~2,800,000
成交价：RMB 1,367,453
香港苏富比 2022-10-07

1836 天然翡翠耳环
估　价：HKD 50,000~80,000
成交价：RMB 301,293
耳环长5.8cm×2 佳士得 2022-11-28

1041 碳纤维、粉红色钛金属、白金、粉红色
蓝宝石和钻石耳环一对
估　价：GBP 16,000~24,000
成交价：RMB 89,833
长约55mm×2 伦敦苏富比 2022-09-08

4828 天然白冰翡翠蛋面配钻石"蝴蝶结"吊
耳环
估　价：RMB 260,000~350,000
成交价：RMB 299,000
耳环长58mm×2 中国嘉德 2022-06-27

1829 天然翡翠配月光石及钻石耳坠一对
估　价：HKD 300,000~500,000
成交价：RMB 345,623
香港苏富比 2022-04-29

4816 天然"帝王绿"翡翠蛋面配钻石耳环
估　价：RMB 2,300,000~3,000,000
成交价：RMB 2,645,000
蛋面13.5mm×12.6mm×4.6mm，
13.9mm×12.6mm×5.3mm
中国嘉德 2022-12-15

1835 天然翡翠耳环
估　价：HKD 30,000~50,000
成交价：RMB 86,911
耳环长5.0cm×2 佳士得 2022-11-28

1924 天然翡翠配钻石耳坠一对
估　价：HKD 1,800,000~2,800,000
成交价：RMB 1,823,270
香港苏富比 2022-10-07

1921 天然缅甸未经加热红宝石配钻石耳环一对
（红宝石共重约10.02克拉）
估　价：HKD 380,000~550,000
成交价：RMB 478,608
香港苏富比 2022-10-07

1820 天然珍珠耳环
估　价：HKD 50,000~80,000
成交价：RMB 63,735
耳环长2.1cm×2 佳士得 2022-11-28

339 天然珍珠及钻石耳环一对，19世纪下半
叶及以后
估　价：CHF 28,000~32,000
成交价：RMB 599,631
日内瓦苏富比 2022-11-09

600 天然水泡珍珠和钻石耳环
估　价：GBP 6,000~8,000
成交价：RMB 61,734
长5.2cm×2 伦敦佳士得 2022-06-16

312 天然珍珠和钻石吊坠耳环一对
估　价：EUR 5,000~8,000
成交价：RMB 83,661
长约60mm×2 巴黎苏富比 2022-09-30

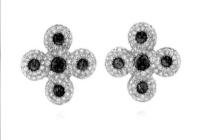

89 香奈儿蓝宝石和钻石耳环
估　价：USD 6,000~8,000
成交价：RMB 71,751
2.6cm×2.6cm×2 纽约佳士得 2022-06-10

210 天然珍珠、祖母绿和粉色蓝宝石耳环
估　价：USD 10,000~15,000
成交价：RMB 136,345
长3.3cm×2 纽约佳士得 2022-04-08

93 天然珍珠和钻石耳环
估　价：USD 5,000~7,000
成交价：RMB 33,688
2.5cm×1.1cm×2 纽约佳士得 2022-04-07

308 镶宝石、天然珍珠和钻石吊坠耳环一对
估　价：EUR 3,000~4,000
成交价：RMB 83,661
长约55mm×2 巴黎苏富比 2022-09-30

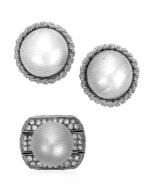

146 养殖珍珠、马贝珍珠和钻石耳环、戒指
首饰
估　价：USD 2,000~3,000
成交价：RMB 18,571
耳环长2.2cm 纽约佳士得 2022-06-11

68 养殖珍珠和钻石耳环
估　价：USD 25,000~35,000
成交价：RMB 206,697
5.1cm×2.3cm×2 纽约佳士得 2022-02-10

157 养殖珍珠和钻石耳环
估　价：USD 6,000~8,000
成交价：RMB 68,172
纽约佳士得 2022-04-08

149 养殖珍珠、钻石和蓝宝石耳环
估　价：USD 3,000~5,000
成交价：RMB 21,947
长3.6cm×2 纽约佳士得 2022-06-11

167 养殖珍珠和钻石耳环
估　价：USD 4,000~6,000
成交价：RMB 22,457
3.8cm×2.3cm×2 纽约佳士得 2022-04-08

92 养殖珍珠和钻石耳环
估　价：USD 4,000~6,000
成交价：RMB 46,427
3.9cm×1.1cm×2 纽约佳士得 2022-06-10

421 养殖珍珠和蓝宝石耳夹一对
估　价：EUR 3,000~5,000
成交价：RMB 28,180
直径约36mm×2 巴黎苏富比 2022-09-30

66 养殖珍珠和钻石耳环
估　价：USD 6,000~8,000
成交价：RMB 38,159
长2.8cm×2 纽约佳士得 2022-02-10

171 养殖珍珠和钻石耳环、戒指首饰套装
估　价：USD 6,000~8,000
成交价：RMB 63,309
纽约佳士得 2022-06-11

424 养殖珍珠和钻石耳夹一对
估　价：EUR 3,500~5,500
成交价：RMB 33,464
40mm×25mm×2 巴黎苏富比 2022-09-30

523 装饰艺术钻石耳环
估　价：GBP 5,000~7,000
成交价：RMB 51,445
长2.6cm×2 伦敦佳士得 2022-06-16

110 祖母绿和钻石耳环
估　价：USD 10,000~15,000
成交价：RMB 112,294
长6.6cm×2 纽约佳士得 2022-04-07

223 养殖珍珠和钻石耳夹一对，"Jawaher"，
Marina B
估　价：CHF 15,000~25,000
成交价：RMB 138,376
日内瓦苏富比 2022-11-09

315 自然珍珠及钻石耳环一对，1920年
估　价：CHF 35,000~60,000
成交价：RMB 2,767,527
日内瓦苏富比 2022-11-09

234 祖母绿和钻石耳环
估　价：USD 8,000~12,000
成交价：RMB 48,122
长2.8cm×2 纽约佳士得 2022-04-08

393 银色和金色"绳索"耳夹 一对
估　价：EUR 3,500~4,500
成交价：RMB 39,629
39mm×37mm×2 巴黎苏富比 2022-09-30

346 祖母绿、红宝石及钻石耳环一对
估　价：CHF 50,000~70,000
成交价：RMB 691,882
日内瓦苏富比 2022-11-09

39 祖母绿和钻石耳环
估　价：USD 30,000~50,000
成交价：RMB 461,774
2.1cm×1.8cm×2 纽约佳士得 2022-06-08

182 祖母绿和钻石耳环
估　价：USD 8,000~12,000
成交价：RMB 75,971
3.8cm×1.9cm×2 纽约佳士得 2022-06-11

297 祖母绿钻石吊坠耳夹一对，海瑞·温斯顿
估　价：CHF 100,000~150,000
成交价：RMB 1,014,760
日内瓦苏富比 2022-11-09

1944 钻石耳环
估　价：HKD 380,000~580,000
成交价：RMB 556,234
长11.6cm×2 佳士得 2022-11-28

1803 祖母绿及钻石耳环
估　价：HKD 160,000~250,000
成交价：RMB 370,823
耳环长7.0cm×2 佳士得 2022-11-28

267 祖母绿钻石耳环一对，格拉夫
估　价：CHF 65,000~100,000
成交价：RMB 738,007
日内瓦苏富比 2022-11-09

184 钻石耳环
估　价：USD 8,000~12,000
成交价：RMB 87,449
2.2cm×1.6cm×2 纽约佳士得 2022-02-10

1963 祖母绿及钻石耳环
估　价：HKD 3,800,000~5,500,000
成交价：RMB 4,104,273
佳士得 2022-05-25

230 钻石吊坠耳环一对，William Goldberg
估　价：CHF 80,000~140,000
成交价：RMB 876,384
日内瓦苏富比 2022-11-09

242 钻石耳环
估　价：USD 7,000~10,000
成交价：RMB 75,524
4.1cm×1.5cm×2 纽约佳士得 2022-02-10

58 钻石耳环
估　价：USD 70,000~100,000
成交价：RMB 201,501
4.0cm×2.2cm×2 纽约佳士得 2022-06-08

130 钻石耳环
估　价：USD 5,000~7,000
成交价：RMB 63,309
3.0cm×2.3cm×2 纽约佳士得 2022-06-11

314 钻石耳夹一对
估　价：EUR 1,500~2,000
成交价：RMB 22,897
40mm×30mm×2 巴黎苏富比 2022-09-30

73 钻石耳环
估　价：USD 6,000~8,000
成交价：RMB 37,986
7.6cm×2.5cm×2 纽约佳士得 2022-06-10

568 钻石耳环
估　价：GBP 9,000~11,000
成交价：RMB 82,312
长6.0cm×2 伦敦佳士得 2022-06-16

363 钻石耳夹一对，格拉夫
估　价：CHF 40,000~70,000
成交价：RMB 322,878
日内瓦苏富比 2022-11-09

75 钻石耳环
估　价：USD 4,000~6,000
成交价：RMB 18,571
2.2cm×0.6cm×2 纽约佳士得 2022-06-10

258 钻石耳环一对，格拉夫
估　价：CHF 65,000~100,000
成交价：RMB 756,457
日内瓦苏富比 2022-11-09

168 钻石和多宝石耳环
估　价：USD 8,000~12,000
成交价：RMB 68,172
纽约佳士得 2022-04-08

133 钻石和珐琅耳环
估　价：USD 6,000~8,000
成交价：RMB 75,971
2.9cm×1.3cm×2 纽约佳士得 2022-06-11

1805 钻石及红宝石 "Bombé Pavilion" 耳环
估　价：HKD 150,000~250,000
成交价：RMB 440,352
耳环长4.1cm×2 佳士得 2022-11-28

3766 "盛世牡丹"金镶红宝石配沙弗莱钻石胸针
估　价：RMB 85,000~90,000
成交价：RMB 97,750
108mm×60mm×25mm
西泠印社 2022-01-23

127 钻石和缟玛瑙耳环
估　价：USD 4,000~6,000
成交价：RMB 37,986
2.7cm×2.7cm×2 纽约佳士得 2022-06-11

1916 钻石及养殖珍珠耳环
估　价：HKD 120,000~180,000
成交价：RMB 301,293
长6.5cm×2 佳士得 2022-11-28

185 1.26克拉圆形钻石胸针
估　价：USD 10,000~15,000
成交价：RMB 87,449
7.5cm×3.6cm 纽约佳士得 2022-02-10

胸　针

311 钻石和玛瑙耳夹一对，"Tiger"，卡地亚
估　价：CHF 30,000~50,000
成交价：RMB 784,133
日内瓦苏富比 2022-11-09

9 12.14克拉祖母绿和钻石胸针
估　价：CHF 180,000~250,000
成交价：RMB 2,384,681
日内瓦佳士得 2022-05-11

4720 18K黄金"贵宾犬"胸针，梵克雅宝设计
估　价：RMB 78,000~150,000
成交价：RMB 89,700
35mm×32mm 中国嘉德 2022-12-15

502 19 世纪晚期红宝石、合成红宝石、钻石和珍珠皇冠胸针
估　价：GBP 3,000~5,000
成交价：RMB 43,214
宽5.4cm 伦敦佳士得 2022-06-16

21 19世纪祖母绿和钻石胸针
估　价：EUR 10,000~15,000
成交价：RMB 86,164
5.1cm×4.2cm 巴黎佳士得 2022-07-07

4730 18K黄金镶钻石"旋涡"胸针，Pierre Sterlé设计
估　价：RMB 280,000~420,000
成交价：RMB 322,000
89mm×42mm 中国嘉德 2022-12-15

506 19 世纪晚期蓝宝石和钻石胸针
估　价：GBP 20,000~30,000
成交价：RMB 432,139
长2.5cm 伦敦佳士得 2022-06-16

513 20世纪早期的钻石璎珞胸针
估　价：GBP 6,000~8,000
成交价：RMB 97,746
长7.5cm 伦敦佳士得 2022-06-16

22 19 世纪末天然珍珠和钻石蝴蝶结胸针
估　价：CHF 30,000~50,000
成交价：RMB 670,348
5.8cm×4.1cm 日内瓦佳士得 2022-11-08

508 19 世纪晚期天然珍珠和钻石胸针
估　价：GBP 70,000~90,000
成交价：RMB 668,787
长7.0cm 伦敦佳士得 2022-06-16

672 20世纪早期钻石和缟玛瑙鹳胸针
估　价：GBP 15,000~20,000
成交价：RMB 154,336
长9.0cm 伦敦佳士得 2022-06-16

28 3.06克拉和3.29克拉钻石和钻石胸针
估　价：EUR 14,000~18,000
成交价：RMB 172,328
5.5cm×1.5cm 巴黎佳士得 2022-07-07

191 4.75克拉和4.52克拉钻石和钻石胸针两件
估　价：EUR 26,000~35,000
成交价：RMB 327,423
4.3cm×4.2cm×2 巴黎佳士得 2022-07-07

323 54.22克拉帝王托帕石及钻石胸针
估　价：CHF 75,000~100,000
成交价：RMB 4,059,040
日内瓦苏富比 2022-11-09

348 92.01克拉粉色蓝宝石、蓝宝石和钻石胸针，monture Schlumberger，1950年
估　价：CHF 300,000~500,000
成交价：RMB 12,768,696
日内瓦苏富比 2022-11-09

1893 5.02克拉枕形戈尔康达浓彩橘粉红色钻石胸针
估　价：HKD 8,000,000~12,000,000
成交价：RMB 9,242,985
长6.6cm 佳士得 2022-11-28

3795 Artdeco时期（1910-1935）铂金镶钻石胸针
估　价：RMB 85,000~95,000
成交价：RMB 97,750
50mm×28mm 西泠印社 2022-08-21

201 BOUCHERON 珐琅和钻石胸针、耳环套装
估　价：EUR 10,000~14,000
成交价：RMB 77,547
耳环3.1cm×2.7cm，胸针4.3cm×3.8cm
巴黎佳士得 2022-07-07

256 CARNET 钻石贝壳胸针
估　价：USD 8,000~12,000
成交价：RMB 43,724
7.3cm×6.4cm 纽约佳士得 2022-02-10

40 ELIZABETH GAGE 钻石和多宝石耳环、
胸针珠宝组合
估　价：USD 8,000~12,000
成交价：RMB 33,765
纽约佳士得 2022-06-10

32 BOUCHERON 复古蓝宝石和钻石夹式胸针
估　价：USD 6,000~8,000
成交价：RMB 64,168
4.9cm×3.9cm 纽约佳士得 2022-04-07

202 CHAUMET 珊瑚和钻石小鸟胸针
估　价：EUR 6,000~8,000
成交价：RMB 206,793
4.7cm×6.0cm 巴黎佳士得 2022-07-07

232 FRED FLOWER 绿松石和钻石胸针
估　价：EUR 8,000~12,000
成交价：RMB 120,629
6.0cm×3.5cm 巴黎佳士得 2022-07-07

146 BUCCELLATI 养殖珍珠、钻石和祖母绿
蛾胸针
估　价：USD 30,000~50,000
成交价：RMB 224,568
8.6cm×5.5cm 纽约佳士得 2022-04-08

37 ELIZABETH GAGE 软玉、缟玛瑙和钻石
胸针
估　价：USD 4,000~6,000
成交价：RMB 27,012
8.5cm×8.3cm 纽约佳士得 2022-06-10

199 GROK 白色蛋白石、石榴石和钻石胸针
估　价：EUR 18,000~22,000
成交价：RMB 68,931
10.2cm×9.4cm 巴黎佳士得 2022-07-07

66 JAR 多宝石、彩色钻石和钻石"彩色花束"胸针
估　价：USD 150,000~250,000
成交价：RMB 2,015,012
13.9cm×12.3cm 纽约佳士得 2022-06-08

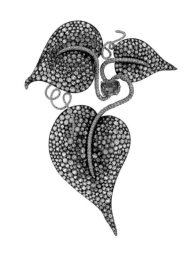

72 JAR 多宝石和钻石叶子胸针
估　价：USD 500,000~700,000
成交价：RMB 3,358,354
14.5cm×10.5cm 纽约佳士得 2022-06-08

73 JAR 多宝石、钻石和漆面"鹦鹉郁金香"胸针
估　价：USD 200,000~300,000
成交价：RMB 5,541,283
10.1cm×11.0cm 纽约佳士得 2022-06-08

63 JAR 尖晶石和红宝石贝壳胸针
估　价：USD 80,000~120,000
成交价：RMB 1,007,506
纽约佳士得 2022-06-08

71 JAR 多宝石和钻石 "VITRAIL FLEUR-DE-LYS" 胸针
估　价：USD 80,000~120,000
成交价：RMB 3,022,518
8.6cm×8.4cm 纽约佳士得 2022-06-08

69 JAR 钻石、绿色石榴石和彩色蓝宝石"水彩花卉"胸针
估　价：USD 150,000~250,000
成交价：RMB 1,606,550
8.8cm×8.8cm 纽约佳士得 2022-04-13

68 JAR 三颗钻石、红宝石和彩色蓝宝石 "FLEUR-POMPONS" 胸针
估 价：USD 200,000~300,000
成交价：RMB 3,862,107
8.6cm×5.2cm 纽约佳士得 2022-06-08

42 NARDI 绿松石、钻石和红宝石乌龟胸针
估 价：USD 6,000~8,000
成交价：RMB 33,765
6.8cm×4.0cm 纽约佳士得 2022-06-10

97 MARCUS & CO. 古董火欧泊和钻石吊坠胸针
估 价：USD 5,000~7,000
成交价：RMB 67,530
3.2cm×2.3cm 纽约佳士得 2022-06-10

20 MARINA B 钻石蝴蝶结胸针
估 价：USD 6,000~8,000
成交价：RMB 33,418
4.1cm×4.1cm 纽约佳士得 2022-02-09

177 PAUL KUTCHINSKY 珊瑚、钻石、祖母绿和金鸟胸针
估 价：USD 5,000~7,000
成交价：RMB 72,183
9.9cm×5.0cm 纽约佳士得 2022-04-08

19 MARINA B 两枚蓝宝石、彩色蓝宝石、钻石和缟玛瑙胸针
估 价：USD 6,000~8,000
成交价：RMB 35,805
每颗3.2cm×1.6cm 纽约佳士得 2022-02-09

1865 Michele della Valle 钻石配沙弗莱石胸针
估 价：HKD 200,000~400,000
成交价：RMB 273,491
香港苏富比 2022-10-07

163 RENÉ BOIVIN 复古蓝宝石、钻石和黄金夹式胸针
估 价：USD 15,000~20,000
成交价：RMB 135,148
纽约佳士得 2022-02-10

16 REZA 雕刻祖母绿、蓝宝石和钻石 "LA
PAGODE" 胸针
估　价：CHF 60,000~80,000
成交价：RMB 1,024,143
10.0cm×6.8cm 日内瓦佳士得 2022-11-08

258 ZADORA 多宝石和钻石胸针
估　价：USD 8,000~12,000
成交价：RMB 50,647
8.3cm×6.7cm 纽约佳士得 2022-06-11

153 宝格丽 金牛座胸针
估　价：USD 4,000~6,000
成交价：RMB 27,012
5.7cm×3.5cm 纽约佳士得 2022-06-11

93 SABBADINI 彩色蓝宝石和钻石花朵吊坠/
胸针
估　价：USD 4,000~6,000
成交价：RMB 50,647
3.8cm×3.8cm 纽约佳士得 2022-06-10

391 爱马仕 黄金胸针、耳夹
估　价：EUR 3,000~5,000
成交价：RMB 48,435
巴黎苏富比 2022-09-30

10 宝格丽 祖母绿和钻石胸针
估　价：USD 20,000~30,000
成交价：RMB 190,959
5.7cm×2.9cm 纽约佳士得 2022-02-09

90 Seaman SCHEPPS 蓝宝石和钻石胸针
估　价：USD 5,000~7,000
成交价：RMB 27,012
3.5cm×3.1cm 纽约佳士得 2022-06-10

20 宝格丽 19.76克拉淡黄色，自然色VS2净度
彩色钻石和钻石胸针
估　价：USD 200,000~300,000
成交价：RMB 2,518,765
纽约佳士得 2022-06-08

753 宝格丽 钻石胸针
估　价：EUR 6,000~8,000
成交价：RMB 81,761
46mm×32mm 巴黎苏富比 2022-09-28

383 布契拉提 珊瑚和珍珠胸针
估　价：EUR 5,000~8,000
成交价：RMB 33,464
68mm×48mm 巴黎苏富比 2022-09-30

169 大卫·韦伯 "海豚" 珊瑚、珐琅、祖母
绿和钻石胸针/吊坠
估　价：EUR 8,000~12,000
成交价：RMB 103,397
6.0cm×6.5cm×1.7cm 巴黎佳士得 2022-07-07

1801 宝石 "Rajah" 胸针
估　价：HKD 120,000~180,000
成交价：RMB 259,217
佳士得 2022-05-25

4718 彩色宝石配钻石 "公鸡" 胸针，
SEAMAN SCHEPPS
估　价：RMB 88,000~115,000
成交价：RMB 101,200
43mm×58mm 中国嘉德 2022-06-27

44 大卫·韦伯 多宝石和钻石胸针
估　价：USD 20,000~30,000
成交价：RMB 135,060
5.2cm×4.9cm 纽约佳士得 2022-06-10

1824 宝石 "Tutti Frutti" 胸针
估　价：HKD 250,000~350,000
成交价：RMB 556,234
长4.5cm 佳士得 2022-11-28

1862 陈世英 钻石配贝母及宝石胸针
估　价：HKD 800,000~1,200,000
成交价：RMB 934,426
香港苏富比 2022-10-07

162 大卫·韦伯 养殖珍珠和钻石胸针
估　价：USD 6,000~8,000
成交价：RMB 208,527
7.8cm×4.0cm 纽约佳士得 2022-04-08

128 大卫·韦伯 钻石、蓝宝石和绿松石胸针
估　价：USD 5,000~7,000
成交价：RMB 36,091
5.1cm×3.9cm 纽约佳士得 2022-04-08

53 蒂芙尼 JEAN SCHLUMBERGER 多宝石
吊坠/胸针和耳环
估　价：USD 6,000~8,000
成交价：RMB 67,574
吊坠/胸针5.1cm×5.1cm；
耳环2.2cm×2.2cm×2 纽约佳士得 2022-02-10

2958 蒂芙尼 Schlumberger设计 "Bird on a Rock"
紫水晶配钻石胸针
估　价：HKD 80,000~150,000
成交价：RMB 259,217
香港苏富比 2022-04-15

259 大卫·韦伯 钻石和珐琅 "马耳他" 吊坠/胸针
估　价：USD 6,000~8,000
成交价：RMB 71,751
5.3cm×5.3cm 纽约佳士得 2022-06-11

161 蒂芙尼 JEAN SCHLUMBERGER 红宝
石、钻石和黄金胸针
估　价：USD 5,000~7,000
成交价：RMB 35,774
4.4cm×3.2cm 纽约佳士得 2022-02-10

232 蒂芙尼 多宝石、珐琅和钻石小鸟胸针
估　价：USD 15,000~20,000
成交价：RMB 92,854
10.8cm×6.4cm 纽约佳士得 2022-06-11

49 蒂芙尼 JEAN SCHLUMBERGER MABE
珍珠、蓝宝石和钻石胸针
估　价：USD 5,000~7,000
成交价：RMB 103,348
长4.5cm 纽约佳士得 2022-02-10

43 蒂芙尼 PAULDING FARNHAM 古董钻石
和珐琅兰花胸针
估　价：USD 50,000~70,000
成交价：RMB 2,088,516
6.2cm×5.2cm 纽约佳士得 2022-04-13

41 蒂芙尼 灰色养殖珍珠和钻石耳环和钻石
星爆胸针
估 价：USD 6,000~8,000
成交价：RMB 47,699
胸针长4.5cm，耳环长1.7cm×2
纽约佳士得 2022-02-10

202 蒂芙尼 钻石和金耳环以及JEAN
Schlumberger 镶嵌的钻石和金胸针
估 价：USD 10,000~15,000
成交价：RMB 127,198
胸针长3.7cm 纽约佳士得 2022-02-10

228 多宝石和钻石胸针、戒指首饰套装
估 价：USD 18,000~25,000
成交价：RMB 143,501
胸针6.8cm×6.8cm 纽约佳士得 2022-06-11

88 蒂芙尼 钻石和红宝石骑师胸针
估 价：USD 6,000~8,000
成交价：RMB 128,337
5.4cm×4.8cm 纽约佳士得 2022-04-07

6 蒂芙尼 钻石和祖母绿蜥蜴胸针
估 价：USD 5,000~7,000
成交价：RMB 50,647
6.0cm×2.5cm 纽约佳士得 2022-06-10

4 梵克雅宝 "格里芬"蓝宝石胸针
估 价：EUR 10,000~13,000
成交价：RMB 86,164
6.4cm×6.6cm 巴黎佳士得 2022-07-07

52 蒂芙尼 钻石和黄金花朵胸针
估 价：USD 5,000~7,000
成交价：RMB 103,348
5.6cm×4.8cm 纽约佳士得 2022-02-10

8 蒂芙尼 钻石胸针
估 价：USD 10,000~15,000
成交价：RMB 63,309
5.4cm×1.9cm 纽约佳士得 2022-06-10

166 梵克雅宝 "CLÉMATITE"耳环和银木
和钻石胸针套装
估 价：EUR 15,000~25,000
成交价：RMB 327,423
耳环3.7cm×3.7cm×2，胸针6.8cm×5.3cm
巴黎佳士得 2022-07-07

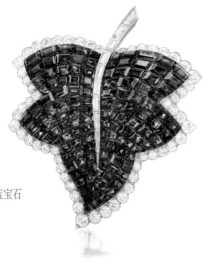

1849 梵克雅宝 "Feuille de Platane" 蓝宝石
配钻石胸针
估　价：HKD 500,000~800,000
成交价：RMB 2,484,165
香港苏富比 2022-04-29

750 梵克雅宝 黄金和钻石半套
估　价：EUR 8,000~10,000
成交价：RMB 94,671
胸针直径约35mm，耳夹直径约33mm
巴黎苏富比 2022-09-28

25 梵克雅宝 多宝石和钻石 "LES JARDINS"
胸针
估　价：USD 60,000~100,000
成交价：RMB 755,630
4.7cm×4.7cm 纽约佳士得 2022-06-08

237 梵克雅宝 红宝石、蓝宝石和钻石
"POUSSIN" 胸针
估　价：EUR 8,000~12,000
成交价：RMB 77,547
3.3cm×2.5cm 巴黎佳士得 2022-07-07

230 梵克雅宝 可变形乌木和钻石胸针
估　价：EUR 8,000~12,000
成交价：RMB 137,862
6.0cm×5.7cm 巴黎佳士得 2022-07-07

1 梵克雅宝 "狮子"绿玉髓和缟玛瑙胸针
估　价：EUR 5,000~7,000
成交价：RMB 129,246
7.5cm×7.5cm 巴黎佳士得 2022-07-07

374 梵克雅宝 红宝石和金胸针
估　价：EUR 1,800~2,500
成交价：RMB 36,987
80mm×20mm 巴黎苏富比 2022-09-30

91 梵克雅宝 可变形艺术装饰钻石胸针
估　价：EUR 20,000~30,000
成交价：RMB 430,819
2.2cm×（4.3—5.8cm）巴黎佳士得 2022-07-07

389 梵克雅宝 蓝宝石和钻石胸针
估　价：EUR 4,800~5,800
成交价：RMB 42,271
52mm×36mm 巴黎苏富比 2022-09-30

36 梵克雅宝 木质蝴蝶胸针
估　价：USD 8,000~10,000
成交价：RMB 40,518
5.7cm×4.4cm 纽约佳士得 2022-06-10

34 梵克雅宝 珊瑚和钻石 "ROSE DE NOËL"
胸针
估　价：USD 10,000~15,000
成交价：RMB 101,295
3.8cm×3.8cm 纽约佳士得 2022-06-10

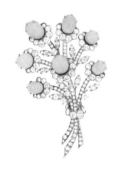

39 梵克雅宝 绿松石和钻石胸针
估　价：USD 15,000~20,000
成交价：RMB 160,384
8.3cm×5.4cm 纽约佳士得 2022-06-10

26 梵克雅宝 玉髓、钻石和蓝宝石 "芭蕾舞
女演员" 胸针
估　价：USD 40,000~60,000
成交价：RMB 1,007,506
6.0cm×5.6cm 纽约佳士得 2022-06-08

532 梵克雅宝 祖母绿、红宝石和钻石蜂鸟胸针
估　价：GBP 2,500~3,500
成交价：RMB 56,590
长2.5cm 伦敦佳士得 2022-06-16

123 梵克雅宝 绿玉髓、缟玛瑙和金狮子吊坠/
胸针
估　价：USD 7,000~10,000
成交价：RMB 104,264
带吊坠箍8.6cm×7.1cm；胸针7.8cm×7.1cm
纽约佳士得 2022-04-08

41 梵克雅宝 青金石、绿松石和钻石吊坠/胸
针
估　价：USD 20,000~30,000
成交价：RMB 202,590
6.3cm×6.3cm 纽约佳士得 2022-06-10

156 梵克雅宝 钻石、红宝石和金龙胸针
估　价：USD 4,000~6,000
成交价：RMB 54,868
7.3cm×4.1cm 纽约佳士得 2022-06-11

620 梵克雅宝 钻石 "LUDO HEXAGONE"
夹式胸针，约 1940 年
估　价：GBP 12,000~18,000
成交价：RMB 246,937
长 3.8cm 伦敦佳士得 2022-06-16

15 梵克雅宝 钻石蝴蝶胸针
估　价：USD 10,000~15,000
成交价：RMB 75,971
4.1cm×3.9cm 纽约佳士得 2022-06-10

1890 粉红色钻石配钻石胸针
估　价：HKD 880,000~1,500,000
成交价：RMB 706,517
香港苏富比 2022-10-07

96 梵克雅宝 钻石和缟玛瑙胸针
估　价：USD 5,000~7,000
成交价：RMB 64,168
2.9cm×3.1cm 纽约佳士得 2022-04-07

2 梵克雅宝 钻石胸针
估　价：USD 30,000~50,000
成交价：RMB 403,002
5.7cm×5.4cm 纽约佳士得 2022-06-08

470 缟玛瑙、珊瑚和钻石胸针
估　价：EUR 1,500~2,000
成交价：RMB 19,374
40mm×28mm 巴黎苏富比 2022-09-30

165 梵克雅宝 钻石和黄金胸针
估　价：USD 6,000~8,000
成交价：RMB 59,624
5.2cm×3.4cm 纽约佳士得 2022-02-10

80 翡翠与钻石胸针
估　价：USD 30,000~50,000
成交价：RMB 218,293
7.3cm×3.7cm 纽约佳士得 2022-06-08

505 古董宝石镶嵌和钻石 "SAINT ESPRIT"
胸针
估　价：GBP 8,000~12,000
成交价：RMB 246,937
长 12.0cm 伦敦佳士得 2022-06-16

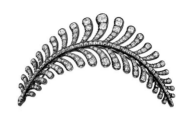

210 古董蓝宝石和钻石吊坠胸针
估　价：USD 8,000~12,000
成交价：RMB 135,148
3.8cm×3.2cm 纽约佳士得 2022-02-10

54 古董钻石和珐琅蝴蝶结胸衣装饰
估　价：USD 10,000~15,000
成交价：RMB 293,856
9.5cm×8.0cm 纽约佳士得 2022-06-08

64 古董钻石胸针
估　价：USD 12,000~18,000
成交价：RMB 101,295
8.2cm×3.0cm 纽约佳士得 2022-06-10

67 古董蓝宝石和钻石胸针
估　价：CHF 40,000~60,000
成交价：RMB 512,072
4.5cm×3.8cm 日内瓦佳士得 2022-11-08

207 古董钻石胸针
估　价：USD 10,000~15,000
成交价：RMB 55,649
长4.1cm 纽约佳士得 2022-02-10

22 铝罐彩色蓝宝石、红宝石和钻石花朵胸针
估　价：CHF 40,000~60,000
成交价：RMB 1,107,173
红宝石胸针4.0cm×4.2cm；
钻石胸针3.8cm×4.0cm
日内瓦佳士得 2022-05-11

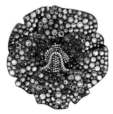

52 古董紫水晶、钻石和珐琅吊坠胸针
估　价：USD 15,000~20,000
成交价：RMB 403,002
13.5cm×5.8cm 纽约佳士得 2022-06-08

69 铝罐黄水晶、石榴石和钻石"三色堇"胸针
估　价：USD 100,000~150,000
成交价：RMB 2,350,848
6.6cm×6.6cm×2 纽约佳士得 2022-06-08

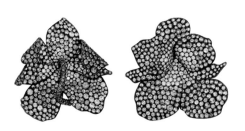

65 铝罐蓝宝石、钻石、碧玺和绿色石榴石 "绿色兰花" 胸针
估　价：USD 100,000~150,000
成交价：RMB 2,015,012
7.0cm×7.0cm；7.3cm×7.3cm 纽约佳士得 2022-06-08

1872 海蓝宝石及钻石 "Wrapped" 胸针
估　价：HKD 120,000~180,000
成交价：RMB 173,823
长4.1cm 佳士得 2022-11-28

62 铝罐玛瑙、钻石和蓝宝石斑马胸针
估　价：USD 50,000~70,000
成交价：RMB 3,694,189
纽约佳士得 2022-06-08

748 红宝石、尖晶石和钻石胸针
估　价：EUR 4,000~7,000
成交价：RMB 36,147
65mm×70mm 巴黎苏富比 2022-09-28

280 海蓝宝石、钻石和水晶胸针，Suzanne
Belperron，约1935年
估　价：CHF 20,000~30,000
成交价：RMB 350,553
日内瓦苏富比 2022-11-09

1874 海蓝宝石、钻石及有色蓝宝石 "Bird on
a Rock" 胸针
估　价：HKD 320,000~500,000
成交价：RMB 521,469
长7.3cm 佳士得 2022-11-28

52 红宝石、祖母绿和钻石吊坠/胸针
估　价：USD 6,000~8,000
成交价：RMB 42,206
4.7cm×4.2cm 纽约佳士得 2022-06-10

91 红宝石和钻石双夹胸针
估　价：USD 15,000~20,000
成交价：RMB 160,421
8.2cm × 3.2cm 纽约佳士得 2022-04-07

1934 红宝石及钻石胸针
估　价：HKD 300,000~500,000
成交价：RMB 561,637
佳士得 2022-05-25

394 黄金和钻石胸针、戒指首饰
估　价：EUR 3,500~5,000
成交价：RMB 42,271
巴黎苏富比 2022-09-30

51 红宝石和钻石胸针
估　价：USD 2,000~3,000
成交价：RMB 13,506
4.5cm × 3.5cm 纽约佳士得 2022-06-10

352 红宝石和钻石胸针
估　价：EUR 1,000~1,500
成交价：RMB 14,971
直径约30mm 巴黎苏富比 2022-09-30

1873 黄水晶及钻石 "Bird on a Rock" 胸针
估　价：HKD 160,000~250,000
成交价：RMB 370,823
长5.3cm 佳士得 2022-11-28

49 红宝石和钻石胸针
估　价：USD 5,000~7,000
成交价：RMB 54,868
5.3cm × 4.9cm 纽约佳士得 2022-06-10

244 红宝石及钻石胸针
估　价：CHF 20,000~30,000
成交价：RMB 156,827
日内瓦苏富比 2022-11-09

208 卡地亚 "带雨伞的鸭子" 石英砂金石和
红宝石胸针
估　价：EUR 5,000~7,000
成交价：RMB 56,006
4.0cm × 2.9cm × 1.4cm 巴黎佳士得 2022-07-07

290 卡地亚 4.96克拉蓝宝石和钻石胸针
估　价：EUR 80,000~120,000
成交价：RMB 2,757,243
3.0cm×2.9cm 巴黎佳士得 2022-07-07

17 卡地亚 多宝石鸟胸针
估　价：USD 6,000~8,000
成交价：RMB 72,189
7.3cm×3.5cm 纽约佳士得 2022-04-07

86 卡地亚 ART DECO 多宝石和钻石
"TUTTI FRUTTI" 夹
估　价：USD 12,000~18,000
成交价：RMB 304,799
3.6cm×2.6cm 纽约佳士得 2022-04-07

3 卡地亚 ART DECO 一对钻石夹胸针
估　价：USD 40,000~60,000
成交价：RMB 682,784
3.3cm×2.8cm×2 纽约佳士得 2022-04-13

379 卡地亚 珐琅、红宝石和金胸针
估　价：EUR 5,000~7,000
成交价：RMB 52,838
50mm×30mm 巴黎苏富比 2022-09-30

84 卡地亚 ART DECO 翡翠、钻石和珐琅胸针
估　价：USD 8,000~12,000
成交价：RMB 128,337
3.3cm×2.2cm 纽约佳士得 2022-04-07

20 卡地亚 多宝石、钻石和黄金花朵胸针
估　价：USD 30,000~50,000
成交价：RMB 240,983
8.2cm×4.8cm 纽约佳士得 2022-04-13

382 卡地亚 珐琅、珊瑚、红宝石和钻石胸针
估　价：EUR 4,000~6,000
成交价：RMB 52,838
25mm×40mm 巴黎苏富比 2022-09-30

14 卡地亚 珐琅、祖母绿和金色长颈鹿胸针
估　价：USD 10,000~15,000
成交价：RMB 118,177
7.0cm×3.5cm 纽约佳士得 2022-06-10

59 卡地亚 海蓝宝石和钻石夹
估　价：USD 6,000~8,000
成交价：RMB 55,649
纽约佳士得 2022-02-10

378 卡地亚 两个引脚胸针
估　价：EUR 3,000~5,000
成交价：RMB 61,645
巴黎苏富比 2022-09-30

658 卡地亚 复古青金石胸针
估　价：GBP 4,000~6,000
成交价：RMB 61,734
长8.6cm 伦敦佳士得 2022-06-16

33 卡地亚 虎眼石、漆面和绿松石鸭胸针
估　价：USD 6,000~8,000
成交价：RMB 80,210
5.7cm×2.2cm 纽约佳士得 2022-04-07

202 卡地亚 青金石、钻石、种子珍珠和黄金
花朵胸针
估　价：USD 5,000~7,000
成交价：RMB 44,112
9.5cm×3.5cm 纽约佳士得 2022-04-08

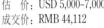

515 卡地亚 蓝宝石、红宝石、祖母绿和钻石胸针
估　价：GBP 25,000~35,000
成交价：RMB 246,937
长8.2cm 伦敦佳士得 2022-06-16

324 卡地亚 蓝宝石和钻石别针
估　价：EUR 3,000~5,000
成交价：RMB 30,822
长约70mm 巴黎苏富比 2022-09-30

98 卡地亚 珊瑚、钻石和漆面瓢虫胸针
估　价：USD 6,000~8,000
成交价：RMB 84,412
2.2cm×1.9cm 纽约佳士得 2022-06-10

3 卡地亚 镶嵌的粉色蓝宝石、红宝石和钻石胸针
估 价：CHF 30,000~50,000
成交价：RMB 3,917,690
长7.7cm 日内瓦佳士得 2022-05-11

533 卡地亚 祖母绿、缟玛瑙和珐琅
"PANTHÈRE" 胸针
估 价：GBP 8,000~12,000
成交价：RMB 92,601
长6.1cm 伦敦佳士得 2022-06-16

19 卡地亚 珊瑚和钻石水母胸针
估 价：USD 8,000~12,000
成交价：RMB 136,358
6.0cm×3.5cm 纽约佳士得 2022-04-07

707 卡地亚 天然珍珠领带夹
估 价：EUR 6,000~10,000
成交价：RMB 94,671
长约75mm 巴黎苏富比 2022-09-28

17 卡地亚 祖母绿和钻石胸针
估 价：USD 10,000~15,000
成交价：RMB 319,044
3.6cm×3.0cm 纽约佳士得 2022-06-08

17 卡地亚 水晶、蓝宝石和钻石胸针
估 价：EUR 20,000~40,000
成交价：RMB 155,095
3.1cm×2.5cm×0.6cm 巴黎佳士得 2022-07-07

90 卡地亚 装饰艺术蓝宝石和钻石胸针
估 价：USD 10,000~15,000
成交价：RMB 104,273
6.1cm×4.5cm 纽约佳士得 2022-04-07

81 卡地亚 钻石和多宝石PANTHÈRE胸针
估 价：USD 20,000~30,000
成交价：RMB 256,673
3.2cm×1.6cm 纽约佳士得 2022-04-07

222 卡地亚 钻石和红宝石 "LE BAISER DU DRAGON" 夹子
估　价：USD 3,000~5,000
成交价：RMB 71,751
2.5cm×1.6cm×2 纽约佳士得 2022-06-11

670 蓝宝石和钻石双夹胸针
估　价：GBP 6,000~8,000
成交价：RMB 77,168
长7.5cm 伦敦佳士得 2022-06-16

57 蓝宝石和钻石胸针
估　价：EUR 25,000~35,000
成交价：RMB 516,983
3.6cm×3.5cm 巴黎佳士得 2022-07-07

191 卡地亚 钻石和蓝宝石胸针
估　价：USD 5,000~7,000
成交价：RMB 33,389
纽约佳士得 2022-02-10

489 蓝宝石和钻石胸针
估　价：EUR 6,000~8,000
成交价：RMB 52,838
60mm×38mm 巴黎苏富比 2022-09-30

1854 蓝宝石及钻石胸针
估　价：HKD 80,000~120,000
成交价：RMB 405,587
胸针长8.5cm 佳士得 2022-11-28

182 卡地亚 钻石胸针
估　价：USD 12,000~18,000
成交价：RMB 95,399
纽约佳士得 2022-02-10

247 蓝宝石和钻石胸针
估　价：USD 15,000~20,000
成交价：RMB 127,198
6.7cm×4.9cm 纽约佳士得 2022-02-10

192 蓝色玉髓、翠绿石榴石和钻石胸针
估　价：EUR 15,000~20,000
成交价：RMB 51,698
6.5cm×7.5cm 巴黎佳士得 2022-07-07

6057 玛丽莲·梦露猫眼祖母绿钻石胸针
估　价：RMB 868,000~1,080,000
成交价：RMB 1,150,000
永乐拍卖 2022-07-26

767 莫布桑珐琅钻石珊瑚胸针
估　价：EUR 6,000~10,000
成交价：RMB 94,671
50mm×80mm 巴黎苏富比 2022-09-28

702 软玉、虎眼石和金胸针
估　价：EUR 4,000~6,000
成交价：RMB 81,761
55mm×55mm 巴黎苏富比 2022-09-28

306 珐琅、石榴石和天然珍珠胸针、耳夹，
19世纪末
估　价：EUR 1,200~1,400
成交价：RMB 10,568
巴黎苏富比 2022-09-30

7604 秦侬侬设计 天然满绿翡翠"戏水"配
钻石及蓝宝石胸针
估　价：RMB 78,000~88,000
成交价：RMB 101,200
北京保利 2022-07-28

302 珊瑚和钻石胸针吊坠
估　价：EUR 3,000~5,000
成交价：RMB 48,435
70mm×40mm 巴黎苏富比 2022-09-30

483 两枚红宝石和钻石胸针
估　价：EUR 3,000~5,000
成交价：RMB 28,180
40mm×30mm×2 巴黎苏富比 2022-09-30

332 青金石和钻石胸针吊坠
估　价：EUR 1,500~2,000
成交价：RMB 13,210
40mm×41mm 巴黎苏富比 2022-09-30

304 19世纪 石榴石和钻石胸针手表
估　价：EUR 600~1,200
成交价：RMB 26,419
巴黎苏富比 2022-09-30

6042 20世纪60年代 史隆伯杰为蒂芙尼设计
"石上鸟"胸针
估 价：RMB 190,000~260,000
成交价：RMB 310,500
永乐拍卖 2022-07-26

1839 天然翡翠吊坠及吊坠/胸针
估 价：HKD 120,000~180,000
成交价：RMB 150,646
吊坠长4.8cm 佳士得 2022-11-28

1931 天然翡翠胸针
估 价：HKD 280,000~380,000
成交价：RMB 463,528
长6.0cm 佳士得 2022-11-28

1894 天然翡翠蛋面戒指及胸针
估 价：HKD 80,000~120,000
成交价：RMB 173,823
胸针长3.8cm 佳士得 2022-11-28

1830 天然翡翠胸针
估 价：HKD 30,000~50,000
成交价：RMB 127,470
胸针长6.2cm 佳士得 2022-11-28

7548 天然满绿翡翠蛋面配钻石及彩色宝石胸针
估 价：RMB 180,000~280,000
成交价：RMB 207,000
9.0cm×7.6cm 北京保利 2022-07-28

1840 天然翡翠蛋面胸针及耳环套装
估 价：HKD 300,000~500,000
成交价：RMB 393,999
胸针长9.1cm，耳环长3.2cm×2
佳士得 2022-11-28

1834 天然翡翠胸针
估 价：HKD 30,000~50,000
成交价：RMB 127,470
胸针长7.5cm 佳士得 2022-11-28

104 天然珍珠和钻石胸针
估 价：USD 4,000~6,000
成交价：RMB 60,158
3.8cm×3.5cm 纽约佳士得 2022-04-07

341 天然珍珠和钻石胸针，1890年
估　价：CHF 20,000~30,000
成交价：RMB 175,277
日内瓦苏富比 2022-11-09

4941 维多利亚时期 花束造型颤抖花钻石胸针
估　价：RMB 580,000~680,000
成交价：RMB 747,500
12.3cm×6.8cm；重量66.2g
西泠印社 2022-01-23

856 香奈儿 缟玛瑙和钻石胸针
估　价：EUR 12,000~15,000
成交价：RMB 103,277
巴黎苏富比 2022-09-28

123 维多利亚时代 镶嵌珐琅、红宝石、祖母绿和钻石蛇胸针
估　价：EUR 10,000~15,000
成交价：RMB 77,547
8.8cm×（2.8—4.5cm）
巴黎佳士得 2022-07-07

4770 维多利亚时期 太阳花叶饰颤抖花钻石胸针
估　价：RMB 500,000~600,000
成交价：RMB 586,500
20cm×5.5cm；重量约61g 西泠印社 2022-08-21

427 镶宝石和养殖珍珠胸针
估　价：EUR 2,000~3,000
成交价：RMB 17,613
105mm×65mm 巴黎苏富比 2022-09-30

3782 维多利亚时期 Mellerio 金银叠打钻石颤抖花胸针
估　价：RMB 100,000~120,000
成交价：RMB 115,000
西泠印社 2022-08-21

4934 维多利亚时期 钻石镶嵌蓝珐琅胸针
估　价：RMB 80,000~120,000
成交价：RMB 138,000
7cm×4cm；重量27.5g 西泠印社 2022-01-23

534 亚历山大·雷扎 祖母绿和钻石胸针
估　价：EUR 2,000~3,000
成交价：RMB 30,822
25mm×30mm 巴黎苏富比 2022-09-30

231 一对钻石胸针
估　价：USD 3,000~5,000
成交价：RMB 64,162
4.4cm×2.9cm×2 纽约佳士得 2022-04-08

63 装饰艺术 红宝石和钻石夹式胸针
估　价：USD 5,000~7,000
成交价：RMB 51,674
3.8cm×3.5cm 纽约佳士得 2022-02-10

72 祖母绿和钻石胸针
估　价：EUR 26,000~35,000
成交价：RMB 603,147
6.2cm×4.0cm 巴黎佳士得 2022-07-07

3780 约1930年 布契拉提（Mario Buccellati）
金银叠打工艺祖母绿钻石胸针
估　价：RMB 85,000~95,000
成交价：RMB 97,750
西泠印社 2022-08-21

65 装饰艺术 祖母绿和钻石胸针
估　价：USD 4,000~6,000
成交价：RMB 103,348
7.5cm×2.1cm 纽约佳士得 2022-02-10

6056 祖母绿蓝宝石花钻石胸针
估　价：RMB 868,000~1,080,000
成交价：RMB 998,200
永乐拍卖 2022-07-26

510 珍珠和钻石夹式胸针
估　价：GBP 4,000~6,000
成交价：RMB 72,023
长2.7cm 伦敦佳士得 2022-06-16

77 祖母绿和钻石吊坠胸针
估　价：USD 30,000~50,000
成交价：RMB 235,085
7.6cm×3.8cm 纽约佳士得 2022-06-08

1926 钻石、祖母绿及绿松石胸针
估　价：HKD 200,000~300,000
成交价：RMB 280,818
佳士得 2022-05-25

4752 钻石"蜻蜓"胸针，赵心绮设计
估　价：RMB 680,000~980,000
成交价：RMB 782,000
85mm×69mm 中国嘉德 2022-12-15

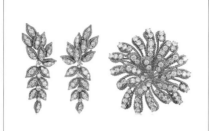

126 钻石和黄金胸针、耳环首饰套装
估　价：USD 6,000~8,000
成交价：RMB 56,142
胸针长5.0cm；耳环长6.0cm×2
纽约佳士得 2022-04-08

109 钻石和祖母绿胸针
估　价：USD 5,000~7,000
成交价：RMB 48,126
7.9cm×5.0cm 纽约佳士得 2022-04-07

4745 钻石"小花园"系列胸针，宝格丽设计
估　价：RMB 650,000~900,000
成交价：RMB 747,500
53mm×51mm 中国嘉德 2022-12-15

516 钻石和镍夹胸针一对
估　价：GBP 5,000~8,000
成交价：RMB 87,457
长6.3cm×2 伦敦佳士得 2022-06-16

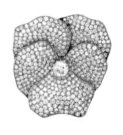

56 钻石花朵胸针
估　价：USD 6,000~8,000
成交价：RMB 59,089
4.1cm×3.6cm 纽约佳士得 2022-06-10

204 钻石和黄金胸针
估　价：USD 5,000~7,000
成交价：RMB 15,194
7.0cm×3.8cm 纽约佳士得 2022-06-11

79 钻石和祖母绿吊坠/胸针
估　价：USD 35,000~55,000
成交价：RMB 280,736
纽约佳士得 2022-04-07

178 钻石花朵胸针
估　价：USD 6,000~8,000
成交价：RMB 46,427
5.0cm×4.5cm 纽约佳士得 2022-06-11

1930 钻石手镯/胸针
估　价：HKD 2,500,000~3,500,000
成交价：RMB 2,665,290
手镯内周长15.5cm，胸针长5.17cm 佳士得 2022-11-28

317 钻石双夹胸针
估　价：EUR 4,000~6,000
成交价：RMB 44,032
50mm×60mm 巴黎苏富比 2022-09-30

285 钻石及祖母绿胸针
估　价：CHF 50,000~80,000
成交价：RMB 387,454
日内瓦苏富比 2022-11-09

1807 钻石手镯及胸针
估　价：HKD 80,000~120,000
成交价：RMB 254,940
手镯内径5.2cm，胸针长4.0cm
佳士得 2022-11-28

254 钻石双夹胸针
估　价：USD 6,000~8,000
成交价：RMB 47,699
6.1cm×4.3cm 纽约佳士得 2022-02-10

520 钻石夹式胸针一对
估　价：GBP 5,000~7,000
成交价：RMB 195,492
长3.3cm×2 伦敦佳士得 2022-06-16

738 钻石双夹胸针
估　价：EUR 5,000~8,000
成交价：RMB 60,245
53mm×25mm 巴黎苏富比 2022-09-28

256 钻石双夹胸针，Marchak制作，约1960年
估　价：CHF 45,000~55,000
成交价：RMB 415,129
日内瓦苏富比 2022-11-09

4724 钻石镶红宝石 "LOVE BIRDS" 胸针，
梵克雅宝设计
估　价：RMB 280,000~420,000
成交价：RMB 345,000
47.6mm×38.1mm 中国嘉德 2022-12-15

1826 钻石胸针
估　价：HKD 30,000~50,000
成交价：RMB 110,088
长6.3cm 佳士得 2022-11-28

311 钻石胸针
估　价：EUR 2,000~4,000
成交价：RMB 26,419
36mm×36mm 巴黎苏富比 2022-09-30

61 钻石心形吊坠/胸针
估　价：USD 3,000~5,000
成交价：RMB 27,012
3.5cm×3.3cm 纽约佳士得 2022-06-10

1828 钻石胸针
估　价：HKD 30,000~50,000
成交价：RMB 150,646
胸针长8.5cm 佳士得 2022-11-28

319 钻石胸针
估　价：EUR 5,000~7,000
成交价：RMB 48,435
68mm×42mm 巴黎苏富比 2022-09-30

1825 钻石胸针
估　价：HKD 200,000~300,000
成交价：RMB 301,293
胸针6.7cm×3.5cm 佳士得 2022-11-28

301 钻石胸针
估　价：EUR 4,000~6,000
成交价：RMB 35,226
40mm×45mm 巴黎苏富比 2022-09-30

322 钻石胸针
估　价：EUR 4,000~5,000
成交价：RMB 39,629
42mm×28mm 巴黎苏富比 2022-09-30

341 钻石胸针
估　价：EUR 2,600~3,500
成交价：RMB 30,822
50mm×35mm 巴黎苏富比 2022-09-30

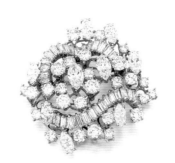

400 钻石胸针
估　价：EUR 3,000~5,000
成交价：RMB 42,271
直径40mm 巴黎苏富比 2022-09-30

288 钻石胸针，1930年代后期
估　价：CHF 40,000~50,000
成交价：RMB 350,553
日内瓦苏富比 2022-11-09

39 钻石胸针
估　价：USD 3,000~5,000
成交价：RMB 27,825
6.0cm×3.5cm 纽约佳士得 2022-02-10

342 钻石胸针，20世纪初
估　价：CHF 30,000~50,000
成交价：RMB 784,133
日内瓦苏富比 2022-11-09

315 钻石胸针
估　价：EUR 3,200~4,000
成交价：RMB 28,180
巴黎苏富比 2022-09-30

手链、手镯

172 钻石胸针
估　价：EUR 15,000~25,000
成交价：RMB 172,328
6.7cm×5.2cm 巴黎佳士得 2022-07-07

413 钻石胸针
估　价：EUR 4,500~7,500
成交价：RMB 26,419
105mm×28mm 巴黎苏富比 2022-09-30

203 "HORTENSIA" 镀金青铜手镯和耳环
估　价：EUR 10,000~15,000
成交价：RMB 137,862
手链6.0cm×6.0cm，耳环4.5cm×4.0cm×2
巴黎佳士得 2022-07-07

3815 "冬之藏"18K金钻石手镯
估　价：RMB 140,000~160,000
成交价：RMB 161,000
西泠印社 2022-01-23

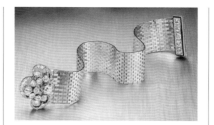

4750 18K黄金镶钻石"LUDO"手链，梵克雅宝设计
估　价：RMB 350,000~500,000
成交价：RMB 402,500
中国嘉德 2022-12-15

24 20世纪初钻石发带/手链
估　价：CHF 70,000~100,000
成交价：RMB 837,935
手链长19.0cm 日内瓦佳士得 2022-11-08

3875 "绿恒"56和57圈口阳绿高冰种手镯（一对）
估　价：RMB 13,000,000~18,000,000
成交价：RMB 16,100,000
西泠印社 2022-08-21

3730 56圈口冰种阳绿翡翠手镯
估　价：RMB 800,000~900,000
成交价：RMB 920,000
西泠印社 2022-01-23

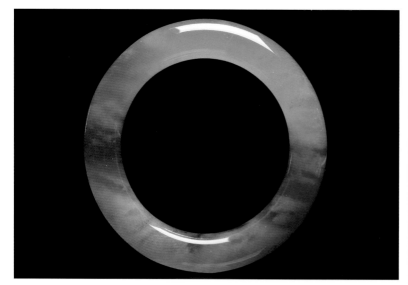

3759 "绿野仙踪"58圈口满绿冰种翡翠圆条手镯
估　价：RMB 5,000,000~6,000,000
成交价：RMB 6,440,000
西泠印社 2022-01-23

3728 56圈口冰种紫底翡翠飘花手镯
估　价：RMB 90,000~120,000
成交价：RMB 103,500
西泠印社 2022-01-23

305 36.36克拉，WX颜色，SI1净度钻石手镯
估　价：CHF 260,000~350,000
成交价：RMB 3,505,534
内周长约134mm 日内瓦苏富比 2022-11-09

37 BOUCHERON 钻石和金手链
估　价：USD 7,000~10,000
成交价：RMB 88,231
18.2cm×1.6cm 纽约佳士得 2022-04-07

3725 58圈口冰种飘花手镯
估　价：RMB 200,000~220,000
成交价：RMB 414,000
西泠印社 2022-01-23

227 ANGELA CUMMINGS 黑玉和金手镯
估　价：USD 10,000~15,000
成交价：RMB 87,449
内径5.6cm 纽约佳士得 2022-02-10

17 BUCCELLATI 红宝石和黄金手镯
估　价：USD 10,000~15,000
成交价：RMB 95,480
内周长16.0cm；内径5.5cm
纽约佳士得 2022-02-09

39 ALDO CIPULLO 金色手链
估　价：USD 20,000~30,000
成交价：RMB 240,631
内周长15.9cm 纽约佳士得 2022-04-07

35 ANGELA CUMMINGS 黑玉首饰套装
估　价：USD 15,000~20,000
成交价：RMB 96,252
纽约佳士得 2022-04-07

260 CHOPARD 蓝宝石、钻石和白金手链
估　价：USD 5,000~7,000
成交价：RMB 38,159
内周长16.5cm 纽约佳士得 2022-02-10

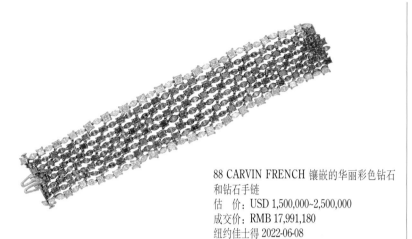

88 CARVIN FRENCH 镶嵌的华丽彩色钻石和钻石手链
估　价：USD 1,500,000~2,500,000
成交价：RMB 17,991,180
纽约佳士得 2022-06-08

121 JEAN MAHIE手链、戒指黄金首饰套装
估　价：USD 8,000~12,000
成交价：RMB 96,252
手链内周长15.5cm 纽约佳士得 2022-04-07

654 DE GRISOGONO 金色"BOULE"手链
估　价：GBP 6,000~8,000
成交价：RMB 61,734
21.0cm×5.2cm 伦敦佳士得 2022-06-16

675 HEMMERLE 铁"和谐"手镯
估　价：GBP 8,000~12,000
成交价：RMB 82,312
内周长15.4cm 伦敦佳士得 2022-06-16

163 JOHN BROGDEN 古董金手链套装
估　价：USD 6,000~8,000
成交价：RMB 101,295
纽约佳士得 2022-06-11

20 GEORGES LENFANT 复古多宝石和金手链
估　价：USD 15,000~20,000
成交价：RMB 240,631
17.7cm×2.5cm 纽约佳士得 2022-04-07

230 HENRY DUNAY 钻石和金手链
估　价：USD 6,000~8,000
成交价：RMB 87,449
17.2cm×2.6cm 纽约佳士得 2022-02-10

23 JAR 27.37克拉蓝宝石和金手链
估　价：CHF 60,000~80,000
成交价：RMB 851,672
日内瓦佳士得 2022-05-11

164 KIESELSTEIN-CORD 钻石和金手镯
估　价：USD 10,000~15,000
成交价：RMB 174,897
纽约佳士得 2022-02-10

38 OSCAR Heyman and Brothers 祖母绿和
钻石手链
估　价：USD 15,000~20,000
成交价：RMB 174,897
长16.5cm 纽约佳士得 2022-02-10

113 Seaman SCHEPPS 木材和金手链
估　价：USD 6,000~8,000
成交价：RMB 48,126
长16.5cm 纽约佳士得 2022-04-07

4 LEVIEV 钻石手链
估　价：USD 25,000~35,000
成交价：RMB 160,384
16.5cm×2.0cm 纽约佳士得 2022-06-10

29 RAYMOND TEMPLIER 装饰艺术漆器和
银手链
估　价：USD 40,000~60,000
成交价：RMB 293,856
周长16.5cm 纽约佳士得 2022-06-08

91 Seaman SCHEPPS 岩石水晶和钻石手链
估　价：USD 12,000~18,000
成交价：RMB 126,619
19.4cm×2.8cm 纽约佳士得 2022-06-10

154 MISH TIGER'S EYE 石英、彩色钻石
和黄金手镯/手链
估　价：USD 10,000~15,000
成交价：RMB 47,699
内周长16.5cm 纽约佳士得 2022-02-10

39 REZA 蓝宝石和钻石手链
估　价：CHF 80,000~120,000
成交价：RMB 2,234,494
长16.5cm 日内瓦佳士得 2022-11-08

124 TRABERT & HOEFFER MAUBOUSSIN 复
古星光蓝宝石、钻石和黄金"反射"手镯/手链
估　价：USD 12,000~18,000
成交价：RMB 336,852
内周长16.5cm 纽约佳士得 2022-04-08

14 VERDURA 钻石和黄金 "CURB LINK"
手表和手链
估　价：USD 25,000~35,000
成交价：RMB 224,589
手链长18.0cm 纽约佳士得 2022-04-07

1035 白金钻石和花式黄色钻石手镯
估　价：GBP 30,000~40,000
成交价：RMB 168,437
伦敦苏富比 2022-09-08

19 宝格丽 红宝石、祖母绿和钻石手链
估　价：USD 60,000~80,000
成交价：RMB 642,620
17.5cm×2.7cm 纽约佳士得 2022-04-13

31 WANDER 青金石和金手链
估　价：USD 5,000~7,000
成交价：RMB 44,116
17.2cm×2.5cm 纽约佳士得 2022-04-07

1853 宝格丽 "Serpenti" 钻石手镯
估　价：HKD 300,000~500,000
成交价：RMB 1,481,407
香港苏富比 2022-10-07

777 宝格丽 金钢手镯
估　价：EUR 4,000~6,000
成交价：RMB 34,426
内周长约160mm 巴黎苏富比 2022-09-28

2011 爱马仕设计，18K金及钻石 "KELLY" 手镯
估　价：HKD 180,000~450,000
成交价：RMB 266,760
保利香港 2022-07-13

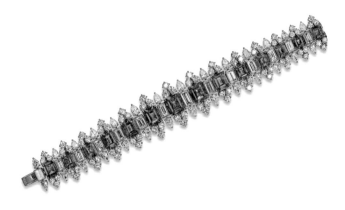

2140 宝格丽设计，总重约23.58克拉哥伦比亚祖母绿配钻石手链，未经注油
估　价：HKD 6,200,000~12,000,000
成交价：RMB 6,361,200
保利香港 2022-07-13

33 宝格丽 蓝宝石和钻石手镯
估 价：CHF 170,000~220,000
成交价：RMB 1,873,678
日内瓦佳士得 2022-05-11

180 宝格丽 钻石 "SPIGA" 手链
估 价：EUR 12,000~18,000
成交价：RMB 189,560
5.7cm×5.3cm 巴黎佳士得 2022-07-07

1857 宝嘉斯仁 祖母绿配贝母及钻石手镯
（祖母绿重约10.94克拉）
估 价：HKD 600,000~1,200,000
成交价：RMB 683,726
香港苏富比 2022-10-07

7 宝格丽 珊瑚、青金石和钻石 "星条旗" 手链
估 价：USD 15,000~20,000
成交价：RMB 235,085
长17.8cm 纽约佳士得 2022-06-08

264 宝格丽 钻石和双色金手镯一对
估 价：USD 20,000~30,000
成交价：RMB 202,590
内径5.7cm×2 纽约佳士得 2022-06-11

882 宝诗龙 黄金锁链手链
估 价：EUR 10,000~15,000
成交价：RMB 86,064
巴黎苏富比 2022-09-28

170 宝格丽 手链、耳环双色金 "ALVEARE"
珠宝套装
估 价：USD 8,000~12,000
成交价：RMB 47,699
手链内径5.7cm；耳环2.5cm×1.3cm
纽约佳士得 2022-02-10

250 宝格丽 钻石手链
估 价：USD 30,000~50,000
成交价：RMB 357,744
17.5cm×6.7cm 纽约佳士得 2022-02-10

878 宝诗龙 养殖珍珠镶嵌宝石手链
估 价：EUR 5,000~7,000
成交价：RMB 64,548
长约190mm 巴黎苏富比 2022-09-28

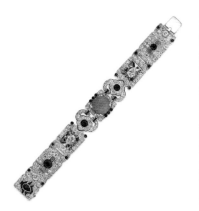

1952 宝石手链
估　价：HKD 280,000~380,000
成交价：RMB 672,116
长16.7cm 佳士得 2022-11-28

462 碧玺和钻石戒指、手镯
估　价：EUR 2,000~4,000
成交价：RMB 21,135
长约195mm 巴黎苏富比 2022-09-30

207 彩色蓝宝石和钻石手链
估　价：EUR 60,000~80,000
成交价：RMB 516,983
17.5cm×1.5cm 巴黎佳士得 2022-07-07

1807 宝石手链
估　价：HKD 400,000~600,000
成交价：RMB 810,054
佳士得 2022-05-25

755 伯爵 黄金和钻石手链
估　价：EUR 7,000~12,000
成交价：RMB 64,548
长度约185mm 巴黎苏富比 2022-09-28

870 彩色蓝宝石和钻石手链
估　价：EUR 7,000~9,000
成交价：RMB 60,245
长约185mm 巴黎苏富比 2022-09-28

539 碧玺、祖母绿和钻石手链、戒指首饰套装
估　价：EUR 2,000~3,000
成交价：RMB 21,135
巴黎苏富比 2022-09-30

773 布契拉提 黄金和钻石手镯
估　价：EUR 20,000~30,000
成交价：RMB 206,554
内周长175mm 巴黎苏富比 2022-09-28

48 彩色钻石和钻石手链
估　价：USD 30,000~50,000
成交价：RMB 358,808
纽约佳士得 2022-08-18

1819 彩色钻石配钻石手链（彩色钻石共重27.52克拉）
估　价：HKD 1,200,000~1,600,000
成交价：RMB 1,296,086
香港苏富比 2022-04-29

19 大卫·韦伯 金手链
估　价：USD 6,000~8,000
成交价：RMB 67,530
长15.9cm 纽约佳士得 2022-06-10

151 蒂芙尼 SEED 珍珠和钻石扣手链
估　价：USD 8,000~12,000
成交价：RMB 35,453
长17.4cm 纽约佳士得 2022-06-11

796 大卫·韦伯 珐琅、红宝石和钻石手链
估　价：EUR 20,000~30,000
成交价：RMB 206,554
内周长约150mm 巴黎苏富比 2022-09-28

147 大卫·韦伯 祖母绿袖口手镯
估　价：EUR 10,000~20,000
成交价：RMB 189,560
内周长16.5cm 巴黎佳士得 2022-07-07

12 蒂芙尼 珐琅和金手镯
估　价：USD 4,000~6,000
成交价：RMB 87,523
内周长17.3cm；内径6.0cm
纽约佳士得 2022-02-09

845 大卫·韦伯 水晶和钻石手链
估　价：EUR 15,000~25,000
成交价：RMB 275,406
内周长150mm 巴黎苏富比 2022-09-28

34 蒂芙尼 ANGELA CUMMINGS 多宝石手链
估　价：USD 8,000~12,000
成交价：RMB 96,252
内周长16.5cm 纽约佳士得 2022-04-07

783 蒂芙尼 珐琅和钻石手镯
估　价：EUR 18,000~22,000
成交价：RMB 154,916
内周长约150mm 巴黎苏富比 2022-09-28

22 蒂芙尼 海蓝宝石和钻石"云"手链
估　价：USD 70,000~100,000
成交价：RMB 1,847,094
18.3cm×3.2cm 纽约佳士得 2022-06-08

305 珐琅、石榴石和天然珍珠手链，19世纪末
估　价：EUR 1,800~2,200
成交价：RMB 15,852
内周长180mm 巴黎苏富比 2022-09-30

190 珐琅钻石双龙手链
估　价：USD 3,000~5,000
成交价：RMB 54,868
长12.0cm 纽约佳士得 2022-06-11

40 蒂芙尼 黄金手链和黄金吊坠—胸针
估　价：USD 6,000~8,000
成交价：RMB 80,210
手链20.0cm×3.9cm；胸针5.7cm×5.7cm
纽约佳士得 2022-04-07

703 珐琅绿松石和金手链
估　价：EUR 5,000~7,000
成交价：RMB 43,032
长约170mm 巴黎苏富比 2022-09-28

16 梵克雅宝 "VINTAGE ALHAMBRA"手链和耳环珠宝套装
估　价：USD 6,000~8,000
成交价：RMB 87,523
纽约佳士得 2022-02-09

69 多宝石白金手镯(一对)
估　价：USD 8,000~12,000
成交价：RMB 71,549
纽约佳士得 2022-02-10

82 珐琅钻石手镯
估　价：USD 12,000~18,000
成交价：RMB 120,316
内周长16.5cm 纽约佳士得 2022-04-07

140 梵克雅宝 COLLIER 可变形珊瑚绿玉髓钻石手链
估　价：EUR 6,000~8,000
成交价：RMB 473,901
18.5cm×2.0cm 巴黎佳士得 2022-07-07

162 梵克雅宝 半镶手镯和耳环
估　价：EUR 8,000~12,000
成交价：RMB 112,013
耳环（1.7—2.1cm）×0.7cm，
手镯内径5.5cm
巴黎佳士得 2022-07-07

242 梵克雅宝 金手链
估　价：USD 6,000~8,000
成交价：RMB 54,868
16.5cm×2.5cm 纽约佳士得 2022-06-11

251 梵克雅宝 蓝宝石及钻石手链
估　价：CHF 24,000~35,000
成交价：RMB 876,384
长约152mm 日内瓦苏富比 2022-11-09

224 梵克雅宝 红宝石和钻石手链和戒指
估　价：USD 6,000~8,000
成交价：RMB 87,449
手链长15.9cm 纽约佳士得 2022-02-10

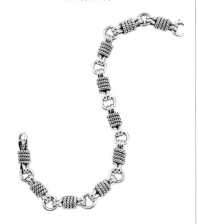

162 梵克雅宝 金手链 约1965年
估　价：USD 6,000~8,000
成交价：RMB 55,649
纽约佳士得 2022-02-10

14 梵克雅宝 手链
估　价：EUR 5,000~7,000
成交价：RMB 155,095
20.0cm×1.7cm 巴黎佳士得 2022-07-07

235 梵克雅宝 金手链
估　价：USD 5,000~7,000
成交价：RMB 55,649
纽约佳士得 2022-02-10

751 梵克雅宝 祖母绿和钻石手镯、戒指
估　价：EUR 50,000~70,000
成交价：RMB 1,032,772
手镯长约185mm 巴黎苏富比 2022-09-28

70 梵克雅宝 绿松石和钻石 "PERLÉE COULEURS" 手链
估　价：USD 8,000~12,000
成交价：RMB 112,294
纽约佳士得 2022-04-07

6119 翡翠手镯
估　价：RMB 1,800,000~2,800,000
成交价：RMB 4,370,000
永乐拍卖 2022-07-26

300 梵克雅宝 钻石手链
估　价：CHF 30,000~50,000
成交价：RMB 1,291,513
长约180mm 日内瓦苏富比 2022-11-09

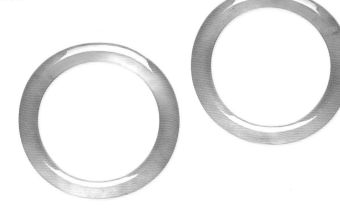

1943 翡翠手镯一对
估　价：HKD 400,000~600,000
成交价：RMB 1,512,100
内径53.6mm×2 佳士得 2022-05-25

71 梵克雅宝 钻石手链
估　价：EUR 70,000~120,000
成交价：RMB 646,229
17.5cm×1.5cm 巴黎佳士得 2022-07-07

1153 翡翠手镯
估　价：RMB 80,000~120,000
成交价：RMB 230,000
荣宝斋（南京）2022-12-08

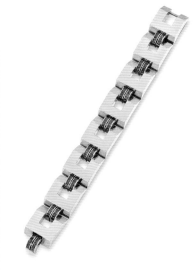

604 复古蓝宝石手链
估　价：GBP 7,000~9,000
成交价：RMB 72,023
长19.5cm 伦敦佳士得 2022-06-16

798 弗拉斯卡罗洛 珐琅红宝石和钻石手链
估　价：EUR 5,000~7,000
成交价：RMB 68,851
巴黎苏富比 2022-09-28

530 古驰 养殖珍珠和黄金手镯、戒指
估　价：EUR 3,000~5,000
成交价：RMB 30,822
手镯内周长160mm 巴黎苏富比 2022-09-30

192 古董蓝宝石和钻石手镯
估　价：USD 6,000~8,000
成交价：RMB 55,649
内周长17.2cm 纽约佳士得 2022-02-10

68 古董蓝宝石和钻石手链
估　价：CHF 80,000~140,000
成交价：RMB 2,606,910
长16.17cm 日内瓦佳士得 2022-11-08

468 缟玛瑙、红玉髓和钻石手链
估　价：EUR 3,500~4,500
成交价：RMB 30,822
长约165mm 巴黎苏富比 2022-09-30

11 海瑞·温斯顿 钻石手链
估　价：USD 40,000~60,000
成交价：RMB 419,794
长18.4cm 纽约佳士得 2022-06-08

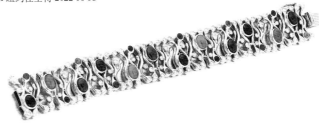

236 格拉夫 红宝石及钻石手链
估　价：CHF 80,000~115,000
成交价：RMB 1,383,764
长约170mm 日内瓦苏富比 2022-11-09

356 红宝石、蓝宝石、祖母绿和钻石手链
估　价：EUR 3,000~5,000
成交价：RMB 26,419
长约170mm 巴黎苏富比 2022-09-30

92 红宝石和钻石手链
估　价：USD 30,000~50,000
成交价：RMB 208,547
21.5cm×3.3cm 纽约佳士得 2022-04-07

524 红宝石和钻石手链
估　价：GBP 40,000~60,000
成交价：RMB 493,874
长18.1cm 伦敦佳士得 2022-06-16

137 红宝石手镯一对
估　价：USD 15,000~20,000
成交价：RMB 101,295
内径5.5cm×2 纽约佳士得 2022-06-11

138 红宝石和钻石手链
估　价：USD 40,000~60,000
成交价：RMB 280,710
18.5cm×3.2cm 纽约佳士得 2022-04-08

264 红宝石和钻石手链，海瑞·温斯顿
估　价：CHF 80,000~120,000
成交价：RMB 784,133
长约160mm 日内瓦苏富比 2022-11-09

756 黄金和黄水晶半宝石首饰
估　价：EUR 7,000~10,000
成交价：RMB 60,245
手链长190mm 巴黎苏富比 2022-09-28

63 红宝石和钻石手链
估　价：USD 80,000~120,000
成交价：RMB 1,204,913
长16.4cm 纽约佳士得 2022-04-13

1950 红宝石及钻石手链
估　价：HKD 500,000~800,000
成交价：RMB 724,263
长17.3cm 佳士得 2022-11-28

10 黄金和钻石手链
估　价：EUR 7,000~10,000
成交价：RMB 224,026
18.0cm×2.3cm 巴黎佳士得 2022-07-07

818 黄金和钻石手镯
估　价：EUR 18,000~28,000
成交价：RMB 327,044
巴黎苏富比 2022-09-28

770 金手镯
估　价：EUR 4,000~6,000
成交价：RMB 60,245
内周长约160mm 巴黎苏富比 2022-09-28

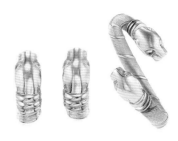

184 卡地亚 不锈钢和黄金 "PANTHÈRE" 手镯
和黄金 "PANTHÈRE" 耳环
估　价：USD 6,000~8,000
成交价：RMB 38,497
手链长16.5cm，内径6.2cm；
耳环6.3cm×1.4cm 纽约佳士得 2022-04-08

321 简西奇 钻石手镯
估　价：EUR 8,000~12,000
成交价：RMB 70,451
长约160mm 巴黎苏富比 2022-09-30

1833 卡地亚 "Panthère" 钻石配缟玛瑙及祖
母绿手链
估　价：HKD 1,800,000~3,000,000
成交价：RMB 2,052,136
香港苏富比 2022-04-29

542 卡地亚 吊饰手链
估　价：GBP 7,000~9,000
成交价：RMB 72,023
长18.2cm 伦敦佳士得 2022-06-16

9 金木手链和耳环套装
估　价：EUR 100,000~150,000
成交价：RMB 189,560
手镯内周长18.0cm，耳环4.5cm×3.7cm×2
巴黎佳士得 2022-07-07

1821 卡地亚 "Panthère" 钻石配祖母绿及
缟玛瑙手镯
估　价：HKD 500,000~800,000
成交价：RMB 1,002,799
香港苏富比 2022-10-07

129 卡地亚 多宝石和钻石蜜蜂吊饰手链
估　价：USD 4,000~6,000
成交价：RMB 35,453
长22.2cm 纽约佳士得 2022-06-11

29 卡地亚 珐琅和金色"白雪公主与七个小
矮人"吊饰手链
估　价：USD 40,000~60,000
成交价：RMB 1,044,258
长18.0cm 纽约佳士得 2022-04-13

12 卡地亚 黄金"PANTHÈRE"手镯、耳环
珠宝套装
估　价：USD 15,000~20,000
成交价：RMB 219,472
手镯内周长15.5cm；耳环长3.3cm
纽约佳士得 2022-06-10

71 卡地亚 蓝宝石和钻石手链
估　价：USD 60,000~80,000
成交价：RMB 1,445,895
17.5cm×1.4cm 纽约佳士得 2022-04-13

31 卡地亚 彩色钻石和钻石手链
估　价：USD 60,000~80,000
成交价：RMB 763,111
长16.5cm 纽约佳士得 2022-04-13

21 卡地亚 黄金"爱"手链
估　价：USD 5,000~7,000
成交价：RMB 32,077
内周长15.0cm 纽约佳士得 2022-06-10

596 卡地亚 青金石和钻石手链
估　价：GBP 8,000~12,000
成交价：RMB 66,879
内周长16.0cm 伦敦佳士得 2022-06-16

11 卡地亚 红宝石和钻石手链
估　价：USD 200,000~300,000
成交价：RMB 3,373,756
18.0cm×1.4cm 纽约佳士得 2022-04-13

248 卡地亚 蓝宝石和钻石手链
估　价：USD 5,000~7,000
成交价：RMB 63,599
长19.1cm 纽约佳士得 2022-02-10

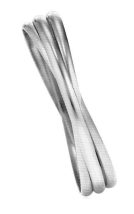

22 卡地亚 三色金"TRINITY"手镯
估　价：USD 5,000~7,000
成交价：RMB 47,740
长19.7cm，直径6.4cm 纽约佳士得 2022-02-09

56 卡地亚 装饰艺术 钻石手链
估　价：CHF 2,000,000~3,000,000
成交价：RMB 14,965,090
手链18.5cm 日内瓦佳士得 2022-05-11

535 卡地亚 钻石和黄金"爱"手镯
估　价：GBP 3,000~5,000
成交价：RMB 43,214
内周长15.0cm 伦敦佳士得 2022-06-16

12 卡地亚 珊瑚、漆面和钻石手镯
估　价：USD 200,000~300,000
成交价：RMB 2,088,516
内周长15.8cm 纽约佳士得 2022-04-13

662 卡地亚 钻石、祖母绿和缟玛瑙
　　 "PANTHÈRE" 手链
估　价：GBP 30,000~50,000
成交价：RMB 329,249
长18.0cm 伦敦佳士得 2022-06-16

257 卡地亚 钻石和绿松石手链
估　价：EUR 12,000~15,000
成交价：RMB 129,246
长17.5cm 巴黎佳士得 2022-07-07

597 卡地亚 种子珍珠钻石手链
估　价：GBP 4,000~6,000
成交价：RMB 61,734
长19.5cm 伦敦佳士得 2022-06-16

183 卡地亚 钻石 "MAILLON PANTHÈRE" 手链
估　价：USD 6,000~8,000
成交价：RMB 92,854
长19.0cm 纽约佳士得 2022-06-11

60 卡地亚 钻石手链
估　价：CHF 110,000~160,000
成交价：RMB 1,768,974
长19.5cm 日内瓦佳士得 2022-11-08

26 卡地亚 钻石手链
估　价：CHF 50,000~70,000
成交价：RMB 512,072
长17.0cm 日内瓦佳士得 2022-11-08

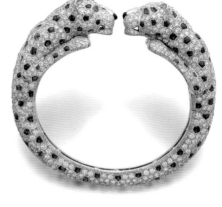

310 蓝宝石、缟玛瑙、祖母绿和钻石手镯，"Panthère"，卡地亚
估　价：CHF 200,000~400,000
成交价：RMB 3,321,032
内周长约160mm 日内瓦苏富比 2022-11-09

1816 卡地亚 钻石手链
估　价：HKD 1,200,000~1,800,000
成交价：RMB 1,296,086
香港苏富比 2022-04-29

238 蓝宝石、红宝石和祖母绿手链
估　价：USD 5,000~7,000
成交价：RMB 37,986
纽约佳士得 2022-06-11

72 蓝宝石、祖母绿和钻石手链
估　价：USD 12,000~18,000
成交价：RMB 79,499
20.6cm×1.8cm 纽约佳士得 2022-02-10

231 蓝宝石、彩色蓝宝石和钻石手链，宝格丽
估　价：CHF 100,000~150,000
成交价：RMB 968,634
长约190mm 日内瓦苏富比 2022-11-09

757 蓝宝石、红宝石和钻石手链
估　价：EUR 8,000~12,000
成交价：RMB 68,851
长约190mm 巴黎苏富比 2022-09-28

87 蓝宝石和钻石手链
估　价：USD 15,000~25,000
成交价：RMB 152,400
长17.5cm 纽约佳士得 2022-04-07

260 蓝宝石和钻石手链，Chopard
估　价：CHF 180,000~250,000
成交价：RMB 2,859,778
长约160mm 日内瓦苏富比 2022-11-09

2866 绿松石配红宝石手镯
估　价：HKD 60,000~80,000
成交价：RMB 48,603
香港苏富比 2022-04-15

492 蓝宝石和钻石手链
估　价：EUR 3,000~5,000
成交价：RMB 26,419
长约190mm 巴黎苏富比 2022-09-30

246 蓝宝石和钻石手链，宝格丽
估　价：CHF 100,000~200,000
成交价：RMB 1,752,767
长约170mm 日内瓦苏富比 2022-11-09

790 绿玉髓和钻石手链
估　价：EUR 4,000~8,000
成交价：RMB 34,426
巴黎苏富比 2022-09-28

525 蓝宝石和钻石手链
估　价：EUR 3,000~5,000
成交价：RMB 28,180
内周长约170mm 巴黎苏富比 2022-09-30

62 蓝宝石和钻石手镯、耳环首饰套装
估　价：USD 2,000~3,000
成交价：RMB 32,077
纽约佳士得 2022-06-10

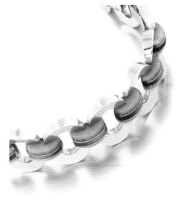

523 玛瑙珍珠母金手链
估　价：EUR 3,000~5,000
成交价：RMB 26,419
巴黎苏富比 2022-09-30

746 让·德普雷斯 珐琅金银手链
估　价：EUR 8,000~12,000
成交价：RMB 68,851
内周长约160mm 巴黎苏富比 2022-09-28

249 三重翡翠配钻石吊坠/胸针及无签名翡翠
配钻石手链及耳环
估　价：USD 8,000~12,000
成交价：RMB 254,396
胸针5.1cm×2.5cm；手链长17.0cm；
耳环长3.6cm×2 纽约佳士得 2022-02-10

7556 天然满绿翡翠手镯
估　价：RMB 2,000,000~2,800,000
成交价：RMB 2,070,000
内径约55.0mm 北京保利 2022-07-28

6120 满绿翡翠手镯
估　价：RMB 2,600,000~3,600,000
成交价：RMB 5,175,000
永乐拍卖 2022-07-26

151 手镯、耳环钻石首饰组
估　价：USD 2,000~4,000
成交价：RMB 39,749
纽约佳士得 2022-02-10

993 缅甸天然满绿翡翠手镯
估　价：RMB 2,200,000~3,200,000
成交价：RMB 2,530,000
北京保利 2022-02-03

1046 碳纤维、白金、灰色珍珠和钻石手链
估　价：GBP 11,000~16,000
成交价：RMB 56,146
内周长约190mm 伦敦苏富比 2022-09-08

1031 碳纤维、白金、珊瑚和钻石手链
估 价：GBP 11,000~16,000
成交价：RMB 95,448
伦敦苏富比 2022-09-08

372 天然翡翠（A货）手镯
估 价：RMB 380,000~580,000
成交价：RMB 862,500
内径58mm 上海嘉禾 2022-08-28

2080 天然翡翠手镯
估 价：HKD 480,000~880,000
成交价：RMB 615,600
内径54.20mm 保利香港 2022-07-13

1917 天然"哥伦比亚"无油祖母绿配钻石手
链（祖母绿及钻石共重16.50及13.89克拉）
估 价：HKD 2,200,000~2,800,000
成交价：RMB 2,962,814
香港苏富比 2022-10-07

1846 天然翡翠配钻石手链
估 价：HKD 2,000,000~3,000,000
成交价：RMB 1,253,498
香港苏富比 2022-10-07

1977 天然翡翠手镯 （一对）
估 价：HKD 380,000~580,000
成交价：RMB 521,469
手镯内径53.8mm×2 佳士得 2022-11-28

1818 天然"哥伦比亚"无油祖母绿配钻石手
镯（祖母绿共重11.00克拉）
估 价：HKD 2,400,000~3,500,000
成交价：RMB 2,592,172
香港苏富比 2022-04-29

1828 天然翡翠手镯
估 价：HKD 500,000~1,000,000
成交价：RMB 1,944,129
香港苏富比 2022-04-29

1978 天然翡翠手镯 （一对）
估 价：HKD 800,000~1,200,000
成交价：RMB 834,351
手镯内径54.3mm×2 佳士得 2022-11-28

2083 天然翡翠手镯
估　价：HKD 5,500,000~8,000,000
成交价：RMB 5,426,400
内径约57.49mm 保利香港 2022-10-11

2222 天然满绿翡翠手镯
估　价：RMB 4,500,000~6,800,000
成交价：RMB 5,175,000
内径约54.6mm 保利厦门 2022-10-21

1939 天然珍珠及钻石手链
估　价：HKD 1,600,000~2,500,000
成交价：RMB 1,512,100
手链长17.0cm 佳士得 2022-05-25

105 养殖珍珠和钻石手镯
估　价：EUR 20,000~40,000
成交价：RMB 387,737
内径5.8cm 巴黎佳士得 2022-07-07

6045 意大利黄金钻石手镯
估　价：RMB 350,000~450,000
成交价：RMB 460,000
永乐拍卖 2022-07-26

224 养殖珍珠和钻石手链，"Jawaher"，Marina B
估　价：CHF 50,000~80,000
成交价：RMB 461,255
内周长约140mm 日内瓦苏富比 2022-11-09

152 养殖珍珠和钻石手链一对
估　价：USD 5,000~7,000
成交价：RMB 54,868
内径5.6cm×2 纽约佳士得 2022-06-11

128 一对钻石手链
估　价：USD 20,000~30,000
成交价：RMB 295,444
长17.5cm×2 纽约佳士得 2022-06-11

69 天然珍珠、红宝石和钻石 "CHIMERA" 手镯
估　价：CHF 100,000~180,000
成交价：RMB 3,165,533
内周长15.0cm 日内瓦佳士得 2022-11-08

787 约翰·斯伦贝谢 珐琅和金手链
估　价：EUR 15,000~20,000
成交价：RMB 154,916
内周长约150mm 巴黎苏富比 2022-09-28

850 养殖珍珠和钻石手链戒指
估　价：EUR 8,000~12,000
成交价：RMB 60,245
手链长170mm 巴黎苏富比 2022-09-28

255 装饰艺术 蓝宝石和钻石手链
估　价：USD 8,000~12,000
成交价：RMB 79,499
长18.4cm 纽约佳士得 2022-02-10

657 卡地亚镶嵌 黄水晶和钻石手链
估　价：GBP 12,000~18,000
成交价：RMB 123,468
长16.2cm 伦敦佳士得 2022-06-16

1929 养殖珍珠及钻石手镯
估　价：HKD 300,000~500,000
成交价：RMB 556,234
内周长16.5cm 佳士得 2022-11-28

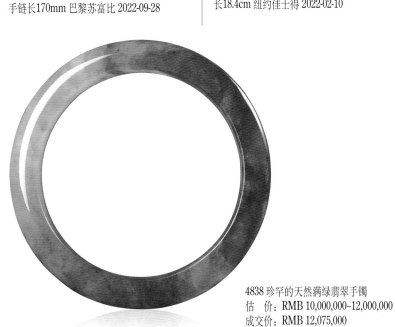

4838 珍罕的天然满绿翡翠手镯
估　价：RMB 10,000,000~12,000,000
成交价：RMB 12,075,000
内径约55.6mm 中国嘉德 2022-06-27

62 装饰艺术 钻石手链
估　价：USD 8,000~12,000
成交价：RMB 79,499
17.7cm×1.4cm 纽约佳士得 2022-02-10

7524 总重18.99克拉哥伦比亚"木佐绿"祖
母绿配钻石手链，未经注油
估　价：RMB 1,350,000~1,650,000
成交价：RMB 1,449,000
手链长约17.0cm 北京保利 2022-07-28

251 祖母绿和钻石手链
估　价：USD 15,000~20,000
成交价：RMB 135,148
17.8cm×1.1cm 纽约佳士得 2022-02-10

525 装饰艺术 钻石手链
估　价：GBP 6,000~8,000
成交价：RMB 92,601
长18.0cm 伦敦佳士得 2022-06-16

2094 总重约22.05克拉哥伦比亚祖母绿配钻
石手链，未经注油
估　价：HKD 2,500,000~3,200,000
成交价：RMB 2,387,616
手链长约16.5cm 保利香港 2022-10-11

527 祖母绿和钻石手链
估　价：GBP 15,000~20,000
成交价：RMB 226,359
长18.0cm 伦敦佳士得 2022-06-16

362 紫水晶和黄水晶手镯，卡地亚
估　价：CHF 40,000~70,000
成交价：RMB 627,306
内周长约160mm 日内瓦苏富比 2022-11-09

312 祖母绿、缟玛瑙和钻石手镯，"Tiger"，卡地亚
估　价：CHF 200,000~400,000
成交价：RMB 4,428,043
内周长约160mm 日内瓦苏富比 2022-11-09

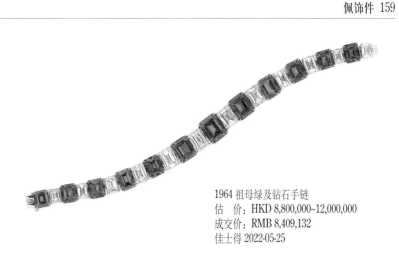

1964 祖母绿及钻石手链
估　价：HKD 8,800,000~12,000,000
成交价：RMB 8,409,132
佳士得 2022-05-25

79 祖母绿和钻石手链
估　价：EUR 7,000~10,000
成交价：RMB 94,780
长17.5cm 巴黎佳士得 2022-07-07

401 祖母绿和钻石手链
估　价：EUR 4,500~6,500
成交价：RMB 42,271
长约180mm 巴黎苏富比 2022-09-30

345 祖母绿及钻石手链，1850年
估　价：CHF 60,000~80,000
成交价：RMB 2,583,025
长约170mm 日内瓦苏富比 2022-11-09

1853 钻石 "Love" 手镯
估　价：HKD 100,000~150,000
成交价：RMB 231,764
手镯长27.0cm 佳士得 2022-11-28

407 祖母绿和钻石手镯、胸针
估　价：EUR 6,000~8,000
成交价：RMB 74,854
巴黎苏富比 2022-09-30

1922 钻石、祖母绿及玛瑙 "Panthère" 手链
估　价：HKD 180,000~280,000
成交价：RMB 370,823
手链长17.5cm 佳士得 2022-11-28

253 钻石和红宝石手链
估　价：USD 10,000~15,000
成交价：RMB 87,449
18.4cm×1.3cm 纽约佳士得 2022-02-10

1923 钻石手链
估　价：HKD 1,500,000~2,500,000
成交价：RMB 3,592,348
长16.7cm 佳士得 2022-11-28

1949 钻石手链
估　价：HKD 380,000~580,000
成交价：RMB 811,175
长17.1cm 佳士得 2022-11-28

212 钻石和黄金手链
估　价：USD 6,000~8,000
成交价：RMB 64,162
长15.3cm 纽约佳士得 2022-04-08

1936 钻石手链
估　价：HKD 500,000~800,000
成交价：RMB 753,234
长16.5cm 佳士得 2022-11-28

1809 钻石及有色钻石手链
估　价：HKD 160,000~250,000
成交价：RMB 231,764
手链长17.8cm 佳士得 2022-11-28

1946 钻石手链
估　价：HKD 2,000,000~3,000,000
成交价：RMB 2,317,644
长16.9cm 佳士得 2022-11-28

1827 钻石手链
估　价：HKD 180,000~280,000
成交价：RMB 208,587
手链长16.7cm 佳士得 2022-11-28

246 钻石手链
估　价：USD 12,000~18,000
成交价：RMB 143,098
18.1cm×2.1cm 纽约佳士得 2022-02-10

8 钻石手链
估　价：USD 40,000~60,000
成交价：RMB 321,310
18.3cm×3.0cm 纽约佳士得 2022-04-13

78 钻石手链
估　价：USD 20,000~30,000
成交价：RMB 235,085
长18.0cm 纽约佳士得 2022-06-08

89 钻石手链
估　价：USD 25,000~35,000
成交价：RMB 160,421
18.7cm×2.7cm 纽约佳士得 2022-04-07

30 钻石手链
估　价：USD 10,000~15,000
成交价：RMB 152,400
纽约佳士得 2022-04-07

22 钻石手链
估　价：USD 60,000~80,000
成交价：RMB 481,965
长18.0cm 纽约佳士得 2022-04-13

97 钻石手链
估　价：USD 50,000~70,000
成交价：RMB 923,547
长18.0cm 纽约佳士得 2022-06-08

136 钻石手链
估　价：USD 18,000~25,000
成交价：RMB 202,590
长16.0cm 纽约佳士得 2022-06-11

241 钻石手链
估　价：CHF 120,000~180,000
成交价：RMB 1,014,760
长约180mm 日内瓦苏富比 2022-11-09

667 钻石手链
估　价：GBP 7,000~9,000
成交价：RMB 77,168
长18.5cm 伦敦佳士得 2022-06-16

176 钻石手链
估　价：USD 10,000~15,000
成交价：RMB 92,854
长16.5cm 纽约佳士得 2022-06-11

39 钻石手链
估　价：USD 20,000~30,000
成交价：RMB 512,583
16.2cm×2.5cm 纽约佳士得 2022-08-18

279 钻石手链
估　价：CHF 85,000~100,000
成交价：RMB 738,007
长约190mm 日内瓦苏富比 2022-11-09

218 钻石手链
估　价：USD 7,000~10,000
成交价：RMB 50,647
长17.2cm 纽约佳士得 2022-06-11

520 钻石手链
估　价：EUR 4,000~6,000
成交价：RMB 36,987
长约170mm 巴黎苏富比 2022-09-30

226 钻石手链 梵克雅宝 1950年
估　价：CHF 50,000~80,000
成交价：RMB 691,882
长约180mm 日内瓦苏富比 2022-11-09

项 链

711 钻石手镯
估　价：EUR 7,000~12,000
成交价：RMB 81,761
长约180mm 巴黎苏富比 2022-09-28

1917 钻石手镯
估　价：HKD 300,000~500,000
成交价：RMB 672,116
内周长16.8cm 佳士得 2022-11-28

8 "豹"铰接式彩色钻石、钻石、蓝宝石和
缟玛瑙吊坠项链
估　价：EUR 100,000~150,000
成交价：RMB 1,292,458
吊坠9.0cm×2.9cm，链长52.0cm
巴黎佳士得 2022-07-07

1910 钻石手链 (19颗钻石共重27.33克拉)
估　价：HKD 1,600,000~2,200,000
成交价：RMB 1,823,270
香港苏富比 2022-10-07

1927 钻石手镯
估　价：HKD 300,000~500,000
成交价：RMB 347,646
内周长16.0cm 佳士得 2022-11-28

1836 钻石手链(钻石共重36.54克拉)
估　价：HKD 5,000,000~8,000,000
成交价：RMB 3,456,230
香港苏富比 2022-04-29

108 钻石双夹胸针手链
估　价：USD 15,000~20,000
成交价：RMB 152,400
手链长16.5cm；每个胸针3.3cm×2.8cm
纽约佳士得 2022-04-07

3814 "冬之藏"18K金配钻石贝母套链
估　价：RMB 320,000~380,000
成交价：RMB 368,000
全长约52cm 西泠印社 2022-01-23

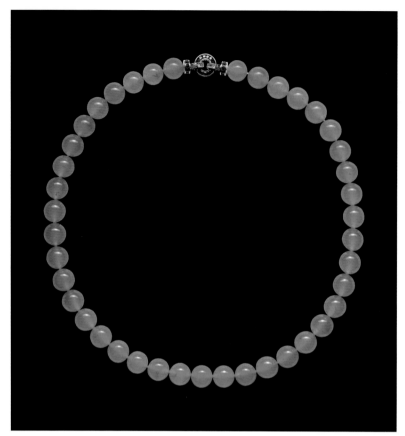

3757 "华瑞之光"冰种满绿翡翠珠串
估　价：RMB 9,000,000~16,000,000
成交价：RMB 16,100,000
珠链长约56.7cm 西泠印社 2022-01-23

1813 106.69克拉"莫桑比克"帕拉伊巴碧玺
配钻石项链
估　价：HKD 800,000~1,200,000
成交价：RMB 934,426
香港苏富比 2022-10-07

3771 "逍遥游"金镶红宝石项链
估　价：RMB 280,000~320,000
成交价：RMB 322,000
项链直径约16cm 西泠印社 2022-01-23

3722 "团圆"冰种帝王绿翡翠蛋面项链
估　价：RMB 450,000~550,000
成交价：RMB 517,500
翡翠18.82mm×15.73mm×50mm
西泠印社 2022-01-23

4702 "钥匙"吊坠项链，蒂芙尼
估　价：RMB 100,000~200,000
成交价：RMB 115,000
中国嘉德 2022-12-15

262 1.54克拉钻石和红宝石吊坠项链
估　价：USD 6,000~8,000
成交价：RMB 67,530
项链长45.7cm 纽约佳士得 2022-06-11

3878 "灵水" 41颗木那坑冰种翡翠珠串
估　价：RMB 18,000,000~28,000,000
成交价：RMB 20,700,000
珠串长约58.5cm 西泠印社 2022-08-21

3754 "清心珠" 108颗高冰帝土绿翡翠念珠
估　价：RMB 2,000,000~3,000,000
成交价：RMB 2,990,000
珠串长约69cm 西泠印社 2022-01-23

139 2.01克拉E颜色SI2净度钻石吊坠项链
估　价：USD 10,000~15,000
成交价：RMB 96,243
长40.0cm 纽约佳士得 2022-04-08

7642 108颗天然满绿翡翠珠配红宝石及钻石项链
成交价：RMB 18,400,000
珠链长约53.0cm 北京保利 2022-07-28

8 19世纪头饰、项链、胸针、手链珠宝
估　价：CHF 300,000~500,000
成交价：RMB 4,684,195
头饰5.7cm×16.0cm；项链长43.5cm；
胸针9.9cm×6.8cm；手链长17.5cm
日内瓦佳士得 2022-05-11

866 2.01克拉深彩橙黄色钻石吊坠项链
估　价：EUR 17,000~20,000
成交价：RMB 86,064
长约395mm 巴黎苏富比 2022-09-28

3909 17.36克拉沃顿绿祖母绿项链
估　价：RMB 320,000~380,000
成交价：RMB 368,000
长约43cm 西泠印社 2022-08-21

3964 18K白金及钻石项链
估　价：HKD 400,000~800,000
成交价：RMB 463,528
周长39cm 佳士得 2022-11-26

1849 2.58克拉梨形F/VVS1(极优打磨及比例)
钻石吊坠项链
估　价：HKD 400,000~600,000
成交价：RMB 521,469
项链长40.0cm 佳士得 2022-11-28

50 2.73克拉彩色钻石和钻石吊坠项链
估　价：USD 200,000~300,000
成交价：RMB 3,274,395
吊坠长2.5cm；项链长40.5cm
纽约佳士得 2022-06-08

29 20世纪初 尖晶石和钻石项链
估　价：CHF 300,000~500,000
成交价：RMB 4,096,572
长39.5cm 日内瓦佳士得 2022-11-08

1812 2.87克拉梨形浓彩黄色VS1及0.94克拉
F/IF钻石吊坠项链
估　价：HKD 350,000~550,000
成交价：RMB 405,587
项链长39.0cm 佳士得 2022-11-28

1956 22.18克拉梨形D/VVS1 Type IIa 钻石吊坠项链
估　价：HKD 12,000,000~18,000,000
成交价：RMB 14,761,185
项链长46.0cm，吊坠长5.1cm
佳士得 2022-11-28

9 23.15克拉祖母绿和钻石项链
估　价：USD 60,000~80,000
成交价：RMB 629,691
长40.7cm 纽约佳士得 2022-06-08

512 20世纪早期 天然珍珠和钻石项链
估　价：GBP 5,000~7,000
成交价：RMB 77,168
长106.0cm 伦敦佳士得 2022-06-16

3783 23.04克拉莫桑比克帕拉伊巴项链
估　价：RMB 220,000~260,000
成交价：RMB 253,000
西泠印社 2022-01-23

2030 28.13克拉莫桑比克帕拉伊巴碧玺配钻石及粉色蓝宝石挂坠项链
估　价：HKD 500,000~880,000
成交价：RMB 513,000
长约41cm 保利香港 2022-07-13

41 25.94克拉蓝宝石和钻石项链
估　价：CHF 350,000~450,000
成交价：RMB 3,258,637
长41.7cm 日内瓦佳士得 2022-11-08

1815 4.72克拉长方形W-X/VS1钻石项链
估　价：HKD 400,000~600,000
成交价：RMB 672,116
项链长39.0cm 佳士得 2022-11-28

303 23.69克拉花式黄褐色、天然颜色、VVS1
净度钻石项链
估　价：CHF 120,000~220,000
成交价：RMB 1,199,262
长约500mm 日内瓦苏富比 2022-11-09

552 3.78克拉，深黄色，VVS1净度彩色钻石
和钻石项链
估　价：GBP 35,000~45,000
成交价：RMB 390,983
长40.5cm 伦敦佳士得 2022-06-16

545 3.01克拉D色VS2净度彩色钻石和钻石项链
估　价：GBP 35,000~55,000
成交价：RMB 329,249
项链长47.5cm 伦敦佳士得 2022-06-16

6506 28.53克拉木佐色祖母绿配钻石项链，未经注油处理
估　价：RMB 7,540,000~9,600,000
成交价：RMB 8,262,750
永乐拍卖 2022-07-26

985 36.61克拉帕拉伊巴碧玺配钻石项链
估　价：RMB 380,000~500,000
成交价：RMB 437,000
项链长约45.5cm 北京保利 2022-02-03

1935 5.05克拉枕形D/VVS2钻石吊坠项链
估　价：HKD 1,000,000~2,000,000
成交价：RMB 1,042,939
项链长43.6cm 佳士得 2022-11-28

145 29颗金色养殖珍珠项链
估　价：USD 8,000~12,000
成交价：RMB 35,453
长43.2cm 纽约佳士得 2022-06-11

72 5.47克拉浓彩黄色自然色VS1净度钻石和
钻石吊坠-项链
估　价：USD 25,000~35,000
成交价：RMB 481,262
吊坠长2.0cm；颈链长40.8cm
纽约佳士得 2022-04-07

1939 82颗1.62—0.29克拉椭圆形D-G/VVS2-I1
钻石项链
估　价：HKD 800,000~1,200,000
成交价：RMB 1,274,704
长40.5cm 佳士得 2022-11-28

1973 52.88克拉枕形缅甸天然蓝宝石吊坠项链
估　价：HKD 7,000,000~10,000,000
成交价：RMB 9,684,441
吊坠长5.6cm，项链长41.5cm 佳士得 2022-11-28

71 ANGELA CUMMINGS 海蓝宝石项链和赤
铁矿项链
估　价：USD 3,000~5,000
成交价：RMB 25,440
项链长38.1cm×2 纽约佳士得 2022-02-10

38 54.03克拉尖晶石吊坠项链
估　价：CHF 200,000~300,000
成交价：RMB 3,406,687
长42.0cm 日内瓦佳士得 2022-05-11

3946 71.49克拉沃顿绿/Vividgreen祖母绿套装
估　价：RMB 2,000,000~2,800,000
成交价：RMB 2,300,000
项链长约48cm；耳饰长约2.8cm×2
西泠印社 2022-08-21

165 ASCH GROSSBARDT 多宝石珠宝项链、
耳环、手链、胸针套装
估　价：USD 12,000~18,000
成交价：RMB 126,619
项链长49.2cm；耳环2.5cm×2.5cm×2；
手链长22.0cm；胸针6.0cm×6.2cm
纽约佳士得 2022-06-11

6016 9.75克拉祖母绿配钻石项链
估　价：RMB 860,000~960,000
成交价：RMB 989,000
永乐拍卖 2022-07-26

526 BELLE ÉPOQUE 钻石项链
估　价：GBP 8,000~12,000
成交价：RMB 82,312
长39.0cm 伦敦佳士得 2022-06-16

1937 5.80、5.17、5.10、5.07及5.06克拉长方形
及5.32克拉正方形H-J/IF-VS2钻石吊坠项链
估　价：HKD 1,800,000~2,800,000
成交价：RMB 2,027,938
项链长50.5cm，吊坠长4.9cm
佳士得 2022-11-28

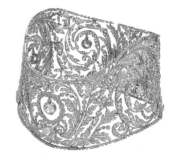

61 BELLE ÉPOQUE 钻石项链
估　价：USD 60,000~80,000
成交价：RMB 2,728,662
周长34.0cm 纽约佳士得 2022-06-08

67 ASSAEL 单股灰色养殖珍珠和钻石项链
估 价：USD 20,000~30,000
成交价：RMB 222,597
长43.2cm 纽约佳士得 2022-02-10

59 BOUCHERON 钻石和黄金 "DELILAH"
项链
估 价： USD 10,000~15,000
成交价： RMB 268,668
长102.2cm 纽约佳士得 2022-06-08

16 BOTTEGA VENETA 金色 "TORCELLO" 项链
估 价：USD 6,000~8,000
成交价：RMB 46,427
长38.1cm 纽约佳士得 2022-06-10

70 BVLGARI 天然和养殖珍珠、钻石和人造
宝石项链
估 价：CHF 300,000~500,000
成交价：RMB 3,724,157
最短链长47.0cm 日内瓦佳士得 2022-11-08

678 GARRARD 钻石项链
估 价：GBP 170,000~220,000
成交价：RMB 1,749,136
长37.5cm 伦敦佳士得 2022-06-16

2 BVLGARI 9.53克拉绚丽黄色彩色钻石和钻
石项链
估 价：CHF 80,000~130,000
成交价：RMB 1,070,695
长36.5cm 日内瓦佳士得 2022-11-08

13 BOTTEGA VENETA 金 "TORCELLO"
项链
估 价： USD 12,000~18,000
成交价： RMB 143,501
长58.5cm 纽约佳士得 2022-06-10

1 GEORGES FOUQUET ART DECO 多宝石项链
估 价：CHF 30,000~50,000
成交价：RMB 681,337
长83.0cm 日内瓦佳士得 2022-05-11

148 GRAFF 养殖珍珠、彩色钻石和钻石项链
估　价：USD 15,000~20,000
成交价：RMB 118,177
长35.6cm 纽约佳士得 2022-06-11

137 GRAFF 养殖珍珠和钻石项链
估　价：USD 20,000~30,000
成交价：RMB 174,897
项链长35.6cm 纽约佳士得 2022-02-10

194 HENRY Dunay 巴洛克养殖珍珠、钻石
和金项链
估　价：USD 6,000~8,000
成交价：RMB 127,198
长40.1cm 纽约佳士得 2022-02-10

26 DE BEERS 0.83克拉，浅蓝色，自然色，
VS2净度彩色钻石和钻石吊坠项链
估　价：USD 40,000~60,000
成交价：RMB 441,157
项链长40.6cm 纽约佳士得 2022-04-07

120 ILIAS LALAOUNIS 多宝石、钻石和金项链
估　价：USD 5,000~7,000
成交价：RMB 56,147
纽约佳士得 2022-04-07

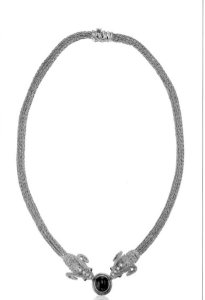

119 ILIAS LALAOUNIS 蓝宝石、钻石和红宝
石项链
估　价：USD 5,000~7,000
成交价：RMB 40,105
长43.2cm 纽约佳士得 2022-04-07

1866 Etcetera 彩色钻石配钻石项链
估　价：HKD 600,000~800,000
成交价：RMB 1,196,521
香港苏富比 2022-10-07

46 JEAN FOUQUET 金项链
估　价：EUR 12,000~18,000
成交价：RMB 103,397
40.0cm×（0.3—2.9cm）
巴黎佳士得 2022-07-07

44 JEAN FOUQUET 绿松石项链
估　价：EUR 20,000~30,000
成交价：RMB 120,629
长37.3cm 巴黎佳士得 2022-07-07

159 POIRAY 钻石、珊瑚、金和钢项链
估　价：EUR 8,000~10,000
成交价：RMB 73,239
项链长41.0cm 巴黎佳士得 2022-07-07

559 POMELLATO 绿玉髓和岩石水晶"卡普里"项链、手链、耳环套装
估　价：GBP 4,000~6,000
成交价：RMB 39,098
项链长63.2cm；手链长19.2cm；
耳环长4.9cm×2 伦敦佳士得 2022-06-16

161 JUDITH LEIBER 黄金首饰和未签名金项链、耳环套装
估　价：USD 15,000~20,000
成交价：RMB 109,736
项链长39.4cm；手链内径5.7cm；
耳环3.5cm×2.3cm×2
纽约佳士得 2022-06-11

536 MARIE-FRANCE 圆盘项链
估　价：GBP 6,000~8,000
成交价：RMB 77,168
长43.5cm 伦敦佳士得 2022-06-16

48 REZA 蓝宝石和钻石项链
估　价：CHF 250,000~350,000
成交价：RMB 10,098,394
长36.0cm 日内瓦佳士得 2022-05-11

38 REZA 蓝宝石和钻石项链
估　价：CHF 250,000~400,000
成交价：RMB 3,910,365
长50.8cm 日内瓦佳士得 2022-11-08

63 REZA 蓝宝石、红宝石和钻石项链
估　价：CHF 120,000~180,000
成交价：RMB 1,489,663
长37.0cm 日内瓦佳士得 2022-11-08

66 RIVIERE 钻石项链
估　价：CHF 550,000~750,000
成交价：RMB 6,424,170
长41.2cm 日内瓦佳士得 2022-11-08

111 REZA 祖母绿、钻石和养殖珍珠项链
估　价：USD 20,000~30,000
成交价：RMB 354,532
吊坠长3.1cm；项链长74.6cm
纽约佳士得 2022-06-10

150 SEAMAN SCHEPPS 多宝石和养殖珍珠
可变形项链
估　价：EUR 15,000~25,000
成交价：RMB 86,164
45.5cm×（3.5—4.0cm）
巴黎佳士得 2022-07-07

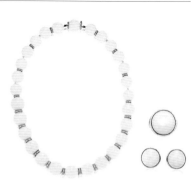

117 Seaman SCHEPPS COCHOLONG 和金
项链和未签名的 COCHOLONG耳环和戒指
估　价：USD 3,000~5,000
成交价：RMB 24,063
项链长40.6cm；耳环直径1.9cm×2
纽约佳士得 2022-04-07

112 Seaman SCHEPPS 木制和黄金项链、耳
环、戒指首饰套装
估　价：USD 5,000~7,000
成交价：RMB 24,063
项链长45.0cm；耳环2.2cm×2.2cm×2
纽约佳士得 2022-04-07

116 VALENTIN MAGRO 钻石项链、耳环首
饰套装
估　价：USD 20,000~30,000
成交价：RMB 176,463
项链长45.7cm；耳环长5.0cm×2
纽约佳士得 2022-04-07

82 VERDURA 蓝晶石和金项链
估　价：USD 3,000~5,000
成交价：RMB 40,518
长40.6cm 纽约佳士得 2022-06-10

15 VERDURA 粉色碧玺和金项链
估　价：USD 8,000~12,000
成交价：RMB 67,631
长44.0cm 纽约佳士得 2022-02-09

252 ZOLOTAS "经典系列"耳环和项链
估　价：EUR 8,000~12,000
成交价：RMB 129,246
耳环5.0cm×3.0cm×2，项链长42.5cm
巴黎佳士得 2022-07-07

95 ZADORA 粉红色碧玺、彩色钻石和珐琅
"蛇"项链、手链、耳环、戒指首饰套装
估　价：USD 60,000~80,000
成交价：RMB 377,815
项链长43.2cm 纽约佳士得 2022-06-08

1879 奥斯卡·海曼兄弟 蓝宝石，祖母绿配
红宝石及钻石项链，手链及耳坠套装
估　价：HKD 650,000~800,000
成交价：RMB 740,704
香港苏富比 2022-10-07

106 奥斯卡·海曼兄弟 蓝宝石和钻石项链
估　价：USD 20,000~30,000
成交价：RMB 320,841
纽约佳士得 2022-04-07

55 VERDURA 绿色碧玺"围巾"项链和绿色
碧玺和钻石"绳结"耳环
估　价：CHF 85,000~135,000
成交价：RMB 638,754
项链内周长34.5cm；耳环长3.0cm×2
日内瓦佳士得 2022-05-11

205 爱马仕黄水晶项链
估　价：EUR 5,000~6,000
成交价：RMB 43,082
项链长79.7cm 巴黎佳士得 2022-07-07

4937 爱德华时期 藤蔓花卉饰钻石晚宴项链
估　价：RMB 220,000~320,000
成交价：RMB 287,500
链长34cm；重量38.7g 西泠印社 2022-01-23

16 宝格丽 "MONETE" TUBOGAS 硬币项
链和无签名硬币耳环
估　价：USD 8,000~12,000
成交价：RMB 128,337
项链长35.6cm；耳环长1.9cm×2
纽约佳士得 2022-04-07

73 奥斯卡·海曼兄弟 蓝宝石、祖母绿和钻
石项链
估　价：USD 30,000~50,000
成交价：RMB 222,597
长40.1cm 纽约佳士得 2022-02-10

1051 白金、钛金属、彩色蓝宝石和钻石项链
估　价：GBP 80,000~120,000
成交价：RMB 561,456
内周长约410mm 伦敦苏富比 2022-09-08

277 宝格丽 碧玺、橄榄石和钻石项链
估　价：EUR 8,000~12,000
成交价：RMB 224,026
36.5cm×2.0cm 巴黎佳士得 2022-07-07

220 宝格丽 "咖啡豆" 金项链
估　价：EUR 8,000~12,000
成交价：RMB 206,793
长89.0cm 巴黎佳士得 2022-07-07

30 宝格丽红宝石和钻石项链
估　价：CHF 140,000~240,000
成交价：RMB 1,447,842
长42.0cm 日内瓦佳士得 2022-05-11

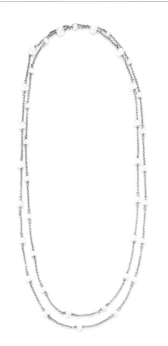

510 宝格丽 珍珠母贝和钻石项链
估　价：EUR 6,000~8,000
成交价：RMB 52,838
长约470mm 巴黎苏富比 2022-09-30

130 宝格丽 单股天然珍珠项链
估　价：USD 10,000~15,000
成交价：RMB 80,203
长117.0cm 纽约佳士得 2022-04-08

17 宝格丽 硬币、红宝石和黄金 "MONETE"
项链
估　价：USD 10,000~15,000
成交价：RMB 168,825
纽约佳士得 2022-06-10

174 宝格丽 钻石和粉红色碧玺 "SERPENTI" 珠宝套装
估　价：USD 10,000~15,000
成交价：RMB 190,797
吊坠3.8cm×2.2cm；颈链长43.5cm；手镯内径5.6cm
纽约佳士得 2022-02-10

1952 宝石吊坠项链
估　价：HKD 1,200,000~1,800,000
成交价：RMB 1,296,086
项链长59.5cm，吊坠长3.6cm
佳士得 2022-05-25

1802 宝石首饰套装
估　价：HKD 80,000~120,000
成交价：RMB 216,014
项链内周长35.0cm，耳环长2.5cm×2
佳士得 2022-05-25

6066 铂金钻石项链
估　价：RMB 470,000~650,000
成交价：RMB 690,000
永乐拍卖 2022-07-26

1858 宝嘉斯仁 "Diaphane Mesh"
钻石项链及耳坠套装
估　价：HKD 3,000,000~6,000,000
成交价：RMB 3,418,632
香港苏富比 2022-10-07

477 碧玺和钻石吊坠项链
估　价：EUR 1,500~2,000
成交价：RMB 14,090
吊坠22mm×12mm，项链长410mm
巴黎苏富比 2022-09-30

1855 宝嘉斯仁 白玉，贝母配红宝石及钻石项链及耳坠套装
估　价：HKD 600,000~1,200,000
成交价：RMB 2,279,088
香港苏富比 2022-10-07

557 彩色蓝宝石和钻石项链
估　价：GBP 2,500~3,500
成交价：RMB 36,012
吊坠直径2.7cm；项链长41.0cm
伦敦佳士得 2022-06-16

281 玻璃、珐琅和钻石项链，约1902年
估　价：CHF 100,000~150,000
成交价：RMB 922,509
长度约435mm 日内瓦苏富比 2022-11-09

131 彩色蓝宝石和钻石项链
估　价：USD 12,000~18,000
成交价：RMB 208,527
长40.6cm 纽约佳士得 2022-04-08

660 彩色钻石和钻石项链和耳环
估　价：GBP 50,000~70,000
成交价：RMB 514,452
项链长43.0cm；耳环长2.8cm×2
伦敦佳士得 2022-06-16

293 彩黄钻石项链、耳夹套装
估　价：CHF 140,000~180,000
成交价：RMB 1,291,513
项链长400mm 日内瓦苏富比 2022-11-09

248 彩色蓝宝石和钻石项链
估　价：USD 12,000~18,000
成交价：RMB 135,060
长38.1cm 纽约佳士得 2022-06-11

55 彩色钻石和碧玺项链
估 价: USD 60,000~80,000
成交价: RMB 285,460
最长42.5cm 纽约佳士得 2022-06-08

2081 超凡卓绝 天然翡翠珠配钻石项链
成交价: RMB 43,092,000
珠链长约53cm 保利香港 2022-07-13

27 彩色钻石和钻石项链
估 价: CHF 150,000~250,000
成交价: RMB 1,958,845
长30.5cm 日内瓦佳士得 2022-05-11

541 彩色蓝宝石和钻石吊坠项链
估 价: GBP 2,800~3,500
成交价: RMB 32,925
吊坠长3.4cm; 项链长40.5cm
伦敦佳士得 2022-06-16

4 大卫·韦伯翡翠、红宝石和蓝宝石吊坠项链
估 价: USD 30,000~50,000
成交价: RMB 587,712
吊坠7.9cm×7.2cm; 项链长79.5cm
纽约佳士得 2022-06-08

522 大卫·尤尔曼 紫水晶、银和金项链、手镯、耳环饰品
估 价: EUR 1,000~1,500
成交价: RMB 10,568
巴黎苏富比 2022-09-30

3 蒂芙尼 ANGELA CUMMINGS 黄金项链
估　价：USD 20,000~30,000
成交价：RMB 167,918
内周长34.8cm 纽约佳士得 2022-06-08

57 蒂芙尼 ANGELA CUMMINGS 金和铜
"叶子"项链
估　价：USD 15,000~20,000
成交价：RMB 201,501
长42.0cm 纽约佳士得 2022-06-08

198 蒂芙尼 ELSA PERETTI "AEGEAN
TOGGLE"项链
估　价：USD 10,000~15,000
成交价：RMB 254,396
长121.5cm 纽约佳士得 2022-02-10

54 蒂芙尼 古董钻石和珐琅地吊坠手表项链
估　价：USD 20,000~30,000
成交价：RMB 449,834
项链长61.0cm 纽约佳士得 2022-04-13

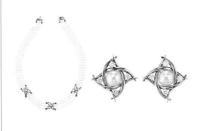

48 蒂芙尼 养殖珍珠和钻石项链、耳环首饰套装
估　价：USD 6,000~8,000
成交价：RMB 33,389
项链长38.1cm；耳环2.6cm×2.6cm×2
纽约佳士得 2022-02-10

48 蒂芙尼 蓝宝石和钻石吊坠项链
估　价：USD 30,000~50,000
成交价：RMB 377,815
吊坠长2.9cm；项链长43.1cm
纽约佳士得 2022-06-08

213 蒂芙尼 紫水晶和金项链
估　价：USD 7,000~10,000
成交价：RMB 37,986
长35.6cm 纽约佳士得 2022-06-11

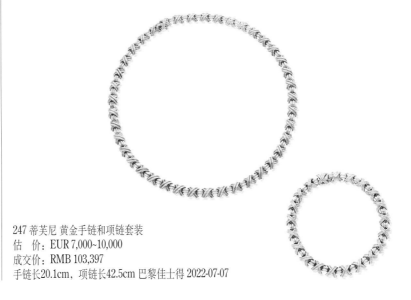

247 蒂芙尼 黄金手链和项链套装
估　价：EUR 7,000~10,000
成交价：RMB 103,397
手链长20.1cm，项链长42.5cm 巴黎佳士得 2022-07-07

250 多宝石和养殖珍珠项链
估　价：EUR 8,000~10,000
成交价：RMB 81,856
长40.8cm 巴黎佳士得 2022-07-07

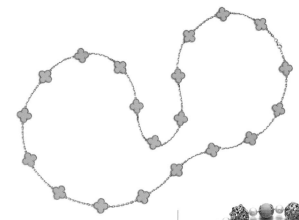

43 梵克雅宝 "VINTAGE ALHAMBRA" 绿松石项链
估　价：USD 10,000~15,000
成交价：RMB 304,799
长84.8cm 纽约佳士得 2022-04-07

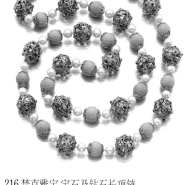

216 梵克雅宝 宝石及钻石长项链
估　价：CHF 20,000~30,000
成交价：RMB 461,255
长约980mm 日内瓦苏富比 2022-11-09

35 梵克雅宝 多宝石长项链
估　价：CHF 70,000~100,000
成交价：RMB 931,039
长73.0cm 日内瓦佳士得 2022-11-08

1934 法贝热 "Ida" 钻石项链
估　价：HKD 400,000~600,000
成交价：RMB 341,863
香港苏富比 2022-10-07

149 梵克雅宝 多宝石和黄金 "PERLÉE COULEURS" 可变形长项链
估　价：USD 10,000~15,000
成交价：RMB 104,264
项链长90.0cm 纽约佳士得 2022-04-08

33 梵克雅宝 白色珊瑚珠项链
估　价：USD 3,000~5,000
成交价：RMB 67,530
长44.0cm 纽约佳士得 2022-06-10

227 梵克雅宝 红宝石和钻石可变形 "拉链" 项链
估 价：EUR 200,000~300,000
成交价：RMB 5,600,650
45.0cm×1.5cm 巴黎佳士得 2022-07-07

53 梵克雅宝 金 "MAGIC ALHAMBRA" 吊坠项链
估 价：USD 2,000~3,000
成交价：RMB 38,501
吊坠3.8cm×2.7cm；项链长90.0cm
纽约佳士得 2022-04-07

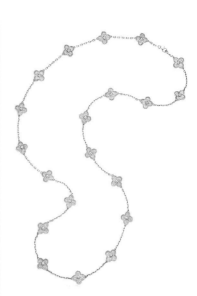

23 梵克雅宝 黄金 "VINTAGE ALHAMBRA" 长项链
估 价：USD 10,000~15,000
成交价：RMB 84,412
长81.3cm 纽约佳十得 2022-06-10

236 梵克雅宝 金项链
估 价：EUR 5,000~6,000
成交价：RMB 77,547
长46.0cm 巴黎佳士得 2022-07-07

255 梵克雅宝 可变形绿松石和钻石项链
估 价：EUR 15,000~25,000
成交价：RMB 241,259
项链长41.3cm，吊坠4.5cm×3.1cm
巴黎佳士得 2022-07-07

66 梵克雅宝 可变形红宝石和钻石项链
估 价：EUR 18,000~22,000
成交价：RMB 430,819
项链长40.0cm，吊坠4.4cm×2.4cm
巴黎佳士得 2022-07-07

17 梵克雅宝 黄水晶、钻石和黄金吊坠项链
估 价：USD 50,000~70,000
成交价：RMB 787,210
吊坠长8.2cm；项链长66.0cm
纽约佳士得 2022-04-13

52 梵克雅宝 孔雀石和钻石 "VINTAGE ALHAMBRA" 长项链
估 价：USD 40,000~60,000
成交价：RMB 256,673
长86.7cm 纽约佳士得 2022-04-07

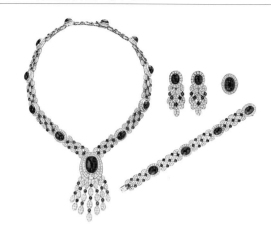

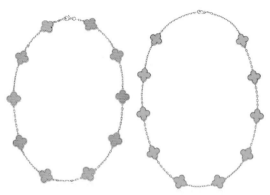

24 梵克雅宝 蓝宝石和钻石珠宝套装
估　价：USD 100,000~150,000
成交价：RMB 1,445,895
项链长45.0cm；手链长17.0cm；
耳环4.1cm×1.7cm×2
纽约佳士得 2022-04-13

58 梵克雅宝 两条绿松石 "VINTAGE ALHAMBRA" 项链
估　价：USD 12,000~18,000
成交价：RMB 304,799
长项链长48.5cm 纽约佳士得 2022-04-07

231 梵克雅宝 绿松石和钻石项链
估　价：EUR 7,000~10,000
成交价：RMB 137,862
长37.6cm 巴黎佳士得 2022-07-07

69 梵克雅宝 绿松石 "PERLÉE COULEURS"
项链、耳环、戒指珠宝套装
估　价：USD 3,000~5,000
成交价：RMB 64,168
项链长42.0cm 纽约佳士得 2022-04-07

56 梵克雅宝 绿松石 "VINTAGE ALHAMBRA"
长项链
估　价：USD 10,000~15,000
成交价：RMB 401,052
长86.7cm 纽约佳士得 2022-04-07

24 梵克雅宝 绿松石 "VINTAGE ALHAMBRA"
项链
估　价：USD 10,000~15,000
成交价：RMB 160,384
长43.5cm 纽约佳士得 2022-06-10

11 梵克雅宝 玛瑙、珍珠母和钻石
"BOUTON D'OR" 吊坠项链
估　价：USD 15,000~20,000
成交价：RMB 160,421
项链长47.5cm；吊坠4.0cm×4.0cm
纽约佳士得 2022-04-07

59 梵克雅宝 玛瑙 "MAGIC ALHAMBRA"
吊坠项链
估　价：USD 2,000~3,000
成交价：RMB 38,501
吊坠长3.8cm；项链长90.0cm
纽约佳士得 2022-04-07

1920 梵克雅宝 绿松石配钻石项链、戒指及耳
坠套装，约1970年
估　价：HKD 2,000,000~2,800,000
成交价：RMB 7,065,173
香港苏富比 2022-10-07

1870 梵克雅宝 祖母绿、红宝石配钻石及缟玛瑙项链
估　价：HKD 18,000,000~22,000,000
成交价：RMB 15,112,524
香港苏富比 2022-10-07

11 梵克雅宝 扭纹金项链和手链套装
估　价：EUR 8,000~12,000
成交价：RMB 301,573
手链长18.0cm，项链长38.5cm
巴黎佳士得 2022-07-07

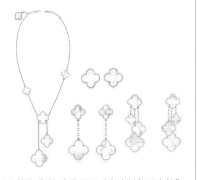

54 梵克雅宝 珍珠母贝"魔法阿尔罕布拉"
项链、耳环珠宝系列
估　价：USD 15,000~20,000
成交价：RMB 224,589
项链长40.6cm 纽约佳士得 2022-04-07

601 梵克雅宝 钻石项链
估　价：GBP 6,000~8,000
成交价：RMB 133,757
长38.0cm 伦敦佳士得 2022-06-16

6 梵克雅宝 青金石、绿松石和钻石
"BOUTON D'OR" 吊坠项链
估　价：USD 15,000~20,000
成交价：RMB 128,337
项链长47.5cm；吊坠4.0cm×4.0cm
纽约佳士得 2022-04-07

12 梵克雅宝 珊瑚和黄金首饰套装
估　价：USD 30,000~50,000
成交价：RMB 503,753
纽约佳士得 2022-06-08

1837 梵克雅宝 钻石项链配83.21克拉"哥伦
比亚"祖母绿及钻石挂坠
估　价：HKD 6,800,000~9,000,000
成交价：RMB 7,344,489
香港苏富比 2022-04-29

46 梵克雅宝 钻石和多宝石 "POMPON" 长项链
估　价：USD 300,000~500,000
成交价：RMB 2,570,481
长68.0cm 纽约佳士得 2022-04-13

1910 翡翠珠及钻石项链
估　价：HKD 1,200,000~1,800,000
成交价：RMB 1,836,122
佳士得 2022-05-25

57 梵克雅宝 祖母绿和钻石吊坠/胸针和钻石项链
估　价：CHF 350,000~550,000
成交价：RMB 4,088,025
吊坠5.4cm×4.1cm；项链长40.6cm
日内瓦佳士得 2022-05-11

1904 翡翠及钻石项链
估　价：HKD 240,000~350,000
成交价：RMB 540,036
佳士得 2022-05-25

120 橄榄石和钻石项链
估　价：EUR 5,000~7,000
成交价：RMB 94,780
项链长46.5cm，吊坠6.5cm×3.1cm
巴黎佳士得 2022-07-07

1949 翡翠珠项链
估　价：HKD 55,000,000~85,000,000
成交价：RMB 59,178,945
项链长49.7cm 佳士得 2022-05-25

46 梵克雅宝 钻石 "MAGIC ALHAMBRA"
吊坠项链
估　价：USD 15,000~20,000
成交价：RMB 160,421
吊坠长3.8cm；项链长90.0cm
纽约佳士得 2022-04-07

4791 哥伦比亚"木佐色"祖母绿配钻石项链
估　价：RMB 1,200,000~1,800,000
成交价：RMB 1,437,500
中国嘉德 2022-12-15

26 格拉夫 彩色钻石和钻石项链、手链、耳
环首饰套装
估　价：USD 30,000~50,000
成交价：RMB 295,444
项链长38.1cm；手链长17.0cm；
耳环长7.0cm 纽约佳士得 2022-06-10

209 古董紫水晶、祖母绿和黄金吊坠项链
估　价：USD 6,000~8,000
成交价：RMB 55,649
长38.1cm 纽约佳士得 2022-02-10

41 古董天然珍珠和钻石项链
估　价：USD 70,000~100,000
成交价：RMB 2,048,352
长39.5cm 纽约佳士得 2022-04-13

522 古董钻石 RIVIÈRE 项链
估　价：GBP 24,000~35,000
成交价：RMB 1,028,903
长41.0cm 伦敦佳士得 2022-06-16

96 格拉夫 红宝石和钻石项链、耳环首饰套装
估　价：USD 50,000~70,000
成交价：RMB 755,630
项链长36.8cm；耳环2.2cm × 1.7cm
纽约佳士得 2022-06-08

98 海瑞·温斯顿 钻石项链
估　价：USD 300,000~500,000
成交价：RMB 6,464,831
长38.1cm 纽约佳士得 2022-06-08

31 海瑞·温斯顿 蓝宝石和钻石项链
估　价：CHF 140,000~240,000
成交价：RMB 1,873,678
日内瓦佳士得 2022-05-11

19 海瑞·温斯顿 祖母绿和钻石项链
估　价：CHF 1,900,000~3,000,000
成交价：RMB 14,559,532
项链长41.2cm 日内瓦佳士得 2022-05-11

527 海蓝宝石和钻石吊坠项链
估　价：EUR 5,000~7,000
成交价：RMB 44,032
吊坠60mm×30mm 巴黎苏富比 2022-09-30

1896 海瑞·温斯顿 钻石项链配4.26克拉天然
"哥伦比亚"无油祖母绿及钻石挂坠
估　价：HKD 1,700,000~2,200,000
成交价：RMB 1,937,225
香港苏富比 2022-10-07

1814 海瑞·温斯顿钻石项链配8.02克拉梨形
D色内部无瑕钻石挂坠，1960年
估　价：HKD 5,200,000~7,500,000
成交价：RMB 5,400,360
香港苏富比 2022-04-29

2139 海瑞·温斯顿设计，总重约65.75克拉哥伦比亚
祖母绿配钻石项链，未经注油
估　价：HKD 22,000,000~32,000,000
成交价：RMB 22,572,000
项链长约40cm 保利香港 2022-07-13

302 红宝石、蓝宝石、祖母绿和钻石项链、手链、耳坠首饰，海瑞·温斯顿，1970年
估　价：CHF 280,000~500,000
成交价：RMB 2,998,154
项链长约395mm 日内瓦苏富比 2022-11-09

825 红宝石和钻石吊坠项链
估　价：EUR 5,000~8,000
成交价：RMB 111,884
吊坠30mm×17mm 巴黎苏富比 2022-09-28

514 红宝石和黄金项链、吊坠耳夹
估　价：EUR 2,400~2,800
成交价：RMB 33,464
项链长420mm，耳夹长45mm×2
巴黎苏富比 2022-09-30

1804 红宝石及钻石项链
估　价：HKD 200,000~300,000
成交价：RMB 463,528
长43.0cm 佳士得 2022-11-28

238 红宝石和钻石项链，格拉夫
估　价：CHF 95,000~140,000
成交价：RMB 691,882
长约390mm 日内瓦苏富比 2022-11-09

289 红宝石和钻石项链，海瑞·温斯顿
估　价：CHF 300,000~500,000
成交价：RMB 2,952,029
长约380mm 日内瓦苏富比 2022-11-09

1821 红宝石及钻石吊坠项链
估　价：HKD 120,000~180,000
成交价：RMB 237,615
佳士得 2022-05-25

1827 红宝石及钻石项链
估　价：HKD 2,200,000~3,000,000
成交价：RMB 2,376,158
佳士得 2022-05-25

1886 红宝石及钻石项链
估　价：HKD 5,000,000~8,000,000
成交价：RMB 2,808,187
项链长43.5cm 佳士得 2022-05-25

1823 红宝石及钻石项链及耳环套装
估　价：HKD 400,000~600,000
成交价：RMB 432,028
项链内周长36.5cm，耳环长9.3cm×2
佳士得 2022-05-25

4717 红宝石配钻石颈链
估　价：RMB 160,000~200,000
成交价：RMB 138,000
项链长约357mm 中国嘉德 2022-12-15

640 幻彩镶嵌钻石项链
估　价：GBP 12,000~15,000
成交价：RMB 113,179
长40.8cm至42.8cm 伦敦佳士得 2022-06-16

700 黄金、缟玛瑙和微马赛克项链、胸针、耳坠
估　价：EUR 8,000~12,000
成交价：RMB 73,155
巴黎苏富比 2022-09-28

760 黄金和钻石"骑士精神"项链、耳夹
估　价：EUR 26,000~35,000
成交价：RMB 645,482
巴黎苏富比 2022-09-28

801 黄金和钻石项链、耳环
估　价：EUR 20,000~30,000
成交价：RMB 189,341
项链长410mm 巴黎苏富比 2022-09-28

212 黄金钻石项链 "Balls" 梵克雅宝 1940年
估　价：CHF 40,000~60,000
成交价：RMB 1,060,885
长约360mm 日内瓦苏富比 2022-11-09

231 黄水晶和钻石项链、耳环首饰套装
估　价：USD 8,000~12,000
成交价：RMB 63,599
项链长43.2cm；耳环长6.3cm×2
纽约佳士得 2022-02-10

1885 极珍罕及重要天然"帝王绿"翡翠配钻石套装
成交价：RMB 39,735,506
香港苏富比 2022-04-29

772 吉安利亚布契拉提金项链，"军团"，
1983年
估　价：EUR 7,000~9,000
成交价：RMB 60,245
长约370mm 巴黎苏富比 2022-09-28

207 尖晶石长链带
估　价：CHF 40,000~60,000
成交价：RMB 322,878
长约200cm 日内瓦苏富比 2022-11-09

174 尖晶石和珍珠项链
估　价：USD 6,000~8,000
成交价：RMB 25,665
33.7cm×2.5cm 纽约佳士得 2022-04-08

398 金项链
估　价：EUR 3,000~6,000
成交价：RMB 33,464
长约580mm 巴黎苏富比 2022-09-30

436 金项链、胸针、戒指
估　价：EUR 4,000~6,000
成交价：RMB 36,987
项链内周长400mm，胸针50mm×30mm
巴黎苏富比 2022-09-30

344 金项链
估　价：EUR 2,800~3,200
成交价：RMB 24,658
长约430mm 巴黎苏富比 2022-09-30

1937 卡地亚 "Panthère" 宝石配钻石项链、手链
估　价：HKD 1,200,000~1,800,000
成交价：RMB 1,538,384
香港苏富比 2022-10-07

182 卡地亚 "JCC" 黄金项链
估　价：EUR 4,000~6,000
成交价：RMB 112,013
项链长95.0cm 巴黎佳士得 2022-07-07

34 精美的76.46克拉的心形钻石及46颗钻石项链
估　价：USD 4,000,000~6,000,000
成交价：RMB 32,783,928
长39.3cm 纽约佳士得 2022-06-08

1814 卡地亚 "Panthère" 钻石配缟玛瑙及祖母绿项链
估　价：HKD 1,000,000~2,000,000
成交价：RMB 1,709,316
香港苏富比 2022-10-07

164 卡地亚 "龙胆" 项链
估 价：EUR 5,000~7,000
成交价：RMB 68,931
长39.5cm 巴黎佳士得 2022-07-07

1899 卡地亚 "美好年代" "Resille" 钻石项
链，1909年
估 价：HKD 2,400,000~4,000,000
成交价：RMB 3,418,632
香港苏富比 2022-10-07

203 卡地亚 "Muslim Prayer Bead" 黄金长
项链
估 价：CHF 20,000~30,000
成交价：RMB 350,553
内周长约72cm 日内瓦苏富比 2022-11-09

45 卡地亚 多宝石和黄金 "PANTHÈRE DE
卡地亚" 项链
估 价：USD 4,000~6,000
成交价：RMB 54,868
吊坠长3.0cm；项链长45.0cm
纽约佳士得 2022-06-10

47 卡地亚 多宝石虎头吊坠项链
估 价：CHF 125,000~200,000
成交价：RMB 1,873,678
项链长64.0cm；吊坠直径6.9cm
日内瓦佳士得 2022-05-11

143 卡地亚 红宝石、蓝宝石和钻石项链
估 价：USD 12,000~18,000
成交价：RMB 240,608
海军蓝绳长35.0cm；黑绳长33.0cm
纽约佳士得 2022-04-08

204 卡地亚 黄金多股项链
估 价：USD 10,000~15,000
成交价：RMB 238,496
长39.4cm 纽约佳士得 2022-02-10

20 卡地亚 金 "PANTHÈRE" 项链
估 价：USD 6,000~8,000
成交价：RMB 75,971
长38.7cm 纽约佳士得 2022-06-10

18 卡地亚 金项链
估　价：USD 6,000~8,000
成交价：RMB 54,868
长38.1cm 纽约佳士得 2022-06-10

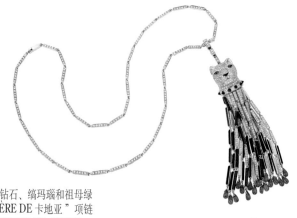

33 卡地亚 钻石、缟玛瑙和祖母绿
"PANTHÈRE DE 卡地亚"项链
估　价：USD 100,000~150,000
成交价：RMB 2,015,012
项链长76.2cm 纽约佳士得 2022-06-08

33 卡地亚 蓝宝石和钻石项链
估　价：USD 60,000~80,000
成交价：RMB 1,044,258
长43.2cm 纽约佳士得 2022-04-13

323 卡地亚 种子珍珠和钻石项链
估　价：EUR 12,000~18,000
成交价：RMB 123,289
长约450mm 巴黎苏富比 2022-09-30

113 卡地亚 养殖珍珠和金项链
估　价：USD 5,000~7,000
成交价：RMB 33,765
长67.0cm 纽约佳士得 2022-06-10

30 卡地亚 玛瑙和钻石项链
估　价：CHF 250,000~400,000
成交价：RMB 3,724,157
内周长40.6cm 日内瓦佳士得 2022-11-08

583 卡地亚 祖母绿和钻石 "PANTHÈRE" 胸
针/项链
估　价：GBP 5,000~7,000
成交价：RMB 66,879
豹长4.8cm 伦敦佳士得 2022-06-16

30 卡地亚 钻石、祖母绿和缟玛瑙
"PANTHÈRE DE 卡地亚"项链
估　价：USD 50,000~70,000
成交价：RMB 461,774
吊坠长13.1cm，项链可调节长度从70.0cm起
纽约佳士得 2022-06-08

49 卡地亚 钻石和多颗宝石 "PANTHÈRE DE 卡地亚" 吊坠项链
估 价：USD 70,000~100,000
成交价：RMB 963,930
吊坠长6.2cm；项链可调节（最大）约70.0cm
纽约佳士得 2022-04-13

646 卡地亚 钻石流苏项链和耳环
估 价：GBP 20,000~30,000
成交价：RMB 205,781
项链长77.0cm；耳环长7.5cm×2
伦敦佳士得 2022-06-16

1900 卡地亚 钻石项链
估 价：HKD 2,800,000~4,500,000
成交价：RMB 2,962,814
香港苏富比 2022-10-07

169 卡地亚 钻石和缟玛瑙 "AMULETTE DE 卡地亚" 项链
估 价：USD 10,000~15,000
成交价：RMB 158,998
长56.0cm 纽约佳士得 2022-02-10

2015 卡地亚 钻石配黑玛瑙及祖母绿 "美洲豹" 项链
估 价：HKD 1,200,000~2,500,000
成交价：RMB 1,744,200
美洲豹挂坠长约10cm 保利香港 2022-07-13

16 卡地亚 钻石项链
估 价：EUR 30,000~40,000
成交价：RMB 732,393
长37.5cm 巴黎佳士得 2022-07-07

21 卡地亚 钻石和三色金 "TRINITY" 珠宝套装
估 价：USD 8,000~12,000
成交价：RMB 143,219
项链长46.0cm(可调节) 纽约佳士得 2022-02-09

1850 卡地亚 钻石项链/冠冕，1930年
估 价：HKD 2,000,000~3,000,000
成交价：RMB 3,240,216
香港苏富比 2022-04-29

2107 卡地亚设计 天然珍珠配钻石项链
估　价：HKD 400,000~680,000
成交价：RMB 636,120
项链长约43cm 保利香港 2022-07-13

9 蓝宝石和钻石项链
估　价：CHF 300,000~500,000
成交价：RMB 2,979,325
内周长34.3cm 日内瓦佳士得 2022-11-08

170 蓝宝石和钻石项链
估　价：USD 20,000~30,000
成交价：RMB 168,825
长38.1cm 纽约佳士得 2022-06-11

1959 蓝宝石、钻石及祖母绿
"PANTHERE" 吊坠项链
估　价：HKD 800,000~1,200,000
成交价：RMB 3,024,201
项链长64.0cm，吊坠长14.3cm
佳士得 2022-05-25

55 蓝宝石和钻石项链
估　价：USD 50,000~70,000
成交价：RMB 361,474
长37.8cm 纽约佳士得 2022-04-13

173 蓝宝石和钻石项链
估　价：USD 6,000~8,000
成交价：RMB 101,295
项链长43.2cm 纽约佳士得 2022-06-11

839 蓝宝石和钻石吊坠项链
估　价：EUR 14,000~18,000
成交价：RMB 129,096
巴黎苏富比 2022-09-28

350 蓝宝石和钻石项链，梵克雅宝
估　价：CHF 500,000~700,000
成交价：RMB 5,719,556
日内瓦苏富比 2022-11-09

607 蓝宝石和钻石项链和耳环套装
估　价：GBP 6,000~8,000
成交价：RMB 113,179
项链长40.0cm；耳环长1.9cm×2
伦敦佳士得 2022-06-16

2900 蓝宝石配钻石项链
估　价：HKD 120,000~220,000
成交价：RMB 324,021
香港苏富比 2022-04-15

127 绿松石和金项链
估　价：USD 5,000~7,000
成交价：RMB 48,122
长37.3cm 纽约佳士得 2022-04-08

75 两条钻石和多宝石项链
估　价：USD 3,000~5,000
成交价：RMB 35,774
十股项链长45.7cm；狮子图案项链长35.6cm
纽约佳士得 2022-02-10

609 绿松石、红宝石、蓝宝石和钻石项链
估　价：GBP 6,000~8,000
成交价：RMB 66,879
长46.0cm 伦敦佳士得 2022-06-16

213 绿松石和金色项链
估　价：USD 5,000~7,000
成交价：RMB 52,132
长70.0cm 纽约佳士得 2022-04-08

150 两条养殖珍珠和钻石项链
估　价：USD 10,000~15,000
成交价：RMB 118,177
色项链长38.1cm；灰色项链长33.0cm
纽约佳士得 2022-06-11

38 莫布森灰色珍珠母贝和钻石项链、手链、耳环、戒指首饰套装
估　价：USD 15,000~20,000
成交价：RMB 304,799
项链长38.1cm；手链 15.9cm×1.6cm；耳环2.9cm×1.9cm×2
纽约佳士得 2022-04-07

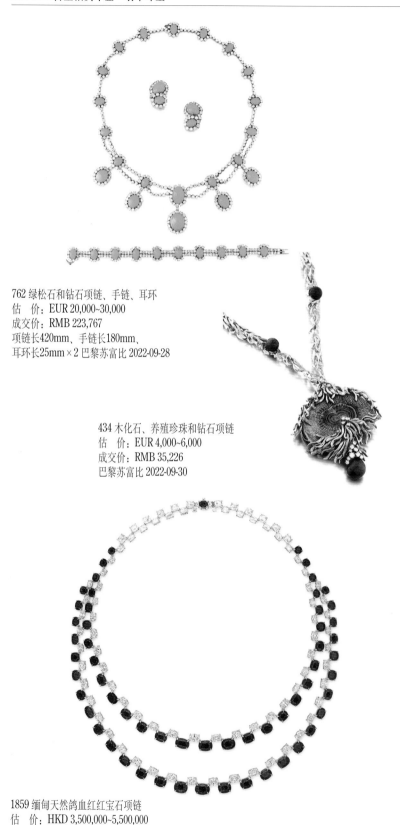

762 绿松石和钻石项链、手链、耳环
估　价：EUR 20,000~30,000
成交价：RMB 223,767
项链长420mm、手链长180mm、
耳环长25mm×2 巴黎苏富比 2022-09-28

434 木化石、养殖珍珠和钻石项链
估　价：EUR 4,000~6,000
成交价：RMB 35,226
巴黎苏富比 2022-09-30

84 七股天然珍珠项链
估　价：USD 80,000~120,000
成交价：RMB 713,650
纽约佳士得 2022-06-08

165 三股养殖珍珠、红宝石和钻石项链
估　价：USD 6,000~8,000
成交价：RMB 60,152
最短链长38.1cm 纽约佳士得 2022-04-08

1859 缅甸天然鸽血红红宝石项链
估　价：HKD 3,500,000~5,500,000
成交价：RMB 2,085,879
项链长41.5cm 佳士得 2022-11-28

775 三色金项链
估　价：EUR 5,000~8,000
成交价：RMB 94,671
内周长360mm 巴黎苏富比 2022-09-28

432 珊瑚、养殖珍珠和钻石项链
估　价：EUR 4,000~6,000
成交价：RMB 61,645
内周长360mm 巴黎苏富比 2022-09-30

168 坦桑石、钻石和多宝石项链、吊坠、
戒指首饰套装
估　价：USD 12,000~18,000
成交价：RMB 143,501
项链长40.0cm，吊坠4.1cm×2.5cm
纽约佳士得 2022-06-11

1903 天然"巴西"亚历山大变色石配钻石项
链 (亚历山大变色石共重约50.59克拉)
估　价：HKD 6,000,000~8,000,000
成交价：RMB 4,900,039
香港苏富比 2022-10-07

2 珊瑚和钻石十字架吊坠项链
估　价：USD 15,000~20,000
成交价：RMB 192,786
吊坠9.5cm×7.5cm；项链长70.5cm
纽约佳士得 2022-04-13

200 双色金珠宝项链、
手镯、耳环大师套装
估　价：USD 15,000~20,000
成交价：RMB 103,348
项链长58.8cm
纽约佳士得 2022-02-10

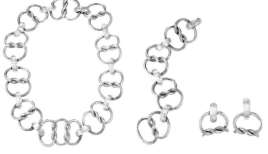

474 珊瑚项链
估　价：EUR 1,500~3,500
成交价：RMB 13,210
长约550mm和660mm 巴黎苏富比 2022-09-30

1888 天然"帝王绿"翡翠珠配钻石及红宝石项链
成交价：RMB 25,727,467
长约550mm和520mm 香港苏富比 2022-10-07

1979 天然翡翠吊坠项链
估 价：HKD 1,800,000~2,800,000
成交价：RMB 1,738,233
项链长50.3cm，吊坠长3.4cm 佳士得 2022-11-28

1983 天然翡翠蛋面项链
估 价：HKD 20,000,000~30,000,000
成交价：RMB 20,279,385
项链内周长39.5cm 佳士得 2022-11-28

1823 天然翡翠配宝石及钻石项链/胸针
估 价：HKD 1,300,000~2,400,000
成交价：RMB 864,057
香港苏富比 2022-04-29

1932 天然翡翠吊坠项链
估 价：HKD 1,500,000~2,500,000
成交价：RMB 1,738,233
项链长59.0cm，吊坠长6.5cm
佳士得 2022-11-28

1933 天然翡翠吊坠项链
估 价：HKD 1,500,000~2,500,000
成交价：RMB 1,738,233
项链长43.5cm，吊坠长8.5cm
佳士得 2022-11-28

2842 天然翡翠配宝石及钻石项链/胸针
估 价：HKD 150,000~240,000
成交价：RMB 97,206
香港苏富比 2022-04-15

4840 天然翡翠配钻石耳环及项链套件
估　价：RMB 200,000~300,000
成交价：RMB 230,000
项链长约454mm，耳环长约38mm×2
中国嘉德 2022-12-15

1902 天然翡翠玉珠项链
估　价：HKD 1,500,000~2,500,000
成交价：RMB 1,738,233
长71.0cm 佳士得 2022-11-28

2950 天然翡翠配钻石项链
估　价：HKD 70,000~90,000
成交价：RMB 129,608
香港苏富比 2022-04-15

1837 天然翡翠项链、耳环首饰套装
估　价：HKD 50,000~80,000
成交价：RMB 115,882
项链长45.5cm，耳环长2.3cm×2
佳士得 2022-11-28

1815 天然海螺珠配珍珠及钻石项链，卡地亚 钻石链扣
估　价：HKD 1,800,000~2,400,000
成交价：RMB 1,937,225
香港苏富比 2022-10-07

2217 天然满绿翡翠素牌吊坠项链
估　价：RMB 880,000~1,500,000
成交价：RMB 1,012,000
链长约48cm 保利厦门 2022-10-21

7640 天然满绿翡翠蛋面配钻石项链
估　价：RMB 3,000,000~5,000,000
成交价：RMB 3,220,000
项链长46.5cm 北京保利 2022-07-28

7559 天然满绿翡翠珠配钻石及红宝石项链
估　价：RMB 6,000,000~7,000,000
成交价：RMB 6,900,000
珠链长60.0cm 北京保利 2022-07-28

7631 天然满绿翡翠蛋面配钻石项链
估　价：RMB 300,000~500,000
成交价：RMB 345,000
北京保利 2022-07-28

4806 天然双色翡翠配钻石项链
估　价：RMB 260,000~420,000
成交价：RMB 299,000
项链长约474mm 中国嘉德 2022-12-15

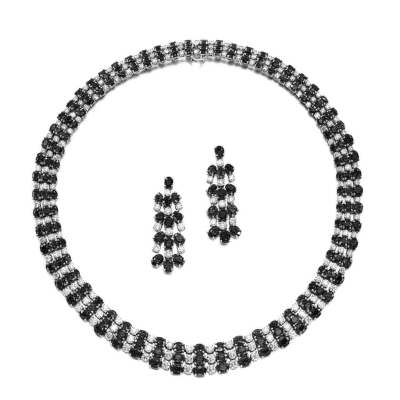

1874 天然缅甸未经加热红宝石配钻石项链及
耳坠套装（红宝石共重约69.01克拉）
估　价：HKD 1,200,000~1,800,000
成交价：RMB 1,082,567
香港苏富比 2022-10-07

701 天然珍珠和钻石项链
估　价：EUR 3,000~4,000
成交价：RMB 25,819
长约380mm 巴黎苏富比 2022-09-28

1819 天然珍珠项链
估　价：HKD 80,000~120,000
成交价：RMB 231,764
长45.5cm 佳士得 2022-11-28

14 天然珍珠和钻石项链
估　价：CHF 100,000~180,000
成交价：RMB 1,256,903
最短链43.0cm 日内瓦佳士得 2022-11-08

95 天然珍珠和钻石项链
估　价：USD 5,000~7,000
成交价：RMB 48,126
纽约佳士得 2022-04-07

1906 天然珍珠配钻石长项链
估　价：HKD 1,100,000~1,500,000
成交价：RMB 1,253,498
香港苏富比 2022-10-07

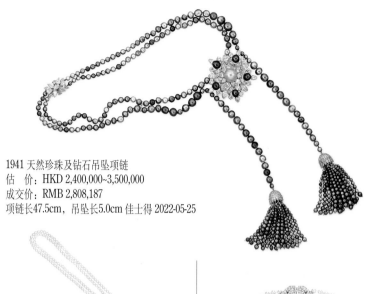

1941 天然珍珠及钻石吊坠项链
估　价：HKD 2,400,000~3,500,000
成交价：RMB 2,808,187
项链长47.5cm，吊坠长5.0cm 佳士得 2022-05-25

220 铜和138.770克拉melo珍珠吊坠项链，
Hemmerle
估　价：CHF 80,000~120,000
成交价：RMB 1,383,764
珍珠（23.43—23.67mm）×32.06mm
日内瓦苏富比 2022-11-09

1821 天然珍珠项链
估　价：HKD 150,000~250,000
成交价：RMB 289,705
项链长73.5cm 佳士得 2022-11-28

81 天然珍珠项链配卡地亚钻石胸针扣
估　价：USD 60,000~80,000
成交价：RMB 755,630
胸针3.8cm×1.9cm；最短链50.8cm
纽约佳士得 2022-06-08

631 天然珍珠项链
估　价：GBP 4,000~6,000
成交价：RMB 102,890
长43.5cm 伦敦佳士得 2022-06-16

4814 天然紫色翡翠及绿色翡翠配钻石吊坠项链
估　价：RMB 380,000~450,000
成交价：RMB 437,000
项链长545mm（可调节），
吊坠47.5mm×24.5mm 中国嘉德 2022-06-27

1855 椭圆形缅甸天然蓝宝石吊坠项链
估　价：HKD 300,000~500,000
成交价：RMB 347,646
项链长44.5cm，吊坠长4.6cm
佳士得 2022-11-28

4935 维多利亚时期 月桂叶片饰钻石冠冕
（Tiara） "可做项链"
估　价：RMB 500,000~600,000
成交价：RMB 632,500
直径14cm；宽2.9cm 西泠印社 2022-01-23

873 萧邦镶宝石和黄金项链、耳钉、手链
估　价：EUR 14,000~20,000
成交价：RMB 163,522
项链内周长360mm 巴黎苏富比 2022-09-28

425 养殖珍珠和钻石吊坠项链、耳夹
估　价：EUR 2,000~3,000
成交价：RMB 24,658
吊坠长45mm；耳夹33mm×16mm×2
巴黎苏富比 2022-09-30

4940 维多利亚时期 蝴蝶结卷叶纹花卉饰钻
石项链
估　价：RMB 280,000~380,000
成交价：RMB 322,000
链长39cm 西泠印社 2022-01-23

170 岩石水晶和钻石心形项链
估　价：EUR 5,000~7,000
成交价：RMB 43,082
项链长51.0cm，吊坠2.5—3.5cm
巴黎佳士得 2022-07-07

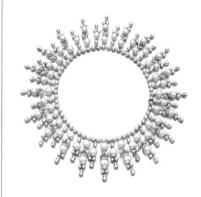

217 养殖珍珠和钻石项链 梵克雅宝 1970年
估　价：CHF 40,000~60,000
成交价：RMB 968,634
长约410mm 日内瓦苏富比 2022-11-09

19 养殖珍珠、蓝宝石和钻石项链
估　价：EUR 6,000~8,000
成交价：RMB 56,006
36.0cm×（2.8—4.3cm）巴黎佳士得 2022-07-07

169 养殖珍珠和钻石项链、耳环、戒指首饰套装
估　价：USD 30,000~50,000
成交价：RMB 76,193
纽约佳士得 2022-04-08

196 养殖珍珠和钻石项链和耳环
估　价：EUR 6,000~8,000
成交价：RMB 56,006
项链长42.5cm；耳环2.5cm×1.6cm×2
巴黎佳士得 2022-07-07

4837 珍罕的天然满绿翡翠配红宝石及钻石珠链
估　价：RMB 17,000,000~20,000,000
成交价：RMB 19,550,000
珠链总长约550mm 中国嘉德 2022-06-27

57 一套灰色养殖珍珠和钻石首饰
估　价：USD 10,000~15,000
成交价：RMB 151,942
项链长42.2cm；耳环5.9cm×2.6cm×2
纽约佳士得 2022-06-10

1810 有色蓝宝石项链、胸针及耳环首饰套装
估　价：HKD 200,000~300,000
成交价：RMB 347,646
项链长38.5cm，耳环长4.7cm×2，
胸针宽7.4cm 佳士得 2022-11-28

24 珍珠和钻石吊坠项链
估　价：EUR 8,000~12,000
成交价：RMB 189,560
链长39.5cm，吊坠长3.95cm
巴黎佳士得 2022-07-07

712 种子珍珠和钻石 Bayadere项链
估　价：EUR 4,500~7,500
成交价：RMB 51,639
长约980mm 巴黎苏富比 2022-09-28

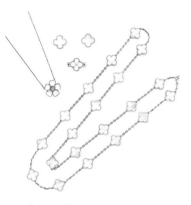

1802 珍珠母贝饰项链、耳环及戒指套装
估　价：HKD 80,000~120,000
成交价：RMB 173,823
项链长86.3cm，耳环1.5cm×2
佳士得 2022-11-28

240 紫水晶橄榄石彩色钻石和钻石项链、一
对耳环和戒指套装
估　价：EUR 8,000~12,000
成交价：RMB 73,239
项链长38.0cm，耳环长4.0cm×2
巴黎佳士得 2022-07-07

253 祖母绿、自然珍珠及钻石吊坠项链
估　价：CHF 50,000~80,000
成交价：RMB 784,133
长度约420mm 日内瓦苏富比 2022-11-09

4729 珍珠颈链，布契拉提设计
估　价：RMB 88,000~150,000
成交价：RMB 101,200
项链长约317mm 中国嘉德 2022-12-15

3747 紫色蛋面翡翠项链
估　价：RMB 350,000~400,000
成交价：RMB 402,500
西泠印社 2022-01-23

72 祖母绿、钻石和多宝石项链
估　价：USD 100,000~150,000
成交价：RMB 3,213,101
长46.0cm 纽约佳士得 2022-04-13

964 总重60.68克拉缅甸抹谷星光红宝石项链，
未经加热
估　价：RMB 680,000~980,000
成交价：RMB 747,500
项链长约48.6cm 北京保利 2022-02-03

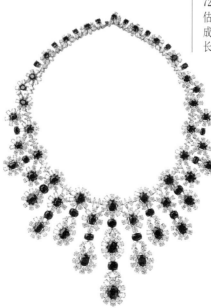

2035 总重101.43克拉缅甸红宝石配钻石项
链，未经加热
估　价：HKD 3,800,000~4,800,000
成交价：RMB 3,898,800
项链长约42cm 保利香港 2022-07-13

1 祖母绿和钻石吊坠项链、胸针、耳环首饰套装
估　价：CHF 60,000~80,000
成交价：RMB 605,175
项链长80.0cm；吊坠胸针4.7cm×3.3cm；
耳环长2.4cm×2 日内瓦佳士得 2022-11-08

357 祖母绿和钻石项链，Ronald Abram
估　价：CHF 900,000~1,400,000
成交价：RMB 7,380,072
长约390mm 日内瓦苏富比 2022-11-09

219 祖母绿和钻石项链
估　价：USD 25,000~35,000
成交价：RMB 304,771
项链长40.6cm 纽约佳士得 2022-04-08

240 祖母绿及钻石吊坠项链
估　价：CHF 40,000~70,000
成交价：RMB 461,255
长约400mm 日内瓦苏富比 2022-11-09

177 祖母绿和钻石项链
估　价：USD 20,000~30,000
成交价：RMB 320,767
项链长43.2cm 纽约佳士得 2022-06-11

189 祖母绿和钻石项链
估　价：USD 25,000~35,000
成交价：RMB 219,472
项链长40.6cm 纽约佳士得 2022-06-11

822 祖母绿和钻石项链、耳环
估　价：EUR 100,000~150,000
成交价：RMB 860,643
项链内周长370mm 巴黎苏富比 2022-09-28

347 祖母绿和钻石项链，Bhagat
估　价：CHF 400,000~800,000
成交价：RMB 5,535,054
长度约400mm 日内瓦苏富比 2022-11-09

1840 祖母绿及钻石项链
估　价：HKD 1,200,000~1,800,000
成交价：RMB 1,296,086
项链长41.0cm 佳士得 2022-05-25

269 钻石吊坠项链
估　价：CHF 55,000~80,000
成交价：RMB 830,258
长约370mm 日内瓦苏富比 2022-11-09

709 钻石吊坠项链
估　价：EUR 1,500~2,000
成交价：RMB 24,098
项链长410mm 巴黎苏富比 2022-09-28

60 祖母绿珠子和钻石项链
估　价：USD 300,000~500,000
成交价：RMB 2,168,843
长48.9cm 纽约佳士得 2022-04-13

298 钻石吊坠项链
估　价：CHF 110,000~200,000
成交价：RMB 1,107,011
长约455mm 日内瓦苏富比 2022-11-09

83 钻石和多宝石项链，配以古董坠饰
估　价：USD 15,000~20,000
成交价：RMB 713,650
链长40.6cm 纽约佳士得 2022-06-08

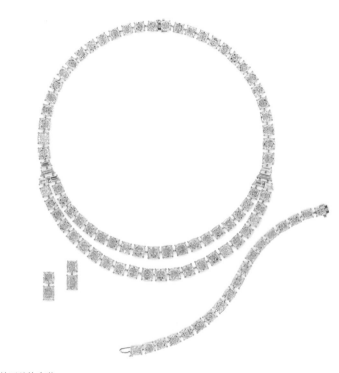

102 钻石吊坠胸针项链
估　价：USD 6,000~8,000
成交价：RMB 52,137
细链长33.8cm；吊坠胸针5.6cm×4.9cm
纽约佳士得 2022-04-07

1894 钻石首饰套装
估　价：HKD 3,200,000~5,000,000
成交价：RMB 3,456,230
项链长44.0cm，手链长16.0cm，耳环长1.7cm×2 佳士得 2022-05-25

1965A 钻石项链
估　价：HKD 38,000,000~58,000,000
成交价：RMB 42,352,185
项链长42.5cm 佳士得 2022-11-28

6 钻石项链
估　价：USD 40,000~60,000
成交价：RMB 883,603
长62.6cm 纽约佳士得 2022-04-13

90 钻石项链
估　价：USD 80,000~120,000
成交价：RMB 755,630
41.5cm×1.5cm 纽约佳士得 2022-06-08

36 钻石项链
估　价：USD 100,000~150,000
成交价：RMB 1,091,465
长41.5cm 纽约佳士得 2022-06-08

93 钻石项链
估　价：USD 80,000~120,000
成交价：RMB 1,007,506
项链长36.2cm 纽约佳士得 2022-06-08

1922 钻石项链
估　价：HKD 1,800,000~2,800,000
成交价：RMB 2,268,151
项链长39.0cm 佳士得 2022-05-25

1884 钻石项链
估　价：HKD 480,000~680,000
成交价：RMB 1,216,763
长38.7cm 佳士得 2022-11-28

734 钻石项链
估　价：EUR 18,000~24,000
成交价：RMB 258,193
长约430mm 巴黎苏富比 2022-09-28

817 钻石项链
估　价：EUR 20,000~30,000
成交价：RMB 172,129
内周长420mm 巴黎苏富比 2022-09-28

249 钻石项链
估　价：CHF 200,000~300,000
成交价：RMB 1,476,014
长约390mm 日内瓦苏富比 2022-11-09

222 钻石项链
估　价：CHF 40,000~60,000
成交价：RMB 295,203
长约340mm 日内瓦苏富比 2022-11-09

321 钻石项链
估　价：CHF 600,000~800,000
成交价：RMB 5,996,309
长约370mm 日内瓦苏富比 2022-11-09

1945 钻石项链
估　价：HKD 3,000,000~5,000,000
成交价：RMB 3,070,878
长40.0cm 佳士得 2022-11-28

259 钻石项链
估　价：CHF 60,000~100,000
成交价：RMB 507,380
长413mm 日内瓦苏富比 2022-11-09

1816 钻石项链
估　价：HKD 120,000~180,000
成交价：RMB 463,528
内周长39.0cm 佳士得 2022-11-28

704 19世纪末 钻石项链
估　价：EUR 8,000~12,000
成交价：RMB 103,277
长约370mm 巴黎苏富比 2022-09-28

1867 钻石项链
估　价：HKD 600,000~800,000
成交价：RMB 811,175
长38.5cm 佳士得 2022-11-28

1811 钻石及养殖珍珠项链、手链及耳环套装
估　价：HKD 120,000~180,000
成交价：RMB 370,823
项链长37.5cm，手链长17.9cm，
耳环长3.0cm×2 佳士得 2022-11-28

364 钻石项链，格拉夫
估　价：CHF 300,000~400,000
成交价：RMB 2,767,527
长约410mm 日内瓦苏富比 2022-11-09

356 钻石项链，卡地亚
估　价：CHF 120,000~180,000
成交价：RMB 2,398,523
长约410mm 日内瓦苏富比 2022-11-09

15 钻石长链项链
估　价：USD 15,000~20,000
成交价：RMB 201,501
长133.6cm 纽约佳士得 2022-06-08

831 钻石项链和耳环一对
估　价：EUR 90,000~110,000
成交价：RMB 688,514
项链长390mm 巴黎苏富比 2022-09-28

343 钻石项链，约1900年
估　价：CHF 40,000~60,000
成交价：RMB 784,133
长约360mm 日内瓦苏富比 2022-11-09

225 钻石项链及耳坠一对
估　价：CHF 40,000~60,000
成交价：RMB 461,255
项链长度约320mm 日内瓦苏富比 2022-11-09

袖 扣

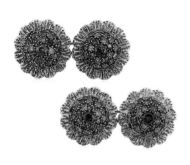

116 BUCCELLATI 蓝宝石、红宝石、祖母绿
和黄金袖扣
估　价：USD 2,000~3,000
成交价：RMB 47,699
纽约佳士得 2022-02-10

121 爱马仕 两对多宝石和黄金袖扣
估　价：USD 2,000~3,000
成交价：RMB 30,210
纽约佳士得 2022-02-10

1042 白金、粉红钛、钻石和红宝石袖扣一对
估　价：GBP 3,800~4,800
成交价：RMB 22,458
长约18mm×2 伦敦苏富比 2022-09-08

117 蒂芙尼 JEAN SCHLUMBERGER
"DOLPHIN" 金红宝石袖扣
估　价：USD 2,000~3,000
成交价：RMB 35,774
袖扣头2.9cm×2 纽约佳士得 2022-02-10

119 梵克雅宝 蓝宝石和金袖扣
估　价：USD 3,000~5,000
成交价：RMB 27,825
袖扣头2.0cm×0.6cm×2
纽约佳士得 2022-02-10

118 古董玉髓和金袖扣
估　价：USD 1,000~1,500
成交价：RMB 63,599
袖扣头2.0cm×2 纽约佳士得 2022-02-10

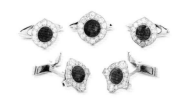

504 红宝石和钻石连衣裙袖扣套装，约 1910
年及以后
估　价：GBP 6,000~8,000
成交价：RMB 92,601
袖扣宽1.2cm；最大螺柱宽度1.3cm
伦敦佳士得 2022-06-16

103 卡地亚 ART DECO 钻石和珐琅袖扣
估　价：USD 4,000~6,000
成交价：RMB 67,530
袖扣头长1.3cm×2 纽约佳士得 2022-06-10

659 卡地亚 蓝宝石袖扣
估　价：GBP 3,000~5,000
成交价：RMB 46,301
底座直径1.6cm 伦敦佳士得 2022-06-16

576 卡地亚 袖扣和领带别针
估　价：GBP 1,000~1,500
成交价：RMB 17,491
伦敦佳士得 2022-06-16

122 两对蓝宝石和钻石袖扣
估　价：USD 2,000~3,000
成交价：RMB 30,210
纽约佳士得 2022-02-10

1037 碳纤维、白金、缟玛瑙和钻石袖扣一对
估　价：GBP 6,000~9,000
成交价：RMB 31,442
伦敦苏富比 2022-09-08

102 蓝宝石和钻石礼服袖扣套装
估　价：USD 3,000~5,000
成交价：RMB 40,518
袖扣和衬衫耳钉头1.3cm×1.2cm×2
纽约佳士得 2022-06-10

1029 玫瑰金、碳纤维和橙色蓝宝石袖扣一对
估　价：GBP 6,000~9,000
成交价：RMB 39,302
伦敦苏富比 2022-09-08

1047 碳纤维、白金、白色和灰色珍珠、玉髓和钻石袖扣一对
估　价：GBP 5,000~8,000
成交价：RMB 35,933
直径约30mm×2 伦敦苏富比 2022-09-08

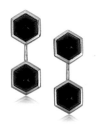

104 蓝宝石袖扣
估　价：USD 8,000~12,000
成交价：RMB 21,947
袖扣头1.1cm×1.3cm×2
纽约佳士得 2022-06-10

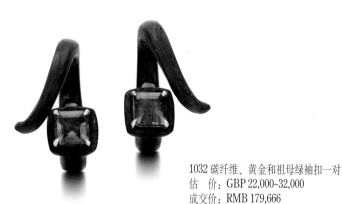

1032 碳纤维、黄金和祖母绿袖扣一对
估　价：GBP 22,000~32,000
成交价：RMB 179,666
伦敦苏富比 2022-09-08

1045 碳纤维、金色和粉色钛金属、粉色碧玺
和粉色蓝宝石袖扣一对
估　价：GBP 4,500~6,500
成交价：RMB 42,671
长25mm×2 伦敦苏富比 2022-09-08

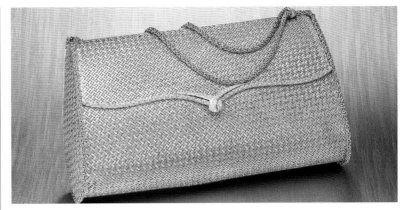

4749 18K黄金镶钻石晚宴包，梵克雅宝设计
估　价：RMB 250,000~400,000
成交价：RMB 368,000
165mm×198mm×49mm 中国嘉德 2022-12-15

手袋、晚装包

5 宝格丽双色金和蓝宝石 "MELONE" 晚装包
估　价：USD 15,000~20,000
成交价：RMB 151,126

747 宝诗龙金色和钻石晚装包
估　价：EUR 12,000~15,000
成交价：RMB 111,884
170mm×85mm 巴黎苏富比 2022-09-28

85 卡地亚 20世纪早期黄金和蓝宝石晚装包
估　价：EUR 5,000~7,000
成交价：RMB 77,547
　（13.6—23.0cm）×12.0cm
巴黎佳士得 2022-07-07

13 宝格丽钻石、蓝宝石和金色 "MELONE"
晚装包
估　价：USD 20,000~30,000
成交价：RMB 335,835
15.0cm×8.5cm×5.1cm 纽约佳士得 2022-06-08

228 黄金和钻石晚装包
估　价：EUR 10,000~15,000
成交价：RMB 94,780
18.0cm×9.5cm×（2.1cm—4.1cm）
巴黎佳士得 2022-07-07

87 卡地亚 ART DECO 钻石和多宝石晚装包
估　价：USD 5,000~7,000
成交价：RMB 39,749
外壳16.5cm×15.8cm×2.5cm
纽约佳士得 2022-02-10

裸 石

211 卡地亚 钻石和黄金手袋
估　价：USD 8,000~12,000
成交价：RMB 87,449
8.6cm×4.6cm×3.3cm 纽约佳士得 2022-02-10

36 101.27克拉，F色，VVS1净度未镶嵌钻石
估　价：CHF 2,500,000~3,500,000
成交价：RMB 21,679,913
日内瓦佳士得 2022-11-08

1930 15.18克拉圆形 D色 完美无瑕 钻石
估　价：HKD 12,000,000~15,000,000
成交价：RMB 11,829,552
香港苏富比 2022-10-07

86 卡地亚 钻石晚装包和未签名装饰艺术珊
瑚和钻石晚装包
估　价：USD 5,000~7,000
成交价：RMB 67,574
卡地亚包 20.1cm×17.5cm×8.0cm
纽约佳士得 2022-02-10

1800 15.10克拉长方形阶梯式切割艳彩蓝颜色内部无瑕钻石
成交价：RMB 386,532,910
香港苏富比 2022-04-27

222 养殖珍珠、钻石和黄金晚装包
估　价：USD 10,000~15,000
成交价：RMB 111,298
14.0cm×9.4cm×4.6cm 纽约佳士得 2022-02-10

2057 15.78及15.77克拉D色TYPE IIa钻石一对，净度内部无瑕
估　价：HKD 22,000,000~28,000,000
成交价：RMB 22,572,000
保利香港 2022-07-13

358 20.03克拉和20.19克拉，D色，无瑕级，以及IIa类裸钻一对
估　价：CHF 3,400,000~5,000,000
成交价：RMB 30,486,726
日内瓦苏富比 2022-11-09

1888 25.33克拉圆形D色完美无瑕钻石
估　价：HKD 20,000,000~24,000,000
成交价：RMB 20,028,478
香港苏富比 2022-04-29

1848 18.88克拉圆形D色完美无瑕钻石
估　价：HKD 14,800,000~18,000,000
成交价：RMB 14,116,369
香港苏富比 2022-04-29

1931 22.88克拉圆形 D色 完美无瑕 钻石
估　价：HKD 18,000,000~24,000,000
成交价：RMB 15,440,821
香港苏富比 2022-10-07

7649 5.09克拉E色钻石
估　价：RMB 800,000~1,200,000
成交价：RMB 977,500
北京保利 2022-07-28

99 20.23克拉D色无瑕出色的抛光和对称性IIa
型钻石
估　价：USD 1,500,000~2,000,000
成交价：RMB 13,593,336
纽约佳士得 2022-06-08

26 ROCK 一颗非凡的228.31克拉G颜色VS1净度钻石
估　价：CHF 19,000,000~30,000,000
成交价：RMB 146,548,383
日内瓦佳士得 2022-05-11

61 THE RED CROSS DIAMOND 一颗极好的205.07克拉浓彩黄色，自然色VS2净度彩色钻石
成交价：RMB 95,855,323
日内瓦佳士得 2022-05-11

254 7.49克拉的帕拉伊巴碧玺
估　价：EUR 7,000~10,000
成交价：RMB 77,547
巴黎佳士得 2022-07-07

74 非洲之光103.49克拉，D色，无瑕，出色的抛光和对称性，IIa型钻石
估　价：USD 11,000,000~18,000,000
成交价：RMB 133,827,726
纽约佳士得 2022-06-08

16 未镶嵌15.03克拉枕形祖母绿
估　价：CHF 320,000~500,000
成交价：RMB 2,895,684
日内瓦佳士得 2022-05-11

1 卓越的45.46克拉D色无瑕IIa型钻石
估　价：USD 4,000,000~6,000,000
成交价：RMB 29,410,458
纽约佳士得 2022-04-07

44 未镶嵌23.41克拉枕形蓝宝石
估　价：CHF 350,000~450,000
成交价：RMB 3,351,741
16.84mm × 15.19mm × 9.66mm
日内瓦佳士得 2022-11-08

其他佩饰件

6 19世纪晚期 天然珍珠和钻石头饰
估　价：CHF 50,000~70,000
成交价：RMB 979,423
4.0cm×17.0cm 日内瓦佳士得 2022-05-11

60 非凡的19世纪天然珍珠和钻石头饰
估　价：CHF 400,000~600,000
成交价：RMB 16,181,764
头饰9.7cm×15.5cm×14.5cm；项链长39.5cm 日内瓦佳士得 2022-05-11

198 蒂芙尼 ELSA PERETTI 金色蛇发饰
估　价：USD 3,000~5,000
成交价：RMB 13,506
5.4cm×2.9cm 纽约佳士得 2022-06-11

1806 金腰带
估　价：HKD 6,000~8,000
成交价：RMB 115,882
腰带长71.5cm 佳士得 2022-11-28

464 玉髓、水晶和翡翠围巾
估　价：EUR 3,000~5,000
成交价：RMB 30,822
长约107mm 巴黎苏富比 2022-09-30

340 梵克雅宝 电木和钻石烟嘴
估　价：EUR 2,000~3,000
成交价：RMB 30,822
长约105mm 巴黎苏富比 2022-09-30

225 卡地亚 拉丝金腰带
估　价：EUR 25,000~35,000
成交价：RMB 241,259
84.0cm×（3.5—7.0cm）
巴黎佳士得 2022-07-07

7 祖母绿和钻石头饰，归属于 MARZO
估　价：CHF 150,000~200,000
成交价：RMB 1,533,009
头饰6.7cm×14.7cm；手链长21.0cm；
项链长33.5cm 日内瓦佳士得 2022-05-11

陈设件

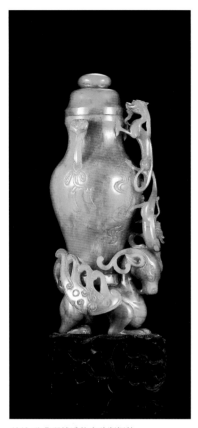

4048 明 翡翠镂雕仙鹿驮瓶摆件
估　价：RMB 80,000~120,000
成交价：RMB 138,000
高20.5cm 西泠印社 2022-01-23

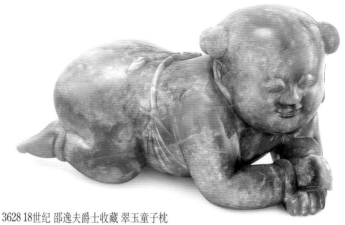

3628 18世纪 邵逸夫爵士收藏 翠玉童子枕
估　价：HKD 400,000~600,000
成交价：RMB 1,026,068
长22cm 香港苏富比 2022-04-29

1185 清早期 翡翠雕荷花鸳鸯
估　价：RMB 220,000~320,000
成交价：RMB 253,000
高8.5cm；长11cm 保利厦门 2022-10-22

173 清中期 翡翠俏色巧雕年年有余
估　价：RMB 80,000~120,000
成交价：RMB 218,500
长16.2cm 北京保利 2022-02-03

4078 清 翡翠雕刘海戏金蟾摆件
估　价：RMB 38,000~50,000
成交价：RMB 43,700
高6.7cm 西泠印社 2022-08-21

3043 清 翡翠雕仕女
成交价：RMB 126,500
高19.2cm 中国嘉德 2022-12-26

1985 清 翡翠观音
估　价：RMB 80,000~150,000
成交价：RMB 92,000
高31.5cm 北京保利 2022-07-17

246 清 翡翠观音像
估　价：HKD 100,000~200,000
成交价：RMB 187,618
高28cm 华艺国际 2022-11-27

1986 清 翡翠婴戏摆件
估　价：RMB 100,000~200,000
成交价：RMB 345,000
长11.8cm 北京保利 2022-07-17

1302 清 翡翠长寿纹花插
估　价：RMB 45,000~55,000
成交价：RMB 51,750
高10cm（带座）华艺国际 2022-09-23

4396 清 翡翠浮雕高士游山图红木插屏
估　价：RMB 80,000~120,000
成交价：RMB 92,000
高46cm，长31.8cm，宽7cm；
屏心长28cm，宽18.8cm 西泠印社 2022-01-23

1402 清 翡翠山水纹插屏
估　价：RMB 100,000~150,000
成交价：RMB 115,000
高44.8cm 华艺国际 2022-09-23

1988 清 翡翠仕女
估　价：RMB 10,000~20,000
成交价：RMB 86,250
高29.8cm 北京保利 2022-07-17

64 GENE MOORE, 蒂芙尼 银质珐琅马戏团
人偶
估　价：USD 15,000~20,000
成交价：RMB 320,841
纽约佳士得 2022-04-07

1306 当代 冰糯种春带彩翡翠送子观音摆件
估　价：RMB 320,000~500,000
成交价：RMB 402,500
翡翠15.5cm×26cm 广东崇正 2022-12-25

219 翡翠摆件西厢记山水人物图
估　价：RMB 550,000~750,000
成交价：RMB 632,500
8.111cm×5.372cm×3.5cm
上海嘉禾 2022-11-20

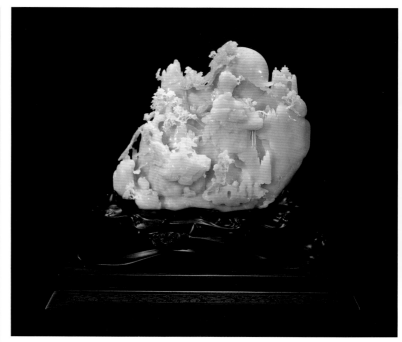

1307 当代 翡翠冰糯种春带彩山子带座
估　价：RMB 1,800,000~2,300,000
成交价：RMB 2,645,000
翡翠42cm×36cm；62cm×22cm（连座） 广东崇正 2022-12-25

1334 当代 翡翠春带彩紫气东来山子摆件
估　价：RMB 1,800,000~3,000,000
成交价：RMB 2,645,000
高51cm（连座）；长36cm；纯高32cm 广东崇正 2022-08-11

1143 翡翠佛手摆件
估　价：RMB 200,000~300,000
成交价：RMB 552,000
高18cm（连座）荣宝斋（南京）2022-12-08

1162 翡翠三色山子摆件
估　价：RMB 300,000~500,000
成交价：RMB 920,000
9.5cm×9cm 荣宝斋（南京）2022-12-08

84 卡地亚 珐琅银花篮一对
估　价：USD 5,000~7,000
成交价：RMB 222,597
7.4cm×6.6cm×9.0cm×2
纽约佳士得 2022-02-10

615 卡地亚 20世纪中叶银鎏金珐琅花篮两件
估　价：GBP 2,000~3,000
成交价：RMB 39,098
5.0cm×5.0cm×8.0cm 伦敦佳士得 2022-06-16

3630 邵逸夫爵士收藏 翠玉观音菩萨头像
估　价：HKD 400,000~600,000
成交价：RMB 702,046
高40.5cm 香港苏富比 2022-04-29

7637 天然翡翠"观音"摆件
估　价：RMB 1,600,000~2,400,000
成交价：RMB 1,840,000
北京保利 2022-07-28

1843 天然翡翠"年年有余"摆件
估　价：HKD 800,000~1,200,000
成交价：RMB 1,274,704
翡翠190.0mm×165.0mm×68.0mm 佳士得 2022-11-28

685 熊形状的银色铃铛
估　价：GBP 10,000~15,000
成交价：RMB 82,312
高10.2cm 伦敦佳士得 2022-06-16

2237 清乾隆 翡翠雕菊瓣钮盖碗成对
估　价：RMB 220,000~350,000
成交价：RMB 345,000
口径9.5cm×2 中鸿信 2022-09-11

生活器皿

1987 清中期 翡翠链瓶
估　价：RMB 30,000~50,000
成交价：RMB 195,500
高15.8cm 北京保利 2022-07-17

1590 清乾隆 翡翠雕福禄万代盖盒
估　价：RMB 200,000~250,000
成交价：RMB 230,000
宽13.3cm 永乐拍卖 2022-07-25

552 清中期 翡翠婴戏图瓶（带盖）
估　价：RMB 500,000~800,000
成交价：RMB 575,000
高19.8cm 华艺国际 2022-07-29

462 清中期 翡翠活环酒杯一对带座
估　价：RMB 50,000
成交价：RMB 172,500
7.5cm×5cm×2 中贸圣佳 2022-07-13

1399 清中期 翡翠兽面纹活环葫芦盖瓶
估　价：RMB 180,000~250,000
成交价：RMB 207,000
高24cm 华艺国际 2022-09-23

5681 清中期 翡翠活环耳香炉
估　价：RMB 1,200,000~2,200,000
成交价：RMB 1,725,000
宽16cm 北京保利 2022-07-28

463 清中期 翡翠薄胎满工碗一对
估　价：RMB 80,000
成交价：RMB 207,000
14.5cm×6.5cm×2 中贸圣佳 2022-07-13

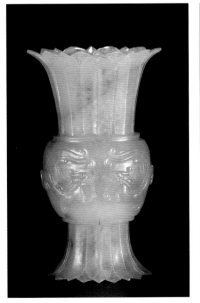

3931 清 翡翠浮雕双龙纹花口觚
估　价：RMB 60,000~120,000
成交价：RMB 161,000
高16.5cm 西泠印社 2022-01-23

1398 清 翡翠龙凤盖瓶
估　价：RMB 200,000~300,000
成交价：RMB 253,000
连座高17.7cm 华艺国际 2022-09-23

4410 清 翡翠象耳仿古盘龙钮寿字纹大赏瓶
估　价：RMB 220,000~350,000
成交价：RMB 425,500
高37.5cm 西泠印社 2022-01-23

3053 清 翡翠狮耳衔环三足炉
估　价：HKD 800,000~1,500,000
成交价：RMB 3,708,230
外径19.6cm 佳士得 2022-11-29

245 清 翡翠凤凰牡丹瓶
估　价：HKD 200,000~400,000
成交价：RMB 364,201
高15cm；宽17.5cm 华艺国际 2022-11-27

2332 清 翡翠龙凤纹盖瓶
估　价：RMB 160,000~200,000
成交价：RMB 195,500
高35cm 中贸圣佳 2022-10-27

2892 清 翡翠雕莲瓣纹香插一对
估　价：RMB 10,000~20,000
成交价：RMB 161,000
高3.5cm（含座）；翡翠：长5.9cm，长5.7cm
中国嘉德 2022-12-27

3631 清 邵逸夫爵士收藏 翠玉瑞兽钮双龙活环耳瓜棱式三足盖炉
估　价：HKD 500,000~700,000
成交价：RMB 1,836,122
高21cm 香港苏富比 2022-04-29

104 两个古董蓝宝石、橄榄石和钻石香水瓶
估　价：USD 5,000~7,000
成交价：RMB 67,574
蓝宝石香水瓶 6.7cm×1.9cm×1.3cm
橄榄石香水瓶 1.5cm×2.2cm×1.9cm
纽约佳士得 2022-02-10

95 一组古董金、银和多宝石物品
估　价：USD 5,000~7,000
成交价：RMB 67,574
纽约佳士得 2022-02-10

5485 20世纪 翡翠螭龙纹麒麟钮龙耳炉
估　价：RMB 100,000~200,000
成交价：RMB 115,000
高24.5cm 中国嘉德 2022-06-01

94 JOHN RUBEL 复古绿松石、红宝石和金
色香水瓶组
估　价：USD 5,000~7,000
成交价：RMB 51,674
纽约佳士得 2022-02-10

778 翠玉雕仿古云纹提梁盖壶
估　价：USD 8,000~12,000
成交价：RMB 528,595
高24.8cm 纽约佳士得 2022-09-23

98 BUCCELLATI 金贝壳紧凑型
估　价：USD 5,000~7,000
成交价：RMB 95,399
10cm×7.6cm×2.8cm 纽约佳士得 2022-02-10

91 LACLOCHE FRÈRES 珐琅和金香瓶和两
个未签名的珐琅和金盒
估　价：USD 5,000~7,000
成交价：RMB 95,399
纽约佳士得 2022-02-10

105 VERDURA 贝壳香水瓶和珐琅盒
估　价：USD 5,000~7,000
成交价：RMB 33,389
纽约佳士得 2022-02-10

89 BUCCELLATI 银质和皮革首饰盒
估　价：USD 5,000~7,000
成交价：RMB 31,800
纽约佳士得 2022-02-10

100 LACLOCHE FRÈRES 装饰艺术珐琅和金
粉盒
估　价：USD 5,000~7,000
成交价：RMB 44,116
7.0cm×4.8cm 纽约佳士得 2022-04-07

612 宝格丽双色烟盒
估　价：GBP 4,000~6,000
成交价：RMB 51,445
9.0cm×6.5cm×1.6cm 伦敦佳士得 2022-06-16

213 LACLOCHE FRÈRES ART DECO 钻
石、珍珠和珐琅盒
估　价：USD 5,000~7,000
成交价：RMB 30,210
5.1cm×5.1cm×1.1cm 纽约佳士得 2022-02-10

99 STRAUSS, ALLARD & MEYER 装饰艺术
钻石和多宝石化妆盒
估　价：USD 8,000~12,000
成交价：RMB 379,856
6.0cm×4.5cm 纽约佳士得 2022-06-10

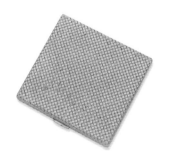

239 宝诗龙 巴黎金粉盒
估　价：EUR 5,000~6,000
成交价：RMB 36,189
8.0cm×8.5cm 巴黎佳士得 2022-07-07

1822 宝石化妆盒
估　价：HKD 80,000~120,000
成交价：RMB 139,058
化妆盒5.9cm × 4.3cm 佳士得 2022-11-28

387 黄金烟盒
估　价：EUR 7,000~8,000
成交价：RMB 83,661
135mm × 80mm × 10mm
巴黎苏富比 2022-09-30

220 卡地亚 翡翠、种子珍珠和珐琅表壳
估　价：USD 6,000~8,000
成交价：RMB 71,549
4.6cm × 4.6cm × 2.2cm
纽约佳士得 2022-02-10

221 梵克雅宝 黄金、钻石和蓝宝石粉盒
估　价：USD 5,000~7,000
成交价：RMB 55,649
7.2cm × 5.9cm × 1.1cm 纽约佳士得 2022-02-10

744 金粉化妆盒
估　价：EUR 10,000~15,000
成交价：RMB 86,064
90mm × 75mm 巴黎苏富比 2022-09-28

215 卡地亚 金表壳
估　价：USD 5,000~7,000
成交价：RMB 31,800
8.8cm × 7.6cm × 1.6cm 纽约佳士得 2022-02-10

90 古董钻石、彩色钻石和多宝石表壳
估　价：USD 8,000~12,000
成交价：RMB 317,995
8.2cm × 5.6cm × 2.0cm
纽约佳士得 2022-02-10

98 卡地亚 ART DECO 黄金、钻石和珐琅化
妆盒
估　价：USD 6,000~8,000
成交价：RMB 60,158
8.1cm × 5.7cm × 0.9cm 纽约佳士得 2022-04-07

99 卡地亚 装饰艺术 钻石和珐琅粉盒
估　价：USD 7,000~10,000
成交价：RMB 52,137
8.2cm × 4.6cm 纽约佳士得 2022-04-07

392 莱森兄弟 黄金烟盒
估　价：EUR 5,500~6,000
成交价：RMB 48,435
100mm×80mm 巴黎苏富比 2022-09-30

214 装饰艺术 翡翠、钻石及珐琅盒
估　价：USD 5,000~7,000
成交价：RMB 103,348
9.1cm×6.7cm×1.7cm 纽约佳士得 2022-02-10

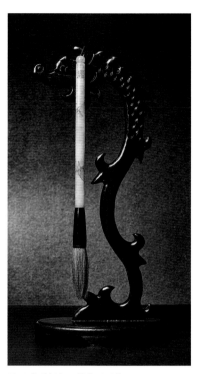

2071 精美缅甸天然翡翠毛笔
估　价：HKD 20,000~40,000
成交价：RMB 102,600
保利香港 2022-07-13

100 三个 蒂芙尼 JEAN SCHLUMBERGER 金
盒和一个 JEAN SCHLUMBERGER 金盒
估　价：USD 5,000~7,000
成交价：RMB 87,449
纽约佳士得 2022-02-10

688 镶有珠宝的镀银镶玻璃 KOVSH
估　价：GBP 8,000~12,000
成交价：RMB 113,179
长17.8cm 伦敦佳士得 2022-06-16

文房用品

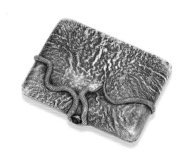

687 镶宝石金镶银香烟盒
估　价：GBP 8,000~12,000
成交价：RMB 154,336
宽10.8cm 伦敦佳士得 2022-06-16

85 三个古董多宝石印章
估　价：USD 5,000~7,000
成交价：RMB 38,159
纽约佳士得 2022-02-10

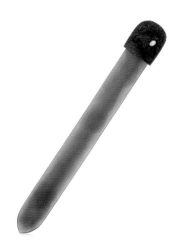

107 卡地亚 玉髓和绿松石翻页器
估　价：USD 12,000~18,000
成交价：RMB 75,524
26.8cm×4.7cm 纽约佳士得 2022-02-10

腕 表

5 BVLGARI 珊瑚和玛瑙 "SERPENTI" 手链腕表
估　价：CHF 220,000~320,000
成交价：RMB 2,048,286
日内瓦佳士得 2022-11-08

616 宝格丽 "TUBOGAS" 腕表
估　价：GBP 8,000~12,000
成交价：RMB 133,757
伦敦佳士得 2022-06-16

157 BUCCELLATI 钻石和黄金
"AGALMACHRON" 腕表
估　价：USD 20,000~30,000
成交价：RMB 219,472
纽约佳士得 2022-06-11

1881 宝格丽 钻石配红宝石及祖母绿腕表
估　价：HKD 650,000~1,000,000
成交价：RMB 1,823,270
香港苏富比 2022-10-07

35 宝格丽 祖母绿、钻石和黄金 "SERPENTI" 手链腕表
估　价：CHF 290,000~350,000
成交价：RMB 2,555,015
表壳长12.5mm 日内瓦佳士得 2022-05-11

1935 宝格丽 "Serpenti Misteriosi" 养殖珍珠配祖母绿及钻石腕表
估　价：HKD 1,200,000~1,600,000
成交价：RMB 2,962,814
香港苏富比 2022-10-07

784 伯爵 红宝石黄金女士手链腕表
估　价：EUR 15,000~20,000
成交价：RMB 129,096
巴黎苏富比 2022-09-28

791 伯爵 翡翠与黄金女士袖口腕表
估　价：EUR 30,000~50,000
成交价：RMB 301,225
表壳24mm×24mm 巴黎苏富比 2022-09-28

802 伯爵 女士珊瑚金手链腕表
估　价：EUR 12,000~16,000
成交价：RMB 103,277
巴黎苏富比 2022-09-28

800 伯爵 青金石和软玉女士腕表
估　价：EUR 18,000~22,000
成交价：RMB 172,129
表壳18mm×28mm 巴黎苏富比 2022-09-28

1874 卡地亚 "Saynete Panda Décor" 限量出产钻
石及黑色刚玉配祖母绿，缟玛瑙及珐琅彩腕表
估　价：HKD 1,200,000~1,800,000
成交价：RMB 1,404,093
香港苏富比 2022-04-29

806 卡地亚 金钢女士腕表 "Tanis"
估　价：EUR 15,000~20,000
成交价：RMB 473,354
巴黎苏富比 2022-09-28

1803 梵克雅宝 "Cadenas" 钻石腕表
估　价：HKD 240,000~320,000
成交价：RMB 594,039
香港苏富比 2022-04-29

671 卡地亚 20 世纪早期 钻石鸡尾酒腕表
估　价：GBP 7,000~9,000
成交价：RMB 133,757
内部周长15.0cm 伦敦佳士得 2022-06-16

503 卡地亚 黄金钻石女士腕表
估　价：EUR 4,000~6,000
成交价：RMB 114,483
巴黎苏富比 2022-09-30

94 江诗丹顿 钻石腕表
估　价：USD 70,000~100,000
成交价：RMB 587,712
长16.5cm 纽约佳士得 2022-06-08

117 卡地亚 白金和钻石 "BALLON BLEU" 腕表
估　价：USD 8,000~12,000
成交价：RMB 109,736
纽约佳士得 2022-06-10

1936 卡地亚 限量出产 "Panthère" 沙弗莱石
配钻石及缟玛瑙 腕表
估　价：HKD 800,000~1,500,000
成交价：RMB 1,481,407
香港苏富比 2022-10-07

其他物品

1818 卡地亚 限量出产 "Panthère" 钻石配缟玛瑙及宝石 腕表
估　价：HKD 800,000~1,500,000
成交价：RMB 1,823,270
香港苏富比 2022-10-07

957 ROYAL 铜鎏金 沙漏时计配浮动红宝石、祖母绿、蓝宝石一组三只
估　价：RMB 100,000~150,000
成交价：RMB 115,000
北京保利 2022-02-03

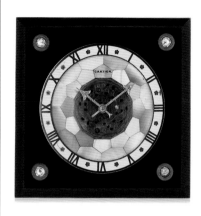

218 卡地亚 装饰艺术 多宝石和钻石台钟
估　价：USD 8,000~12,000
成交价：RMB 190,797
7.5cm×7.5cm 纽约佳士得 2022-02-10

766 劳力士 黄金女士腕表
估　价：EUR 5,000~7,000
成交价：RMB 154,916
巴黎苏富比 2022-09-28

344 皇室旧藏钻石及珐琅乔治四世徽章，1820年
估　价：CHF 150,000~250,000
成交价：RMB 2,952,029
日内瓦苏富比 2022-11-09

797 萧邦-LUC 青金石和黄金女士腕表
估　价：EUR 12,000~18,000
成交价：RMB 103,277
巴黎苏富比 2022-09-28

259 卡地亚 漆、缟玛瑙和钻石座钟
估　价：EUR 6,000~8,000
成交价：RMB 137,862
巴黎佳士得 2022-07-07

528 卡地亚 装饰艺术摇滚水晶和翡翠台钟
估　价：GBP 6,000~8,000
成交价：RMB 267,515
高8.0cm 伦敦佳士得 2022-06-16

2022翡翠珠宝拍卖成交汇总

拍品名称	物品尺寸	成交价RMB	拍卖公司	拍卖日期
佩饰件				
吊坠				
"宝瓶观音" 冰种阳绿观音翡翠吊坠	84mm×33mm×6mm	2,530,000	西泠印社	2022-01-23
"翠沁" 福豆木那坑高冰满绿翡翠吊坠	吊坠90mm×35mm×24mm，翡翠78.8mm×36.8mm×16.5mm	8,280,000	西泠印社	2022-08-21
"佛手福天" 满绿冰种翡翠吊坠	佛手72mm×45mm×23mm；重约115.16g	13,915,000	西泠印社	2022-01-23
"葫芦" 冰种木那坑翡翠吊坠		5,750	西泠印社	2022-01-23
"葫芦" 金镶冰种翡翠葫芦吊坠	翡翠51mm×63.3mm×19.1mm	4,370,000	西泠印社	2022-08-21
"花" 金镶翡翠冰种翡翠吊坠	75mm×38mm×11mm	92,000	西泠印社	2022-08-21
"开心佛" 冰种翡翠配沙弗莱吊坠		23,000	西泠印社	2022-01-23
"守护狮" 红宝石配钻石吊坠		20,700	西泠印社	2022-01-23
"天赐福挂" 天然"帝王绿"翡翠配钻石挂坠	翡翠约55.25mm×40.80mm×12.25mm	29,885,898	香港苏富比	2022-10-07
"天使" 冰种翡翠吊坠	吊坠75mm×35mm×10mm	460,000	西泠印社	2022-01-23
"天使恋人" 蓝宝石吊坠项链		8,050	西泠印社	2022-01-23
"笑口常开" 冰种佛公翡翠吊坠	34mm×28mm×3mm	575,000	西泠印社	2022-01-23
18K金绿碧玺吊坠		10,215	天津昌盛	2022-01-08
18K金天使吊坠连项链		5,750	中国嘉德	2022-06-01
18K金镶黄钻海星吊坠连项链		8,050	中国嘉德	2022-06-01
18K金镶嵌钻石及金珠吊坠	4.2cm×2.7cm；重量约10.9g	20,700	西泠印社	2022-01-23
18K金镶钻情侣小熊吊坠		6,900	中国嘉德	2022-06-01
1960年代 金镶珍珠吊坠		20,700	西泠印社	2022-01-23
19世纪早期精美珍珠和钻石可变形吊坠	3.8cm×0.5cm	258,492	巴黎佳士得	2022-07-07
20世纪初天然珍珠和钻石吊坠	长4.6cm	837,935	日内瓦佳士得	2022-11-08
6.90克拉樱花粉摩根石两用戒指一吊坠	18mm×10mm	109,250	西泠印社	2022-01-23
JEAN FOUQUET装饰艺术银漆吊坠	8.8cm×(1.0~2.9cm)	275,724	巴黎佳士得	2022-07-07
爱德华时期 钻石镶嵌十字架造型吊坠	7.2cm×4cm；重量约13.3g	40,250	西泠印社	2022-01-23
爱马仕Chaine D'ancre Contour玫瑰金项链吊坠		20,546	香港苏富比	2022-10-13
爱马仕一组两枚玫瑰金项链吊坠		36,526	香港苏富比	2022-10-13
冰种翡翠吊坠	5cm×2.2cm	230,000	上海嘉禾	2022-11-20
冰种翡翠吊坠	39mm×16mm×10mm	97,750	西泠印社	2022-01-23
冰种满绿翡翠吊坠	43mm×17mm×12mm	207,000	西泠印社	2022-01-23
超凡极品天然"帝王绿"翡翠配钻石及宝石挂坠	57.00mm×22.00mm×11.15mm	21,065,690	香港苏富比	2022-04-29
翠玉瓜瓞绵绵佩	高6.3cm	132,149	纽约佳士得	2022-09-23
当代 18K金镶钻翡翠佛挂坠	高4cm；重12.89g	184,000	中鸿信	2022-09-11
当代 18K金镶钻翡翠佛挂坠	高3.5cm；重11.567g	253,000	中鸿信	2022-09-11
当代 18K金镶钻翡翠灵芝挂坠	高3.5cm	138,000	中鸿信	2022-09-11
蒂芙尼 钻石和金蝎子吊坠和梵克雅宝 钻石和金蝎子棒别针	5.8cm×4.5cm；棒别针7.9cm×1.3cm	71,549	纽约佳士得	2022-02-10
珐琅、碧玺和钻石吊坠	75mm×35mm	44,032	巴黎苏富比	2022-09-30
梵克雅宝 "赌场" 吊坠	直径3.0cm，3.5cm	60,315	巴黎佳士得	2022-07-07
梵克雅宝 缟玛瑙和钻石吊坠	项链长33.7cm	79,499	纽约佳士得	2022-02-10
梵克雅宝 孔雀石、祖母绿和钻石摩羯座生肖奖章吊坠	6.3cm×5.5cm	64,623	巴黎佳士得	2022-07-07
梵克雅宝 绿玉髓和金色"波斯波利斯之狮"吊坠	长9.4cm	302,095	纽约佳士得	2022-02-10
梵克雅宝 青金石、祖母绿和钻石巨蟹座奖章	6.3cm×5.5cm	103,397	巴黎佳士得	2022-07-07
梵克雅宝 射手座十二生肖奖章	直径2.5cm	60,315	巴黎佳士得	2022-07-07
梵克雅宝 十二生肖奖章吊坠	直径4.0cm	81,856	巴黎佳士得	2022-07-07
翡翠玻璃种福豆		69,000	上海嘉禾	2022-01-01
翡翠蝶恋花挂坠	重量71.3g	8,050	浙江中孚	2022-05-29
翡翠挂件		138,000	荣宝斋（南京）	2022-12-08
翡翠观音吊坠	7.5cm×3.9cm×1.3cm	92,000	荣宝斋（南京）	2022-12-08
翡翠观音吊坠	7.5cm×4.8cm×0.8cm	40,250	荣宝斋（南京）	2022-12-08
翡翠观音吊坠	7.6cm×3.0cm×0.7cm；重19.46g	10,350	荣宝斋（南京）	2022-12-08
翡翠观音吊坠	6cm×3.2cm×0.9cm	9,200	荣宝斋（南京）	2022-12-08
翡翠观音挂件		230,000	荣宝斋（南京）	2022-12-08
翡翠观音挂件		138,000	荣宝斋（南京）	2022-12-08
翡翠观音挂件		138,000	荣宝斋（南京）	2022-12-08
翡翠观音挂件		57,500	荣宝斋（南京）	2022-12-08
翡翠观音佩		5,750	中国嘉德	2022-06-01
翡翠及钻石吊坠	吊坠长4.4cm	410,427	佳士得	2022-05-25
翡翠及钻石吊坠		118,807	佳士得	2022-05-25
翡翠节节高挂件	4cm×2.5cm	25,300	荣宝斋（南京）	2022-12-08
翡翠龙佩	直径5.4cm；厚0.6cm	38,000	北京兴雅	2022-04-19
翡翠满绿玻璃种观音挂件		10,346,154	哈布斯堡	2022-12-18
翡翠巧雕路路通挂件	5.5cm×2.5cm	23,000	荣宝斋（南京）	2022-12-08
翡翠叶子吊坠	4.9cm×2.6cm×0.4cm	12,000	北京兴雅	2022-04-19
福瓜高冰木那坑帝王绿吊坠		6,900,000	西泠印社	2022-08-21
高冰翡翠叶子		36,800	上海嘉禾	2022-01-01
格拉夫镶嵌的坦桑石和钻石吊坠	3.9cm×2.0cm	280,736	纽约佳士得	2022-04-07
古董蓝宝石和钻石吊坠	3.2cm×2.3cm	3,775,393	纽约佳士得	2022-04-13

2022翡翠珠宝拍卖成交汇总(续表)

拍品名称	物品尺寸	成交价RMB	拍卖公司	拍卖日期
古董天然珍珠和钻石吊坠	长3.1cm	144,046	伦敦佳士得	2022-06-16
古董西班牙钻石和、祖母绿和珐琅吊坠胸衣装饰品	13.0cm×11.0cm	184,709	纽约佳士得	2022-06-08
古董硬币和金吊坠	长4.1cm	32,077	纽约佳士得	2022-06-11
和田玉配翡翠香囊吊坠		20,700	西泠印社	2022-01-23
红宝石和钻石吊坠	2.1cm×2.7cm	51,698	巴黎佳士得	2022-07-07
金镶白冰佛吊坠		9,200	西泠印社	2022-08-21
金镶冰种翡翠吊坠	吊坠长4.4cm	207,000	西泠印社	2022-08-21
金镶冰种翡翠吊坠		97,750	西泠印社	2022-08-21
金镶冰种翡翠满绿佛吊坠	翡翠20mm×30mm	230,000	西泠印社	2022-08-21
金镶冰种翡翠满绿佛吊坠		97,750	西泠印社	2022-08-21
金镶冰种翡翠三彩吊坠	翡翠55.5mm×32.9mm×7mm	1,092,500	西泠印社	2022-08-21
金镶冰种佛翡翠吊坠	直径约52mm	218,500	西泠印社	2022-01-23
金镶冰种观音翡翠吊坠	翡翠70mm×30mm×17mm	184,000	西泠印社	2022-01-23
金镶冰种葫芦吊坠		17,250	西泠印社	2022-08-21
金镶冰种满绿葫芦吊坠	吊坠53mm×28mm×26.6mm	805,000	西泠印社	2022-08-21
金镶冰种叶子吊坠	翡翠40mm×22mm×4mm	195,500	西泠印社	2022-01-23
金镶冰种珠子翡翠吊坠	珠宝58.8mm×31.7mm×13mm	460,000	西泠印社	2022-08-21
金镶冰种紫翡翠吊坠	珠宝47mm×47.7mm×19.4mm	138,000	西泠印社	2022-08-21
金镶翡翠吊坠	珠宝53.6mm×36mm	115,000	西泠印社	2022-08-21
金镶翡翠蝴蝶吊坠		18,400	西泠印社	2022-08-21
金镶高冰翡翠仕女吊坠		17,250	西泠印社	2022-01-23
金镶紫色翡翠配红宝石吊坠		21,850	西泠印社	2022-08-21
卡地亚 金吊坠	4.5cm×3.3cm	19,249	纽约佳士得	2022-04-08
凯撒黄金、祖母绿和白银吊坠	50mm×18mm×15mm	129,096	巴黎苏富比	2022-09-28
可乐设计 天然冰种翡翠配钻石及彩色宝石"凤凰涅槃"吊坠	吊坠长6.9cm	147,200	北京保利	2022-07-28
老蒋 翡翠福袋		161,000	永乐拍卖	2022-07-26
老坑冰种满绿豆子吊坠	翡翠53mm×20mm×13mm	552,000	西泠印社	2022-08-21
两个蓝宝石和钻石吊坠	3.9cm×2.3cm	5,961,703	日内瓦佳士得	2022-05-11
满绿翡翠葫芦		97,750	上海嘉禾	2022-01-01
满绿翡翠弥勒佛	42.8cm×41.7cm×12.7cm	322,000	上海嘉禾	2022-01-01
缅甸天然翡翠"观音"挂件	主石59.4mm×31.6mm×13.2mm	48,300	北京保利	2022-02-03
缅甸天然紫罗兰翡翠"熊猫"吊坠	吊坠长3.5cm	57,500	北京保利	2022-02-03
缅甸天然紫罗兰翡翠平安扣吊坠，一组两件		23,000	北京保利	2022-02-03
明式18K金镶白玉及宝石梅花挂件	长3.4cm；宽2.9cm	6,900	浙江佳宝	2022-03-13
明式黄金镶白玉及宝石蝴蝶挂件	长4.8cm；宽3.8cm	11,500	浙江佳宝	2022-03-13
平安扣日月同辉吊坠	珠宝一长50.4mm；珠宝二长40.8mm	97,750	西泠印社	2022-08-21
清 白玉灵芝及翡翠豆荚（一组两件）	1.灵芝长3.3cm、宽2cm；2.豆荚长4.5cm、宽2cm	5,750	西泠印社	2022-08-21

拍品名称	物品尺寸	成交价RMB	拍卖公司	拍卖日期
清 碧玺巧雕双欢及灵芝、莲蓬佩件（一组三件）	1.灵芝佩长5.3cm，宽3.4cm；2.双欢佩长5.8cm，宽4.4cm；3.莲蓬佩长3.4cm，宽2.5cm	57,500	西泠印社	2022-08-21
清 碧玺竹蝠挂件	高4.5cm	27,600	荣宝斋（南京）	2022-12-08
清 翠雕年年有余坠	长6.2cm	40,250	北京保利	2022-07-17
清 翡翠螭龙佩	长5.9cm	25,300	中国嘉德	2022-12-27
清 翡翠大吉挂件	高4cm；长5.2cm	20,700	西泠印社	2022-08-21
清 翡翠雕绵长万年佩	58mm×39mm×7mm	9,200	西泠印社	2022-01-23
清 翡翠雕双鱼吉庆佩	53mm×49mm×5mm	40,250	西泠印社	2022-01-23
清 翡翠雕子孙绵绵坠	28mm×26mm×24mm	287,500	西泠印社	2022-08-20
清 翡翠浮雕童子献寿葫芦形佩	长7.4cm；宽4.9cm	138,000	西泠印社	2022-01-23
清 翡翠吉庆有余佩	6cm×3.5cm×0.4cm	5,750	广东崇正	2022-04-17
清 翡翠镂雕连株纹花鸟佩	直径4.9cm	17,250	西泠印社	2022-08-21
清 翡翠镂雕喜鹊竹节纹佩	长5.8cm；宽3.1cm	28,750	西泠印社	2022-01-23
清 翡翠盘肠扣、素面扣（两件）	长2.3cm；长1.7cm	28,750	中国嘉德	2022-12-27
清 翡翠诗文挂件	5.5cm×5cm	63,250	荣宝斋（南京）	2022-12-08
清乾隆 翡翠螭龙佩	长6cm	287,500	中国嘉德	2022-12-26
清乾隆 翡翠镂雕龙凤呈祥佩	长5.4cm；宽4.2cm	25,300	西泠印社	2022-01-23
清式18K金镶白玉及翡翠喜从天降挂坠	长4.5cm；宽1.7cm	5,750	浙江佳宝	2022-03-13
19世纪初的精美珍珠和钻石吊坠	8.4cm×4.5cm	120,629	巴黎佳士得	2022-07-07
水晶、粉红色碧玺和钻石吊坠	3.5cm×3.5cm	13,506	纽约佳士得	2022-06-11
水晶配钻石挂坠		18,361	香港苏富比	2022-04-15
宋式18K金镶白玉荷叶双鱼吊坠/戒指（一组两件）	尺寸不一	46,000	浙江佳宝	2022-03-13
天然冰种翡翠平安扣吊坠		6,900	保利厦门	2022-10-21
天然冰种翡翠叶子配红宝石吊坠	主石37.3mm×20.1mm	69,000	保利厦门	2022-10-21
天然翡翠（A货）糯米冰种观音吊坠	高73mm；宽47mm；重42.59g	414,000	上海嘉禾	2022-08-28
天然翡翠"宝宝佛"吊坠项链	项链长81.0cm	4,055,877	佳士得	2022-11-28
天然翡翠"平安扣"挂坠		162,792	保利香港	2022-10-11
天然翡翠"平安扣"挂坠项链	翡翠约32.8mm×7.07mm×9.35mm	1,744,200	保利香港	2022-07-13
天然翡翠雕"观音"配钻石挂坠	47.88mm×31.95mm×7.38mm	2,051,179	香港苏富比	2022-10-07
天然翡翠雕"观音"配钻石挂坠		54,783	香港苏富比	2022-10-12
天然翡翠雕"平安扣"一对		140,409	香港苏富比	2022-04-15
天然翡翠雕"唐仕女"吊坠		25,300	中国嘉德	2022-12-15
天然翡翠挂坠		412,406	保利香港	2022-10-11
天然翡翠及钻石胸针/挂坠		271,320	保利香港	2022-10-11
天然翡翠配宝石及钻石挂坠		30,242	香港苏富比	2022-04-15
天然翡翠配红宝石及钻石挂坠		81,005	香港苏富比	2022-04-15
天然翡翠配欧泊挂坠		17,120	香港苏富比	2022-10-12
天然翡翠配钻石"佛公"挂坠		123,120	保利香港	2022-07-13
天然翡翠配钻石"福在眼前"挂坠		91,806	香港苏富比	2022-04-15
天然翡翠配钻石挂坠		85,598	香港苏富比	2022-10-12

拍品名称	物品尺寸	成交价RMB	拍卖公司	拍卖日期
天然翡翠配钻石挂坠		62,772	香港苏富比	2022-10-12
天然翡翠配钻石挂坠		97,675	保利香港	2022-10-11
天然翡翠配钻石及红宝石挂坠		23,761	香港苏富比	2022-04-15
天然满绿翡翠年年有"鱼"款配钻石吊坠	吊坠 48.9mm × 18.3mm	253,000	保利厦门	2022-10-21
天然墨翠"观音"配满绿翡翠及钻石吊坠		51,750	北京保利	2022-07-28
天然紫罗兰翡翠配钻石挂坠		23,761	香港苏富比	2022-04-15
天然紫色翡翠配钻石挂坠		47,935	香港苏富比	2022-10-12
维多利亚时期 金银叠打祖母绿钻石珍珠吊坠		28,750	西泠印社	2022-08-21
现代18K金镶翡翠梧道吊坠连项链		11,500	中国嘉德	2022-09-29
现代18K金镶钻石吊坠连项链		20,700	中国嘉德	2022-09-29
现代18K金镶祖母绿吊坠连项链		6,900	中国嘉德	2022-09-29
新艺术时期 卡梅奥(CAMEO）18K金玛瑙高浮雕红宝石花叶饰女神像吊坠	5.5cm × 5cm；重量约37.9g	40,250	西泠印社	2022-08-21
硬石浮雕配珐琅彩挂坠		32,402	香港苏富比	2022-04-15
韵律飘带饰白金镶嵌钻石吊坠	3.8cm × 4.2cm；重量约7.1g	17,250	西泠印社	2022-08-21
19世纪下半叶及其后自然珍珠及钻石吊坠		322,878	日内瓦苏富比	2022-11-09
祖母绿和钻石吊坠		35,226	巴黎苏富比	2022-09-30
钻石和沙弗莱石榴石吊坠	长3.5cm	384,973	纽约佳士得	2022-04-08
吊牌				
"青山绿水"玻璃种变色翡翠平安无事牌	翡翠60mm × 32.5mm × 12mm	8,970,000	西泠印社	2022-01-23
"踏雪寻梅"木那坑冰种翡翠牌	翡翠48mm × 32mm × 5.5mm	20,700	西泠印社	2022-01-23
碧玺斋戒牌	长5.5cm	9,200	中国嘉德	2022-06-01
翡翠灵芝纹牌	4cm × 2.5cm	138,000	荣宝斋（南京)	2022-12-08
翡翠灵芝纹牌	4cm × 3.2cm	17,250	荣宝斋（南京)	2022-12-08
翡翠阳绿抓住机遇挂牌	7cm × 4cm	9,520	中都国际	2022-07-31
近代 天然翡翠山水牌	长7cm；宽5cm；厚1cm	13,800	浙江御承	2022-08-28
清 翡翠浮雕山水人物诗文牌	长5.6cm；宽3.8cm	11,500	西泠印社	2022-01-23
带 钩				
清 翠雕凤首龙钩	长16cm	74,750	北京保利	2022-07-17
清 翡翠苍龙教子带钩	带座高4cm；长8.9cm	23,000	西泠印社	2022-08-21
清 翡翠雕龙带钩	长5cm	5,750	北京荣宝	2022-07-24
清 翡翠雕龙钩（两件）	长9cm；长13cm	55,200	北京保利	2022-07-17
清乾隆 翡翠雕苍龙教子带钩	长8cm	9,200	花地艺拍	2022-05-22
扳 指				
冰种翡翠扳指	10.7mm × 4.7mm	32,200	西泠印社	2022-08-21
天然翡翠扳指	外直径29.3mm	287,500	中国嘉德	2022-06-27
戒 指				
"巴西"帕拉伊巴碧玺配钻石戒指		86,405	香港苏富比	2022-04-15
"巴西"帕拉伊巴碧玺配钻石戒指（帕拉伊巴碧玺重约1.27克拉）		319,072	香港苏富比	2022-10-07

拍品名称	物品尺寸	成交价RMB	拍卖公司	拍卖日期
"巴西"亚历山大变色石配钻石戒指		183,612	香港苏富比	2022-04-15
"湖水"冰种翡翠戒指		34,500	西泠印社	2022-01-23
"静湖"冰种配沙弗莱戒指		34,500	西泠印社	2022-01-23
"绿洲"冰种辣绿翡翠蛋面戒指		1,035,000	西泠印社	2022-01-23
"女皇"15.02克拉浓彩黄（FANCY INTENSE YELLOW）钻石戒指		2,875,000	西泠印社	2022-01-23
"奢"冰种翡翠葫芦戒指		8,050	西泠印社	2022-01-23
"双体"蓝宝石、祖母绿和钻石戒指		413,586	巴黎佳士得	2022-07-07
"苏富比钻石""喀耳刻"3.27克拉艳彩蓝色内部无瑕钻石配玉髓及钻石戒指		35,586,658	香港苏富比	2022-04-29
0.31克拉粉钻戒指		34,500	中国嘉德	2022-12-15
0.41克拉花式粉红色自然色VS1净度彩色钻石和钻石戒指		3,331,790	纽约佳士得	2022-08-18
0.61克拉"巴西"帕拉伊巴碧玺配钻石戒指		57,065	香港苏富比	2022-10-12
0.77克拉浓彩粉红色自然色VS2净度彩色钻石和钻石戒指		640,729	纽约佳士得	2022-08-18
0.81克拉轻淡粉红色钻石配钻石戒指		68,478	香港苏富比	2022-10-12
0.84克拉，浓彩粉红色，自然色，内部无瑕净度钻石和钻石戒指		844,124	纽约佳士得	2022-06-10
1.00克拉深彩橙黄色钻石戒指		63,250	中国嘉德	2022-12-15
1.01克拉淡粉色水滴形钻石戒指		184,000	西泠印社	2022-01-23
1.01克拉缅甸"鸽血红"红宝石配钻石戒指，未加热		230,000	北京保利	2022-07-28
1.01克拉浓彩黄色钻石戒指		25,300	中国嘉德	2022-12-15
1.01克拉深彩粉红色自然色SI2净度彩色钻石和钻石戒指		555,298	纽约佳士得	2022-08-18
1.01克拉深彩粉色钻石配钻石戒指		1,559,520	保利香港	2022-07-13
1.01克拉深彩黄色钻石配钻石戒指		34,239	香港苏富比	2022-10-12
1.01克拉艳彩橙黄色钻石配钻石戒指		57,065	香港苏富比	2022-10-12
1.01克拉艳彩黄色钻石配钻石戒指		136,957	香港苏富比	2022-10-12
1.02克拉艳彩黄色钻石配钻石戒指		133,380	保利香港	2022-07-13
1.043克拉天然钻石配钻石戒指		19,550	保利厦门	2022-10-21
1.04克拉F颜色VS1净度钻石戒指		28,180	巴黎苏富比	2022-09-30
1.06克拉彩红色钻石配钻石戒指		3,780,252	香港苏富比	2022-04-29
1.11克拉轻淡粉红色钻石配钻石戒指		97,011	香港苏富比	2022-10-12
1.11克拉钻石戒指		41,040	保利香港	2022-07-13
1.17克拉哥伦比亚微油祖母绿蝴蝶戒指		43,700	西泠印社	2022-01-23
1.19克拉赞比亚鸽血红红宝石戒指，未经加热		23,000	西泠印社	2022-01-23
1.29克拉莫桑比克"鸽血红"红宝石戒指，未经加热		28,750	北京保利	2022-02-03
1.30克拉哥伦比亚未经注油木佐色祖母绿戒指		126,500	西泠印社	2022-01-23
1.35克拉和1.28克拉的钻石戒指和两颗钻石		189,560	巴黎佳士得	2022-07-07
1.35克拉深彩棕绿黄色及0.54克拉艳彩橙黄色钻石配钻石戒指		62,772	香港苏富比	2022-10-12
1.40克拉红宝石和钻石戒指		24,694	伦敦佳士得	2022-06-16

2022翡翠珠宝拍卖成交汇总(续表)

拍品名称	物品尺寸	成交价RMB	拍卖公司	拍卖日期
1.40克拉浓彩深紫粉色自然色内部无瑕彩色钻石和钻石戒指		2,266,889	纽约佳士得	2022-06-08
1.48克拉TIFFANY&CO.蒂芙尼天然钻石戒指		92,000	保利厦门	2022-10-21
1 48克拉天然"缅甸鸽血红"未经加热红宝石配白色刚玉及钻石戒指,Michele della Valle 戒台		171,196	香港苏富比	2022-10-12
1.51克拉缅甸抹谷"鸽血红"红宝石配钻石戒指,未经加热		69,000	北京保利	2022-07-28
1.54克拉莫桑比克"鸽血红"红宝石配钻石戒指 未经加热		28,750	中国嘉德	2022-12-15
1.63克拉红宝石和钻石戒指		22,897	巴黎苏富比	2022-09-30
1.70克拉钻石戒指		87,449	纽约佳士得	2022-02-10
1.73克拉哥伦比亚Vividgreen祖母绿戒指		69,000	西泠印社	2022-08-21
1.76克拉淡粉红色钻石配红宝石戒指,卡地亚 戒台		486,032	香港苏富比	2022-04-29
1.80克拉、1.20克拉和1.15克拉钻石三石戒指		154,336	伦敦佳士得	2022-06-16
1.80克拉钻石和钻石戒指		81,856	巴黎佳士得	2022-07-07
1.83克拉和1.80克拉双石钻石戒指		224,568	纽约佳士得	2022-04-08
1.84克拉钻石和钻石戒指		36,189	巴黎佳士得	2022-07-07
1.88克拉红宝石和钻石戒指		68,851	巴黎苏富比	2022-09-28
1.90克拉艳彩绿黄色,自然色,SI2 净度钻石戒指		415,129	日内瓦苏富比	2022-11-09
1.92克拉E色SI2净度钻石戒指		143,501	纽约佳士得	2022-06-11
1.92克拉梨形哥伦比亚天然祖母绿及1.54克拉梨形G/SI1钻石戒指		486,705	佳士得	2022-11-28
1.93克拉祖母绿和钻石戒指		24,658	巴黎苏富比	2022-09-30
1.94克拉H颜色VS1净度钻石戒指		93,974	纽约佳士得	2022-08-18
10.03克拉蓝宝石和钻石戒指		84,412	纽约佳士得	2022-06-10
10.05克拉斯里兰卡蓝宝石配钻石戒指,未经加热		430,920	保利香港	2022-07-13
10.06克拉天然"斯里兰卡/马达加斯加/缅甸"未经加热蓝宝石配钻石戒指		683,726	香港苏富比	2022-10-07
10.06克拉天然缅甸未经加热 变色尖晶石配钻石戒指		97,011	香港苏富比	2022-10-12
10.07克拉枕形斯里兰卡天然蓝宝石戒指		811,175	佳士得	2022-11-28
10.13克拉J色VS1净度钻石及红宝石戒指		1,522,140	日内瓦苏富比	2022-11-09
10.13克拉浓淡粉红棕色钻石配钻石戒指		2,592,172	香港苏富比	2022-04-29
10.13克拉钻石戒指		4,104,273	佳士得	2022-05-25
10.19克拉蓝宝石和钻石戒指		60,152	纽约佳士得	2022-04-08
10.28克拉,彩粉紫色,自然色,I2净度钻石戒指		2,234,494	日内瓦佳士得	2022-11-08
10.31克拉J颜色VS1净度钻石戒指		1,510,476	纽约佳士得	2022-02-10
10.32克拉F颜色内部无瑕I色型钻石戒指		2,477,485	纽约佳士得	2022-08-18
10.33克拉斯里兰卡"皇家蓝"蓝宝石配钻石戒指 未经加热		517,500	中国嘉德	2022-12-15
10.33克拉天然缅甸未经加热蓝宝石配钻石戒指		280,818	香港苏富比	2022-04-15

拍品名称	物品尺寸	成交价RMB	拍卖公司	拍卖日期
10.33克拉圆形F/VS1(极优切割、打磨及比例)钻石戒指		3,592,348	佳士得	2022-11-28
10.38克拉J颜色SI2净度钻石戒指		1,025,166	纽约佳士得	2022-08-18
10.56克拉蓝宝石戒指		2,757,243	巴黎佳士得	2022-07-07
10.65克拉蓝宝石和钻石戒指		206,697	纽约佳士得	2022-02-10
10.67克拉蓝宝石和钻石戒指		135,148	纽约佳士得	2022-02-10
10.75克拉祖母绿和钻石戒指		791,383	日内瓦佳士得	2022-11-08
10.76克拉天然"哥伦比亚木佐"无油祖母绿配钻石戒指		4,330,267	香港苏富比	2022-10-07
10.80克拉"哥伦比亚"祖母绿配钻石戒指		740,704	香港苏富比	2022-10-07
10.81克拉K颜色SI1净度钻石戒指		1,175,424	纽约佳士得	2022-06-08
10.85克拉长方形哥伦比亚天然祖母绿戒指		4,403,523	佳士得	2022-11-28
10.88克拉蓝宝石和钻石戒指		2,044,012	日内瓦佳士得	2022-05-11
10.89克拉彩黄色、自然色、VVS2 净度钻石戒指		1,383,764	日内瓦苏富比	2022-11-09
11.00克拉祖母绿和钻石戒指		72,023	伦敦佳士得	2022-06-16
11.13克拉天然"缅甸皇家蓝"未经加热蓝宝石配钻石戒指		1,188,079	香港苏富比	2022-04-29
11.15克拉艳彩粉红色内部无瑕(IF)钻石配钻石戒指		409,894,881	香港苏富比	2022-10-07
11.17克拉缅甸皇家蓝蓝宝石戒指,未经加热		2,185,000	西泠印社	2022-01-23
11.32克拉哥伦比亚祖母绿配钻石戒指		1,725,000	中国嘉德	2022-12-15
11.46克拉E 颜色,SI2 净度圆形明亮式切割钻石铂金戒指		1,909,590	纽约佳士得	2022-02-09
11.46克拉巴西帕拉伊巴碧玺配钻石戒指		4,025,000	中国嘉德	2022-12-15
11.527克拉彩色蓝宝石戒指		64,623	巴黎佳士得	2022-07-07
11.54克拉蓝宝石和钻石戒指		224,568	纽约佳士得	2022-04-08
11.54克拉天然斯里兰卡未经加热橙粉红色刚玉配钻石戒指		4,104,273	香港苏富比	2022-04-29
11.61克拉莫桑比克帕拉伊巴碧玺配钻石及粉色蓝宝石戒指		287,280	保利香港	2022-07-13
12.07克拉缅甸抹谷"鸽血红"红宝石配钻石戒指,未经加热		1,725,000	北京保利	2022-07-28
12.22克拉D颜色SI2净度钻石戒指		2,266,889	纽约佳士得	2022-06-08
12.26克拉正方形浓彩黄色VS1钻石戒指		1,680,291	佳士得	2022-11-28
12.40克拉祖母绿和钻石戒指		163,711	巴黎佳士得	2022-07-07
12.41克拉尼日利亚帕拉伊巴项链戒指两用款		322,000	西泠印社	2022-01-23
12.46克拉海蓝宝石和钻石戒指		26,419	巴黎苏富比	2022-09-30
12.49克拉长方形H/VVS1钻石戒指		4,519,405	佳士得	2022-11-28
12.62克拉蓝宝石及钻石戒指		922,509	日内瓦苏富比	2022-11-09
12.73克拉蓝宝石及钻石戒指		18,970,007	日内瓦苏富比	2022-11-09
12.75克拉G颜色VS1净度钻石戒指		2,990,068	纽约佳士得	2022-08-18
12.81克拉缅甸"皇家蓝"蓝宝石配钻石戒指 未经加热		3,277,500	中国嘉德	2022-12-15
12.82克拉祖母绿及钻石戒指		4,059,040	日内瓦苏富比	2022-11-09

拍品名称	物品尺寸	成交价RMB	拍卖公司	拍卖日期
13.00克拉黄色和粉色双色蓝宝石和钻石戒指		28,180	巴黎苏富比	2022-09-30
13.12克拉蓝宝石和钻石戒指		119,248	纽约佳士得	2022-02-10
13.32克拉长方形浓彩橘粉红色VVS1钻石戒指		29,187,660	佳士得	2022-05-25
13.345克拉祖母绿和钻石戒指		120,629	巴黎佳士得	2022-07-07
13.43克拉梨形D/VS1钻石戒指		7,184,696	佳士得	2022-11-28
13.52克拉蓝宝石和钻石戒指		3,537,949	日内瓦佳士得	2022-11-08
13.71克拉钻石和蓝宝石戒指		1,723,277	巴黎佳士得	2022-07-07
13.78克拉彩色蓝宝石和钻石戒指		103,436	纽约佳士得	2022-02-09
13.83克拉蓝宝石和钻石戒指，宝格丽		1,107,011	日内瓦苏富比	2022-11-09
13.87克拉G颜色SI2净度钻石戒指		2,640,183	日内瓦佳士得	2022-05-11
14.09克拉斯里兰卡"皇家蓝"蓝宝石配钻石戒指，未经加热		920,000	北京保利	2022-07-28
14.19克拉，D色，内部无瑕钻石戒指		6,517,274	日内瓦佳士得	2022-11-08
14.26克拉S到T颜色SI1净度钻石戒指		843,439	纽约佳士得	2022-04-13
14.32克拉变色蓝宝石和钻石戒指		88,223	纽约佳士得	2022-04-08
14.42克拉L色VS1净度钻石戒指		1,788,511	日内瓦佳士得	2022-05-11
14.48克拉钻石戒指 梵克雅宝		6,457,563	日内瓦苏富比	2022-11-09
14.66克拉祖母绿及钻石戒指		2,029,520	日内瓦苏富比	2022-11-09
14.84克拉蓝宝石和钻石戒指，卡地亚 镶嵌		12,812,873	日内瓦佳士得	2022-11-08
14.86克拉蓝宝石戒指		71,549	纽约佳士得	2022-02-10
15.09克拉蓝宝石和钻石戒指		84,412	纽约佳士得	2022-06-11
15.21克拉榴石配钻石戒指		18,261	香港苏富比	2022-10-12
15.25克拉祖母绿和钻石戒指		304,799	纽约佳士得	2022-04-07
15.29克拉梨形淡彩黄色VS2(极优比例)钻石戒指		637,352	佳士得	2022-11-28
15.31克拉艳彩黄，自然色VVS2净度彩色钻石戒指		8,415,264	纽约佳士得	2022-04-13
15.37克拉梨形D/VS2 Type IIa钻石戒指		10,456,989	佳士得	2022-11-28
15.59克拉彩色蓝宝石和钻石戒指		33,765	纽约佳士得	2022-06-10
15.73克拉黄色蓝宝石和钻石戒指		143,098	纽约佳士得	2022-02-10
15.99克拉蓝宝石和钻石戒指，Chopard		553,505	日内瓦苏富比	2022-11-09
16.00克拉红宝石及钻石戒指		5,535,054	日内瓦苏富比	2022-11-09
16.01克拉轻彩淡粉红色钻石配钻石戒指/挂坠		8,619,146	香港苏富比	2022-04-29
16.19克拉缅甸"皇家蓝"蓝宝石配钻石戒指，未经加热		2,070,000	北京保利	2022-07-28
16.93克拉彩浅紫粉色钻石戒指		11,720,626	日内瓦佳士得	2022-05-11
17.01克拉蓝宝石和钻石戒指，Trombino，宝格丽		1,660,516	日内瓦苏富比	2022-11-09
17.03克拉艳彩黄色钻石配钻石戒指，宝格丽戒台		6,696,446	香港苏富比	2022-04-29
17.04克拉斯里兰卡天然星光蓝宝石及12.73克拉缅甸天然星光红宝石戒指		370,823	佳士得	2022-11-28
17.24克拉艳彩黄色钻石戒指		5,750,000	北京保利	2022-02-03
17.24克拉艳彩黄色钻石配钻石戒指		6,583,000	北京保利	2022-07-28
17.57克拉哥伦比亚祖母绿戒指		695,293	佳士得	2022-11-28
17.77克拉蓝宝石和钻石戒指		642,620	纽约佳士得	2022-04-13

拍品名称	物品尺寸	成交价RMB	拍卖公司	拍卖日期
18.18克拉，艳彩粉红色，自然色，VVS2净度，IIa型彩色钻石和钻石戒指		210,122,986	日内瓦佳士得	2022-11-08
18.46克拉枕形缅甸天然蓝宝石戒指		2,549,408	佳士得	2022-11-28
18K白金及钻石KELLY GAVROCHE双指戒指	戒指尺寸56；镶有258颗钻石，总重量3.19克拉	183,612	佳士得	2022-05-23
18K白金坦桑石及钻石戒指		69,000	西泠印社	2022-01-23
18K白金镶钻石戒指，尚美设计		8,050	中国嘉德	2022-12-15
18k金翡翠戒指		13,620	天津昌盛	2022-01-08
18K金镶黄钻戒指		20,700	中国嘉德	2022-06-01
18K金镶嵌钻石及金珠戒指		20,700	西泠印社	2022-01-23
18K金祖母绿戒指		203,840	中都国际	2022-07-31
19.61克拉椭圆形缅甸天然粉红色蓝宝石戒指		9,794,805	佳士得	2022-11-28
19.61克拉圆形D/FL Type IIa（极优切割、打磨及比例）钻石戒指		16,968,465	佳士得	2022-11-28
19.62克拉马达加斯加"矢车菊蓝"蓝宝石配钻石戒指		1,127,000	永乐拍卖	2022-07-26
19.90克拉蓝宝石和钻石戒指		112,284	纽约佳士得	2022-04-08
1950年制 祖母绿镶嵌钻石戒指		69,000	西泠印社	2022-01-23
1970年制 钻石配碧玺女戒	戒圈15号；重量约4.95g	9,200	西泠印社	2022-08-21
2.00克拉D色内部无瑕钻石戒指		133,757	伦敦佳士得	2022-06-16
2.00克拉D颜色VS1净度钻石戒指		129,096	巴黎苏富比	2022-09-28
2.01克拉淡粉红棕色钻石配钻石戒指		324,021	香港苏富比	2022-04-15
2.02克拉，J颜色，I3净度钻石戒指和钻石戒指		32,077	纽约佳士得	2022-06-10
2.02克拉VS2彩棕绿黄天然色花式钻石戒指		70,451	巴黎苏富比	2022-09-30
2.02克拉艳彩黄色钻石和钻石戒指		129,096	巴黎苏富比	2022-09-28
2.02克拉圆形钻石戒指		75,524	纽约佳士得	2022-02-10
2.02克拉钻石蓝宝石和钻石戒指		73,239	巴黎佳士得	2022-07-07
2.03克拉E颜色VS1净度钻石戒指		123,289	巴黎苏富比	2022-09-30
2.03克拉H颜色和VS2净度钻石戒指		103,277	巴黎苏富比	2022-09-28
2.03克拉艳彩紫粉红色、自然色、VS1净度钻石及彩色钻石戒指		11,882,795	日内瓦苏富比	2022-11-09
2.04克拉E色VVS1净度钻石戒指		273,378	纽约佳士得	2022-08-18
2.04克拉红宝石和2.00克拉钻石戒指		52,838	巴黎苏富比	2022-09-30
2.04克拉莫桑比克鸽血红红宝石配钻石戒指，未经加热处理		92,000	永乐拍卖	2022-07-26
2.04克拉天然"莫桑比克"未经加热红宝石配钻石戒指		85,598	香港苏富比	2022-10-12
2.04克拉长方形D/VS1钻石戒指		220,176	佳士得	2022-11-28
2.05克拉钻石戒指		61,734	伦敦佳士得	2022-06-16
2.07克拉和2.04克拉双石钻石戒指		324,636	纽约佳士得	2022-08-18
2.07克拉缅甸红宝石配钻石戒指 未经加热		86,250	中国嘉德	2022-12-15
2.08及1.77克拉天然缅甸未经加热尖晶石配钻石戒指		45,652	香港苏富比	2022-10-12
2.08克拉艳彩黄色自然色VS1净度钻石和钻石戒指		301,225	巴黎苏富比	2022-09-28

2022翡翠珠宝拍卖成交汇总(续表)

拍品名称	物品尺寸	成交价RMB	拍卖公司	拍卖日期
2.0克拉哥伦比亚Vividgreen祖母绿戒指		11,500	西泠印社	2022-08-21
2.10克拉浓彩粉红色自然色I1净度彩色钻石和钻石双石戒指		2,891,791	纽约佳士得	2022-04-13
2.10克拉心形钻石戒指		87,449	纽约佳士得	2022-02-10
2.11克拉祖母绿和钻石戒指		33,765	纽约佳士得	2022-06-11
2.12克拉圆形钻石戒指		190,797	纽约佳士得	2022-02-10
2.13克拉蓝宝石和钻石戒指		24,658	巴黎苏富比	2022-09-30
2.17克拉、2.10克拉和1.90克拉钻石戒指		208,547	纽约佳士得	2022-04-07
2.20克拉K颜色SI1净度钻石戒指		81,159	纽约佳士得	2022-08-18
2.20克拉F颜色和SI1净度的钻石戒指		163,522	巴黎苏富比	2022-09-28
2.20克拉椭圆形巴西帕拉伊巴戒指		579,411	佳士得	2022-11-28
2.24克拉、深棕黄色、自然色、VS2净度彩色钻石和钻石戒指		54,868	纽约佳士得	2022-06-10
2.25克拉F颜色SI1净度钻石戒指		102,890	伦敦佳士得	2022-06-16
2.25克拉钻石和金戒指		135,148	纽约佳士得	2022-02-10
2.27克拉E色（特殊白色）VVS1净度无荧光钻石和钻石戒指		146,479	巴黎佳士得	2022-07-07
2.28克拉蓝宝石和钻石戒指		830,258	日内瓦苏富比	2022-11-09
2.29克拉I颜色VVS2净度钻石戒指		68,172	纽约佳士得	2022-04-08
2.29克拉钻石和复古钻石戒指		137,862	巴黎佳士得	2022-07-07
2.30克拉红宝石和钻石戒指		192,487	纽约佳士得	2022-04-08
2.30克拉钻石戒指		101,295	纽约佳士得	2022-06-11
2.31克拉赞比亚艳绿色祖母绿配钻石戒指		36,800	中国嘉德	2022-12-15
2.33克拉F颜色VS1净度钻石戒指		189,341	巴黎苏富比	2022-09-28
2.34克拉钻石戒指		102,890	伦敦佳士得	2022-06-16
2.36克拉彩色蓝宝石和钻石戒指		35,453	纽约佳士得	2022-06-11
2.38克拉红宝石和钻石戒指		92,854	纽约佳士得	2022-06-11
2.39克拉天然缅甸红宝石配钻石戒指		368,000	中国嘉德	2022-06-27
2.42克拉淡彩粉红色、自然色、VS1净度钻石戒指		5,166,050	日内瓦苏富比	2022-11-09
2.44克拉浓彩粉红色自然色VVS1净度彩色钻石和钻石戒指		10,327,824	纽约佳士得	2022-04-13
2.49克拉J颜色和P1净度钻石戒指		41,311	巴黎苏富比	2022-09-28
2.4克拉莫桑比克鸽血红红宝石配钻石戒指		112,700	永乐拍卖	2022-07-26
2.50克拉亚历山大变石、红宝石和钻石戒指		82,312	伦敦佳士得	2022-06-16
2.51克拉天然缅甸未经加热粉红色刚玉配钻石戒指		64,804	香港苏富比	2022-04-15
2.54克拉和2.54克拉钻石GODRON戒指		241,259	巴黎佳士得	2022-07-07
2.55克拉天然红宝石配钻石戒指		109,250	保利厦门	2022-10-21
2.57克拉古董蓝宝石和钻石"TOI ET MOI"戒指		87,457	伦敦佳士得	2022-06-16
2.58克拉天然"缅甸鸽血红"未经加热红宝石配钻石戒指		183,612	香港苏富比	2022-04-15
2.58克拉天然缅甸未经加热蓝宝石配白水晶及钻石戒指		68,478	香港苏富比	2022-10-12
2.61克拉蓝宝石和钻石戒指		82,312	伦敦佳士得	2022-06-16
2.63克拉哥伦比亚木佐色祖母绿配钻石戒指，极微油处理		310,500	永乐拍卖	2022-07-26
2.65克拉E色VVS2净度钻石戒指		206,697	纽约佳士得	2022-02-10
2.75克拉彩蓝色、天然颜色、VS1净度钻石戒指		16,755,253	日内瓦苏富比	2022-11-09
2.77克拉天然"巴西"未经处理亚历山大变色石配钻石戒指		324,021	香港苏富比	2022-04-15
2.80克拉"巴西"亚历山大变色石配月光石戒指		162,010	香港苏富比	2022-04-15
2.80克拉钻石戒指		84,412	纽约佳士得	2022-06-10
2.81克拉G颜色VS2净度钻石戒指		329,249	伦敦佳士得	2022-06-16
2.87克拉钻石戒指		42,206	纽约佳士得	2022-06-10
2.89克拉L颜色SI2净度钻石戒指		74,854	巴黎苏富比	2022-09-30
2.91克拉赞比亚艳绿色祖母绿戒指		46,000	北京保利	2022-02-03
2.93克拉祖母绿和钻石戒指		87,457	伦敦佳士得	2022-06-16
2.96克拉无烧缅甸抹谷红尖晶石戒指		13,800	西泠印社	2022-08-21
2.99克拉缅甸抹谷鸽血红宝石戒指		540,500	永乐拍卖	2022-07-26
2.99克拉祖母绿和钻石戒指		27,541	巴黎苏富比	2022-09-28
20.08克拉、F色、无瑕钻石戒指		9,266,057	日内瓦佳士得	2022-11-08
20.16克拉蓝宝石和钻石戒指，卡地亚		20,298,859	日内瓦苏富比	2022-11-09
20.17克拉淡彩黄色、自然色、VS2净度钻石戒指		1,660,516	日内瓦苏富比	2022-11-09
20.19克拉斯里兰卡皇家蓝蓝宝石男士戒指，未经加热		2,530,000	西泠印社	2022-01-23
20.38克拉坦桑石配钻石戒指/吊坠		69,000	中国嘉德	2022-12-15
20.47克拉哥伦比亚祖母绿配钻石戒指 未经注油		8,567,500	中国嘉德	2022-12-15
20.53克拉J色VVS1净度钻石戒指		4,854,529	日内瓦佳士得	2022-05-11
20.58克拉粉色蓝宝石戒指		13,654,598	日内瓦苏富比	2022-11-09
20.77克拉紫色锂辉石配钻石戒指		28,750	中国嘉德	2022-12-15
21.21克拉祖母绿和钻石戒指		2,129,180	日内瓦佳士得	2022-05-11
21.76克拉蓝宝石和钻石戒指		174,914	伦敦佳士得	2022-06-16
21.76克拉天然缅甸未经加热蓝宝石配月光石及钻石戒指		911,635	香港苏富比	2022-10-07
22.06克拉花式黄棕色、自然色、VS1净度钻石戒指		1,383,764	日内瓦苏富比	2022-11-09
22.85克拉枕形斯里兰卡天然帕德玛刚玉戒指		1,134,075	佳士得	2022-05-25
23.16克拉D颜色VS1净度Type IIa钻石戒指		6,813,374	日内瓦佳士得	2022-05-11
23.20克拉彩黄色钻石戒指		2,221,194	纽约佳士得	2022-08-18
23.44克拉祖母绿和钻石戒指		4,096,572	日内瓦佳士得	2022-11-08
24.01克拉黄色蓝宝石和钻石戒指		79,499	纽约佳士得	2022-02-10
24.15克拉变色蓝宝石和钻石戒指		1,044,258	纽约佳士得	2022-04-13
24.15克拉祖母绿和钻石戒指		352,627	纽约佳士得	2022-06-08
24.35克拉紫锂辉石配钻石戒指		34,500	永乐拍卖	2022-07-26
24.97克拉枕形橙色蓝宝石戒指		753,234	佳士得	2022-11-28
25.34克拉祖母绿和钻石戒指		645,756	日内瓦苏富比	2022-11-09
25.40克拉钻石和蓝宝石鸡尾酒戒指		3,015,734	巴黎佳士得	2022-07-07
25.88克拉尖晶石及钻石戒指		3,505,534	日内瓦苏富比	2022-11-09

拍品名称	物品尺寸	成交价RMB	拍卖公司	拍卖日期
26.08克拉天然"缅甸皇家蓝"未经加热蓝宝石配钻石戒指		11,730,782	香港苏富比	2022-04-29
26.09克拉蓝宝石和钻石戒指,"Trombino",宝格丽,约1970年		7,841,327	日内瓦苏富比	2022-11-09
26.69克拉尖晶石和钻石戒指		1,362,675	日内瓦佳士得	2022-05-11
27.31克拉蓝宝石和钻石戒指		151,048	纽约佳士得	2022-02-10
27克拉哥伦比亚极微油祖母绿双色金戒指 约20世纪末期		690,000	西泠印社	2022-08-21
29.172克拉蓝宝石和钻石戒指		1,464,785	巴黎佳士得	2022-07-07
3.00克拉D颜色VS2净度钻石戒指		304,771	纽约佳士得	2022-04-08
3.01克拉K色钻石配钻石戒指		207,000	北京保利	2022-07-28
3.01克拉梨形D色内部无瑕钻石戒指		432,028	香港苏富比	2022-04-15
3.01克拉圆形D色内部无瑕钻石戒指		702,046	香港苏富比	2022-04-15
3.01克拉枕形D色内部无瑕钻石戒指		540,036	香港苏富比	2022-04-15
3.02克拉E颜色SI2净度钻石戒指		170,861	纽约佳士得	2022-08-18
3.02克拉天然淡彩粉棕钻石戒指		828,000	西泠印社	2022-08-21
3.02克拉天然缅甸未经加热蓝宝石配钻石戒指		59,403	香港苏富比	2022-04-15
3.02克拉钻石和蓝宝石戒指		278,246	纽约佳士得	2022-02-10
3.039克拉红宝石和钻石戒指		206,793	巴黎佳士得	2022-07-07
3.03克拉D颜色SI2净度钻石戒指		222,119	纽约佳士得	2022-08-18
3.04克拉彩色蓝宝石和钻石戒指		30,477	纽约佳士得	2022-04-08
3.04克拉彩色蓝宝石和钻石戒指		96,252	纽约佳士得	2022-04-07
3.04克拉枕形缅甸天然红宝石戒指		1,512,100	佳士得	2022-05-25
3.05克拉F颜色VS2净度钻石戒指		226,359	伦敦佳士得	2022-06-16
3.05克拉浓彩黄色钻石配钻石戒指		164,160	保利香港	2022-07-13
3.07克拉方形 D色钻石戒指		228,262	香港苏富比	2022-10-12
3.09克拉彩棕黄色 钻石配钻石戒指		91,305	香港苏富比	2022-10-12
3.09克拉天然淡彩棕绿黄钻石戒指		184,000	西泠印社	2022-08-21
3.10克拉,Q到R颜色范围,VS2净度钻石和蓝宝石戒指		80,210	纽约佳士得	2022-04-07
3.10克拉天然彩黄色钻石配粉红色钻石及钻石戒指		299,000	中国嘉德	2022-06-27
3.11克拉祖母绿和钻石戒指		68,931	巴黎佳士得	2022-07-07
3.14克拉J颜色VVS1净度可能内部无瑕钻石戒指		168,825	纽约佳士得	2022-06-11
3.15克拉天然艳粉色蓝宝石配钻石戒指		115,000	中国嘉德	2022-06-27
3.17及3.01克拉梨形G-F/VVS2钻石戒指		787,998	佳士得	2022-11-28
3.17克拉圆形D/VVS2(极优打磨)钻石戒指		579,411	佳士得	2022-11-28
3.18克拉缅甸尖晶石配钻石戒指,未经加热		32,558	保利香港	2022-10-11
3.18克拉颜色M纯度为VS1钻石戒指		77,458	巴黎苏富比	2022-09-28
3.19克拉粉色蓝宝石和坦桑石戒指		43,032	巴黎苏富比	2022-09-28
3.20克拉E色SI1净度钻石戒指		360,913	纽约佳士得	2022-04-08
3.21克拉方形 I 色钻石戒指		228,262	香港苏富比	2022-10-12
3.21克拉莫桑比克鸽血红红宝石配钻石戒指		195,500	永乐拍卖	2022-07-26
3.22克拉浓彩绿色自然色SI2净度彩色钻石戒指		4,819,651	纽约佳士得	2022-04-13
3.23克拉H颜色VS1净度钻石和祖母绿戒指		258,193	巴黎苏富比	2022-09-28
3.27克拉天然未经加热粉红色尖晶石配钻石戒指		140,409	香港苏富比	2022-04-15
3.30克拉I颜色和VVS2净度钻石戒指		228,070	巴黎苏富比	2022-09-28
3.32克拉N颜色VVS2净度钻石戒指		102,517	纽约佳士得	2022-08-18
3.36克拉,H颜色,VVS2净度钻石戒指		219,472	纽约佳士得	2022-06-10
3.38克拉N颜色SI1净度钻石戒指		88,223	纽约佳士得	2022-04-08
3.43克拉,O到P颜色范围,VS2净度钻石戒指		68,344	纽约佳士得	2022-08-18
3.45克拉E颜色VS1净度钻石戒指		387,289	巴黎苏富比	2022-09-28
3.46克拉F颜色VS2净度钻石戒指		320,811	纽约佳士得	2022-08-18
3.53克拉F颜色VVS2净度钻石戒指		341,722	纽约佳士得	2022-08-18
3.57克拉钻石戒指		63,309	纽约佳士得	2022-06-10
3.60克拉长方形D/IF钻石戒指		486,705	佳士得	2022-11-28
3.61克拉F颜色VS2净度钻石戒指		422,062	纽约佳士得	2022-06-10
3.62克拉D颜色VS1净度钻石戒指		1,091,465	纽约佳士得	2022-06-10
3.63克拉天然缅甸未经加热尖晶石配钻石戒指		39,946	香港苏富比	2022-10-12
3.63克拉钻石戒指		277,020	保利香港	2022-07-13
3.64克拉彩棕橙色钻石配钻石戒指		319,072	香港苏富比	2022-10-07
3.65克拉哥伦比亚祖母绿配钻石戒指,未经注油		793,500	北京保利	2022-07-28
3.65克拉祖母绿和钻石戒指		27,012	纽约佳士得	2022-06-10
3.66克拉粉红色尖晶石和钻石戒指		33,464	巴黎苏富比	2022-09-30
3.68克拉H颜色SI1净度钻石戒指		358,808	纽约佳士得	2022-08-18
3.79、2.05及1.97克拉长方形天然哥伦比亚祖母绿戒指		1,622,350	佳士得	2022-11-28
3.83克拉帕拉伊巴碧玺配钻石及彩色宝石戒指		63,250	北京保利	2022-07-28
3.84克拉F颜色SI1净度钻石戒指		379,856	纽约佳士得	2022-06-11
3.85克拉钻石戒指		109,736	纽约佳士得	2022-06-11
3.90克拉红宝石和钻石戒指		40,518	纽约佳士得	2022-06-10
3.91克拉钻石戒指		137,862	巴黎苏富比	2022-07-07
3.99克拉彩色蓝宝石和钻石戒指		101,295	纽约佳士得	2022-06-10
31.06克拉蓝宝石和钻石戒指,Chopard		1,107,011	日内瓦苏富比	2022-11-09
33.13克拉D色,VVS1净度,以及IIa类钻石戒指 卡地亚		20,741,810	日内瓦苏富比	2022-11-09
36.15克拉长方形D/FL (极优打磨及比例) Type IIa 钻石戒指		25,073,100	佳士得	2022-05-25
36分马眼粉钻戒指		25,300	西泠印社	2022-01-23
37.50克拉艳彩黄、自然色、VS1净度黄钻戒指,"The Mouawad Empress",Mouawad		17,641,154	日内瓦苏富比	2022-11-09
38.20克拉Y到Z颜色范围VS2净度钻石戒指		4,016,376	纽约佳士得	2022-04-13
38.59克拉蓝宝石及钻石戒指		1,476,014	日内瓦苏富比	2022-11-09
38.88克拉斯里兰卡皇家蓝色蓝宝石戒指		6,670,000	永乐拍卖	2022-07-26
3克拉H颜色和SI2—I1净度钻石戒指		83,661	巴黎苏富比	2022-09-30

2022翡翠珠宝拍卖成交汇总(续表)

拍品名称	物品尺寸	成交价RMB	拍卖公司	拍卖日期
4.01克拉H颜色SI2净度钻石戒指		176,463	纽约佳士得	2022-04-07
4.02克拉D颜色VS2净度钻石戒指		503,753	纽约佳士得	2022-06-08
4.02克拉天然"莫桑比克"未经加热红宝石配钻石戒指		1,620,108	香港苏富比	2022-04-29
4.05克拉F颜色VVS2净度钻石戒指		427,153	纽约佳士得	2022-08-18
4.05克拉艳彩黄色、自然色、VS2净度钻石戒指		1,291,513	日内瓦苏富比	2022-11-09
4.06克拉，G色，VVS2净度钻石戒指		322,878	日内瓦苏富比	2022-11-09
4.06克拉红宝石和钻石戒指		126,619	纽约佳士得	2022-06-11
4.09克拉D色VS2净度钻石戒指		565,897	伦敦佳士得	2022-06-16
4.09克拉蓝宝石和钻石戒指		54,868	纽约佳士得	2022-06-10
4.12克拉J颜色VS1净度钻石戒指		275,406	巴黎苏富比	2022-09-28
4.15克拉，G颜色，VS1净度钻石戒指		308,671	伦敦佳士得	2022-06-16
4.15克拉I颜色和VS2净度钻石戒指		327,044	巴黎苏富比	2022-09-28
4.20克拉钻石和钻石戒指		163,711	巴黎佳士得	2022-07-07
4.21克拉E色VS2净度钻石戒指		341,722	纽约佳士得	2022-08-18
4.22克拉钻石戒指		596,241	纽约佳士得	2022-02-10
4.27克拉天然"克什米尔"未经加热蓝宝石配钻石戒指		486,032	香港苏富比	2022-04-15
4.27克拉天然缅甸红色尖晶石配钻石戒指		74,750	保利厦门	2022-10-21
4.33克拉，D色，VS1净度钻石戒指		698,279	日内瓦佳士得	2022-11-08
4.33克拉E颜色VS1净度无荧光钻石戒指		732,393	巴黎佳士得	2022-07-07
4.34克拉方形 G色钻石戒指		478,608	香港苏富比	2022-10-07
4.39克拉H颜色SI1净度钻石戒指		401,014	纽约佳士得	2022-04-08
4.49克拉E色VVS1净度钻石戒指		771,678	伦敦佳士得	2022-06-16
4.54克拉H颜色VS2净度钻石戒指		361,470	巴黎苏富比	2022-09-28
4.63克拉E色VVS2净度钻石戒指		963,930	纽约佳士得	2022-04-13
4.66克拉Q至R范围颜色VVS2净度钻石戒指		120,316	纽约佳士得	2022-04-07
4.67克拉，W至X范围颜色，VS2净度钻石戒指		192,505	纽约佳士得	2022-04-07
4.68克拉钻石戒指		144,046	伦敦佳士得	2022-06-16
4.69克拉天然缅甸未经加热尖晶石配钻石戒指		70,204	香港苏富比	2022-04-15
4.75克拉E色VVS1净度微弱荧光钻石戒指		732,393	巴黎佳士得	2022-07-07
4.75克拉椭圆形斯里兰卡红宝石戒指		405,587	佳士得	2022-11-28
4.83克拉，M颜色，略带棕色，VVS2净度钻石戒指		174,897	纽约佳士得	2022-02-10
4.84克拉椭圆形红宝石18K黄金戒指		75,524	纽约佳士得	2022-02-10
4.86克拉蓝宝石和钻石戒指		41,311	巴黎苏富比	2022-09-28
4.88克拉天然"斯里兰卡皇家蓝"未经加热 蓝宝石配钻石戒指		57,066	香港苏富比	2022-10-12
4.90克拉钻石戒指		205,781	伦敦佳士得	2022-06-16
4.98克拉缅甸抹谷鸽血红色红宝石配钻石戒指		7,475,000	永乐拍卖	2022-07-26
49.87克拉帕拉伊巴碧玺和钻石戒指，Schullin		1,752,767	日内瓦苏富比	2022-11-09
5.01克拉G颜色VVS1净度钻石戒指		768,875	纽约佳士得	2022-08-18
5.01克拉彩橙粉红色钻石及4.02克拉的梨形钻石戒指		5,535,054	日内瓦苏富比	2022-11-09
5.01克拉天然"莫桑比克"未经加热红宝石配钻石戒指		1,082,567	香港苏富比	2022-10-07
5.01克拉艳彩黄色钻石配钻石戒指		2,012,500	北京保利	2022-07-28
5.02克拉F颜色VS2净度钻石戒指		562,293	纽约佳士得	2022-04-13
5.02克拉I颜色SI1净度钻石戒指		360,947	纽约佳士得	2022-04-07
5.02克拉彩黄绿色钻石配钻石戒指/挂坠		888,844	香港苏富比	2022-10-07
5.02克拉天然"莫桑比克"未经加热红宝石配钻石戒指		1,404,093	香港苏富比	2022-04-29
5.02克拉心形淡粉红色VS2钻石戒指		1,274,704	佳士得	2022-11-28
5.03克拉花式绿色，自然色，净度VS1彩色钻石和钻石戒指		2,214,347	日内瓦佳士得	2022-05-11
5.05克拉D色，VS2净度祖母绿切割钻石铂金戒指		954,795	纽约佳士得	2022-02-09
5.05克拉I颜色SI1净度钻石戒指		461,774	纽约佳士得	2022-06-08
5.05克拉深彩棕黄色自然色SI2净度钻石和钻石戒指		128,146	纽约佳士得	2022-08-18
5.05克拉圆形D色钻石戒指		1,296,086	香港苏富比	2022-04-29
5.06克拉，E色，VVS1净度钻石戒指		954,795	纽约佳士得	2022-02-09
5.06克拉天然缅甸红宝石配钻石戒指		2,530,000	中国嘉德	2022-06-27
5.08克拉D色内部无瑕净度IIa型钻石戒指		2,129,180	日内瓦佳士得	2022-05-11
5.08克拉沙弗莱配钻石戒指		97,750	西泠印社	2022-08-21
5.10克拉红宝石戒指		128,324	纽约佳士得	2022-04-08
5.10克拉梨形D/VS2钻石戒指		869,116	佳士得	2022-11-28
5.11克拉彩色蓝宝石和钻石戒指		112,284	纽约佳士得	2022-04-08
5.12克拉缅甸抹谷"鸽血红"红宝石配钻石戒指，未经加热		1,610,000	北京保利	2022-07-28
5.13及5.09克拉圆形VVS2-VS1钻石戒指		1,100,880	佳士得	2022-11-28
5.14克拉方形D色内部无瑕钻石戒指		1,188,079	香港苏富比	2022-04-15
5.15克拉蓝宝石和钻石戒指		3,165,533	日内瓦佳士得	2022-11-08
5.15克拉蓝宝石和钻石戒指		86,064	巴黎苏富比	2022-09-28
5.17克拉VS1净度H颜色无荧光钻石戒指		689,311	巴黎佳士得	2022-07-07
5.18克拉F颜色VS1净度钻石戒指		1,124,585	纽约佳士得	2022-04-13
5.21克拉、D颜色、SI1净度钻石戒指		954,795	纽约佳士得	2022-02-09
5.27克拉缅甸抹谷"鸽血红"红宝石配钻石戒指，未经加热		2,530,000	北京保利	2022-07-28
5.29克拉蓝宝石和钻石戒指		44,112	纽约佳士得	2022-04-08
5.30克拉彩棕黄色钻石和钻石戒指		341,722	纽约佳士得	2022-08-18
5.32克拉椭圆形缅甸天然鸽血红红宝石戒指		15,313,005	佳士得	2022-11-28
5.34克拉彩色蓝宝石和钻石戒指		119,248	纽约佳士得	2022-02-10
5.42克拉，彩黄色，自然色，VS2净度彩色钻石和钻石戒指		208,547	纽约佳士得	2022-04-07
5.50克拉艳彩黄色，自然色，VVS1净度彩色钻石和钻石戒指		1,259,383	纽约佳士得	2022-06-08

拍品名称	物品尺寸	成交价RMB	拍卖公司	拍卖日期
5.51克拉钻石戒指		246,937	伦敦佳士得	2022-06-16
5.52克拉天然斯里兰卡未经加热橙粉红色刚玉配钻石戒指		183,612	香港苏富比	2022-04-15
5.54克拉彩色蓝宝石戒指		52,132	纽约佳士得	2022-04-08
5.59克拉蓝宝石戒指		27,012	纽约佳士得	2022-06-10
5.59克拉蓝宝石戒指		59,624	纽约佳士得	2022-02-10
5.59克拉祖母绿和钻石戒指		52,132	纽约佳士得	2022-04-08
5.63克拉变色蓝宝石戒指		64,162	纽约佳士得	2022-04-08
5.75克拉椭圆形哥伦比亚祖母绿戒指		753,234	佳士得	2022-11-28
5.85克拉D色内部无瑕钻石戒指		2,398,523	日内瓦苏富比	2022-11-09
5.85克拉彩黄色钻石及5.85克拉彩黄棕色钻石配钻石戒指		918,061	香港苏富比	2022-04-29
5.90克拉蓝宝石戒指		56,590	伦敦佳士得	2022-06-16
5.93克拉M颜色和VS2净度钻石戒指		275,406	巴黎苏富比	2022-09-28
5.95克拉M颜色VVS2净度钻石戒指		258,193	巴黎苏富比	2022-09-28
50分粉棕色钻石戒指		29,900	西泠印社	2022-01-23
51.28克拉I颜色SI1净度钻石戒指		10,327,824	纽约佳士得	2022-04-13
51.50克拉天然斯里兰卡未经加热黄色刚玉配钻石戒指		911,635	香港苏富比	2022-10-07
6.01克拉浓彩黄色钻石配钻石戒指，格拉夫戒台		648,043	香港苏富比	2022-04-15
6.01克拉深彩橙棕色方形钻石和钻石戒指		143,098	纽约佳士得	2022-02-10
6.01克拉天然哥伦比亚祖母绿戒指		253,000	保利厦门	2022-10-21
6.01克拉枕形艳彩黄色VS2(极优打磨)钻石戒指		1,512,100	佳士得	2022-05-25
6.02 克拉天然缅甸未经加热红宝石配钻石戒指		1,367,453	香港苏富比	2022-10-07
6.02克拉缅甸粉色尖晶石配钻石戒指，未经加热		53,352	保利香港	2022-07-13
6.05克拉缅甸天然鸽血红宝石及钻石戒指		26,101,740	佳士得	2022-05-25
6.10克拉彩色蓝宝石和钻石戒指		32,077	纽约佳士得	2022-06-10
6.10克拉蓝宝石和钻石戒指		35,774	纽约佳士得	2022-02-10
6.12克拉天然"马达斯加"未经加热 蓝宝石配钻石戒指		108,424	香港苏富比	2022-10-12
6.14克拉N颜色VVS1净度钻石戒指		319,044	纽约佳士得	2022-06-08
6.14克拉花式棕橙色自然色VS1净度彩色钻石戒指		324,636	纽约佳士得	2022-08-18
6.14克拉钻石戒指		240,980	巴黎苏富比	2022-09-28
6.16克拉D色钻石戒指		1,610,000	中国嘉德	2022-12-15
6.19克拉，N颜色，VS1净度钻石戒指		254,396	纽约佳士得	2022-02-10
6.24克拉蓝宝石和钻石戒指		3,236,353	日内瓦佳士得	2022-05-11
6.24克拉钻石戒指		3,780,252	佳士得	2022-05-25
6.36克拉祖母绿戒指		441,801	纽约佳士得	2022-04-13
6.38克拉哥伦比亚祖母绿戒指，中油		66,700	永乐拍卖	2022-07-26
6.43克拉钻石戒指		360,116	伦敦佳士得	2022-06-16
6.48克拉长方形巴西天然亚历山大石配钻石戒指		1,564,409	佳士得	2022-11-28
6.48克拉祖母绿和蓝宝石戒指		63,599	纽约佳士得	2022-02-10
6.51克拉蓝宝石和皓石戒指，卡地亚		553,505	日内瓦苏富比	2022-11-09
6.52克拉蓝宝石和钻石戒指		67,574	纽约佳士得	2022-02-10
6.53克拉缅甸"鸽血红"红宝石配钻石戒指 未经加热		30,245,000	中国嘉德	2022-12-15
6.55克拉椭圆形D/IF钻石戒指		2,027,938	佳士得	2022-11-28
6.57克拉彩色蓝宝石和钻石戒指		103,348	纽约佳士得	2022-02-10
6.72克拉蓝宝石和钻石戒指		109,736	纽约佳士得	2022-06-11
6.80克拉钻石戒指		493,874	伦敦佳士得	2022-06-16
6.81克拉蓝宝石戒指		190,959	纽约佳士得	2022-02-09
6.83克拉天然赞比亚祖母绿配钻石戒指		94,300	中国嘉德	2022-06-27
6.87克拉颜色为M净度为VS1钻石戒指		430,322	巴黎苏富比	2022-09-28
6.88克拉变色蓝宝石和钻石戒指		51,674	纽约佳士得	2022-02-10
6.96克拉天然斯里兰卡矢车菊蓝蓝宝石配钻石戒指/吊坠		94,300	中国嘉德	2022-06-27
60.79克拉枕形彩艳黄色VS2钻石戒指		19,175,745	佳士得	2022-11-28
7.01克拉、自然色、VS2 净度淡粉色钻戒		1,107,011	日内瓦苏富比	2022-11-09
7.01克拉深彩棕黄橙色钻石配钻石戒指		569,772	香港苏富比	2022-10-07
7.01克拉艳彩绿黄色钻石戒指		598,000	西泠印社	2022-08-21
7.03克拉蓝宝石和钻石戒指		52,132	纽约佳士得	2022-04-08
7.03克拉圆形G色钻石戒指		1,188,079	香港苏富比	2022-04-29
7.05克拉蓝宝石和钻石戒指		56,142	纽约佳士得	2022-04-08
7.11克拉钻石戒指		308,671	伦敦佳士得	2022-06-16
7.14克拉红宝石和钻石戒指		7,665,046	日内瓦佳士得	2022-05-11
7.15克拉梨形D色钻石戒指,卡地亚 戒台		1,944,129	香港苏富比	2022-04-29
7.16克拉J颜色VS2净度钻石戒指		602,456	纽约佳士得	2022-04-13
7.33克拉长方形浓彩橘粉红色VS1钻石戒指		11,700,780	佳士得	2022-05-25
7.37克拉蓝宝石和钻石戒指		222,597	纽约佳士得	2022-02-10
7.38克拉蓝宝石和钻石戒指		143,501	纽约佳士得	2022-06-11
7.38克拉圆形钻石戒指		278,246	纽约佳士得	2022-02-10
7.45克拉J颜色VS2净度钻石戒指		803,275	纽约佳士得	2022-04-13
7.46克拉钻石戒指		432,139	伦敦佳士得	2022-06-16
7.48克拉J颜色VS1净度无荧光钻石戒指		1,120,130	巴黎佳士得	2022-07-07
7.52克拉"哥伦比亚"祖母绿配钻石戒指		97,206	香港苏富比	2022-04-15
7.54克拉克什米尔蓝宝石配钻石戒指，未经加热		5,520,000	北京保利	2022-07-28
7.68克拉祖母绿及钻石戒指		645,756	日内瓦苏富比	2022-11-09
7.75克拉缅甸蓝宝石配红宝石及钻石戒指，未经加热		359,100	保利香港	2022-07-13
7.77克拉N色VS1净度钻石戒指		442,804	日内瓦苏富比	2022-11-09
7.79克拉F颜色VVS2净度钻石戒指		1,679,177	纽约佳士得	2022-06-08
7.86克拉颜色为SZ净度为VS1钻石戒指		361,470	巴黎苏富比	2022-09-28
7.89克拉天然猫眼金绿宝石配钻石戒指		56,350	中国嘉德	2022-06-27
7.92克拉梨形彩黄色VVS1钻石戒指		753,234	佳士得	2022-11-28
7.92克拉圆形钻石戒指		317,995	纽约佳士得	2022-02-10
8.00克拉，深彩棕黄色，天然色钻石和钻石戒指		187,947	纽约佳士得	2022-08-18

拍品名称	物品尺寸	成交价RMB	拍卖公司	拍卖日期
8.017克拉天然钻石戒指		494,500	保利厦门	2022-10-21
8.01克拉缅甸艳红色尖晶石配钻石戒指 未经加热		80,500	中国嘉德	2022-12-15
8.02克拉，F色，VVS2净度钻石戒指		2,214,022	日内瓦苏富比	2022-11-09
8.03克拉"哥伦比亚"祖母绿配钻石戒指		62,772	香港苏富比	2022-10-12
8.04克拉J颜色VS1净度钻石戒指		874,568	伦敦佳士得	2022-06-16
8.05克拉D色VVS2净度钻石戒指		2,640,183	日内瓦佳士得	2022-05-11
8.12克拉椭圆形泰国红宝石戒指		521,469	佳士得	2022-11-28
8.17克拉彩色蓝宝石和钻石戒指		29,544	纽约佳士得	2022-06-10
8.17克拉缅甸尖晶石配钻石戒指，未经加热		51,300	保利香港	2022-07-13
8.22克拉H颜色VS1净度钻石戒指		1,606,550	纽约佳士得	2022-04-13
8.25克拉祖母绿和钻石戒指		4,684,195	日内瓦佳士得	2022-05-11
8.40克拉I颜色SI2净度钻石戒指		481,965	纽约佳士得	2022-04-13
8.45克拉天然蓝宝石配钻石戒指		69,000	保利厦门	2022-10-21
8.46克拉方形深彩棕黄色钻石和沙弗莱石戒指		189,341	巴黎苏富比	2022-09-28
8.47克拉长方形艳彩黄色VS1（极优打磨）钻石戒指		5,562,345	佳士得	2022-11-28
8.50克拉彩黄色钻石配钻石戒指		378,025	香港苏富比	2022-04-15
8.50克拉枕形克什米尔天然蓝宝石戒指		5,794,110	佳士得	2022-11-28
8.51克拉枕形缅甸天然蓝宝石戒指		927,057	佳士得	2022-11-28
8.52克拉天然"哥伦比亚"祖母绿配钻石戒指		1,404,093	香港苏富比	2022-04-29
8.64克拉L颜色VS1净度钻石戒指		602,450	巴黎苏富比	2022-09-28
8.72克拉蓝宝石戒指		4,151,291	日内瓦苏富比	2022-11-09
8.78克拉蓝宝石和钻石戒指		67,530	纽约佳士得	2022-06-10
8.79克拉彩黄色自然色VS1净度彩色钻石和钻石戒指		602,456	纽约佳士得	2022-04-13
8.81克拉F颜色VVS2净度钻石戒指		2,770,642	纽约佳士得	2022-06-08
8.83克拉彩色蓝宝石和钻石戒指		68,172	纽约佳士得	2022-04-08
8.85克拉深彩黄色自然色VS1净度钻石和钻石戒指—吊坠		939,736	纽约佳士得	2022-08-18
8.90克拉，D色，VVS1净度钻石戒指		3,724,157	日内瓦佳士得	2022-11-08
9.03克拉G颜色VS1净度钻石戒指		2,015,012	纽约佳士得	2022-06-08
9.03克拉红宝石和钻石戒指		6,457,563	日内瓦苏富比	2022-11-09
9.20克拉枕形天然哥伦比亚祖母绿、有色钻石及钻石戒指		7,560,504	佳士得	2022-05-25
9.23克拉蓝宝石及5.25克拉枕形D/IF Type IIa钻石戒指		13,243,740	佳士得	2022-05-25
9.25克拉斯里兰卡矢车菊蓝宝石戒指，未经加热		184,000	西泠印社	2022-01-23
9.29克拉I颜色VVS1净度钻石戒指		883,603	纽约佳士得	2022-04-13
9.33克拉钻石戒指		473,354	巴黎苏富比	2022-09-28
9.43克拉天然"泰国"未经加热蓝宝石配钻石及粉红色刚玉戒指		341,863	香港苏富比	2022-10-07
9.46克拉D颜色VS1净度无荧光钻石和彩色钻石戒指		2,067,932	巴黎佳士得	2022-07-07
9.59克拉钻石和钻石戒指		1,378,621	巴黎佳士得	2022-07-07
9.61克拉M颜色VVS2净度无荧光钻石戒指		603,147	巴黎佳士得	2022-07-07
9.63克拉帕拉伊巴碧玺配钻石戒指		310,500	北京保利	2022-07-28
9.64克拉蓝宝石和钻石戒指		68,172	纽约佳士得	2022-04-08
9.65克拉钻石戒指		490,567	巴黎苏富比	2022-09-28
9.73克拉I颜色VS1净度钻石戒指		1,606,550	纽约佳士得	2022-04-13
9.80克拉彩棕黄色圆形钻石和钻石戒指		333,895	纽约佳士得	2022-02-10
ALEXANDRE REZA 25.03克拉蓝宝石和钻石戒指		1,526,223	纽约佳士得	2022-04-13
ALEXANDRE REZA 3.58克拉祖母绿和钻石双石戒指		682,784	纽约佳士得	2022-04-13
ALEXANDRE REZA 红宝石和钻石戒指		27,825	纽约佳士得	2022-02-10
BAGUE TANK 复古钻石戒指		17,233	巴黎佳士得	2022-07-07
BUCCELLATI 蓝宝石和钻石戒指		129,246	巴黎佳士得	2022-07-07
BUCCELLATI 钻石"ROMBI ETERNELLE"戒指		37,986	纽约佳士得	2022-06-11
BUCCELLATI钻石"ROMBI ETERNELLE"戒指和无签名钻石戒指		92,854	纽约佳士得	2022-06-11
BUCCELLATI 钻石戒指		127,198	纽约佳士得	2022-06-10
BVLGARI 6.04克拉，浓彩黄，自然色，VVS2净度钻石和钻石"TROMBINO"戒指		1,303,455	日内瓦佳士得	2022-11-08
CHAUMET 17.80克拉祖母绿和钻石戒指		12,531,742	日内瓦佳士得	2022-05-11
CHAUMET 2.00克拉红宝石和1.24克拉钻石戒指		176,446	纽约佳士得	2022-04-08
CHAUMET 6.22克拉红宝石和钻石戒指		2,384,681	日内瓦佳士得	2022-05-11
CHAUMET 6.61克拉G颜色VS1净度无荧光钻石和钻石戒指		1,378,621	巴黎佳士得	2022-07-07
CHAUMET 蓝宝石和钻石戒指		732,393	巴黎佳士得	2022-07-07
CHOPARD 祖母绿和钻石戒指		2,384,681	巴黎佳士得	2022-05-11
DAMIANI设计 石英配彩色宝石及钻石戒指		18,468	保利香港	2022-07-13
DE GRISOGONO 黄金和钻石"ONDE"戒指		51,445	伦敦佳士得	2022-06-16
DebellesLu设计18.82克拉缅甸粉色蓝宝石配钻石戒指，未经加热处理		2,139,000	永乐拍卖	2022-07-26
DENISE ROBERGE 6.53克拉G颜色VS1净度钻石戒指		1,124,585	纽约佳士得	2022-04-13
DIOR "CYGNE BLANC"钻石戒指		82,312	伦敦佳士得	2022-06-16
DIOR "DIIORETTE"漆、紫水晶和钻石戒指		34,466	巴黎佳士得	2022-07-07
DIOR GOURMANDE 摩根石、蓝宝石、珍珠母贝和钻石戒指		86,164	巴黎佳士得	2022-07-07
ELIZABETH GAGE 2.00克拉M颜色SI1净度钻石戒指		68,172	纽约佳士得	2022-04-08

拍品名称	物品尺寸	成交价RMB	拍卖公司	拍卖日期
Fred 珊瑚和钻石鸡尾酒戒指		64,623	巴黎佳士得	2022-07-07
GEORGES FOUQUET 祖母绿和钻石戒指		258,492	巴黎佳士得	2022-07-07
HEMMERLE 4.79克拉G颜色VVS2净度钻石戒指		682,784	纽约佳士得	2022-04-13
JEAN FOUQUET 7.139克拉蓝宝石和蓝宝石钻石戒指		603,147	巴黎佳士得	2022-07-07
JEAN FOUQUET 装饰艺术银戒指		51,698	巴黎佳士得	2022-07-07
JEAN FOUQUET 装饰艺术珍珠戒指		43,082	巴黎佳士得	2022-07-07
Jean Schlumberger为蒂芙尼 红宝石配钻石戒指		162,792	保利香港	2022-10-11
JEAN VENDOME 5.04克拉G颜色SI2净度弱荧光钻石戒指		413,586	巴黎佳士得	2022-07-07
K金配钻石及蓝宝石戒指		25,921	香港苏富比	2022-04-15
Moussaieff设计 18.88克拉圆形D/FL Type IIa（极优切割、打磨及比例）钻石戒指		13,758,060	佳士得	2022-05-25
Moussaieff设计 3.06克拉长方形艳彩蓝色IF钻石戒指		33,302,220	佳士得	2022-05-25
PALMIERO设计 钻石，蓝宝石及珍珠 "WAVE" 戒指		20,520	保利香港	2022-07-13
POIRAY 彩色蓝宝石和钻石戒指		146,479	巴黎佳士得	2022-07-07
RAYMOND YARD蓝宝石和钻石戒指		794,988	纽约佳士得	2022-02-10
RAYMOND YARD 装饰艺术星光蓝宝石和钻石戒指		33,685	纽约佳士得	2022-04-08
RAYMOND 圣殿骑士钻石戒指		73,239	巴黎佳士得	2022-07-07
REZA 2.55克拉红宝石和2.28克拉钻石戒指		521,318	纽约佳士得	2022-04-08
REZA 3.89克拉红宝石和钻石戒指		320,811	纽约佳士得	2022-04-08
REZA 5.56克拉祖母绿和7.51克拉蓝宝石戒指		506,475	纽约佳士得	2022-06-10
REZA 7.03克拉红宝石和钻石戒指		360,913	纽约佳士得	2022-04-08
REZA 蓝宝石和祖母绿戒指		126,619	纽约佳士得	2022-06-10
RITZ 12.56克拉浓彩黄色VS2净度彩色钻石和钻石戒指		1,646,245	伦敦佳士得	2022-06-16
Ronald Abram 3.02克拉梨形 D色钻石戒指		365,219	香港苏富比	2022-10-12
Ronald Abram 8.88克拉艳彩橙黄色钻石配钻石戒指		7,748,899	香港苏富比	2022-10-07
Scavia 天然翡翠配钻石戒指		43,370	香港苏富比	2022-10-12
Seaman SCHEPPS黄水晶和钻石戒指		51,698	巴黎佳士得	2022-07-07
SHREVE & CO. 5.02克拉D颜色VS2净度钻石戒指		461,774	纽约佳士得	2022-06-08
SPOULDING & CO. 3.46克拉古董蓝宝石和钻石戒指		963,930	纽约佳士得	2022-04-13
SUZANNE BELPERRON 钻石 "缎带" 戒指		344,655	巴黎佳士得	2022-07-07
VERDURA 橄榄石和钻石 "叶子" 戒指		46,301	伦敦佳士得	2022-06-16
VERNEY 祖母绿和钻石戒指		51,674	纽约佳士得	2022-02-10
VERNEY 祖母绿和钻石戒指		35,453	纽约佳士得	2022-06-11

拍品名称	物品尺寸	成交价RMB	拍卖公司	拍卖日期
阿斯普雷钻石戒指		16,732	巴黎苏富比	2022-09-30
爱马仕 18K玫瑰金及钻石DOUBLE KELLY戒指		48,300	北京保利	2022-02-03
爱马仕18K白金及钻石Kelly Gavroche双指戒指，2022年		251,115	香港苏富比	2022-10-13
奥斯卡海曼兄弟 5.25克拉浓彩黄色钻石和钻石戒指		476,993	纽约佳士得	2022-02-10
白金，蓝色、黄色和嘻美蓝宝石戒指		84,218	伦敦苏富比	2022-09-08
白金、钻石和碧玺戒指		145,979	伦敦苏富比	2022-09-08
白金、钻石和红碧玺戒指		134,749	伦敦苏富比	2022-09-08
白金、钻石和坦桑戒指		190,895	伦敦苏富比	2022-09-08
蚌珠配钻石及宝石戒指两枚		91,806	香港苏富比	2022-04-29
宝格丽 "Serpenti Viper" 缟玛瑙配钻石戒指		22,826	香港苏富比	2022-10-12
宝格丽 "Serpenti" 钻石戒指		91,806	香港苏富比	2022-04-15
宝格丽 "Tubogas" K金戒指；及 "Trika" K金配钻石戒指		30,242	香港苏富比	2022-04-15
宝格丽 15.23克拉艳彩黄色 内部无瑕钻石配钻石戒指		6,837,264	香港苏富比	2022-10-07
宝格丽9.55克拉蓝宝石和钻石戒指		7,239,210	日内瓦佳士得	2022-05-11
宝格丽 "Serpenti" 钻石戒指		319,072	香港苏富比	2022-10-07
宝格丽15.98克拉浓彩黄色，自然色VS1净度彩色钻石和钻石 "TROMBINO" 戒指		4,617,736	纽约佳士得	2022-06-08
宝格丽2.01克拉，浓彩黄色，自然色，VS1净度彩色钻石和钻石戒指		136,358	纽约佳士得	2022-04-07
宝格丽4.96克拉蓝宝石和钻石戒指		126,619	纽约佳士得	2022-06-10
宝格丽6.64克拉蓝宝石和钻石 "TROMBINO" 戒指		562,293	纽约佳士得	2022-04-13
宝格丽6.90克拉J颜色VVS2净度钻石戒指		803,275	纽约佳士得	2022-04-13
宝格丽9.50克拉U到V颜色VVS2净度钻石、红宝石和蓝宝石戒指		883,603	纽约佳士得	2022-04-13
宝格丽9.56克拉D颜色VVS2钻石戒指		4,016,376	纽约佳士得	2022-04-13
宝格丽红碧玺和钻石戒指		46,427	纽约佳士得	2022-06-10
宝格丽蓝宝石戒指		71,751	纽约佳士得	2022-06-11
宝格丽蓝宝石戒指		22,377	巴黎苏富比	2022-09-28
宝格丽设计 2.82克拉缅甸 "鸽血红" 红宝石配钻石戒指，未经加热		656,640	保利香港	2022-07-13
宝格丽设计 3.21克拉D色钻石戒指，净度内部无瑕		902,880	保利香港	2022-07-13
宝格丽设计 6.76克拉克什米尔 "皇家蓝" 蓝宝石配钻石戒指，未经加热		2,052,000	保利香港	2022-07-13
宝格丽设计祖母绿戒指		218,500	永乐拍卖	2022-07-26
宝格丽星光红宝石、钻石和彩色钻石戒指		545,732	纽约佳士得	2022-06-08
宝嘉斯仁 "Merveilles" 8.74克拉方形 E色钻石戒指		2,506,997	香港苏富比	2022-10-07
宝诗龙6.87克拉颜色M和净度VS1钻石戒指		413,109	巴黎苏富比	2022-09-28
宝诗龙复古黄水晶戒指 约1945年		30,477	纽约佳士得	2022-04-08

2022翡翠珠宝拍卖成交汇总(续表)

拍品名称	物品尺寸	成交价RMB	拍卖公司	拍卖日期
宝石"Panthère"戒指		324,470	佳士得	2022-11-28
宝石戒指		648,043	佳士得	2022-05-25
宝石镶嵌和钻石戒指		83,661	巴黎苏富比	2022-09-30
碧玺和钻石戒指		12,329	巴黎苏富比	2022-09-30
冰种正阳绿翡翠素面男戒	翡翠21mm×12mm×5mm	483,000	西泠印社	2022-01-23
冰种紫翡蛋面戒指		115,000	西泠印社	2022-08-21
伯爵 K金配钻石戒指一组		29,674	香港苏富比	2022-10-12
铂金镶嵌蓝宝石配钻石戒指		17,250	西泠印社	2022-01-23
彩色蓝宝石和钻石戒指		47,699	纽约佳士得	2022-02-10
彩色钻石和钻石戒指		103,348	纽约佳士得	2022-02-10
彩色钻石和钻石戒指		48,435	巴黎苏富比	2022-09-30
彩色钻石戒指		51,698	巴黎佳士得	2022-07-07
彩色钻石配钻石戒指（彩色钻石共重2.62克拉）		228,262	香港苏富比	2022-10-12
陈世英彩色刚玉蓝宝石及红宝石戒指		444,422	香港苏富比	2022-10-07
翠绿石榴石和7.70克拉钻石戒指		158,998	纽约佳士得	2022-02-10
大卫·韦伯 黄金戒指		26,419	巴黎苏富比	2022-09-30
大卫·韦伯 蓝宝石、红宝石、祖母绿和钻石戒指		86,064	巴黎苏富比	2022-09-28
大卫·韦伯 水晶和钻石戒指		68,851	巴黎苏富比	2022-09-28
大卫·韦伯 "TIGER" 戒指 祖母绿钻石和珐琅		64,623	巴黎佳士得	2022-07-07
大卫·韦伯 33.66克拉花式棕黄色自然色VS1净度钻石和钻石、珐琅戒指		2,562,916	纽约佳士得	2022-08-18
大卫·韦伯 养殖珍珠和钻石戒指		120,304	纽约佳士得	2022-04-08
大卫·韦伯钻石、珐琅和金戒指组		75,971	纽约佳士得	2022-06-11
大卫·韦伯钻石 "城市之光" 戒指		185,707	纽约佳士得	2022-06-11
大卫·韦伯 钻石 "棱镜" 戒指		71,751	纽约佳士得	2022-06-11
大卫·韦伯 钻石和珐琅戒指		63,309	纽约佳士得	2022-06-10
大卫·莫里斯彩色钻石和钻石永恒戒指		545,732	纽约佳士得	2022-06-08
戴比尔斯 2.52克拉，D颜色，SI1净度，Type IIa钻石戒指		205,781	伦敦佳士得	2022-06-16
黛琳珠宝设计 紫锂辉石，钻石配蓝宝石戒指		32,832	保利香港	2022-07-13
淡粉红色钻石配钻石戒指两枚（淡粉红色钻石重0.53及0.51克拉）		62,772	香港苏富比	2022-10-12
蛋白石和钻石戒指		46,427	纽约佳士得	2022-06-10
蛋白石和钻石戒指		10,568	巴黎苏富比	2022-09-30
蛋白石戒指		57,941	佳士得	2022-11-28
当代 18K金镶钻翡翠椭圆形戒指	翡翠直径2cm；戒指内径1.8cm	138,000	中鸿信	2022-09-11
卡地亚祖母绿、红宝石和钻石戒指		61,734	伦敦佳士得	2022-06-16
蒂芙尼9.94克拉尖晶石和钻石戒指		545,732	纽约佳士得	2022-06-08
蒂芙尼 10.01克拉圆形 D色 内部无瑕钻石戒指		6,837,264	香港苏富比	2022-10-07
蒂芙尼 l021克拉蓝宝石和钻石戒指		755,630	纽约佳士得	2022-06-08
蒂芙尼 11.12克拉钻石戒指		6,296,913	纽约佳士得	2022-06-08
蒂芙尼 13.91克拉H颜色VS2净度钻石戒指		3,052,446	纽约佳士得	2022-04-13
蒂芙尼 2.25克拉钻石戒指		152,385	纽约佳士得	2022-04-08
蒂芙尼 2.47克拉，G颜色，VVS2净度钻石戒指		302,095	纽约佳士得	2022-02-10
蒂芙尼 5.04克拉圆形E色钻石戒指		1,404,093	香港苏富比	2022-04-29
蒂芙尼 8.10克拉蓝宝石和钻石戒指		134,334	纽约佳士得	2022-06-08
蒂芙尼 Belle É POQUE 蓝宝石和钻石戒指		722,948	纽约佳士得	2022-04-13
蒂芙尼 SCHLUMBERGER "SIXTEEN STONE" 钻石戒指		29,544	纽约佳士得	2022-06-11
蒂芙尼 Schlumberger设计 "Two Bees" 钻石戒指		162,010	香港苏富比	2022-04-15
蒂芙尼 翡翠和钻石戒指		21,947	纽约佳士得	2022-06-11
蒂芙尼 蓝宝石和钻石戒指		96,243	纽约佳士得	2022-04-08
蒂芙尼 坦桑石和钻石戒指		51,674	纽约佳士得	2022-02-10
蒂芙尼 养殖珍珠和钻石戒指		25,665	纽约佳士得	2022-04-08
蒂芙尼 祖母绿和钻石戒指		67,574	纽约佳士得	2022-02-10
蒂芙尼 钻石戒指		55,942	巴黎苏富比	2022-09-28
法贝热 "Hibiscus" 月光石，欧泊配钻石戒指		36,522	香港苏富比	2022-10-12
法贝热 "Tatiana" 钻石戒指		478,608	香港苏富比	2022-10-07
梵克雅宝，迪奥及尚美 珠宝首饰一组 钻石戒指		29,674	香港苏富比	2022-10-12
梵克雅宝 "Alhambra" 玛瑙配钻石戒指及珊瑚配钻石耳夹一对		32,402	香港苏富比	2022-04-15
梵克雅宝 "FRIVOLE" 0.25克拉钻石戒指		27,572	巴黎佳士得	2022-07-07
梵克雅宝 1.86克拉K颜色VVS2净度钻石戒指		92,854	纽约佳士得	2022-06-11
梵克雅宝 15.73克拉蓝宝石和钻石戒指		3,052,446	纽约佳士得	2022-04-13
梵克雅宝 2.76克拉D颜色VS2净度钻石戒指		239,205	纽约佳士得	2022-08-18
梵克雅宝 3.02克拉D颜色VVS1净度钻石戒指		713,650	纽约佳士得	2022-06-08
梵克雅宝 彩色蓝宝石和缟玛瑙戒指		189,560	巴黎佳士得	2022-07-07
梵克雅宝 红宝石和钻石戒指		35,453	纽约佳士得	2022-06-10
梵克雅宝 红宝石和钻石戒指		42,206	纽约佳士得	2022-06-11
梵克雅宝 红宝石配钻石戒指		75,605	香港苏富比	2022-04-15
梵克雅宝 蓝宝石和钻石 "神秘镶嵌" 戒指		202,590	纽约佳士得	2022-06-11
梵克雅宝 蓝宝石和钻石戒指		23,635	纽约佳士得	2022-06-11
梵克雅宝 珊瑚和珐琅戒指		43,082	巴黎佳士得	2022-07-07
梵克雅宝钻石 "FLEURETTE" 戒指		54,868	纽约佳士得	2022-06-11
梵克雅宝 钻石和金戒指		127,198	纽约佳士得	2022-02-10
梵克雅宝 钻石和金戒指		18,571	纽约佳士得	2022-06-11
梵克雅宝 钻石戒指		39,749	纽约佳士得	2022-02-10
梵克雅宝 钻石戒指		67,530	纽约佳士得	2022-06-10
梵克雅宝 钻石戒指		101,295	纽约佳士得	2022-06-10
梵克雅宝 钻石戒指		42,206	纽约佳士得	2022-06-10
梵克雅宝 钻石戒指		63,309	巴黎佳士得	2022-06-11

拍品名称	物品尺寸	成交价RMB	拍卖公司	拍卖日期
梵克雅宝 钻石炸弹戒指		143,501	纽约佳士得	2022-06-10
梵克雅宝设计彩色宝石配钻石戒指		92,248	保利香港	2022-10-11
翡翠及钻石戒指		345,623	佳士得	2022-05-25
翡翠及钻石戒指		540,036	佳士得	2022-05-25
翡翠戒指		223,767	巴黎苏富比	2022-09-28
翡翠戒指		302,420	佳士得	2022-05-25
粉红色尖晶石配钻石戒指		19,402	香港苏富比	2022-10-12
粉色蓝宝石和钻石戒指		51,718	纽约佳士得	2022-02-09
丰吉"烈焰之泉"7.64克拉天然"缅甸鸽血红"未经加热红宝石配钻石戒指		11,282,390	香港苏富比	2022-10-07
弗雷德钻石戒指		14,405	伦敦佳士得	2022-06-16
格拉夫 13.32克拉浓彩黄色钻石配钻石戒指		2,506,997	香港苏富比	2022-10-07
格拉夫 41.36克拉，D色，VVS1净度，可能内部无瑕，出色的抛光和对称性，IIa型钻石戒指		27,000,137	日内瓦佳士得	2022-11-08
格拉夫5.02克拉D颜色VVS1净度钻石戒指		1,366,888	纽约佳士得	2022-08-18
格拉夫5.28克拉E颜色VS2净度无荧光钻石戒指		1,033,966	巴黎佳士得	2022-07-07
格拉夫红宝石和钻石戒指		135,060	纽约佳士得	2022-06-11
古柏林9.19克拉蓝宝石和钻石戒指		92,854	纽约佳士得	2022-06-10
古董钻石和珐琅"嘉年华假面舞会"戒指		75,524	纽约佳士得	2022-02-10
古董钻石戒指 约1900年		29,901	纽约佳士得	2022-08-18
瑰丽的5.01克拉天然莫桑比克红宝石配钻石戒指		1,495,000	中国嘉德	2022-06-27
海瑞·温斯顿 13.61克拉J颜色VS1净度钻石戒指		1,794,041	纽约佳士得	2022-08-18
海瑞·温斯顿 25.20克拉D颜色，VVS2净度，可能内部无瑕IIa型钻石戒指		15,776,206	日内瓦佳士得	2022-05-11
海瑞·温斯顿 3.24克拉钻石戒指		154,336	伦敦佳士得	2022-06-16
海瑞·温斯顿 蓝宝石和钻石戒指		36,091	纽约佳士得	2022-04-08
海瑞·温斯顿 5.16克拉，D色，内部无瑕净度钻石戒指		1,675,871	日内瓦佳士得	2022-11-08
海瑞·温斯顿7.04克拉红宝石和钻石戒指		151,942	纽约佳士得	2022-06-11
海蓝宝及白水晶配钻石戒指		31,957	香港苏富比	2022-10-12
海蓝宝配蓝宝石及钻石戒指		54,003	香港苏富比	2022-04-15
海蓝宝配钻石戒指	海蓝宝石 16.4mm×12.5mm×8.5mm	108,007	香港苏富比	2022-04-15
海蓝宝石、蓝宝石和钻石戒指		24,658	巴黎苏富比	2022-09-30
海蓝宝石黄金和钻石戒指		60,245	巴黎苏富比	2022-09-28
海蓝宝石及粉色紫锂辉石戒指套装		51,300	保利香港	2022-07-13
海螺珍珠、钻石及红宝石戒指		129,608	佳士得	2022-05-25
海瑞·温斯顿 3.45克拉圆形D色钻石戒指		702,046	香港苏富比	2022-04-29
海瑞·温斯顿 3.66克拉榄尖形 E色钻石戒指		854,658	香港苏富比	2022-10-07
海瑞·温斯顿 4.32克拉梨形 D色钻石戒指		854,658	香港苏富比	2022-10-07
海瑞·温斯顿 7.60克拉椭圆形D色内部无瑕钻石戒指		3,780,252	香港苏富比	2022-04-29
海瑞·温斯顿 8.05克拉方形 D色内部无瑕钻石戒指		2,962,814	香港苏富比	2022-10-07
黑色珐琅和金戒指		9,285	纽约佳士得	2022-06-11
红宝石、祖母绿及钻石"Tutti Frutti"戒指		702,046	佳士得	2022-05-25
红宝石蛋面配钻石戒指		17,364	保利香港	2022-10-11
红宝石和钻石戒指		133,757	伦敦佳士得	2022-06-16
红宝石和钻石戒指		47,335	巴黎苏富比	2022-09-28
红宝石和钻石戒指		35,226	巴黎苏富比	2022-09-30
红宝石和钻石戒指		33,464	巴黎苏富比	2022-09-30
红宝石和钻石戒指		47,699	纽约佳士得	2022-02-10
红宝石和钻石戒指		29,544	纽约佳士得	2022-06-11
红宝石和钻石戒指		42,206	纽约佳士得	2022-06-11
红宝石和钻石戒指		22,897	巴黎苏富比	2022-09-30
红宝石和钻石戒指		17,613	巴黎苏富比	2022-09-30
红宝石及钻石戒指		102,606	佳士得	2022-05-25
红宝石及钻石戒指		151,210	佳士得	2022-05-25
红宝石及钻石戒指		140,409	佳士得	2022-05-25
红宝石配钻石铂金戒指		13,800	西泠印社	2022-01-23
红宝石配钻石戒指		37,802	香港苏富比	2022-04-15
红宝石配钻石双曲造型戒指		11,500	西泠印社	2022-01-23
红宝石镶嵌钻石铂金戒指		13,800	西泠印社	2022-01-23
红宝石镶嵌钻石戴妃款铂金戒指		5,750	西泠印社	2022-01-23
红玉髓和钻石戒指		13,210	巴黎苏富比	2022-09-30
花朵饰蓝宝石配钻石戒指		9,200	西泠印社	2022-01-23
幻彩镶嵌钻石戒指		18,520	伦敦佳士得	2022-06-16
黄金和宝石镶嵌珠子戒指		16,732	巴黎苏富比	2022-09-30
黄色蓝宝石和钻石戒指		111,298	纽约佳士得	2022-02-10
黄色绿柱石配黄色刚玉及钻石戒指		25,109	香港苏富比	2022-10-12
黄水晶、蓝宝石和钻石戒指		23,635	纽约佳士得	2022-06-10
火蛋白石和钻石戒指		14,090	巴黎苏富比	2022-09-30
尖晶石和钻石戒指		102,890	伦敦佳士得	2022-06-16
尖晶石配钻石戒指		6,511	保利香港	2022-10-11
尖晶石配钻石戒指及耳环套装		28,750	中国嘉德	2022-12-15
金冰种翡翠蛋面戒指		9,200	西泠印社	2022-08-21
金镶1.17克拉粉色蓝宝石戒指		17,250	西泠印社	2022-08-21
金镶14.3mm海水珍珠配彩宝戒指		11,500	西泠印社	2022-08-21
金镶2.02克拉无烧帕拉恰戒指		25,300	西泠印社	2022-08-21
金镶2.07克拉蓝宝石戒指		23,000	西泠印社	2022-08-21
金镶翡翠戒指		11,500	西泠印社	2022-08-21
金镶翡翠戒指		12,650	西泠印社	2022-08-21
金镶粉色蓝宝石戒指		115,000	西泠印社	2022-08-21
金镶嵌海水金珍珠戒指		9,200	西泠印社	2022-08-21
金镶嵌花形钻石戒指		16,100	西泠印社	2022-08-21
金镶祖母绿戒指		11,500	西泠印社	2022-08-21
卡地亚"Métissage"彩色钻石配钻石戒指,1994年		45,363	香港苏富比	2022-04-15

2022翡翠珠宝拍卖成交汇总(续表)

拍品名称	物品尺寸	成交价RMB	拍卖公司	拍卖日期
卡地亚 "Panthère" K金配漆绘及沙弗莱石戒指		43,202	香港苏富比	2022-04-15
卡地亚 "Panthère"黄水晶配钻石及漆绘戒指		48,603	香港苏富比	2022-04-15
卡地亚 "Panthère"钻石配缟玛瑙及祖母绿 戒指		626,749	香港苏富比	2022-10-07
卡地亚 "Paris Nouvelle Vague" 钻石戒指		12,554	香港苏富比	2022-10-12
卡地亚 10.45克拉天然 "克什米尔" 未经加热蓝宝石配钻石戒指		9,750,336	香港苏富比	2022-10-07
卡地亚 11.13克拉D颜色VVS2净度可能内部无瑕IIa型钻石戒指		5,621,034	日内瓦佳士得	2022-05-11
卡地亚 2.54克拉钻石戒指		222,597	纽约佳士得	2022-02-10
卡地亚 21.98克拉蓝宝石、祖母绿和钻石戒指		2,329,498	纽约佳士得	2022-04-13
卡地亚 3.01克拉H颜色VVS1净度钻石戒指		288,093	伦敦佳士得	2022-06-16
卡地亚 4.96克拉K颜色VVS2净度钻石戒指		344,257	巴黎苏富比	2022-09-28
卡地亚 5.01克拉F颜色VS1净度无荧光钻石戒指		818,556	巴黎佳士得	2022-07-07
卡地亚 5.41克拉方形 D色 内部无瑕钻石戒指		1,823,270	香港苏富比	2022-10-07
卡地亚 5.58克拉榄尖形D色内部无瑕钻石戒指		2,160,144	香港苏富比	2022-04-29
卡地亚 6.57克拉天然缅甸未经加热蓝宝石配钻石戒指		638,145	香港苏富比	2022-10-07
卡地亚 琅珐和金戒指，"黑豹"		44,032	巴黎苏富比	2022-09-30
卡地亚 黄金和钻石戒指		223,767	巴黎苏富比	2022-09-28
卡地亚 戒指两枚		62,772	香港苏富比	2022-10-12
卡地亚 PANTHÈRE DE 卡地亚 黄金戒指		69,000	保利厦门	2022-10-21
卡地亚 蓝宝石和钻石戒指		51,639	巴黎苏富比	2022-09-28
卡地亚 蓝宝石戒指		503,753	纽约佳士得	2022-06-08
卡地亚 珊瑚和钻石戒指		43,082	巴黎佳士得	2022-07-07
卡地亚 镶嵌 10.16克拉圆形E色内部无瑕钻石戒指		5,616,374	香港苏富比	2022-04-29
卡地亚 镶嵌 12.84克拉天然斯里兰卡未经加热蓝宝石配钻石戒指		1,404,093	香港苏富比	2022-04-15
卡地亚星光蓝宝石和蓝宝石戒指		281,146	纽约佳士得	2022-04-13
卡地亚 钻石和缟玛瑙 "PANTHÈRE" 戒指		120,629	巴黎佳士得	2022-07-07
卡地亚 钻石及红宝石配贝母及祖母绿戒指		648,043	香港苏富比	2022-04-29
卡地亚设计 8.388克拉缅甸红宝石配钻石戒指，未经加热		49,248,000	保利香港	2022-07-13
卡地亚设计 红宝石配钻石戒指		86,822	保利香港	2022-10-11
蓝宝石、祖母绿、钻石和缟玛瑙戒指，"Panthère"，卡地亚		415,129	日内瓦苏富比	2022-11-09
蓝宝石、祖母绿及珐琅戒指		97,206	佳士得	2022-05-25
蓝宝石和钻石戒指		1,070,695	日内瓦佳士得	2022-11-08

拍品名称	物品尺寸	成交价RMB	拍卖公司	拍卖日期
蓝宝石和钻石戒指		651,727	日内瓦佳士得	2022-11-08
蓝宝石和钻石戒指		43,724	纽约佳士得	2022-02-10
蓝宝石和钻石戒指		441,115	纽约佳士得	2022-04-08
蓝宝石和钻石戒指		46,427	纽约佳士得	2022-06-10
蓝宝石和钻石戒指		126,619	纽约佳士得	2022-06-11
蓝宝石和钻石戒指		236,355	纽约佳士得	2022-06-11
蓝宝石和钻石戒指		60,245	巴黎苏富比	2022-09-28
蓝宝石和钻石戒指		71,751	纽约佳士得	2022-06-11
蓝宝石和钻石戒指		43,082	巴黎佳士得	2022-07-07
蓝宝石和钻石戒指		47,390	巴黎佳士得	2022-07-07
蓝宝石和钻石戒指		36,189	巴黎佳士得	2022-07-07
蓝宝石和钻石戒指		258,193	巴黎苏富比	2022-09-28
蓝宝石和钻石戒指		17,613	巴黎苏富比	2022-09-30
蓝宝石和钻石戒指		507,380	日内瓦苏富比	2022-11-09
蓝宝石及钻石耳环一对，19世纪及之后；黄金结婚戒指一枚		645,756	日内瓦苏富比	2022-11-09
蓝宝石和钻石戒指		259,217	佳士得	2022-05-25
蓝宝石及钻石戒指		1,620,108	佳士得	2022-05-25
蓝宝石及钻石戒指		507,380	日内瓦佳士得	2022-11-09
蓝宝石戒指		76,193	纽约佳士得	2022-04-08
蓝宝石戒指和礼服套装		63,599	纽约佳士得	2022-02-10
蓝宝石配钻石戒指		64,804	香港苏富比	2022-04-15
蓝色鲨鱼皮、白金和黑金、钻石和蓝宝石戒指		50,531	伦敦苏富比	2022-09-08
蓝色托帕石和钻石戒指		11,448	巴黎苏富比	2022-09-30
刘孝鹏设计9.66克拉天然 "克什米尔" 未经加热蓝宝石配钻石戒指		9,137,752	香港苏富比	2022-04-29
猫眼辉石 "孔雀" 戒指		17,250	北京保利	2022-02-03
美国钻石联盟戒指		27,572	巴黎佳士得	2022-07-07
缅甸粉橙色尖晶石戒指，未经加热		17,250	北京保利	2022-02-03
缅甸天然满绿翡翠蛋面戒指		115,000	北京保利	2022-02-03
莫布桑蓝宝石、红宝石、祖母绿和钻石戒指		55,942	巴黎苏富比	2022-09-28
浓绿石榴石戒指		28,180	巴黎苏富比	2022-09-30
帕拉伊巴碧玺配钻石戒指		280,818	香港苏富比	2022-04-15
抛光金、粉红色蓝宝石和祖母绿戒指		78,604	伦敦苏富比	2022-09-08
青金石钻石戒指		43,082	巴黎佳士得	2022-07-07
清 翡翠戒指对面两件	长2.3cm	184,000	中国嘉德	2022-12-27
清 翡翠马鞍戒	直径1.6cm（内径）	57,500	中国嘉德	2022-12-27
清 翡翠马鞍戒	宽2.3cm	220,728	中国嘉德	2022-10-08
清式18K金镶翡翠花果纹戒指	长3.34cm；宽2.1cm	20,700	浙江佳宝	2022-03-13
沙弗莱石榴石和钻石戒指		48,435	巴黎苏富比	2022-09-30
珊瑚和钻石戒指		17,613	巴黎苏富比	2022-09-30
珊瑚配钻石戒指		10,800	香港苏富比	2022-04-15
尚美 5.82克拉天然 "克什米尔" 未经加热蓝宝石配钻石戒指		3,646,541	香港苏富比	2022-10-07
尚美4.94克拉G颜色和SI1净度钻石戒指		602,450	巴黎苏富比	2022-09-28
双色钻石和钻石戒指		48,126	纽约佳士得	2022-04-07
双石祖母绿和钻石戒指		95,480	纽约佳士得	2022-02-09
双体珍珠和钻石戒指		146,479	巴黎佳士得	2022-07-07

拍品名称	物品尺寸	成交价RMB	拍卖公司	拍卖日期
坦桑石和钻石戒指	坦桑石 24.80mm×17.66mm×12.06mm	95,399	纽约佳士得	2022-02-10
坦桑石和钻石戒指	坦桑石 21.37mm×16.73mm×9.00mm	60,152	纽约佳士得	2022-04-08
坦桑石和钻石戒指	坦桑石 19.60mm×19.02mm×15.22mm	160,384	纽约佳士得	2022-06-11
坦桑石和钻石戒指	金坦桑石 22.30mm×14.70mm×12.80mm	56,147	纽约佳士得	2022-04-07
坦桑石和钻石戒指		48,122	纽约佳士得	2022-04-08
坦桑石和钻石戒指		46,427	纽约佳士得	2022-06-11
坦桑石和钻石戒指		14,405	伦敦佳士得	2022-06-16
天然"帝王绿"翡翠配钻石戒指	翡翠 19.39mm×15.33mm×7.62mm	2,506,997	香港苏富比	2022-10-07
天然"帝王绿"翡翠配钻石戒指	翡翠 18.62mm×14.86mm×8.01mm	4,104,273	香港苏富比	2022-04-29
天然冰种翡翠"葫芦"配钻石及红色宝石戒指及耳环套装		20,700	北京保利	2022-07-28
天然冰种翡翠蛋面配钻石戒指		12,650	保利厦门	2022-10-21
天然冰种翡翠蛋面配钻石戒指		20,700	保利厦门	2022-10-21
天然冰种翡翠耳环及戒指套装		25,300	中国嘉德	2022-12-15
天然帝王绿翡翠马鞍指环		598,000	中国嘉德	2022-06-27
天然翡翠蛋面戒指	蛋面 16.7mm×14.0mm×8.7mm	104,293	佳士得	2022-11-28
天然翡翠蛋面戒指	蛋面 16.3mm×11.6mm×5.9mm	162,235	佳士得	2022-11-28
天然翡翠蛋面戒指	蛋面 18.7mm×13.2mm×7.1mm	162,235	佳士得	2022-11-28
天然翡翠蛋面戒指	蛋面 19.36mm×15.17mm×9.30mm	301,293	佳士得	2022-11-28
天然翡翠蛋面戒指	蛋面 17.0mm×14.0mm×8.5mm	1,738,233	佳士得	2022-11-28
天然翡翠蛋面配钻石戒指		123,120	保利香港	2022-07-13
天然翡翠戒指	翡翠 19.3mm×12.9mm	75,323	佳士得	2022-11-28
天然翡翠戒指	翡翠 21.50mm×14.45mm×3.76mm	162,010	香港苏富比	2022-04-29
天然翡翠戒指		569,772	香港苏富比	2022-10-07
天然翡翠马鞍戒指	马鞍 21.1mm×7.1mm×4.4mm	556,234	佳士得	2022-11-28
天然翡翠马鞍戒指		97,206	香港苏富比	2022-04-29
天然翡翠配珍珠及钻石戒指两枚		13,696	香港苏富比	2022-10-12
天然翡翠配钻石挂坠及戒指		36,522	香港苏富比	2022-10-12
天然翡翠配钻石戒指		1,595,362	香港苏富比	2022-10-07
天然翡翠配钻石戒指	翡翠 22.10mm×18.76mm×7.12mm	3,988,404	香港苏富比	2022-10-07
天然翡翠配钻石戒指		2,808,187	香港苏富比	2022-04-15
天然翡翠配钻石戒指		594,039	香港苏富比	2022-04-15
天然翡翠配钻石戒指		57,065	香港苏富比	2022-10-12
天然翡翠配钻石戒指		39,946	香港苏富比	2022-10-12
天然翡翠配钻石戒指		47,935	香港苏富比	2022-10-12
天然翡翠配钻石戒指		51,359	香港苏富比	2022-10-12
天然翡翠配钻石戒指		216,849	香港苏富比	2022-10-12
天然翡翠配钻石戒指		27,391	香港苏富比	2022-10-12
天然翡翠配钻石戒指		102,718	香港苏富比	2022-10-12
天然海螺珠配钻石戒指		45,581	保利香港	2022-10-11
天然满绿翡翠金蟾配钻石戒指		69,000	保利厦门	2022-10-21
天然缅甸未经加热尖晶石配钻石戒指(尖晶石重约2.50克拉)		74,185	香港苏富比	2022-10-12
天然斯里兰卡未经加热星光蓝宝石配钻石戒指		540,036	香港苏富比	2022-04-29
天然珍珠和钻石戒指		25,667	纽约佳士得	2022-04-07
天然珍珠和钻石戒指		16,732	巴黎苏富比	2022-09-30
天然珍珠配钻石戒指		49,248	保利香港	2022-07-13
天然紫罗兰蛋面配钻石戒指		28,750	保利厦门	2022-10-21
维多利亚时期 曼奇尼·勒费弗(MANCINI LEFEVRE)祖母绿及钻石戒指	戒圈15号；重量约8.8g	86,250	西泠印社	2022-08-21
现代 18K金镶彩宝戒指		5,750	中国嘉德	2022-09-29
现代 18K金镶翡翠复古竹节福在眼前戒指一对		5,750	中国嘉德	2022-09-29
现代 18K金镶粉钻黄钻戒指		6,900	中国嘉德	2022-09-29
现代 18K金镶红宝石水晶戒指、吊坠连项链套装		8,050	中国嘉德	2022-09-29
现代 铂金镶钻翡翠戒指		13,800	中国嘉德	2022-09-29
现代 铂金镶钻珍珠戒指		6,900	中国嘉德	2022-09-29
香奈儿"CAMELIA"钻石和彩色钻石戒指		275,724	巴黎佳士得	2022-07-07
萧邦钻石戒指		14,090	巴黎苏富比	2022-09-30
星光红宝石配钻石戒指		57,065	香港苏富比	2022-10-12
星光蓝宝石和钻石戒指		135,148	纽约佳士得	2022-02-10
星光蓝宝石和钻石戒指		48,122	纽约佳士得	2022-04-08
养殖巴洛克珍珠和钻石戒指		22,897	巴黎苏富比	2022-09-30
养殖珍珠和彩色钻石戒指		27,012	纽约佳士得	2022-06-11
养殖珍珠和钻石戒指组		42,206	纽约佳士得	2022-06-10
养殖珍珠配钻石戒指		13,696	香港苏富比	2022-10-12
养殖珍珠配钻石戒指		16,100	中国嘉德	2022-06-27
伊利亚斯·拉劳尼斯黄金戒指		12,910	巴黎苏富比	2022-09-28
有色蓝宝石及钻石戒指		205,213	佳士得	2022-05-25
有色蓝宝石及钻石戒指		432,028	佳士得	2022-05-25
有色钻石及钻石戒指		702,046	佳士得	2022-05-25
有色钻石及钻石戒指		1,674,111	佳士得	2022-05-25
有色钻石及钻石戒指		594,039	佳士得	2022-05-25
有色钻石及钻石戒指		172,811	佳士得	2022-05-25
御木本 15.32克拉"哥伦比亚"祖母绿戒指		486,032	香港苏富比	2022-04-15
约20世纪中期 蓝宝石钻石手工拉丝双色金戒指		51,750	西泠印社	2022-08-21
赵心绮 1.81克拉椭圆形 D色 钻石配红宝石 戒指		1,367,453	香港苏富比	2022-10-07

拍品名称	物品尺寸	成交价RMB	拍卖公司	拍卖日期
紫红色玫瑰8.82克拉,浓彩深紫粉色,自然色,VVS1净度,可能内部无瑕,IIa型彩色钻石和钻石戒指		43,223,856	纽约佳士得	2022-04-13
紫色翡翠配橙色刚玉 戒指		15,978	香港苏富比	2022-10-12
紫水晶和钻石鸡尾酒戒指		16,732	巴黎苏富比	2022-09-30
紫水晶和钻石戒指 约1950年		25,665	纽约佳士得	2022-04-08
总重28.38克拉黄色碧玺配钻石戒指		74,750	北京保利	2022-07-28
总重5.23克拉缅甸"绝地武士"尖晶石配钻石耳环及戒指套装,未经加热		48,300	北京保利	2022-07-28
总重约3克拉钻石"蝴蝶"戒指		11,500	北京保利	2022-02-03
祖母绿、彩色钻石和钻石戒指		75,971	纽约佳士得	2022-06-10
祖母绿和钻石戒指		2,088,516	纽约佳士得	2022-04-13
祖母绿和钻石戒指		361,474	纽约佳士得	2022-04-13
祖母绿和钻石戒指		222,597	纽约佳士得	2022-02-10
祖母绿和钻石戒指		176,128	巴黎苏富比	2022-09-30
祖母绿和钻石戒指		146,309	巴黎苏富比	2022-09-28
祖母绿和钻石戒指		64,162	纽约佳士得	2022-04-08
祖母绿和钻石戒指		88,223	纽约佳士得	2022-04-08
祖母绿和钻石戒指		40,101	纽约佳士得	2022-04-08
祖母绿和钻石戒指		33,685	纽约佳士得	2022-04-08
祖母绿和钻石戒指		20,259	纽约佳士得	2022-06-10
祖母绿和钻石戒指		54,868	纽约佳士得	2022-06-11
祖母绿和钻石戒指		50,647	纽约佳士得	2022-06-11
祖母绿和钻石戒指		42,206	纽约佳士得	2022-06-11
祖母绿和钻石戒指		129,246	巴黎佳士得	2022-07-07
祖母绿和钻石戒指		206,793	巴黎佳士得	2022-07-07
祖母绿和钻石戒指		73,155	巴黎苏富比	2022-09-28
祖母绿和钻石戒指		86,064	巴黎苏富比	2022-09-28
祖母绿和钻石戒指		26,419	巴黎苏富比	2022-09-30
祖母绿和钻石戒指		30,822	巴黎苏富比	2022-09-30
祖母绿和钻石戒指		44,032	巴黎苏富比	2022-09-30
祖母绿和钻石戒指		35,226	巴黎苏富比	2022-09-30
祖母绿及钻石戒指		7,020,468	佳士得	2022-05-25
祖母绿及钻石戒指		3,132,208	佳士得	2022-05-25
祖母绿及钻石戒指		183,612	佳士得	2022-05-25
祖母绿配钻石戒指		410,427	香港苏富比	2022-04-29
祖母绿配钻石戒指		54,783	香港苏富比	2022-10-12
钻石、红宝石配祖母绿动物造型戒指套装		16,416	保利香港	2022-07-13
钻石和蓝宝石戒指		59,089	纽约佳士得	2022-06-10
钻石及珍珠戒指		183,612	佳士得	2022-05-25
钻石戒指		579,411	佳士得	2022-11-28
钻石戒指		18,361	香港苏富比	2022-04-15
钻石戒指		756,050	佳士得	2022-05-25
钻石戒指		108,007	佳士得	2022-05-25
钻石戒指		972,064	佳士得	2022-05-25
钻石戒指		702,046	佳士得	2022-05-25
钻石戒指		810,054	佳士得	2022-05-25
钻石戒指		702,046	佳士得	2022-05-25
钻石戒指		669,644	佳士得	2022-05-25
钻石戒指		561,637	佳士得	2022-05-25

拍品名称	物品尺寸	成交价RMB	拍卖公司	拍卖日期
钻石戒指		810,054	佳士得	2022-05-25
钻石戒指		42,206	纽约佳士得	2022-06-10
钻石戒指		32,925	伦敦佳士得	2022-06-16
钻石戒指		129,096	巴黎苏富比	2022-09-28
钻石戒指		251,088	香港苏富比	2022-10-12
钻石戒指		34,239	香港苏富比	2022-10-12
钻石戒指,约1910年及以后		30,867	伦敦佳士得	2022-06-16
钻石戒指三枚		39,946	香港苏富比	2022-10-12
钻石戒指三枚		36,522	香港苏富比	2022-10-12
钻石戒指套装		15,390	保利香港	2022-07-13
钻石永恒戒指		60,152	纽约佳士得	2022-04-08
钻石永恒戒指		185,707	纽约佳士得	2022-06-10
钻石永恒戒指		270,120	纽约佳士得	2022-06-11
钻石永恒戒指		46,427	纽约佳士得	2022-06-11
佐拉布有色宝石戒指		36,987	巴黎苏富比	2022-09-30
耳 饰				
复古钻石耳环	3.0cm × 1.9cm × 2	42,715	纽约佳士得	2022-08-18
"冬之藏"18K金钻石耳饰		94,300	西泠印社	2022-01-23
"哥伦比亚"祖母绿配钻石耳坠一对(祖母绿重约2.72及2.07克拉)		129,608	香港苏富比	2022-04-15
"蝴蝶结"天然莫桑比克红宝石配粉蓝宝及钻石耳环		40,250	中国嘉德	2022-06-27
"铃兰花"钻石耳环	耳环35mm×31mm×2	101,200	中国嘉德	2022-12-15
"三色堇"耳夹,JAR设计		55,200	中国嘉德	2022-12-15
"尚"冰种蛋面翡翠配尖晶石耳坠		23,000	西泠印社	2022-01-23
"微光"祖母绿及钻石耳环	4.5cm × 1.8cm × 2,重量约10.6g	86,250	西泠印社	2022-01-23
"赞比亚"祖母绿配钻石耳坠一对(祖母绿共重约14.96克拉)		108,007	香港苏富比	2022-04-15
1.01及1.01克拉缅甸"鸽血红"红宝石配红宝石及钻石耳环,未经加热		74,750	北京保利	2022-07-28
1.01克拉和1.01克拉缅甸抹谷"鸽血红"红宝石配钻石耳环未经加热		80,500	中国嘉德	2022-12-15
1.02及1.01克拉深彩绿黄色及深彩橙黄色钻石配钻石耳环		102,600	保利香港	2022-07-13
1.02克拉轻淡粉红色钻石及1.02克拉轻淡粉红棕色钻石配钻石耳坠一对		365,219	香港苏富比	2022-10-12
1.12及1.04克拉缅甸抹谷"鸽血红"红宝石配钻石耳环,未经加热		36,800	北京保利	2022-07-28
1.44及1.31克拉莫桑比克"鸽血红"红宝石耳环,未经加热		69,000	北京保利	2022-02-03
1.52克拉和1.51克拉钻石耳环		126,619	纽约佳士得	2022-06-11
1.62克拉和1.58克拉彩色钻石和钻石耳环	1.0cm × 1.0cm × 2	76,887	纽约佳士得	2022-08-18
1.62克拉浓彩黄色钻石、钻石和养殖珍珠耳环	长2.7cm × 2	251,877	纽约佳士得	2022-06-08
1.95克拉和1.69克拉祖母绿和钻石耳环	长6.0cm × 2	268,668	纽约佳士得	2022-06-08
10.04克拉及10.03克拉梨形D/VVS1 Type IIa钻石耳环	长3.6cm × 2	12,112,449	佳士得	2022-11-28

拍品名称	物品尺寸	成交价RMB	拍卖公司	拍卖日期
10.36克拉和9.87克拉祖母绿和钻石耳环	长3.8cm×2	3,258,637	日内瓦佳士得	2022-11-08
10.98克拉及10.11克拉梨形D/FL(极优打磨及比例)钻石耳环	耳环长3.9cm×2	14,272,380	佳士得	2022-05-25
11.55克拉和11.02克拉钻石耳环	长3.4cm×2	8,795,688	纽约佳士得	2022-06-08
12.13克拉和11.04克拉梨形蓝宝石和钻石耳环	长5.0cm×2	1,443,111	日内瓦佳士得	2022-11-08
13.73克拉和13.42克拉蓝宝石和钻石耳夹一对，海瑞·温斯顿		2,952,029	日内瓦苏富比	2022-11-09
13.79克拉和12.14克拉祖母绿和钻石耳环一对	4.7cm×1.5cm×2	8,395,884	纽约佳士得	2022-06-08
15.59克拉及15.12克拉圆形D/IF Type IIa(极优切割、打磨及比例)钻石耳环	耳环长1.8cm×2	18,901,260	佳士得	2022-05-25
18K白金镶嵌祖母绿及钻石耳钉	1.9cm×1.9cm×2 主石重量1.72CT; 总重量约7.29g	25,300	西泠印社	2022-08-21
18K黄金镶钻石耳环		17,250	中国嘉德	2022-12-15
18K金海螺珠耳环		207,000	西泠印社	2022-08-21
18K金镶钻流苏耳钉		5,750	中国嘉德	2022-06-01
1960年代爱马仕Hermès黄金羽毛耳夹		18,400	西泠印社	2022-01-23
1克拉淡粉棕钻和1.15克拉淡黄绿钻石坠		253,000	西泠印社	2022-08-21
2.00及2.00克拉心形 E色钻石耳环一对		273,914	香港苏富比	2022-10-12
2.07及2.06克拉缅甸抹谷"鸽血红"红宝石及缅甸"皇家蓝"蓝宝石配钻石耳环，未经加热		287,500	北京保利	2022-07-28
2.10克拉和2.00克拉的钻石耳环和钻石		120,629	巴黎佳士得	2022-07-07
2.14、2.74及2.39克拉天然缅甸未经加热尖晶石配钻石挂坠及耳坠套装		29,674	香港苏富比	2022-10-12
2.14克拉和2.11克拉钻石耳钉		317,995	纽约佳士得	2022-02-10
2.16克拉及2.00克拉缅甸抹谷"鸽血红"红宝石配钻石耳环，未经加热		97,750	北京保利	2022-07-28
2.18/2.01克拉缅甸抹谷鸽血红红宝石配钻石耳饰		552,000	永乐拍卖	2022-07-26
2.2克拉和2.29克拉钻石和钻石耳环	1.7cm×1.0cm×2	516,983	巴黎佳士得	2022-07-07
2.53及2.50克拉G/VS2钻石耳环	耳环长1.9cm×2	378,025	佳士得	2022-05-25
2.53及2.51克拉圆形F-E/IF-VVS1(极优切割、打磨及比例)钻石耳环	耳环长0.9cm×2	811,175	佳士得	2022-11-28
2.54克拉椭圆绿钻耳钉		92,000	西泠印社	2022-01-23
2.56克拉及2.53克拉哥伦比亚祖母绿耳环	耳环 14mm×14mm×2	437,000	中国嘉德	2022-12-15
2.62及2.53克拉哥伦比亚祖母绿配钻石耳环，未经注油	耳环长2.4cm×2	897,000	北京保利	2022-07-28
2.66及2.17克拉天然"巴西"未经处理亚历山大变色石配钻石耳坠一对		740,704	香港苏富比	2022-10-07
2.66及2.61克拉圆形 E及D 色钻石耳环一对		479,349	香港苏富比	2022-10-12
2.94克拉和3.72克拉钻石吊坠耳夹一对		516,386	巴黎苏富比	2022-09-28
2.94克拉及2.94克拉祖母绿及钻石耳环		1,620,108	佳士得	2022-05-25
2.98及2.97克拉长方形哥伦比亚天然祖母绿耳环	长2.7cm×2	1,738,233	佳士得	2022-11-28
21.69克拉及21.23克拉蓝宝石及钻石耳环		7,020,468	佳士得	2022-05-25
21.81克拉及18.23克拉蓝宝石和钻石耳环 20世纪早期	长2.2cm×2	605,175	日内瓦佳士得	2022-11-08
26.86克拉鸽血红红宝石配钻石耳饰		3,910,000	永乐拍卖	2022-07-26
3.01/3.02克拉莫桑比克鸽血红红宝石配钻石耳饰		517,500	永乐拍卖	2022-07-26
3.01及3.00克拉心形艳彩黄色VS2钻石耳环	耳环长2.2cm×2	1,100,880	佳士得	2022-11-28
3.01克拉和3.01克拉钻石耳环		640,729	纽约佳士得	2022-08-18
3.01克拉及3.00克拉赞比亚"木佐色"祖母绿配钻石耳环		103,500	中国嘉德	2022-12-15
3.03及3.01克拉方形D色内部无瑕钻石耳坠一对		810,054	香港苏富比	2022-04-15
3.05及3.02克拉心形D-E/VS2-VS1钻石耳环	耳环长1.0cm×2	579,411	佳士得	2022-11-28
3.06克拉和3.18克拉钻石耳钉一对	直径约9mm×2	413,109	巴黎苏富比	2022-09-28
3.22克拉及3.05克拉钻石耳环	长3.8cm×2	202,590	纽约佳士得	2022-06-11
3.29及3.01克拉梨形D/I1-SI2钻石耳环	耳环长2.7cm×2	486,705	佳士得	2022-11-28
3.31克拉蓝宝石和3.65克拉钻石耳环	2.5cm×0.8cm×2	278,482	纽约佳士得	2022-02-09
3.48克拉及3.37克拉天然缅甸未经加热红宝石配钻石耳环一对		2,376,158	香港苏富比	2022-04-29
3.96及3.69克拉哥伦比亚祖母绿配钻石耳环 未经注油	耳环长36mm×2	2,990,000	中国嘉德	2022-12-15
30.06克拉及27.56克拉祖母绿及钻石耳环一对		1,660,516	日内瓦苏富比	2022-11-09
4.00克拉及4.00克拉彩黄色钻石配钻石耳坠一对		810,054	香港苏富比	2022-04-29
4.04及4.01克拉圆形E-F/VS2-VS1（极优切割及比例）钻石耳环	耳环长1.1cm×2	1,738,233	佳士得	2022-11-28
4.11及4.05克拉椭圆形缅甸天然鸽血红红宝石耳环	耳环长4.5cm×2	13,105,725	佳士得	2022-11-28
4.11克拉及4.03克拉方形 D色内部无瑕及完美无瑕钻石耳坠一对		2,165,134	香港苏富比	2022-10-07
4.17克拉和4.13克拉红宝石和钻石耳环	长2.6cm×2	2,725,350	日内瓦佳士得	2022-05-11
4.79及4.55克拉枕形缅甸天然尖晶石耳环	耳环长1.6cm×2	162,235	佳士得	2022-11-28
5.02克拉和5.02克拉的方形祖母绿切割钻石耳环		1,352,626	纽约佳士得	2022-02-09
5.05克拉及5.01克拉方形D色完美无瑕及内部无瑕钻石耳坠一对		2,052,136	香港苏富比	2022-04-29
5.12克拉及5.08克拉有色钻石耳环	耳环长0.9cm×2	3,888,259	佳士得	2022-05-25
5.18克拉及5.18克拉梨形 D色 完美无瑕钻石耳坠一对		4,330,267	香港苏富比	2022-10-07
5.24及5.02克拉长方形F/VS2-VS1耳环	长2.4cm×2	3,708,230	佳士得	2022-11-28
5.27及5.05克拉圆形D/VVS2（极优切割）钻石耳环	耳环1.3cm×2	4,055,877	佳士得	2022-11-28
5.35克拉和4.49克拉蓝宝石和钻石耳环	长2.5cm×2	96,243	纽约佳士得	2022-04-08

2022翡翠珠宝拍卖成交汇总(续表)

拍品名称	物品尺寸	成交价RMB	拍卖公司	拍卖日期
5.44及5.04克拉长方形哥伦比亚天然祖母绿耳环	长3.7cm×2	3,766,171	佳士得	2022-11-28
5.57克拉和5.45克拉钻石耳钉		1,964,902	纽约佳士得	2022-08-18
5.59克拉和4.81克拉祖母绿和钻石耳环	长1.5cm×2	308,671	伦敦佳士得	2022-06-16
6.06克拉及6.05克拉彩黄色钻石配钻石耳坠一对		968,612	香港苏富比	2022-10-07
6.17克拉和6.11克拉红宝石和钻石耳环	长3.2cm×2	839,588	纽约佳士得	2022-06-08
6.26克拉和5.63克拉钻石耳环	长3.5cm×2	2,811,463	纽约佳士得	2022-04-13
6.31及6.05克拉梨形D/VVS1钻石耳环	长2.7cm×2	3,708,230	佳士得	2022-11-28
6.37克拉和5.88克拉哥伦比亚祖母绿配钻石耳环, 未经注油	耳环长3.8cm×2	2,872,800	保利香港	2022-07-13
6.50克拉及4.27克拉天然斯里兰卡未经加热蓝宝石配钻石耳坠一对		398,840	香港苏富比	2022-10-07
7.16及7.02克拉圆形G/I1-SI2钻石耳环		1,390,586	佳士得	2022-11-28
8.02及7.13克拉梨形S-T及U-V/VS1-SI2钻石耳环	长4.5cm×2	834,351	佳士得	2022-11-28
ADLER 养殖珍珠和钻石耳环	3.5cm×3.4cm×2	50,647	纽约佳士得	2022-06-11
ALEXANDRE REZA 两对养殖珍珠和钻石耳环	耳环 1.7cm×2.2cm×2	17,490	纽约佳士得	2022-02-10
BELLEÉ POQUE 珍珠和钻石耳环	3.3cm×0.8cm×2	24,126	巴黎佳士得	2022-07-07
BELLEÉ POQUE 钻石耳环	1.6cm×2.0cm×2	189,560	巴黎佳士得	2022-07-07
BHAGAT 钻石和蓝宝石耳环	2.8cm×2.8cm×2	839,588	纽约佳士得	2022-06-08
BUCCELLATI 灰色养殖珍珠、钻石和双色金花卉耳环	4.0cm×3.8cm×2	47,699	纽约佳士得	2022-02-10
BUCCELLATI 钻石和金 "ÉTOILÉ E" 耳环	5.0cm×1.6cm×2	46,427	纽约佳士得	2022-06-11
BVLGARI 宝格丽古董耳环 (一对)		63,250	保利厦门	2022-10-21
CHAUMET 珊瑚和钻石耳环	5.0cm×2.0cm×2	60,315	巴黎佳士得	2022-07-07
CHAUMET 钻石耳环		30,157	巴黎佳士得	2022-07-07
DE GRISOGONO 红宝石和钻石 "GOCCE" 耳环	长6.5cm×2	77,168	伦敦佳士得	2022-06-16
DE GRISOGONO 金和钻石 "吉普赛" 耳环	长5.8cm×2或4.0cm×2	195,492	伦敦佳士得	2022-06-16
DE GRISOGONO 钻石耳环	长5.5cm×2	144,046	伦敦佳士得	2022-06-16
DE GRISOGONO 钻石和金 "ALLEGRA" 耳环	4.4cm×2	88,223	纽约佳士得	2022-04-08
DENISE ROBERGE 钻石和金耳环	3.2cm×1.6cm×2	48,122	纽约佳士得	2022-04-08
DRAYSON 红宝石和钻石耳环	2.7cm×2	102,890	伦敦佳士得	2022-06-16
Elizabeth Gage 绿柱石和养殖珍珠首饰	耳环长2.9cm×2; 胸针5.6cm×5.6cm×2	25,324	纽约佳士得	2022-06-11
ELIZABETH GAGE 养殖珍珠和蓝宝石耳环	3.0cm×2.4cm×2	16,882	纽约佳士得	2022-06-11
ELIZABETH GAGE 硬币和养殖珍珠首饰套装	耳环 3.1cm×2.4cm×2	27,012	纽约佳士得	2022-06-11
HAMMERMAN BROTHERS 绿玉髓和钻石耳环	2.5cm×2.0cm×2	32,077	纽约佳士得	2022-06-11
HENRI PICQ 15.39克拉和14.85克拉钻石耳环	长3.4cm×2	15,029,633	日内瓦佳士得	2022-11-08
ILIAS LALAOUNIS 金耳环	长10.2cm×2	31,800	纽约佳士得	2022-02-10
ILIAS LALAOUNIS 钻石和金耳环	长8.0cm×2	48,126	纽约佳士得	2022-04-07
JACQUES TIMEY为海瑞·温斯顿设计 2.10及2.08克拉哥伦比亚祖母绿配钻石耳环	耳环长4.5cm×2	430,920	保利香港	2022-07-13
JAR 白色树脂 "栀子花" 耳环	5.5cm×5.8cm×2	95,480	纽约佳士得	2022-02-09
JAR 多宝石 "圆盘" 吊坠耳环	长8.8cm×2	1,873,678	日内瓦佳士得	2022-05-11
JAR 多宝石和钻石橡树叶耳环		3,358,354	纽约佳士得	2022-06-08
JAR 粉色桃花耳钉		71,300	永乐拍卖	2022-07-26
JAR 粉色托帕石和钻石 "FLEURS" 耳环	5.3cm×3.8cm×2	1,175,424	纽约佳士得	2022-06-08
JAR蓝宝石、钻石和绿色石榴石耳环	5.7cm×4.9cm×2	2,350,848	纽约佳士得	2022-06-08
JAR 铝 "天竺葵" 耳环	5.1cm×4.2cm×2	48,126	纽约佳士得	2022-04-07
JAR 铝 "紫罗兰色" 耳环		63,309	纽约佳士得	2022-06-10
JAR 铝制 "VALERIE" 耳环	4.4cm×4.1cm×2	27,848	纽约佳士得	2022-02-09
JAR 铝制 "VALERIE" 耳环	4.4cm×4.1cm×2	28,074	纽约佳士得	2022-04-07
JAR 铝制 "VOILES" 耳环	6.6cm×6.2cm×2	32,077	纽约佳士得	2022-06-10
JAR 铝制 "玫瑰花瓣" 耳环	4.0cm×3.4cm×2	51,718	纽约佳士得	2022-02-09
JAR 绿碧玺 "螺旋形" 耳环	长5.3cm×2	1,362,675	日内瓦佳士得	2022-05-11
JAR 闪锌矿和钻石 "煮鸡蛋" 耳环	长4.1cm×2	2,214,347	日内瓦佳士得	2022-05-11
JAR 紫色兰花耳钉		52,900	永乐拍卖	2022-07-26
JAR "栀子花" 耳环	5.5cm×5.8cm×2	101,295	纽约佳士得	2022-06-10
JAR白色树脂 "甜豌豆" 耳环	6.5cm×5.2cm×2	28,074	纽约佳士得	2022-04-07
J.K. 罗琳的格拉夫钻石 "瀑布" 耳环	长9.7cm×2	267,515	伦敦佳士得	2022-06-16
MARINA B. "AAA" 黄水晶、紫水晶和钻石戒指和耳环一对	耳环 2.1cm×2.1cm×2	56,006	巴黎佳士得	2022-07-07
MICHELE DELLA VALLE 黄水晶、紫水晶和钻石耳环	3.1cm×3.1cm×2	67,530	纽约佳士得	2022-06-11
MICHELE DELLA VALLE 蓝色托帕石和钻石耳环	长5.0cm×2	33,685	纽约佳士得	2022-04-08
MISH 养殖珍珠和处理过的彩色钻石 "TORTUGA" 耳环	长3.7cm×2	64,162	纽约佳士得	2022-04-08
MISH 钻石耳环		33,389	纽约佳士得	2022-02-10
MOUAWAD 6.54克拉和6.24克拉蓝宝石和钻石耳环		4,769,362	日内瓦佳士得	2022-05-11
Paloma Picasso 为蒂芙尼 K金配钻石耳环一对		14,837	香港苏富比	2022-10-12
PAOLO COSTAGLI 和 IRENE NEUWIRTH 组金和多宝石耳环		33,389	纽约佳士得	2022-02-10
PAUL KUTCHINKY 钻石和黄金项链、耳环首饰组合	项链长40.6cm; 耳环长3.8cm×2	88,223	纽约佳士得	2022-04-08
POMELLATO 两对钻石和多宝石耳环和一个多宝石戒指		25,440	纽约佳士得	2022-02-10
POMELLATO 钻石和彩色钻石 "TANGO" 耳环	长6.5cm×2	27,012	纽约佳士得	2022-06-10
REZA 两对养殖珍珠和钻石耳环		28,071	纽约佳士得	2022-04-08
REZA 祖母绿和钻石耳环	长6.8cm×2	1,447,842	日内瓦佳士得	2022-05-11
REZA 钻石耳环	长5.2cm×2	96,243	纽约佳士得	2022-04-08
REZA 钻石耳环	长5.2cm×2	67,530	纽约佳士得	2022-06-11
ROBERT PROCOP 钻石耳环	2.2cm×0.6cm×2	17,645	纽约佳士得	2022-04-08

拍品名称	物品尺寸	成交价RMB	拍卖公司	拍卖日期
ROBERTO 硬币套装钻石和黄金首饰	耳环 2.0cm×1.2cm×2；手链17.3cm×2.4cm×2	40,518	纽约佳士得	2022-06-11
ROBERTO 硬币钻石圈形耳环和无签名钻石耳环	圈形耳环2.3cm×2	35,774	纽约佳士得	2022-02-10
SABBADINI 祖母绿和钻石耳环一对		112,013	巴黎苏富比	2022-07-07
Seaman SCHEPPS 橄榄石和钻石首饰套装	耳环 2.2cm×1.8cm×2	30,210	纽约佳士得	2022-02-10
Seaman SCHEPPS 蓝宝石、彩色蓝宝石和橄榄石耳环	2.2cm×1.8cm×2	22,459	纽约佳士得	2022-04-07
TAFFIN 绿松石和钻石耳环	2.2cm×2.2cm×2	52,132	纽约佳士得	2022-04-08
THEODOROS 祖母绿和珍珠耳环	3.1cm×3.4cm×2	936,839	日内瓦佳士得	2022-05-11
VERDURA 多宝石 "FULCO" 耳环	2.4cm×2.4cm×2	51,718	纽约佳士得	2022-02-09
VERDURA 绿色碧玺和金耳环	2.8cm×2.3cm×2	39,783	纽约佳士得	2022-02-09
VERDURA 紫水晶、绿色碧玺和金色"拜占庭"耳环	2.8cm×2.3cm×2	35,805	纽约佳士得	2022-02-09
爱德华时期 珍珠花叶饰钻石镶嵌黑玛瑙耳环	4.5cm×2.3cm×2，重量约10.66g	40,250	西泠印社	2022-08-21
爱德华时期 钻石镶嵌祖母绿及黑玛瑙耳环	长6cm×2；重量约6.8g	78,200	西泠印社	2022-08-21
爱马什 2022 18K玫瑰金镶钻石 FINESSE耳环		25,650	保利香港	2022-07-11
爱马仕 18K白金及钻石耳环		23,000	北京保利	2022-02-03
爱马仕 18K玫瑰金及钻石 KELLY CLOCHETTE耳环		36,800	北京保利	2022-02-03
奥斯卡·海曼兄弟 红宝石和钻石耳环	1.5cm×1.4cm×2	1,285,240	纽约佳士得	2022-04-13
奥斯卡·海曼兄弟蓝宝石和钻石耳环	2.5cm×1.8cm×2	112,294	纽约佳士得	2022-04-07
奥斯卡·海曼兄弟 养殖珍珠和钻石耳环	2.5cm×2.5cm×2	48,122	纽约佳士得	2022-04-08
奥斯卡·海曼兄弟 钻石耳环		135,060	纽约佳士得	2022-06-11
巴西帕拉伊巴碧玺配钻石戒指及耳环套装	耳环长3cm×2	902,880	保利香港	2022-07-13
白金、蓝色、黄色和精美蓝宝石耳环一对	长度约为29mm×2	134,749	伦敦苏富比	2022-09-08
白金、月长石和钻石耳夹一对	直径约35mm×2	359,332	伦敦苏富比	2022-09-08
白色刚玉配钻石耳坠一对		41,042	香港苏富比	2022-04-15
宝格丽 "Monete" K金及古钱币配钻石及红宝石耳坠一对		86,405	香港苏富比	2022-04-15
宝格丽 "Naturalia" 绿色碧玺配黄水晶及钻石耳坠一对		39,946	香港苏富比	2022-10-12
宝格丽 梨形D色内部无瑕钻石耳环一对（钻石共重6.76克拉）		453,630	香港苏富比	2022-04-15
宝格丽 祖母绿配红宝石及钻石耳夹一对		319,566	香港苏富比	2022-10-12
宝格丽 钻石耳坠一对		237,615	香港苏富比	2022-04-15
宝格丽7.41克拉和7.14克拉的浅黄色彩色钻石耳环		2,299,514	日内瓦佳士得	2022-05-11
宝格丽宝石镶嵌钻石耳环	长2.2cm×2	82,312	伦敦佳士得	2022-06-16
宝格丽橄榄石和粉色碧玺耳环	2.2cm×2.2cm×2	40,101	纽约佳士得	2022-04-08
宝格丽红宝石和钻石花朵耳环	长1.2cm×2	96,243	纽约佳士得	2022-04-08
宝格丽蓝宝石和钻石耳环	长3.3cm×2	688,462	纽约佳士得	2022-06-08
宝格丽养殖珍珠和钻石耳环	长2.4cm×2	48,126	纽约佳士得	2022-04-07
宝格丽珍珠母贝和钻石吊坠耳环一对	长约35mm×2	35,226	巴黎苏富比	2022-09-30
宝格丽紫水晶、碧玺和钻石耳环		82,312	伦敦佳士得	2022-06-16
宝格丽祖母绿，水晶和钻石项链和耳环套装	项链长38.3cm；耳环长1.9cm×2	1,703,344	日内瓦佳士得	2022-05-11
宝格丽钻石 "PARENTESI" 耳环	长4.5cm×2	123,468	伦敦佳士得	2022-06-16
宝格丽钻石耳夹一对		31,957	香港苏富比	2022-10-12
宝格丽钻石和金耳环		31,800	纽约佳士得	2022-02-10
宝诗龙3.11克拉及2.99克拉克什米尔蓝宝石配钻石耳环，未经加热	耳环长1.8cm×2	2,070,000	北京保利	2022-07-28
宝石耳环	长5.8cm×2	1,158,822	佳士得	2022-11-28
宝石耳环及发针套装		237,615	佳士得	2022-05-25
宝石及钻石耳坠一对		230,627	日内瓦苏富比	2022-11-09
滨海B镶宝石和钻石耳夹一对	28mm×28mm×2	36,987	巴黎苏富比	2022-09-30
缤纷雪花系列 18K白金钻石耳环		69,000	西泠印社	2022-01-23
彩色宝石配钻石耳环		20,520	保利香港	2022-07-13
彩色尖晶石配钻石耳环		11,938	保利香港	2022-10-11
彩色钻石耳环	6.1cm×3.4cm×2	158,998	纽约佳士得	2022-02-10
彩色钻石和钻石耳环	8.9cm×4.4cm×2	96,243	纽约佳士得	2022-04-08
彩色钻石和钻石耳环	8.3cm×3.5cm×2	68,172	纽约佳士得	2022-04-08
彩色钻石和钻石耳环	1.9cm×1.6cm×2	160,384	纽约佳士得	2022-06-10
彩色钻石和钻石耳环	长0.8cm×2	144,046	伦敦佳士得	2022-06-16
彩色钻石和钻石蝴蝶耳环		14,405	伦敦佳士得	2022-06-16
彩色钻石配钻石耳环一对		125,544	香港苏富比	2022-10-12
彩色钻石配钻石耳坠一对		911,635	香港苏富比	2022-10-07
大卫·韦伯 "TWILIGHT" 水晶、珐琅和钻石耳环	6.5cm×（1.8—3.2cm）×2	163,711	巴黎苏富比	2022-07-07
大卫·韦伯 珐琅、养殖珍珠和钻石首饰组	耳环 2.9cm×1.6cm×2	101,295	纽约佳士得	2022-06-11
大卫·韦伯可互换钻石、珐琅和金耳环	3.5cm×1.9cm×2	80,203	纽约佳士得	2022-04-08
大卫·韦伯 钻石耳环	2.6cm×1.8cm×2	101,295	纽约佳士得	2022-06-11
大卫·韦伯 钻石和金耳环	3.0cm×2.5cm×2	54,868	纽约佳士得	2022-06-11
黛琳珠宝设计 碧玺配钻石、蓝宝石及沙弗莱石戒指/耳环		15,193	保利香港	2022-10-11
单颗1.51克拉钻石耳钉		42,206	纽约佳士得	2022-06-11
蒂芙尼 蓝宝石配钻石耳夹一对		41,042	香港苏富比	2022-04-15
蒂芙尼、JEAN Schlumberger 和 ELIZABETH LOCK 多宝石耳环、吊坠、戒指珠宝组合		51,674	纽约佳士得	2022-02-10
蒂芙尼 "X" K金 耳夹一对		14,837	香港苏富比	2022-10-12
蒂芙尼 JEAN SCHLUMBERGER 钻石和珐琅耳环	长2.5cm×2	46,427	纽约佳士得	2022-06-10
蒂芙尼 PALOMA PICASSO 紫水晶和粉色碧玺耳环	3.1cm×2.8cm×2	59,089	纽约佳士得	2022-06-10
蒂芙尼 Schlumberger设计 "Flame" 钻石耳环一对		51,843	香港苏富比	2022-04-15
蒂芙尼 Schlumberger设计 "Flame" 钻石耳夹一对		68,478	香港苏富比	2022-10-12

拍品名称	物品尺寸	成交价RMB	拍卖公司	拍卖日期
蒂芙尼 红宝石和钻石耳环	1.0cm×1.0cm×2	127,198	纽约佳士得	2022-02-10
蒂芙尼 黄金和钻石耳环一对		28,180	巴黎苏富比	2022-09-30
蒂芙尼金耳环及黄金和祖母绿钥匙链	耳环长2.5cm×2	17,490	纽约佳士得	2022-02-10
蒂芙尼 金色卷轴耳环		12,720	纽约佳士得	2022-02-10
蒂芙尼 蓝宝石和钻石耳环	1.6cm×1.3cm×2	151,048	纽约佳士得	2022-02-10
蒂芙尼 紫色蓝宝石配钻石耳环		102,600	保利香港	2022-07-13
蒂芙尼 钻石"蕾丝旭日形"耳环	长1.9cm×2	54,868	纽约佳士得	2022-06-10
蒂芙尼 钻石"维多利亚"耳环	0.8cm×0.8cm×2	46,427	纽约佳士得	2022-06-11
蒂芙尼 钻石耳环	2.0cm×1.6cm×2	37,986	纽约佳士得	2022-02-10
蒂芙尼 钻石耳环	直径1.6cm×2	43,724	纽约佳士得	2022-02-10
蒂芙尼 钻石耳夹一对		43,202	香港苏富比	2022-04-15
蒂芙尼 钻石和金耳环	长2.4cm×2	35,774	纽约佳士得	2022-02-10
多色尖晶石配钻石及珍珠耳环		23,000	中国嘉德	2022-12-15
法贝热"Dissonance"碧玺配钻石耳坠一对		36,522	香港苏富比	2022-10-12
法贝热"Emotion"钻石耳夹一对		25,109	香港苏富比	2022-10-12
法贝热"Katharina"碧玺配月光石、彩色钻石及钻石耳坠一对		68,478	香港苏富比	2022-10-12
珐琅、钻石和金耳环	长2.0cm×2	38,192	纽约佳士得	2022-02-09
梵克雅宝"Magic Alhambra"贝母耳夹一对		37,802	香港苏富比	2022-04-15
梵克雅宝"Rose de Noël"贝母配钻石耳夹一对		79,892	香港苏富比	2022-10-12
梵克雅宝"VintageAlhambra"粉红色欧泊耳环一对		54,003	香港苏富比	2022-04-15
梵克雅宝 11.17克拉及11.03克拉钻石耳夹一对		2,506,997	香港苏富比	2022-10-07
梵克雅宝 11.47克拉及11.40克拉"哥伦比亚"祖母绿配钻石耳坠一对		4,444,222	香港苏富比	2022-10-07
梵克雅宝 白珊瑚和黄金首饰套装	耳环2.5cm×1.9cm×2;手链19.1cm×1.4cm	143,501	纽约佳士得	2022-06-10
梵克雅宝 多宝石"魔法阿尔罕布拉"耳环	7.0cm×2.2cm×2	48,126	纽约佳士得	2022-04-07
梵克雅宝 缟玛瑙和钻石"MAGIC ALHAMBRA"耳环	长5.5cm×2	128,337	纽约佳士得	2022-04-07
梵克雅宝 海蓝宝石和钻石胸针、耳环	耳环直径18mm;胸针直径27mm	163,522	巴黎苏富比	2022-09-28
梵克雅宝 黄金和钻石耳环	长2.2cm×2	82,312	伦敦佳士得	2022-06-16
梵克雅宝 克里奥莱斯钻石耳环	4.3cm×4.2cm×2	68,931	巴黎佳士得	2022-07-07
梵克雅宝 孔雀"PERLEE"耳环和绿松石"SWEET ALHAMBRA"耳环	孔雀耳环长1.2cm×2;绿松石耳环长1.0cm×2	30,480	纽约佳士得	2022-04-07
梵克雅宝 两对缟玛瑙"MAGIC ALHAMBRA"耳环	每个长2.1cm	48,126	纽约佳士得	2022-04-07
梵克雅宝 玛瑙、珍珠母和钻石"BOUTON D'OR"耳环	5.7cm×1.3cm×2	136,358	纽约佳士得	2022-04-07
梵克雅宝 青金石、绿松石、钻石和黄金"BOUTON D'OR"耳环	长5.7cm×2	144,379	纽约佳士得	2022-04-07
梵克雅宝 珊瑚配玉髓及钻石耳环及戒指套装		74,185	香港苏富比	2022-10-12
梵克雅宝 祖母绿和钻石耳环和项链 由梵克雅宝 镶嵌	项链长46.0cm;吊坠3.1cm×3.0cm	112,284	纽约佳士得	2022-04-08
梵克雅宝钻石"魔法阿尔罕布拉"耳环	2.0cm×2.0cm×2	176,463	纽约佳士得	2022-04-07
梵克雅宝 钻石耳环	长5.2cm×2	280,736	纽约佳士得	2022-04-07
梵克雅宝 钻石耳环	4.7cm×1.6cm×2	361,474	纽约佳士得	2022-04-13
梵克雅宝 钻石耳环	2.5cm×1.5cm×2	143,501	纽约佳士得	2022-06-10
梵克雅宝 钻石耳环	长2.5cm×2	164,625	伦敦佳士得	2022-06-16
梵克雅宝 钻石耳环	5.4cm×（1.5—2.8cm）×2	224,026	巴黎佳士得	2022-07-07
梵克雅宝 钻石耳环一对	3.6cm×2.5cm×2	189,560	巴黎佳士得	2022-07-07
梵克雅宝 钻石耳夹一对	13mm×14mm×2	74,854	巴黎苏富比	2022-09-30
梵克雅宝 钻石和黄金"PERLÉE"戒指、耳环珠宝套装		111,298	纽约佳士得	2022-02-10
梵克雅宝 钻石和黄金"VINTAGE ALHAMBRA"耳环	2.0cm×2.0cm×2	118,177	纽约佳士得	2022-02-10
梵克雅宝 钻石花朵耳环和戒指	耳环长4.2cm×2	267,515	伦敦佳士得	2022-06-16
梵克雅宝 钻石戒指配钻石耳环	耳环长1.5cm×2	72,023	伦敦佳士得	2022-06-16
翡翠、银和金耳环一对	72mm×2×38mm×2	14,090	巴黎苏富比	2022-09-30
翡翠、钻石及红宝石耳环		702,046	佳士得	2022-05-25
翡翠及钻石耳环		259,217	佳士得	2022-05-25
翡翠及钻石耳环		91,806	佳士得	2022-05-25
翡翠及钻石耳环		151,210	佳士得	2022-05-25
翡翠及钻石耳环		302,420	佳士得	2022-05-25
翡翠及钻石耳环		183,612	佳士得	2022-05-25
翡翠及钻石首饰套装		2,160,144	佳士得	2022-05-25
翡翠及钻石首饰套装		410,427	佳士得	2022-05-25
翡翠扇形耳钉		5,750	永乐拍卖	2022-07-26
翡翠一叶成名耳坠	4.2cm×1.5cm×0.6cm×2	13,800	荣宝斋(南京)	2022-12-08
粉色碧玺、橄榄石和钻石首饰套装		126,619	纽约佳士得	2022-06-11
弗雷德钻石耳环	长1.8cm×2	11,318	伦敦佳士得	2022-06-16
福音耳环（一对）	2.3cm×2	20,700	上海嘉禾	2022-01-01
橄榄石，彩色刚玉配钻石耳坠一对		54,783	香港苏富比	2022-10-12
橄榄石配钻石戒指及耳环一对		18,261	香港苏富比	2022-10-12
缟玛瑙、珊瑚和钻石吊坠耳环一对	长约45mm×2	17,613	巴黎苏富比	2022-09-30
缟玛瑙、钻石和种子珍珠耳环	长5.8cm×2	76,200	纽约佳士得	2022-04-07
缟玛瑙和钻石耳环	3.0cm×2.5cm×2	15,194	纽约佳士得	2022-06-10
缟玛瑙配钻石耳坠一对		14,837	香港苏富比	2022-10-12
格拉夫 红宝石配钻石耳环一对		194,412	香港苏富比	2022-04-15
格拉夫"Butterfly"钻石耳坠一对		455,818	香港苏富比	2022-10-07
格拉夫红宝石及钻石耳环一对		553,505	日内瓦苏富比	2022-11-09
格拉夫钻石和彩色钻石耳环	4.1cm×2.1cm×2	168,825	纽约佳士得	2022-06-10
共重12.14克拉缅甸"鸽血红"红宝石配钻石耳环，未加热		205,200	保利香港	2022-07-13
古董珍珠和钻石耳环	长7.0cm×2	151,942	纽约佳士得	2022-06-11
古董钻石 GIRANDOLE耳环	10.5cm×3.5cm×2	159,522	纽约佳士得	2022-06-08
古董钻石耳环	长2.8cm×2	195,492	伦敦佳士得	2022-06-16
古董钻石花耳环	长2.6cm×2	185,203	伦敦佳士得	2022-06-16
海瑞·温斯顿 6.71克拉和6.41克拉钻石耳环	3.5cm×1.3cm×2	4,030,024	纽约佳士得	2022-06-08

拍品名称	物品尺寸	成交价RMB	拍卖公司	拍卖日期
海瑞·温斯顿 两枚2.06克拉D颜色VVS1净度钻石耳环		336,883	纽约佳士得	2022-04-07
海瑞·温斯顿 祖母绿和钻石耳环	2.6cm × 2.0cm × 2	334,178	纽约佳士得	2022-02-09
海瑞·温斯顿 钻石耳环	长3.5cm × 2	205,781	伦敦佳士得	2022-06-16
海蓝宝配钻石耳环一对及戒指		22,826	香港苏富比	2022-10-12
海蓝宝配钻石戒指及耳环套装		19,441	香港苏富比	2022-04-15
海蓝宝石、蓝宝石和钻石耳环	1.6cm × 1.6cm × 2	36,091	纽约佳士得	2022-04-08
海蓝宝石和钻石吊坠耳环一对	长约40mm × 2	21,135	巴黎苏富比	2022-09-30
海瑞·温斯顿 6.98克拉和6.92克拉钻石耳环	长1.2cm × 2	5,120,716	日内瓦佳士得	2022-11-08
海瑞·温斯顿 缟玛瑙、红宝石配钻石耳夹一对		34,239	香港苏富比	2022-10-12
海瑞·温斯顿 养殖珍珠和钻石耳环	2.5cm × 1.3cm × 2	111,298	纽约佳士得	2022-02-10
黑白玛瑙配钻石耳环		5,750	中国嘉德	2022-12-15
红宝石耳环	耳环长4.3cm × 2	370,823	佳士得	2022-11-28
红宝石和钻石耳环	3.8cm × 0.6cm × 2	79,499	纽约佳士得	2022-02-10
红宝石和钻石耳环	2.3cm × 1.4cm × 2	160,406	纽约佳士得	2022-04-08
红宝石和钻石耳环	长5.5cm × 2	96,243	纽约佳士得	2022-04-08
红宝石和钻石耳环	长3.8cm × 2	104,264	纽约佳士得	2022-04-08
红宝石和钻石耳环	3.3cm × 1.9cm × 2	71,751	纽约佳士得	2022-06-11
红宝石和钻石耳环	2.5cm × 2.2cm × 2	25,324	纽约佳士得	2022-06-11
红宝石和钻石耳环	3.8cm × 1.9cm × 2	159,133	纽约佳士得	2022-02-09
红宝石和钻石耳夹一对,海瑞·温斯顿		276,753	日内瓦苏富比	2022-11-09
红宝石及钻石耳环		1,026,068	佳士得	2022-05-25
红宝石及钻石耳环		594,039	佳士得	2022-05-25
红宝石及钻石耳环		540,036	佳士得	2022-05-25
红宝石及钻石耳坠一对,1880年		129,151	日内瓦苏富比	2022-11-09
红宝石配钻石耳环		90,288	保利香港	2022-07-13
红宝石配钻石耳夹一对		43,202	香港苏富比	2022-04-15
红宝石配钻石耳坠一对		36,522	香港苏富比	2022-10-12
红宝石配钻石耳坠一对		39,946	香港苏富比	2022-10-12
红宝石配钻石戒指及耳环一对		70,204	香港苏富比	2022-04-15
红宝石钻石耳坠		5,750	西泠印社	2022-01-23
幻彩镶嵌钻石耳环	长1.5cm × 2	24,694	伦敦佳士得	2022-06-16
黄金和钻石吊坠耳环一对	40mm ×16mm × 2	51,639	巴黎苏富比	2022-09-28
黄水晶、缟玛瑙、碧玺和钻石耳环		60,315	巴黎佳士得	2022-07-07
金耳环一对	60mm × 45mm × 2	21,135	巴黎苏富比	2022-09-30
金色耳夹一对	40mm × 41mm × 2	13,210	巴黎苏富比	2022-09-30
金镶2.12克拉祖母绿耳钉		115,000	西泠印社	2022-08-21
金镶冰种翡翠耳坠		23,000	西泠印社	2022-08-21
金镶玻璃种翡翠耳坠吊坠		13,800	西泠印社	2022-08-21
金镶帝王绿冰种翡翠耳坠		57,500	西泠印社	2022-08-21
金镶粉色钻石黄钻耳钉		43,700	西泠印社	2022-08-21
金镶金珠项链耳钉套组		86,250	西泠印社	2022-01-23
金镶翡翠耳坠		161,000	西泠印社	2022-08-21
金镶钻石耳钉		20,700	西泠印社	2022-08-21
卡地亚 "Bamboo" 钻石耳环一对		182,609	香港苏富比	2022-10-12
卡地亚 "MONICA" 钻石耳环	直径3.2cm × 2	68,931	巴黎佳士得	2022-07-07

拍品名称	物品尺寸	成交价RMB	拍卖公司	拍卖日期
卡地亚 3.05及3.04克拉方形F色钻石耳环一对		518,434	香港苏富比	2022-04-15
卡地亚 多宝石 "MELI MELO" 耳环	长4.3cm × 2	25,665	纽约佳士得	2022-04-08
卡地亚 海蓝宝石和钻石圈形耳环	长2.2cm × 2	278,246	纽约佳士得	2022-02-10
卡地亚 黑色养殖珍珠和钻石耳环	4.4cm × 1.3cm × 2	29,544	纽约佳士得	2022-06-10
卡地亚 红碧玺和钻石 "CARESSE D'ORCHIDEES" 耳环	长3.2cm × 2	205,781	伦敦佳士得	2022-06-16
卡地亚 黄金 "SPUTNIK" 耳环	长3.5cm × 2	47,699	纽约佳士得	2022-02-10
卡地亚 金箍耳环	长3.2cm × 2	48,122	纽约佳士得	2022-04-08
卡地亚 金圈耳环	直径4.0cm × 2	39,098	伦敦佳士得	2022-06-16
卡地亚 绿玉髓和钻石耳环	长4.2cm × 2	43,724	纽约佳士得	2022-02-10
卡地亚 养殖珍珠和钻石耳环	长4.4cm × 2	63,309	纽约佳士得	2022-06-10
卡地亚 养殖珍珠和钻石耳环	长1.6cm × 2	63,309	纽约佳士得	2022-06-10
卡地亚 珍珠、钻石和缟玛瑙 "PANTHÈRE" 耳环	2.2cm × 1.6cm × 2	76,193	纽约佳士得	2022-04-08
卡地亚 珠宝耳环、戒指套装	耳环长2.5cm × 2	46,301	伦敦佳士得	2022-06-16
卡地亚 祖母绿、缟玛瑙和黄金 "PANTHÈRE" 吊坠耳环	5.1cm × 2.2cm × 2	68,172	纽约佳士得	2022-04-08
卡地亚 钻石、祖母绿和缟玛瑙 "PANTHÈRE DE 卡地亚" 耳环	6.4cm × 1cm × 2	587,712	纽约佳士得	2022-06-08
卡地亚 钻石耳环	1.0cm × 1.0cm × 2	44,116	纽约佳士得	2022-04-07
卡地亚 钻石耳环		80,192	纽约佳士得	2022-06-10
卡地亚 钻石耳环	长9.3cm × 2	164,625	伦敦佳士得	2022-06-16
卡地亚 钻石耳环	1.1cm × 1.1cm × 2	59,089	纽约佳士得	2022-06-11
卡地亚 钻石耳环一对	直径约15mm	39,629	巴黎苏富比	2022-09-30
卡地亚 钻石耳夹一对		239,852	日内瓦苏富比	2022-11-09
卡地亚 钻石和黄金 "LOVE" 圈形耳环	长1.9cm × 2	24,061	纽约佳士得	2022-04-08
库勒-穆勒博物馆 "秋日暖阳" 彩色钻石耳坠一对		162,010	香港苏富比	2022-04-15
蓝宝石和天然珍珠耳环一对	30mm × 2 × 25mm × 2	68,851	巴黎苏富比	2022-09-28
蓝宝石和珍珠母耳夹一对		35,226	巴黎苏富比	2022-09-30
蓝宝石和钻石吊坠耳环一对	长约50mm × 2	43,032	巴黎苏富比	2022-09-28
蓝宝石和钻石耳环	长3.4cm × 2	135,148	纽约佳士得	2022-02-10
蓝宝石和钻石耳环	长3.0cm × 2	32,925	伦敦佳士得	2022-06-16
蓝宝石和钻石耳环	长2.0cm × 2	24,694	伦敦佳士得	2022-06-16
蓝宝石和钻石耳环一对	23mm × 2 × 16mm × 2	30,822	巴黎苏富比	2022-09-30
蓝宝石及钻石耳夹一对		1,752,767	日内瓦苏富比	2022-11-09
蓝宝石及钻石戒指及耳环套装	耳环长2.3cm × 2	4,320,288	佳士得	2022-05-25
蓝宝石配钻石耳环一对		37,802	香港苏富比	2022-04-15
蓝宝石配钻石戒指及耳环套装		45,652	香港苏富比	2022-10-12
蓝色钛、钻石、蓝宝石和锡兰蓝宝石耳环一对	长45mm × 2	426,707	伦敦苏富比	2022-09-08
两对 ALEXANDRE REZA 钻石和金耳环	钻石坠 4.8cm × 1.9cm × 2；金滴 4.4cm × 1.3cm ×	47,699	纽约佳士得	2022-02-10
两对钻石、彩色钻石和多宝石耳环		17,490	纽约佳士得	2022-02-10
两对钻石耳环	圈形耳环 5.0cm × 2，吊坠耳环 8.0cm × 4.8cm × 2	20,670	纽约佳士得	2022-02-10

2022翡翠珠宝拍卖成交汇总(续表)

拍品名称	物品尺寸	成交价RMB	拍卖公司	拍卖日期
绿松石、蓝宝石和钻石吊坠耳环一对	长约70mm×2	34,426	巴黎苏富比	2022-09-28
绿松石和钻石耳环、胸针首饰套装	耳环2.4cm×2.2cm×2；胸针3.4cm×2.8cm	59,089	纽约佳士得	2022-06-10
绿松石配钻石耳环一对		51,843	香港苏富比	2022-04-15
马里奥·布契拉提挝红宝石配钻石耳夹一对		118,807	香港苏富比	2022-04-15
猫眼金绿宝石和钻石耳环	2.0cm×1.6cm×2	120,304	纽约佳士得	2022-04-08
莫尼红宝石、蓝宝石和钻石耳环一对	47mm×2×35mm×2	22,897	巴黎苏富比	2022-09-30
帕拉依巴碧玺配钻石戒指及耳环套装		46,170	保利香港	2022-07-13
抛光金、粉红色蓝宝石和祖母绿耳环一对	长约70mm×2	145,979	伦敦苏富比	2022-09-08
珊瑚、黑玛瑙配钻石耳环		20,520	保利香港	2022-07-13
珊瑚、钻石及珐琅耳环		43,202	佳士得	2022-05-25
珊瑚和钻石耳环	2.1cm×2.1cm×2	33,765	纽约佳士得	2022-06-10
珊瑚和钻石耳环一对	35mm×2×15mm×2	10,568	巴黎苏富比	2022-09-30
珊瑚配钻石戒指及耳环套装		28,081	香港苏富比	2022-04-15
19世纪晚期钻石耳环	8.2cm×（0.7-2.6cm）×2	51,698	巴黎佳士得	2022-07-07
坦桑石耳环一对		12,554	香港苏富比	2022-10-12
坦桑石和钻石耳环	3.2cm×1.3cm×2	104,273	纽约佳士得	2022-04-07
坦桑石和钻石耳环	长3.8cm×2	38,159	纽约佳士得	2022-02-11
坦桑石和钻石耳环		52,132	纽约佳士得	2022-04-08
坦桑石和钻石耳环	长3.8cm×2	92,854	纽约佳士得	2022-06-11
碳纤维、白金、粉红钛、钻石和粉红蓝宝石耳环一对	长度约52mm×2	190,895	伦敦苏富比	2022-09-08
碳纤维、粉红色钛金属、白金、粉红色蓝宝石和钻石耳环一对	长约55mm×2	89,833	伦敦苏富比	2022-09-08
天然"帝王绿"翡翠蛋面配钻石耳环	蛋面13.5mm×12.6mm×4.6mm，13.9mm×12.6mm×5.3mm	2,645,000	中国嘉德	2022-12-15
天然"帝王绿"翡翠配钻石耳环一对		1,367,453	香港苏富比	2022-10-07
天然"哥伦比亚木佐"无油祖母绿配钻石耳坠一对（祖母绿共重3.25克拉）		378,025	香港苏富比	2022-04-29
天然白冰翡翠蛋面配钻石"蝴蝶结"吊耳环	耳环长58mm×2	299,000	中国嘉德	2022-06-27
天然冰种翡翠珍珠及钻石耳环一对		41,042	香港苏富比	2022-04-15
天然冰种翡翠珍珠配红宝石及钻石耳环		32,200	北京保利	2022-07-28
天然冰种紫罗兰翡翠蛋面配钻石耳环及戒指套装		23,000	保利厦门	2022-10-21
天然翡翠，月光石配钻石戒指及耳坠套装		34,239	香港苏富比	2022-10-12
天然翡翠"福豆"配钻石及红宝石耳环		76,950	保利香港	2022-07-13
天然翡翠耳环	耳环长5.0cm×2	86,911	佳士得	2022-11-28
天然翡翠耳环	耳环长5.8cm×2	301,293	佳士得	2022-11-28
天然翡翠配钻石耳坠一对		64,804	香港苏富比	2022-04-15
天然翡翠配月光石及钻石耳坠一对		345,623	香港苏富比	2022-04-29
天然翡翠配钻石耳环		56,430	保利香港	2022-07-13
天然翡翠配钻石耳环一对		86,405	香港苏富比	2022-04-15
天然翡翠配钻石耳坠一对		1,823,270	香港苏富比	2022-10-07
天然翡翠配钻石耳坠一对		25,921	香港苏富比	2022-04-15
天然翡翠配钻石耳坠一对		29,674	香港苏富比	2022-10-12
天然翡翠配钻石挂坠及耳环套装		43,092	保利香港	2022-07-13
天然翡翠珠配钻石耳环		92,000	中国嘉德	2022-12-15
天然黄色翡翠耳环		11,500	北京保利	2022-07-28
天然满绿翡翠双环配钻石耳环		437,000	保利厦门	2022-10-21
天然缅甸抹谷红宝石配钻石耳环		69,000	中国嘉德	2022-06-27
天然缅甸抹谷星光红宝石配钻石耳环		74,750	中国嘉德	2022-06-27
天然缅甸未经加热红宝石配钻石耳环一对（红宝石共重10.02克拉）		478,608	香港苏富比	2022-10-07
天然缅甸未经加热红宝石配钻石耳坠一对（红宝石共重9.39克拉）		125,544	香港苏富比	2022-10-12
天然水泡珍珠和钻石耳环	长5.2cm×2	61,734	伦敦佳士得	2022-06-16
天然珍珠、祖母绿和粉色蓝宝石耳环	长3.3cm×2	136,345	纽约佳士得	2022-04-08
天然珍珠耳环	耳环长2.1cm×2	63,735	佳士得	2022-11-28
天然珍珠和钻石吊坠耳环一对	长约60mm×2	83,661	巴黎苏富比	2022-09-30
天然珍珠和钻石耳环	2.5cm×1.1cm×2	33,688	纽约佳士得	2022-04-07
天然珍珠及钻石耳环一对，19世纪下半叶及以后		599,631	日内瓦苏富比	2022-11-09
天然珍珠配钻石耳坠一对		296,281	香港苏富比	2022-10-07
天然紫罗兰翡翠配满绿翡翠及钻石耳环		11,500	北京保利	2022-07-28
天然祖母绿配钻石吊耳环		207,000	中国嘉德	2022-06-27
天然钻石吊灯款耳环		63,250	保利厦门	2022-10-21
香奈儿"Plume de Chanel"钻石耳环一对		75,605	香港苏富比	2022-04-15
香奈儿约1980年代至1990年代镀金夹式耳环（一组五对）		24,624	保利香港	2022-07-11
香奈儿钻石耳环一对及戒指		29,674	香港苏富比	2022-10-12
香奈儿蓝宝石和钻石耳环	2.6cm×2.6cm×2	71,751	纽约佳士得	2022-06-10
镶宝石、天然珍珠和钻石吊坠耳环一对	长约55mm×2	83,661	巴黎苏富比	2022-09-30
养殖珍珠、马贝珍珠和钻石耳环、戒指首饰	耳环长2.2cm	18,571	纽约佳士得	2022-06-11
养殖珍珠、钻石和蓝宝石耳环	长3.6cm×2	21,947	纽约佳士得	2022-06-11
养殖珍珠和蓝宝石耳夹一对	直径约36mm×2	28,180	巴黎苏富比	2022-09-30
养殖珍珠和钻石耳环	5.1cm×2.3cm×2	206,697	纽约佳士得	2022-02-10
养殖珍珠和钻石耳环	3.8cm×2.3cm×2	22,457	纽约佳士得	2022-04-08
养殖珍珠和钻石耳环	长2.8cm×2	38,159	纽约佳士得	2022-02-10
养殖珍珠和钻石耳环		68,172	纽约佳士得	2022-04-08
养殖珍珠和钻石耳环	3.9cm×1.1cm×2	46,427	纽约佳士得	2022-06-11
养殖珍珠和钻石耳环	长2.1cm×2	15,900	纽约佳士得	2022-02-10
养殖珍珠和钻石耳环	2.4cm×2.5cm×2	27,012	纽约佳士得	2022-06-11
养殖珍珠和钻石耳环、戒指首饰套装		63,309	纽约佳士得	2022-06-11
养殖珍珠和钻石耳夹一对	40mm×2×25mm×2	33,464	巴黎苏富比	2022-09-30
养殖珍珠和钻石耳夹一对，"Jawaher"，Marina B		138,376	日内瓦苏富比	2022-11-09
养殖珍珠配彩色钻石耳环		24,624	保利香港	2022-07-13
养殖珍珠配粉红色刚玉及钻石耳坠一对		36,522	香港苏富比	2022-10-12

拍品名称	物品尺寸	成交价RMB	拍卖公司	拍卖日期
养殖珍珠配钻石耳环一对		22,826	香港苏富比	2022-10-12
养殖珍珠配钻石耳坠一对		17,120	香港苏富比	2022-10-12
一组钻石和多宝石首饰		22,260	纽约佳士得	2022-02-10
一组钻石和多宝石首饰		31,800	纽约佳士得	2022-02-10
银色和金色"绳索"耳夹 一对	39mm×37mm×2	39,629	巴黎苏富比	2022-09-30
有色钻石及钻石耳环		864,057	佳士得	2022-05-25
赵心绮 1.07及1.03克拉方形 E色钻石耳坠一对		968,612	香港苏富比	2022-10-07
珍珠及有色钻石耳环		37,082	佳士得	2022-11-28
珍珠及钻石耳环		59,403	佳士得	2022-05-25
装饰艺术钻石耳环	长2.6cm×2	51,445	伦敦佳士得	2022-06-16
装饰艺术钻石耳环	长1.8cm×2	41,156	伦敦佳士得	2022-06-16
紫水晶 戒指及耳环套装		9,130	香港苏富比	2022-10-12
自然珍珠及钻石耳环一对, 1920年		2,767,527	日内瓦苏富比	2022-11-09
总重4.4克拉哥伦比亚祖母绿配钻石耳环		49,248	保利香港	2022-07-13
总重7.55克拉缅甸"艳粉色"蓝宝石耳环, 未经加热		17,250	北京保利	2022-02-03
总重约4.26克拉钻石"羽毛"耳环		69,000	北京保利	2022-02-03
祖母绿、红宝石及钻石耳环一对		691,882	日内瓦苏富比	2022-11-09
祖母绿和钻石耳环	长6.6cm×2	112,294	纽约佳士得	2022-04-07
祖母绿和钻石耳环	长2.8cm×2	48,122	纽约佳士得	2022-04-08
祖母绿和钻石耳环	2.1cm×1.8cm×2	461,774	纽约佳士得	2022-06-08
祖母绿和钻石耳环	3.8cm×1.9cm×2	75,971	纽约佳士得	2022-06-11
祖母绿及钻石耳环	耳环长7.0cm×2	370,823	佳士得	2022-11-28
祖母绿及钻石耳环		4,104,273	佳士得	2022-05-25
祖母绿及钻石耳环		216,014	佳士得	2022-05-25
祖母绿钻石吊坠耳夹一对, 海瑞·温斯顿		1,014,760	日内瓦苏富比	2022-11-09
祖母绿钻石耳环一对, 格拉夫		738,007	日内瓦苏富比	2022-11-09
钻石"Merveilles Icicle"耳环		208,587	佳士得	2022-11-28
钻石吊坠耳环一对	长约40mm	24,658	巴黎苏富比	2022-09-30
钻石吊坠耳环一对, William Goldberg		876,384	日内瓦苏富比	2022-11-09
钻石耳环	长11.6cm×2	556,234	佳士得	2022-11-28
钻石耳环	2.2cm×1.6cm×2	87,449	纽约佳士得	2022-02-10
钻石耳环	4.1cm×1.5cm×2	75,524	纽约佳士得	2022-02-10
钻石耳环	4.0cm×2.2cm×2	201,501	纽约佳士得	2022-06-08
钻石耳环	7.6cm×2.5cm×2	37,986	纽约佳士得	2022-06-10
钻石耳环	2.2cm×0.6cm×2	18,571	纽约佳士得	2022-06-10
钻石耳环	3.0cm×2.3cm×2	63,309	纽约佳士得	2022-06-11
钻石耳环	长6.0cm×2	82,312	伦敦佳士得	2022-06-16
钻石耳环		140,409	佳士得	2022-05-25
钻石耳环		2,052,136	佳士得	2022-05-25
钻石耳环		237,615	佳士得	2022-05-25
钻石耳环		702,046	佳士得	2022-05-25
钻石耳环		1,026,068	佳士得	2022-05-25
钻石耳环		496,833	佳士得	2022-05-25
钻石耳环	3.3cm×2.2cm×2	224,026	巴黎佳士得	2022-07-07
钻石耳环	2.8cm×2.9cm×2	51,698	巴黎佳士得	2022-07-07
钻石耳环	2.4cm×2.5cm×2	73,239	巴黎佳士得	2022-07-07

拍品名称	物品尺寸	成交价RMB	拍卖公司	拍卖日期
钻石耳环		63,735	佳士得	2022-11-28
钻石耳环		49,248	保利香港	2022-07-13
钻石耳环、戒指首饰套装	耳环1.3cm×0.6cm×2	37,986	纽约佳士得	2022-06-11
钻石耳环吊坠一对	6.8cm×3.5cm×2	68,931	巴黎佳士得	2022-07-07
钻石耳环和无签名钻石耳环		27,825	纽约佳士得	2022-02-10
钻石耳环一对		30,822	巴黎苏富比	2022-09-30
钻石耳环一对		36,522	香港苏富比	2022-10-12
钻石耳环一对		27,391	香港苏富比	2022-10-12
钻石耳环一对		45,652	香港苏富比	2022-10-12
钻石耳环一对, 格拉夫		756,457	日内瓦苏富比	2022-11-09
钻石耳环组		19,080	纽约佳士得	2022-02-10
钻石耳夹一对	40mm×30mm×2	22,897	巴黎苏富比	2022-09-30
钻石耳夹一对		108,257	香港苏富比	2022-10-07
钻石耳夹一对, 格拉夫		322,878	日内瓦苏富比	2022-11-09
钻石耳坠一对		194,412	香港苏富比	2022-04-15
钻石耳坠一对		23,761	香港苏富比	2022-04-15
钻石耳坠一对		129,608	香港苏富比	2022-04-15
钻石和多宝石耳环		68,172	纽约佳士得	2022-04-08
钻石和珐琅耳环	2.9cm×1.3cm×2	75,971	纽约佳士得	2022-06-11
钻石和缟玛瑙耳环	2.7cm×2.7cm×2	37,986	纽约佳士得	2022-06-11
钻石和玛瑙耳夹一对, "Tiger", 卡地亚		784,133	日内瓦苏富比	2022-11-09
钻石及红宝石"Bombé Pavilion"耳环	耳环长4.1cm×2	440,352	佳士得	2022-11-28
钻石及黄色钻石耳环		48,670	佳士得	2022-11-28
钻石及养殖珍珠耳环	长6.5cm×2	301,293	佳士得	2022-11-28
钻石戒指及耳环套装		68,478	香港苏富比	2022-10-12
钻石戒指及耳环套装		46,170	保利香港	2022-07-13
钻石配宝石耳环及戒指套装		27,391	香港苏富比	2022-10-12
钻石配彩色钻石耳环及戒指套装		19,402	香港苏富比	2022-10-12
钻石手表和蓝宝石和钻石耳环		95,399	纽约佳士得	2022-02-10
胸针(别针)				
"Lucky Beans"祖母绿配钻石胸针		172,811	香港苏富比	2022-04-15
"豹"彩宝胸针		28,750	西泠印社	2022-01-23
"带翅膀的女士"银色和金色胸针（两枚装）	6.1cm×2.1cm和5.4cm×1.8cm	36,189	巴黎佳士得	2022-07-07
"花朵造型"彩色宝石及钻石胸针		17,442	保利香港	2022-07-13
"鹿鹿平安"彩色蓝宝石胸针吊坠两用款		34,500	西泠印社	2022-01-23
"骑着奇美拉的猴子"黄金胸针	5.1cm×2.8cm	43,082	巴黎佳士得	2022-07-07
"盛世牡丹"金镶红宝石配沙弗莱钻石胸针	108mm×60mm×25mm	97,750	西泠印社	2022-01-23
1.09克拉彩黄色钻石配钻石胸针		64,804	香港苏富比	2022-04-15
1.26克拉圆形钻石胸针	7.5cm×3.6cm	87,449	纽约佳士得	2022-02-10
12.14克拉祖母绿和钻石胸针		2,384,681	日内瓦佳士得	2022-05-11
14.39克拉缅甸抹谷红宝石配钻石及彩色宝石胸针, 未经加热		80,500	北京保利	2022-07-28
18K黄金"贵宾犬"胸针, 梵克雅宝设计	35mm×32mm	89,700	中国嘉德	2022-12-15
18K黄金"树叶"形胸针, 宝诗龙设计		28,750	中国嘉德	2022-12-15

2022翡翠珠宝拍卖成交汇总(续表)

拍品名称	物品尺寸	成交价RMB	拍卖公司	拍卖日期
18K黄金"小狐狸"胸针，宝诗龙设计		66,700	中国嘉德	2022-12-15
18K黄金镶钻石"花"形胸针，法国		28,750	中国嘉德	2022-12-15
18K黄金镶钻石"旋涡"胸针，Pierre Sterlé设计	89mm×42mm	322,000	中国嘉德	2022-12-15
18K黄金镶钻石胸针，法国		11,500	中国嘉德	2022-12-15
18K金镶钻翡翠一路有你胸针、吊坠两用		5,750	中国嘉德	2022-06-01
19世纪末天然珍珠和钻石蝴蝶结胸针	5.8cm×4.1cm	670,348	日内瓦佳士得	2022-11-08
19世纪晚期红宝石、合成红宝石、钻石和珍珠皇冠胸针	宽5.4cm	43,214	伦敦佳士得	2022-06-16
19世纪晚期蓝宝石和钻石胸针	长2.5cm	432,139	伦敦佳士得	2022-06-16
19世纪晚期天然珍珠和钻石胸针	长7.0cm	668,787	伦敦佳士得	2022-06-16
1950年制 18K金祖母绿及钻石蝴蝶造型胸针	3cm×2.5cm；重量约7.35g	9,200	西泠印社	2022-08-21
1950年制 黄金叶片饰胸针	8cm×2.2cm；总重量约16.64g	11,500	西泠印社	2022-08-21
1960年制 18K金祖母绿及钻石	3.6cm×3.8cm；重量约23.47g	23,000	西泠印社	2022-08-21
19世纪祖母绿和钻石胸针	5.1cm×4.2cm	86,164	巴黎佳士得	2022-07-07
2.00克拉无烧鸽血红红宝石戒指胸针		80,500	西泠印社	2022-08-21
20世纪早期的钻石璎珞胸针	长7.5cm	97,746	伦敦佳士得	2022-06-16
20世纪早期钻石和缟玛瑙鹦鹉胸针	长9.0cm	154,336	伦敦佳士得	2022-06-16
20世纪中期钻石花朵胸针两枚		77,168	伦敦佳士得	2022-06-16
22.05克拉海蓝宝石配彩色宝石及钻石胸针		63,250	北京保利	2022-07-28
25.88克拉缅甸星光蓝宝石胸针，未经加热		55,200	北京保利	2022-02-03
3.06克拉和3.29克拉钻石和钻石胸针	5.5cm×1.5cm	172,328	巴黎佳士得	2022-07-07
4.75克拉和4.52克拉钻石和钻石胸针两件	4.3cm×4.2cm×2	327,423	巴黎佳士得	2022-07-07
5.00克拉"艳绿色"祖母绿胸针/吊坠两用款		46,000	北京保利	2022-02-03
5.02克拉枕形戈尔康达浓彩橘粉红色钻石胸针	长6.6cm	9,242,985	佳士得	2022-11-28
54.22克拉帝王托帕石及钻石胸针		4,059,040	日内瓦苏富比	2022-11-09
92.01克拉粉色蓝宝石、蓝宝石和钻石胸针，monture Schlumberger，1950年		12,768,696	日内瓦苏富比	2022-11-09
Artdeco时期（1910-1935）铂金镶钻石胸针	50mm×28mm	97,750	西泠印社	2022-08-21
BOUCHERON珐琅和钻石胸针、耳环套装	耳环3.1cm×2.7cm，胸针4.3cm×3.8cm	77,547	巴黎佳士得	2022-07-07
BOUCHERON复古蓝宝石和钻石夹式胸针	4.9cm×3.9cm	64,168	纽约佳士得	2022-04-08
BUCCELLATI养殖珍珠、钻石和祖母绿蛾胸针	8.6cm×5.5cm	224,568	纽约佳士得	2022-04-08
CARNET钻石贝壳胸针	7.3cm×6.4cm	43,724	纽约佳士得	2022-02-10
CHAUMET珊瑚和钻石小鸟胸针	4.7cm×6.0cm	206,793	巴黎佳士得	2022-07-07
CHAUMET钻石胸针和红宝石钻石发夹一对套装		30,157	巴黎佳士得	2022-07-07
CLIP DE REVERS装饰艺术钻石胸针		64,623	巴黎佳士得	2022-07-07
ELIZABETH GAGE软玉、缟玛瑙和钻石胸针	8.5cm×8.3cm	27,012	纽约佳士得	2022-06-10
ELIZABETH GAGE钻石和多宝石耳环、胸针珠宝组合		33,765	纽约佳士得	2022-06-10
FRED FLOWER绿松石和钻石胸针	6.0cm×3.5cm	120,629	巴黎佳士得	2022-07-07
GROK白色蛋白石、翠榴石石榴石和钻石胸针	10.2cm×9.4cm	68,931	巴黎佳士得	2022-07-07
JAR多宝石、彩色钻石和钻石"彩色花束"胸针	13.9cm×12.3cm	2,015,012	纽约佳士得	2022-06-08
JAR多宝石、钻石和漆面"鹦鹉郁金香"胸针	10.1cm×11.0cm	5,541,283	纽约佳士得	2022-06-08
JAR多宝石和钻石"VITRAIL FLEUR-DE-LYS"胸针	8.6cm×8.4cm	3,022,518	纽约佳士得	2022-06-08
JAR多宝石和钻石叶子胸针	14.5cm×10.5cm	3,358,354	纽约佳士得	2022-06-08
JAR尖晶石和红宝石贝壳胸针		1,007,506	纽约佳士得	2022-06-08
JAR三颗钻石、红宝石和彩色蓝宝石"FLEUR-POMPONS"胸针	8.6cm×5.2cm	3,862,107	纽约佳士得	2022-06-08
JAR钻石、绿色石榴石和彩色蓝宝石"水彩花卉"胸针	.8cm×8.8cm	1,606,550	纽约佳士得	2022-04-13
JEAN FOUQUET青金石和翡翠戒指、天芥菜戒指及胸针套装	胸针4.4cm×1.4cm×0.4cm	38,774	巴黎佳士得	2022-07-07
K金配钻石胸针/挂坠及耳坠套装		79,892	香港苏富比	2022-10-12
K金配钻石胸针及耳坠套装		85,598	香港苏富比	2022-10-12
MARCUS & CO.古董火欧泊和钻石吊坠胸针	3.2cm×2.3cm	67,530	纽约佳士得	2022-06-10
MARINA B两枚蓝宝石、彩色蓝宝石、钻石和缟玛瑙胸针	每颗3.2cm×1.6cm	35,805	纽约佳士得	2022-02-09
MARINA B钻石蝴蝶结胸针	4.1cm×4.1cm	33,418	纽约佳士得	2022-02-09
Michael Youssoufian "Fairy On The Moon"天然翡翠配白色刚玉及钻石胸针/挂坠		228,262	香港苏富比	2022-10-12
MICHELE DELLA VALLE一对彩色蓝宝石和钻石蟹棒别针	4.1cm×3.7cm	13,506	纽约佳士得	2022-06-11
Michele della Valle钻石配沙弗莱石胸针		273,491	香港苏富比	2022-10-12
NARDI绿松石、钻石和红宝石鸟龟胸针	6.8cm×4.0cm	33,765	纽约佳士得	2022-06-10
PAUL KUTCHINSKY珊瑚、钻石、祖母绿和金鸟胸针	9.9cm×5.0cm	72,183	纽约佳士得	2022-04-08
RAYMOND TEMPLIER钻石胸针	6.5cm×3.5cm	73,239	巴黎佳士得	2022-07-07
RENÉ BOIVIN复古蓝宝石、钻石和黄金夹式胸针		135,148	纽约佳士得	2022-02-10
REZA雕刻祖母绿、蓝宝石和钻石"LA PAGODE"胸针	10.0cm×6.8cm	1,024,143	日内瓦佳士得	2022-11-08
SABBADINI彩色蓝宝石和钻石花朵胸坠一胸针	3.8cm×3.8cm	50,647	纽约佳士得	2022-06-10
Schlumberger镶嵌钻石胸针		74,185	香港苏富比	2022-10-12
Seaman SCHEPPS蓝宝石和钻石胸针	3.5cm×3.1cm	27,012	纽约佳士得	2022-06-10
ZADORA多宝石和钻石胸针	8.3cm×6.7cm	50,647	纽约佳士得	2022-06-11
阿德勒宝石镶嵌和水晶胸针		15,492	巴黎苏富比	2022-09-28

拍品名称	物品尺寸	成交价RMB	拍卖公司	拍卖日期
爱德华时期 铂金绸蔓飘带饰珍珠胸针	4mm×4.6mm；重量约11.6g	20,700	西泠印社	2022-01-23
爱德华时期 蝴蝶结饰钻石镶嵌野生米珠胸针	6.5cm×2cm；重量约15.05g	69,000	西泠印社	2022-01-23
爱德华时期 蝴蝶结蔓枝饰双拼18K白金钻石三件套组	耳环2.9cm×1.9cm，重量17.2g；胸针4.5cm×5.2cm，重量31.6g	425,500	西泠印社	2022-01-23
爱德华时期 花环绸蔓饰钻石及红宝石胸针	4.5cm×6cm；重量约12.74g	74,750	西泠印社	2022-08-21
爱德华时期 钻石镶嵌蓝宝石蝴蝶结造型胸针	6cm×1.5cm；重量约10.6g	40,250	西泠印社	2022-08-21
爱德华时期 钻石镶嵌珍珠胸针	5cm×2.2cm；重量约11.4g	71,300	西泠印社	2022-08-21
爱马仕黄金胸针、耳夹		48,435	巴黎苏富比	2022-09-30
爱马仕钻石和黄金胸针	5.3cm×1.6cm	29,544	纽约佳士得	2022-06-10
宝格丽19.76克拉淡黄色，自然色VS2净度彩色钻石和钻石胸针		2,518,765	纽约佳士得	2022-06-08
宝格丽金牛座胸针	5.7cm×3.5cm	27,012	纽约佳士得	2022-06-11
宝格丽祖母绿和钻石胸针	5.7cm×2.9cm	190,959	纽约佳士得	2022-02-09
宝格丽钻石胸针	46mm×32mm	81,761	巴黎苏富比	2022-09-28
宝格丽钻石胸针		155,095	巴黎佳士得	2022-07-07
宝石 "Rajah" 胸针		259,217	佳士得	2022-05-25
宝石 "Tutti Frutti" 胸针	长4.5cm	556,234	佳士得	2022-11-28
宝石 "Tutti Frutti" 胸针		280,818	佳士得	2022-05-25
宝石配钻石胸针		75,605	香港苏富比	2022-04-15
宝石配钻石胸针/挂坠三枚		86,405	香港苏富比	2022-04-15
碧玺及钻石胸针		162,010	佳士得	2022-05-25
铂金镶钻石 "花篮" 胸针，Goldsmith Silversmith设计		32,200	中国嘉德	2022-12-15
布契拉提珊瑚和珍珠胸针	68mm×48mm	33,464	巴黎苏富比	2022-09-30
布契拉提 养殖珍珠胸针		43,370	香港苏富比	2022-10-12
彩色宝石配钻石 "公鸡" 胸针，SEAMAN SCHEPPS	43mm×58mm	101,200	中国嘉德	2022-06-27
彩色宝石配钻石胸针及戒指套装		53,352	保利香港	2022-07-13
彩色钻石配钻石及祖母绿胸针		70,204	香港苏富比	2022-04-15
彩色钻石配钻石胸针		216,849	香港苏富比	2022-10-12
陈世英 钻石配贝母及宝石胸针		934,426	香港苏富比	2022-10-07
大卫·韦伯 "海豚" 珊瑚、珐琅、祖母绿和钻石胸针/吊坠	6.0cm×6.5cm×1.7cm	103,397	巴黎佳士得	2022-07-07
大卫·韦伯 多宝石和钻石胸针	5.2cm×4.9cm	135,060	纽约佳士得	2022-06-10
大卫·韦伯 养殖珍珠和钻石胸针	7.8cm×4.0cm	208,527	纽约佳士得	2022-04-08
大卫·韦伯钻石、蓝宝石和绿松石胸针	5.1cm×3.9cm	36,091	纽约佳士得	2022-04-08
大卫·韦伯 钻石和珐琅 "马耳他" 吊坠/胸针	5.3cm×5.3cm	71,751	纽约佳士得	2022-06-11
蒂芙尼（Tiffany & Co.）18K黄金麦穗造型胸针	4.6cm×3.7cm；重量约13.34g	17,250	西泠印社	2022-01-23
蒂芙尼 JEAN SCHLUMBERGER MABE珍珠、蓝宝石和钻石胸针	长4.5cm	103,348	纽约佳士得	2022-02-10
蒂芙尼 JEAN SCHLUMBERGER 多宝石吊坠—胸针和耳环	吊坠/胸针5.1cm×5.1cm；耳环2.2cm×2.2cm×2	67,574	纽约佳士得	2022-02-10
蒂芙尼 JEAN SCHLUMBERGER 红宝石、钻石和黄金胸针	4.4cm×3.2cm	35,774	纽约佳士得	2022-02-10
蒂芙尼 K金配宝石胸针 两枚		62,772	香港苏富比	2022-10-12
蒂芙尼 PAULDING FARNHAM 古董钻石和珐琅兰花胸针	6.2cm×5.2cm	2,088,516	纽约佳士得	2022-04-13
蒂芙尼 Schlumberger设计 "Bird on a Rock" 紫水晶配钻石胸针		259,217	香港苏富比	2022-04-15
蒂芙尼 多宝石、珐琅和钻石小鸟胸针	10.8cm×6.4cm	92,854	纽约佳士得	2022-06-11
蒂芙尼 灰色养殖珍珠和钻石耳环和钻石星爆胸针	胸针长4.5cm，耳环长1.7cm×2	47,699	纽约佳士得	2022-02-10
蒂芙尼 绿松石配蓝宝石 "海星" 造型胸针		20,520	保利香港	2022-07-13
蒂芙尼 钻石和红宝石骑师胸针	5.4cm×4.8cm	128,337	纽约佳士得	2022-04-07
蒂芙尼 钻石和黄金花朵胸针	5.6cm×4.8cm	103,348	纽约佳士得	2022-02-10
蒂芙尼 钻石和金耳环以及JEAN Schlumberger镶嵌的钻石和金胸针	胸针长3.7cm	127,198	纽约佳士得	2022-02-10
蒂芙尼 钻石和蓝宝石 "TIFFANY ENCHANT" 蜻蜓吊坠—胸针（一对）	较大的4.7cm×4.1cm；较小的2.9cm×2.9cm	50,647	纽约佳士得	2022-06-11
蒂芙尼 钻石和祖母绿蜥蜴胸针	6.0cm×2.5cm	50,647	纽约佳士得	2022-06-11
蒂芙尼 钻石胸针	5.4cm×1.9cm	63,309	纽约佳士得	2022-06-10
蒂芙尼钻石蓝宝石蜻蜓胸针		149,500	永乐拍卖	2022-07-26
多宝石和钻石胸针、戒指首饰套装	胸针6.8cm×6.8cm	143,501	纽约佳士得	2022-06-11
梵克雅宝，水晶，红宝石和蓝宝石胸针	4.1cm×(2.0—2.5cm)	51,698	巴黎苏富比	2022-07-07
梵克雅宝 "CLÉMATITE" 耳环和银木和钻石胸针套装	耳环3.7cm×3.7cm×2，胸针6.8cm×5.3cm	327,423	巴黎苏富比	2022-07-07
梵克雅宝 "Feuille de Platane" 蓝宝石配钻石胸针		2,484,165	香港苏富比	2022-04-29
梵克雅宝 "Rose de Noël" 贝母配钻石胸针		74,185	香港苏富比	2022-10-12
梵克雅宝 "格里芬" 蓝宝石胸针	6.4cm×6.6cm	86,164	巴黎佳士得	2022-07-07
梵克雅宝 "狮子" 绿玉髓和高玛瑙胸针	7.5cm×7.5cm	129,246	巴黎佳士得	2022-07-07
梵克雅宝 BELLE ÉPOQUE 钻石酒吧胸针	长10.3cm	38,501	纽约佳士得	2022-04-07
梵克雅宝宝石配钻石胸针及宝石胸针		91,305	香港苏富比	2022-10-12
梵克雅宝 多宝石和钻石 "LES JARDINS" 胸针	4.7cm×4.7cm	755,630	纽约佳士得	2022-06-08
梵克雅宝 红宝石、蓝宝石和钻石 "POUSSIN" 胸针	3.3cm×2.5cm	77,547	巴黎佳士得	2022-07-07
梵克雅宝 红宝石和金胸针	80mm×20mm	36,987	巴黎苏富比	2022-09-30
梵克雅宝 黄金和钻石半套	胸针直径约35mm，耳夹直径约33mm	94,671	巴黎苏富比	2022-09-28
梵克雅宝 可变形乌木和钻石胸针	6.0cm×5.7cm	137,862	巴黎佳士得	2022-07-07
梵克雅宝 可变形艺术装饰钻石胸针	2.2cm×(4.3—5.8cm)	430,819	巴黎佳士得	2022-07-07
梵克雅宝 蓝宝石和钻石胸针	52mm×36mm	42,271	巴黎苏富比	2022-09-30
梵克雅宝 绿松石和钻石胸针	8.3cm×5.4cm	160,384	纽约佳士得	2022-06-10
梵克雅宝 绿玉髓、缟玛瑙和金狮子吊坠/胸针	带吊坠箍8.6cm×7.1cm；胸针7.8cm×7.1cm	104,264	纽约佳士得	2022-04-08
梵克雅宝 木质蝴蝶胸针	5.7cm×4.4cm	40,518	纽约佳士得	2022-06-10
梵克雅宝 青金石、绿松石和钻石吊坠/胸针	6.3cm×6.3cm	202,590	纽约佳士得	2022-06-10

拍品名称	物品尺寸	成交价RMB	拍卖公司	拍卖日期
梵克雅宝 珊瑚和钻石"ROSE DE NOËL"胸针	3.8cm × 3.8cm	101,295	纽约佳士得	2022-06-10
梵克雅宝 玉髓、钻石和蓝宝石"芭蕾舞女演员"胸针	6.0cm × 5.6cm	1,007,506	纽约佳士得	2022-06-08
梵克雅宝 祖母绿、红宝石和钻石蜂鸟胸针	长2.5cm	56,590	伦敦佳士得	2022-06-16
梵克雅宝 钻石、红宝石和金龙胸针	7.3cm × 4.1cm	54,868	纽约佳士得	2022-06-11
梵克雅宝 钻石"LUDO HEXAGONE"夹式胸针, 约1940年	长3.8cm	246,937	伦敦佳士得	2022-06-16
梵克雅宝 钻石和缟玛瑙胸针	2.9cm × 3.1cm	64,168	纽约佳士得	2022-04-07
梵克雅宝 钻石和黄金胸针	5.2cm × 3.4cm	59,624	纽约佳士得	2022-02-10
梵克雅宝 钻石蝴蝶胸针	4.1cm × 3.9cm	75,971	纽约佳士得	2022-06-10
梵克雅宝 钻石胸针	5.7cm × 5.4cm	403,002	纽约佳士得	2022-06-08
翡翠及钻石胸针		91,806	佳士得	2022-05-25
翡翠及钻石胸针		118,807	佳士得	2022-05-25
翡翠及钻石胸针/吊坠及戒指		48,603	佳士得	2022-05-25
翡翠及钻石胸针一对		86,405	佳士得	2022-05-25
翡翠与钻石胸针	7.3cm × 3.7cm	218,293	纽约佳士得	2022-06-08
粉红色钻石配钻石胸针		706,517	香港苏富比	2022-10-07
高楠设计 天然满绿翡翠配钻石及粉色宝石胸针		69,000	北京保利	2022-07-28
缟玛瑙、珊瑚和钻石胸针	40mm × 28mm	19,374	巴黎苏富比	2022-09-30
古柏林 红宝石配钻石胸针		41,042	香港苏富比	2022-04-15
古董宝石镶嵌和钻石"SAINT ESPRIT"胸针	长12.0cm	246,937	伦敦佳士得	2022-06-16
古董海蓝宝石胸针	长2.5cm	72,023	伦敦佳士得	2022-06-16
古董蓝宝石和钻石吊坠胸针	3.8cm × 3.2cm	135,148	纽约佳士得	2022-02-10
古董蓝宝石和钻石胸针	4.5cm × 3.8cm	512,072	日内瓦佳士得	2022-11-08
古董紫水晶、钻石和珐琅吊坠胸针	13.5cm × 5.8cm	403,002	纽约佳士得	2022-06-08
古董钻石和珐琅蝴蝶结胸衣装饰	9.5cm × 8.0cm	293,856	纽约佳士得	2022-06-08
古董钻石酒吧胸针		27,338	纽约佳士得	2022-08-18
古董钻石胸针	长4.1cm	55,649	纽约佳士得	2022-02-10
古董钻石胸针	8.2cm × 3.0cm	101,295	纽约佳士得	2022-06-10
钻罐彩色蓝宝石、红宝石和钻石花朵胸针	红宝石胸针 4.0cm × 4.2cm; 钻石胸针 3.8cm × 4.00cm	1,107,173	日内瓦佳士得	2022-05-11
钻罐黄水晶、石榴石和钻石"三色堇"胸针	6.6cm × 6.6cm × 2	2,350,848	纽约佳士得	2022-06-08
钻罐蓝宝石、钻石、碧玺和绿色石榴石"绿色兰花"胸针	7.0cm × 7.0cm; 7.3cm × 7.3cm	2,015,012	纽约佳士得	2022-06-08
钻罐玛瑙、钻石和蓝宝石斑马胸针		3,694,189	纽约佳士得	2022-06-08
海蓝宝石、钻石和水晶胸针, Suzanne Belperron, 约1935年		350,553	日内瓦苏富比	2022-11-09
海螺珠配钻石胸针, 约1925年		182,327	香港苏富比	2022-10-07
海蓝宝石、钻石及有色蓝宝石"Bird on a Rock"胸针	长7.3cm	521,469	佳士得	2022-11-28
海蓝宝石及钻石"Wrapped"胸针	长4.1cm	173,823	佳士得	2022-11-28
红宝石、尖晶石和钻石胸针	65mm × 70mm	36,147	巴黎苏富比	2022-09-28
红宝石、祖母绿和钻石吊坠—胸针	4.7cm × 4.2cm	42,206	纽约佳士得	2022-06-10
红宝石、钻石和黄金胸针	27mm × 47mm	7,926	巴黎苏富比	2022-09-30
红宝石和钻石双夹胸针	8.2cm × 3.2cm	160,421	纽约佳士得	2022-04-07
红宝石和钻石胸针	5.3cm × 4.9cm	54,868	纽约佳士得	2022-06-06
红宝石和钻石胸针	4.5cm × 3.5cm	13,506	纽约佳士得	2022-06-10
红宝石和钻石胸针	直径约30mm	14,971	巴黎苏富比	2022-09-30
红宝石及钻石胸针		561,637	佳士得	2022-05-25
红宝石及钻石胸针		156,827	日内瓦苏富比	2022-11-09
红宝石及钻石胸针		35,814	保利香港	2022-10-11
红宝石配钻石胸针		34,239	香港苏富比	2022-10-12
花朵造型胸针		5,750	永乐拍卖	2022-07-26
黄金和钻石胸针、戒指首饰		42,271	巴黎苏富比	2022-09-30
黄色钻石"十字架"胸针		5,750	北京保利	2022-02-03
黄水晶及钻石"Bird on a Rock"胸针	长5.3cm	370,823	佳士得	2022-11-28
黄水晶配彩色钻石及钻石挂坠; 及钻石胸针		12,554	香港苏富比	2022-10-12
金镶1.044克拉赞比亚祖母绿胸针		46,000	西泠印社	2022-08-21
金镶1.68克拉无烧红宝石胸针		80,500	西泠印社	2022-08-21
金镶翡翠蝴蝶针		172,500	西泠印社	2022-08-21
金镶翡翠蝴蝶胸针		109,250	西泠印社	2022-08-21
金镶海水金珠胸针		59,800	西泠印社	2022-08-21
金镶钻石蝴蝶结胸针		51,750	西泠印社	2022-08-21
金胸针	80mm × 35mm	30,822	巴黎苏富比	2022-09-30
金与珐琅胸针"豹"	7.0cm × 1.8cm	17,233	巴黎佳士得	2022-07-07
卡地亚"Panthère"钻石配蓝宝石及祖母绿胸针		378,025	香港苏富比	2022-04-15
卡地亚"带雨伞的鸭子"石英砂金石和红宝石胸针	4.0cm × 2.9cm × 1.4cm	56,006	巴黎佳士得	2022-07-07
卡地亚 4.96克拉蓝宝石和钻石胸针	3.0cm × 2.9cm	2,757,243	巴黎佳士得	2022-07-07
卡地亚 ART DECO 多宝石和钻石"TUTTI FRUTTI"夹	3.6cm × 2.6cm	304,799	纽约佳士得	2022-04-07
卡地亚 ART DECO 翡翠、钻石和珐琅胸针	3.3cm × 2.2cm	128,337	纽约佳士得	2022-04-07
卡地亚 ART DECO 一对钻石夹胸针	3.3cm × 2.8cm × 2	682,784	纽约佳士得	2022-04-13
卡地亚 K金、钻石配祖母绿胸针; 及K金、养殖珍珠配祖母绿耳环及挂坠套装		91,305	香港苏富比	2022-10-12
卡地亚多宝石、钻石和黄金花朵胸针	8.2cm × 4.8cm	240,983	纽约佳士得	2022-04-13
卡地亚 多宝石鸟胸针	7.3cm × 3.5cm	72,189	纽约佳士得	2022-04-07
卡地亚 珐琅、红宝石和金胸针	50mm × 30mm	52,838	巴黎苏富比	2022-09-30
卡地亚 珐琅、珊瑚、红宝石和钻石胸针	25mm × 40mm	52,838	巴黎苏富比	2022-09-30
卡地亚 珐琅、祖母绿和金色长颈鹿胸针	7.0cm × 3.5cm	118,177	纽约佳士得	2022-06-10
卡地亚 复古青金石胸针	长8.6cm	61,734	伦敦佳士得	2022-06-16
卡地亚 海蓝宝石和钻石夹		55,649	纽约佳士得	2022-02-10
卡地亚虎眼石、漆面和碧松石鸭胸针	5.7cm × 2.2cm	80,210	纽约佳士得	2022-04-07
卡地亚伯爵 宝石胸针及玉髓配钻石戒指		64,804	香港苏富比	2022-04-15
卡地亚 蓝宝石、红宝石、祖母绿和钻石胸针	长8.2cm	246,937	伦敦佳士得	2022-06-16
卡地亚 蓝宝石和钻石别针	长约70mm	30,822	巴黎苏富比	2022-09-30

拍品名称	物品尺寸	成交价RMB	拍卖公司	拍卖日期
卡地亚 两个引脚胸针		61,645	巴黎苏富比	2022-09-30
卡地亚 青金石、钻石、种子珍珠和黄金花朵胸针	9.5cm×3.5cm	44,112	纽约佳士得	2022-04-08
卡地亚 珊瑚、钻石和漆面瓢虫胸针	2.2cm×1.9cm	84,412	纽约佳士得	2022-06-10
卡地亚 珊瑚和钻石水母胸针	6.0cm×3.5cm	136,358	纽约佳士得	2022-04-07
卡地亚 水晶、蓝宝石和钻石胸针	3.1cm×2.5cm×0.6cm	155,095	巴黎佳士得	2022-07-07
卡地亚 天然珍珠领带夹	长约75mm	94,671	巴黎苏富比	2022-09-28
卡地亚 镶嵌的粉色蓝宝石、红宝石和钻石胸针	长7.7cm	3,917,690	日内瓦佳士得	2022-05-11
卡地亚 装饰艺术蓝宝石和钻石胸针	6.1cm×4.5cm	104,273	纽约佳士得	2022-04-07
卡地亚 祖母绿、缟玛瑙和珐琅"PANTHÈRE"胸针	长6.1cm	92,601	伦敦佳士得	2022-06-16
卡地亚 祖母绿和钻石胸针	3.6cm×3.0cm	319,044	纽约佳士得	2022-06-08
卡地亚 钻石和多宝石PANTHÈRE胸针	3.2cm×1.6cm	256,673	纽约佳士得	2022-04-07
卡地亚 钻石和红宝石"LE BAISER DU DRAGON"夹子	2.5cm×1.6cm×2	71,751	纽约佳士得	2022-06-11
卡地亚 钻石和蓝宝石胸针		33,389	纽约佳士得	2022-02-10
卡地亚 钻石胸针		95,399	纽约佳士得	2022-02-10
可变形钻石双胸针	6.3cm×(2.7cm—5.5cm)	68,931	巴黎佳士得	2022-07-07
可变形钻石胸针	7.8cm×5.2cm	73,239	巴黎佳士得	2022-07-07
蓝宝石和钻石双夹胸针	长7.5cm	77,168	伦敦佳士得	2022-06-16
蓝宝石和钻石胸针	60mm×38mm	52,838	巴黎苏富比	2022-09-30
蓝宝石和钻石胸针	6.7cm×4.9cm	127,198	纽约佳士得	2022-02-10
蓝宝石和钻石胸针	3.6cm×3.5cm	516,983	巴黎佳士得	2022-07-07
蓝宝石和钻石胸针	直径3.0cm	25,849	巴黎佳士得	2022-07-07
蓝宝石及钻石胸针	胸针长8.5cm	405,587	佳士得	2022-11-28
蓝宝石配0.50和0.41克拉D色钻石胸针		34,239	香港苏富比	2022-10-12
蓝宝石配沙弗莱石及钻石胸针		32,402	香港苏富比	2022-04-15
蓝宝石配钻石胸针		21,685	香港苏富比	2022-10-12
蓝色玉髓、翠绿石榴石和钻石胸针	6.5cm×7.5cm	51,698	巴黎佳士得	2022-07-07
珐琅、石榴石和天然珍珠胸针、耳夹,19世纪末		10,568	巴黎苏富比	2022-09-30
李宜修设计 0.31克拉粉钻蝴蝶造型胸针/吊坠两用款		74,750	永乐拍卖	2022-07-26
两个吊坠和两个胸针		17,613	巴黎苏富比	2022-09-30
两枚红宝石和钻石胸针	40mm×30mm×2	28,180	巴黎苏富比	2022-09-30
卢兹·卡米诺四枚石英、黄水晶、紫水晶、珍珠和钻石胸针	尺寸不一	47,335	巴黎苏富比	2022-09-28
玛丽莲·梦露猫眼祖母绿钻石胸针		1,150,000	永乐拍卖	2022-07-26
缅甸天然满绿翡翠"蝴蝶"胸针		55,200	北京保利	2022-02-03
莫布桑珐琅钻石珊瑚胸针	50mm×80mm	94,671	巴黎苏富比	2022-09-28
莫布森钻石胸针	35mm×13mm	14,971	巴黎苏富比	2022-09-30
木化石、养殖珍珠和钻石胸针	55mm×40mm	17,613	巴黎苏富比	2022-09-30
秦依依设计 天然满绿翡翠"戏水"配钻石及蓝宝石胸针		101,200	北京保利	2022-07-28
青金石和钻石胸针吊坠	40mm×41mm	13,210	巴黎苏富比	2022-09-30
青金石配钻石胸针及红宝石配钻石胸针/挂坠		15,978	香港苏富比	2022-10-12

拍品名称	物品尺寸	成交价RMB	拍卖公司	拍卖日期
软玉、虎眼石和金胸针	55mm×55mm	81,761	巴黎苏富比	2022-09-28
珊瑚和钻石胸针吊坠	70mm×40mm	48,435	巴黎苏富比	2022-09-30
19世纪 石榴石和钻石胸针手表		26,419	巴黎苏富比	2022-09-30
石榴石配钻石胸针,20世纪初		129,608	香港苏富比	2022-04-15
20世纪60年代 史隆伯杰为蒂芙尼设计"石上鸟"胸针		310,500	永乐拍卖	2022-07-26
双色金胸针、耳夹		44,032	巴黎苏富比	2022-09-30
斯里兰卡蓝宝石配酷石"蝴蝶"胸针		57,500	中国嘉德	2022-12-15
钛金属配钻石胸针		47,935	香港苏富比	2022-10-12
天然碧玺马头胸针		28,750	保利厦门	2022-10-21
天然翡翠蛋面戒指及胸针	胸针长3.8cm	173,823	佳士得	2022-11-28
天然翡翠蛋面胸针及耳环套装	胸针长9.1cm,耳环长3.2cm×2	393,999	佳士得	2022-11-28
天然翡翠雕"怀古"配钻石胸针/吊坠		54,003	香港苏富比	2022-04-29
天然翡翠吊坠及吊坠/胸针	吊坠长4.8cm	150,646	佳士得	2022-11-28
天然翡翠及钻石"蝴蝶造型"胸针		6,511	保利香港	2022-10-11
天然翡翠及钻石"马"胸针		56,430	保利香港	2022-07-13
天然翡翠配宝石及钻石珠宝首饰		172,811	香港苏富比	2022-04-15
天然翡翠配红宝石及钻石胸针及挂坠		37,802	香港苏富比	2022-04-15
天然翡翠配钻石胸针		13,696	香港苏富比	2022-10-12
天然翡翠胸针	胸针长6.2cm	127,470	佳士得	2022-11-28
天然翡翠胸针	胸针长7.5cm	127,470	佳士得	2022-11-28
天然翡翠胸针	长6.0cm	463,528	佳士得	2022-11-28
天然翡翠胸针、戒指首饰套装	胸针长5.1cm	48,670	佳士得	2022-11-28
天然满绿翡翠"叶子"配钻石胸针		25,300	北京保利	2022-07-28
天然满绿翡翠蛋面配钻石及彩色宝石胸针	9.0cm×7.6cm	207,000	北京保利	2022-07-28
天然满绿翡翠配钻石及彩色宝石胸针		23,000	北京保利	2022-07-28
天然珍珠、有色钻石及钻石胸针		237,615	佳士得	2022-05-25
天然珍珠和钻石胸针	3.8cm×3.5cm	60,158	纽约佳士得	2022-04-07
天然珍珠和钻石胸针,1890年		175,277	日内瓦苏富比	2022-11-09
天然珍珠配钻石及缟玛瑙胸针		54,003	香港苏富比	2022-04-15
维多利亚时代镶嵌珐琅、红宝石、祖母绿和钻石蛇胸针	8.8cm×(2.8—4.5cm)	77,547	巴黎佳士得	2022-07-07
维多利亚时期 Mellerio 金银叠打钻石颤抖花胸针		115,000	西泠印社	2022-08-21
维多利亚时期 花束系列鸢尾花造型钻石胸针	10.4cm×5cm;重量55.4g	195,500	西泠印社	2022-01-23
维多利亚时期 花束造型颤抖花钻石胸针	12.3cm×6.8cm;重量66.2g	747,500	西泠印社	2022-01-23
维多利亚时期贾斯·拉姆齐·邓迪(JASRAMSAY DUNDEE)钻石及珍珠花叶饰胸针"胸针及吊坠两用款式"	6.6cm×7.6cm;重量约29g	92,000	西泠印社	2022-08-21
维多利亚时期 珍珠流苏饰盒式(Locket)胸针	4cm×7.8cm;重量27.2g	32,200	西泠印社	2022-01-23
维多利亚时期 18K金花朵造型流苏胸针	4.5cm×7cm;重量约19.5g	28,750	西泠印社	2022-08-21
维多利亚时期 彩宝镶嵌珐琅彩绘神话人物饰胸针	6cm×4.6cm;重量约20.46g	17,250	西泠印社	2022-08-21
维多利亚时期 太阳花叶饰颤抖花钻石胸针	20cm×5.5cm;重量约61g	586,500	西泠印社	2022-08-21

拍品名称	物品尺寸	成交价RMB	拍卖公司	拍卖日期
维多利亚时期 新月花叶饰钻石胸针	3.5cm×3cm; 重量约8.5g	105,800	西泠印社	2022-08-21
维多利亚时期 新月钻石胸针	3.5cm×3cm; 重量约8.5g	40,250	西泠印社	2022-08-21
维多利亚时期 钻石镶嵌蓝珐琅胸针	7cm×4cm; 重量27.5g	138,000	西泠印社	2022-01-23
香奈儿缟玛瑙和钻石胸针		103,277	巴黎苏富比	2022-09-28
镶宝石和养殖珍珠胸针	105mm×65mm	17,613	巴黎苏富比	2022-09-30
新艺术时期 花环叶片饰黄金及钻石胸针	4.2cm×3.8cm; 重量约9.71g	17,250	西泠印社	2022-08-21
胸针、耳环钻石首饰组	胸针4.45cm×2.86cm; 耳环2.5cm×2.5cm×2	27,012	纽约佳士得	2022-06-11
亚历山大·雷扎祖母绿和钻石胸针	25mm×30mm	30,822	巴黎苏富比	2022-09-30
养殖珍珠和钻石胸针	78mm×32mm	30,822	巴黎苏富比	2022-09-30
养殖珍珠配祖母绿及钻石胸针/挂坠		76,950	保利香港	2022-07-13
养殖珍珠配钻石胸针		22,826	香港苏富比	2022-10-12
养殖珍珠配钻石胸针及钻石胸针		15,978	香港苏富比	2022-10-12
一对钻石胸针	4.4cm×2.9cm×2	64,162	纽约佳士得	2022-04-08
银色"嵌合体"胸针	6.4cm×4.5cm×0.9cm	8,616	巴黎佳士得	2022-07-07
有色钻石及钻石胸针		75,605	佳士得	2022-05-25
有色钻石及钻石胸针		216,014	佳士得	2022-05-25
约1930年 Art Nouveau 新艺术时期风格 铂金胸针		13,800	保利厦门	2022-10-21
约1930年 布契拉提（Mario Buccellati）金银叠打工艺祖母绿钻石胸针		97,750	西泠印社	2022-08-21
约1970年 18K蓝绿珐琅花朵胸针		9,200	保利厦门	2022-10-21
珍珠和钻石夹式胸针	长2.7cm	72,023	伦敦佳士得	2022-06-16
珍珠及钻石胸针/顶链		216,014	佳士得	2022-05-25
珍珠配珐琅彩及钻石胸针		28,081	香港苏富比	2022-04-15
珍珠配珐琅彩及钻石胸针		32,402	香港苏富比	2022-04-15
装饰艺术翡翠钻石胸针	6.2cm×2.9cm	52,132	纽约佳士得	2022-04-08
装饰艺术红宝石和钻石夹式胸针	3.8cm×3.5cm	51,674	纽约佳士得	2022-02-10
装饰艺术时期（ART DECO）星盘月相钻石胸针	6.3cm×3cm; 重量约13.17g	17,250	西泠印社	2022-08-21
装饰艺术时期（ART DECO）钻石及珍珠胸针	8.2cm×1.2cm; 总重量约13.47g	13,800	西泠印社	2022-08-21
装饰艺术时期（ART DECO）白金镶嵌钻石、祖母绿胸针	9cm×1.1cm; 重量约10.33g	48,300	西泠印社	2022-01-23
装饰艺术时期（ART DECO）双拼18K白金钻石胸针	5.3cm×2.6cm; 重量约24.99g	86,250	西泠印社	2022-08-21
装饰艺术祖母绿和钻石胸针	7.5cm×2.1cm	103,348	纽约佳士得	2022-02-10
总重50.22克拉缅甸抹谷红宝石配钻石胸针，未经加热		40,250	北京保利	2022-07-28
祖母绿和钻石吊坠胸针	7.6cm×3.8cm	235,085	纽约佳士得	2022-06-08
祖母绿和钻石吊坠-胸针	3.0cm×2.1cm	59,089	纽约佳士得	2022-06-11
祖母绿和钻石胸针	6.2cm×4.0cm	603,147	巴黎佳士得	2022-07-07
祖母绿蓝宝石宝花钻石胸针		998,200	永乐拍卖	2022-07-26
祖母绿配钻石冠冕/耳环/胸针		302,420	香港苏富比	2022-04-29
祖母绿配钻石胸针及耳环套装，TRABERT AND HOEFFER-MAUBOUSSIN，年份约1950		49,450	中国嘉德	2022-06-27
钻石、祖母绿及绿松石胸针		280,818	佳士得	2022-05-25
钻石"蜻蜓"胸针，赵心绮设计	85mm×69mm	782,000	中国嘉德	2022-12-15
钻石"小花园"系列胸针，宝格丽设计	53mm×51mm	747,500	中国嘉德	2022-12-15
钻石吊坠-胸针		9,540	纽约佳士得	2022-02-10
钻石和铂金胸针一对		17,086	纽约佳士得	2022-08-18
钻石和黄金胸针	7.0cm×3.8cm	15,194	纽约佳士得	2022-06-11
钻石和黄金胸针、耳环首饰套装	胸针长5.0cm; 耳环长6.0cm×2	56,142	纽约佳士得	2022-04-08
钻石和镍夹胸针一对	长6.3cm×2	87,457	伦敦佳士得	2022-06-16
钻石和祖母绿吊坠/胸针		280,736	纽约佳士得	2022-04-07
钻石和祖母绿胸针	7.9cm×5.0cm	48,126	纽约佳士得	2022-04-07
钻石花朵胸针	4.1cm×3.6cm	59,089	纽约佳士得	2022-06-10
钻石花朵胸针	5.0cm×4.5cm	46,427	纽约佳士得	2022-06-11
钻石及母贝"Papillon"胸针		129,608	佳士得	2022-05-25
钻石及祖母绿胸针		387,454	日内瓦苏富比	2022-11-09
钻石夹	35mm×40mm	43,032	巴黎苏富比	2022-09-28
钻石夹式胸针一对	长3.3cm×2	195,492	伦敦佳士得	2022-06-16
钻石配彩色宝石"蝴蝶"胸针（一对）		14,108	保利香港	2022-10-11
钻石飘带胸针		25,300	永乐拍卖	2022-07-26
钻石手镯/胸针	手镯内周长15.5cm, 胸针长5.17cm	2,665,290	佳士得	2022-11-28
钻石手镯及胸针	手镯内径5.2cm, 胸针长4.0cm	254,940	佳士得	2022-11-28
钻石双夹胸针	53mm×25mm	60,245	巴黎苏富比	2022-09-28
钻石双夹胸针	50mm×60mm	44,032	巴黎苏富比	2022-09-30
钻石双夹胸针	6.1cm×4.3cm	47,699	纽约佳士得	2022-02-10
钻石双夹胸针，Marchak制作，约1960年		415,129	日内瓦苏富比	2022-11-09
钻石镶红宝石"LOVE BIRDS"胸针，梵克雅宝设计	47.6mm×38.1mm	345,000	中国嘉德	2022-12-15
钻石心形吊坠/胸针	3.5cm×3.3cm	27,012	纽约佳士得	2022-06-10
钻石胸针	胸针6.7cm×3.5cm	301,293	佳士得	2022-11-28
钻石胸针	长6.3cm	110,088	佳士得	2022-11-28
钻石胸针	胸针长8.5cm	150,646	佳士得	2022-11-28
钻石胸针	40mm×45mm	35,226	巴黎苏富比	2022-09-30
钻石胸针	36mm×36mm	26,419	巴黎苏富比	2022-09-30
钻石胸针	68mm×42mm	48,435	巴黎苏富比	2022-09-30
钻石胸针	42mm×28mm	39,629	巴黎苏富比	2022-09-30
钻石胸针	50mm×35mm	30,822	巴黎苏富比	2022-09-30
钻石胸针	6.0cm×3.5cm	27,825	纽约佳士得	2022-02-10
钻石胸针	6.7cm×5.2cm	172,328	巴黎佳士得	2022-07-07
钻石胸针		28,180	巴黎苏富比	2022-09-30
钻石胸针	直径40mm	42,271	巴黎苏富比	2022-09-30
钻石胸针	105mm×28mm	26,419	巴黎苏富比	2022-09-30
钻石胸针		48,603	香港苏富比	2022-04-15
钻石胸针	胸针长5.7cm	70,204	佳士得	2022-05-25
钻石胸针	胸针长4.8cm	37,802	佳士得	2022-05-25
钻石胸针		91,806	佳士得	2022-05-25
钻石胸针		28,081	佳士得	2022-05-25
钻石胸针		162,010	佳士得	2022-05-25

拍品名称	物品尺寸	成交价RMB	拍卖公司	拍卖日期
钻石胸针		270,018	佳士得	2022-05-25
钻石胸针		45,363	佳士得	2022-05-25
钻石胸针		91,806	佳士得	2022-05-25
钻石胸针		237,615	佳士得	2022-05-25
钻石胸针	4.8cm×4.5cm	86,164	巴黎佳士得	2022-07-07
钻石胸针	3.8cm×4.4cm	42,715	纽约佳士得	2022-08-18
钻石胸针	50mm×30mm	120,490	巴黎苏富比	2022-09-28
钻石胸针	55mm×25mm	24,098	巴黎苏富比	2022-09-28
钻石胸针	47mm×33mm	24,658	巴黎苏富比	2022-09-30
钻石胸针	45mm×22mm	39,629	巴黎苏富比	2022-09-30
钻石胸针		22,572	保利香港	2022-07-13
钻石胸针，1930年代后期		350,553	日内瓦苏富比	2022-11-09
钻石胸针，Köchert，20世纪初		784,133	日内瓦苏富比	2022-11-09
钻石胸针，20世纪初		32,402	香港苏富比	2022-04-15
钻石胸针，装饰艺术时期		80,500	中国嘉德	2022-06-27
钻石胸针/吊坠，约1940年		36,800	中国嘉德	2022-06-27
钻石胸针一对		59,403	香港苏富比	2022-04-15
手链、手镯				
"HORTENSIA"镀金青铜手镯和耳环	手链6.0cm×6.0cm，耳环4.5cm×4.0cm×2	137,862	巴黎佳士得	2022-07-07
"冬之藏"18K金钻石手镯		161,000	西泠印社	2022-01-23
"哥伦比亚"祖母绿配钻石手链		68,478	香港苏富比	2022-10-12
"绿恒"56和57圈口阳绿高冰种手镯（一对）		16,100,000	西泠印社	2022-08-21
"绿野仙踪"58圈口满绿冰种翡翠圆条手镯		6,440,000	西泠印社	2022-01-23
1.75克拉莫桑比克鸽血红红宝石三用戒指胸针手镯，未经加热		86,250	西泠印社	2022-01-23
10.5—11.5mm大溪地黑珍珠手链		34,500	西泠印社	2022-01-23
14K金镶双色碧玺手镯		20,700	中国嘉德	2022-12-15
17.39克拉钻石手链		782,000	永乐拍卖	2022-07-26
18K白金及钻石KELLY CLOCHETTE双圈手环	内周长15.7cm	110,088	佳士得	2022-11-26
18K白金及钻石MILANESE MESH KELLY手镯	直径16.4cm	196,999	佳士得	2022-11-26
18K白金镶钻石配蓝宝石手链 装饰艺术时期风格		115,000	中国嘉德	2022-12-15
18K黄金编织长方形马绳手链		34,500	中国嘉德	2022-12-15
18K黄金镶钻石"LUDO"手链，梵克雅宝设计		402,500	中国嘉德	2022-12-15
18K金镶翡翠红宝石复古手镯		11,500	中国嘉德	2022-06-01
1960年制 布鲁塞尔原子塔造型钻石及蓝宝石手环	钻石总重0.36CT(F/VVS)；蓝宝石总重0.7CT；总重量29.1g；6cm×5cm；内径5.6cm	34,500	西泠印社	2022-08-21
20世纪初钻石发带/手链	手链长19.0cm	837,935	日内瓦佳士得	2022-11-08
20.3mm冰紫翡翠珠子手串		460,000	西泠印社	2022-08-21
20世纪初的黄金、珍珠、红宝石和钻石手镯	内周长17.0cm	43,214	伦敦佳士得	2022-06-16

拍品名称	物品尺寸	成交价RMB	拍卖公司	拍卖日期
3.52克拉粉钻11颗粉色钻石手链		345,000	西泠印社	2022-08-21
36.36克拉，WX颜色，SI1净度钻石手镯	内周长约134mm	3,505,534	日内瓦苏富比	2022-11-09
56圈口冰种阳绿翡翠手镯		920,000	西泠印社	2022-01-23
56圈口冰种紫底翡翠飘花手镯		103,500	西泠印社	2022-01-23
58圈口冰种飘花手镯		414,000	西泠印社	2022-01-23
6.52克拉赞比亚"艳绿色"祖母绿配钻石手镯/戒指 两用款		230,000	北京保利	2022-07-28
8.17克拉微油Vividgreen祖母绿手镯戒指胸针多用款		230,000	西泠印社	2022-08-21
8.88克拉天然赞比亚祖母绿配钻石白金镶手链/戒指		172,500	中国嘉德	2022-06-27
ALDO CIPULLO 金色"JUSTE UN CLOU"手链	内周长15.9cm	240,631	纽约佳士得	2022-04-07
ANGELA CUMMINGS 黑玉和金手镯	内径5.6cm	87,449	纽约佳士得	2022-02-10
ANGELA CUMMINGS 黑玉首饰套装		96,252	纽约佳士得	2022-04-07
BOUCHERON 钻石和金手链	18.2cm×1.6cm	88,231	纽约佳士得	2022-04-07
BUCCELLATI 红宝石和黄金手链	内周长16.0cm；内径5.5cm	95,480	纽约佳士得	2022-02-09
CARVIN FRENCH 镶嵌的华丽彩色钻石和金手链		17,991,180	纽约佳士得	2022-06-08
CHOPARD 蓝宝石、钻石和白金手链	内周长16.5cm	38,159	纽约佳士得	2022-02-10
DE GRISOGONO 金色"BOULE"手链	21.0cm×5.2cm	61,734	伦敦佳士得	2022-06-16
GEORGES LENFANT 复古多宝石和金手链	17.7cm×2.5cm	240,631	纽约佳士得	2022-06-08
HEMMERLE 铁"和谐"手镯	内周长15.4cm	82,312	伦敦佳士得	2022-06-16
HENRY DUNAY 钻石和金手链	17.2cm×2.6cm	87,449	纽约佳士得	2022-02-10
JAR 27.37克拉蓝宝石和金手链		851,672	日内瓦佳士得	2022-05-11
JEAN MAHIE手链、戒指黄金首饰套装	手链内周长15.5cm	96,252	纽约佳士得	2022-04-07
JOHN BROGDEN古董金手链套装		101,295	纽约佳士得	2022-06-11
KIESELSTEIN-CORD 钻石和金手链		174,897	纽约佳士得	2022-02-10
LAPPONIA BJÖRN 金手链	18.3cm×1.8cm	25,324	纽约佳士得	2022-06-11
LEVIEV 钻石和金手链	16.5cm×2.0cm	160,384	纽约佳士得	2022-06-10
MISH TIGER'S EYE 石英、彩色钻石和黄金手镯/手链	内周长16.5cm	47,699	纽约佳士得	2022-02-10
OSCAR Heyman and Brothers 祖母绿和钻石手链	长16.5cm	174,897	纽约佳士得	2022-02-10
RAYMOND TEMPLIER 装饰艺术漆器和银手链	周长16.5cm	293,856	纽约佳士得	2022-06-08
REZA 蓝宝石和钻石手链	长16.5cm	2,234,494	日内瓦佳士得	2022-11-08
SABBADINI SET "SAFARI" 耳环、戒指和手链		43,082	巴黎佳士得	2022-07-07
SABBADINI 钻石手镯	17.5cm×3.3cm	189,560	巴黎佳士得	2022-07-07
Seaman SCHEPPS 木材和金手链	长16.5cm	48,126	纽约佳士得	2022-04-07
Seaman SCHEPPS 岩石水晶和钻石手链	19.4cm×2.8cm	126,619	纽约佳士得	2022-06-10
SUZANNE BELPERRON "镶钉"蓝宝石和钻石手链	内径6.0cm	129,246	巴黎佳士得	2022-07-07

拍品名称	物品尺寸	成交价RMB	拍卖公司	拍卖日期
TRABERT & HOEFFER MAUBOUSSIN 复古星光蓝宝石、钻石和黄金"反射"手镯/手链	内周长16.5cm	336,852	纽约佳士得	2022-04-08
VERDURA 钻石和黄金"CURB LINK"手表和手链	手链长18.0cm	224,589	纽约佳士得	2022-04-07
WANDER 青金石和金手链	17.2cm×2.5cm	44,116	纽约佳士得	2022-04-07
爱德华时期 蕾丝风格钻石手链	长18cm；重量20.08g	126,500	西泠印社	2022-01-23
爱德华时期 钻石镶嵌珍珠手链	18.5cm×2.9cm；重量约79.72g	94,300	西泠印社	2022-08-21
爱马仕"Kelly Chaine"钻石手链		114,131	香港苏富比	2022-10-12
爱马仕"Kelly"钻石手镯		74,185	香港苏富比	2022-10-12
爱马仕 18K黄金半镶嵌钻石KELLY手镯		28,750	北京保利	2022-07-28
爱马仕 18K黄金满镶嵌钻石KELLY手镯		115,000	北京保利	2022-07-28
爱马仕 18K玫瑰金镶嵌钻石KELLY手链		43,700	北京保利	2022-07-28
爱马仕 2015—2020 宝石红色EPSOM牛皮BEHAPI双圈手环 & 樱花粉色SWIFT牛皮GLENAN H手环 & 红铜色SWIFT牛皮KELLY双圈手环 & 宝石红色EPSOM牛皮RIVALE迷你手环	长16cm；长17cm；长34cm；长37cm	6,156	保利香港	2022-07-11
爱马仕 2020年 18K玫瑰金半镶嵌钻石KELLY手镯		40,250	北京保利	2022-07-28
爱马仕 2021 18K玫瑰金镶嵌钻石KELLY CLOCHETTE手链	长17cm	41,040	保利香港	2022-07-11
爱马仕 2021 PEGASE POP珐琅彩手镯 & SON DE H珐琅彩手镯 & 樱花粉色POP H耳环及吊坠项链 & 水牛角FIDELIO VIRAGE耳环（一对）	项链42cm；手链6.8cm×2	15,390	保利香港	2022-07-11
爱马仕 18K白金及钻石KELLY手镯	长度165mm	36,800	北京保利	2022-02-03
爱马仕 18K玫瑰金KELLY编织手链	长度158mm	36,800	北京保利	2022-02-03
爱马仕Kelly Gourmette白金钻石手环，2022年		62,779	香港苏富比	2022-10-13
爱马仕玫瑰金钻石Collier de Chien手镯		47,940	香港苏富比	2022-10-13
爱马仕设计，18K金及钻石"KELLY"手镯		266,760	保利香港	2022-07-13
白金钻石和花式黄色钻石手链		168,437	伦敦苏富比	2022-09-08
宝格丽"Serpenti"钻石手镯		1,481,407	香港苏富比	2022-10-07
宝格丽红宝石、祖母绿和钻石手链	17.5cm×2.7cm	642,620	纽约佳士得	2022-04-13
宝格丽金钢手镯	内周长约160mm	34,426	巴黎苏富比	2022-09-28
宝格丽手链	内周长约160mm	61,645	巴黎苏富比	2022-09-30
宝格丽蓝宝石和钻石手镯		1,873,678	日内瓦佳士得	2022-05-11
宝格丽珊瑚、青金石和钻石"星条旗"手链	长17.8cm	235,085	纽约佳士得	2022-06-08
宝格丽设计，总重约23.58克拉哥伦比亚祖母绿配钻石手链，未经注油		6,361,200	保利香港	2022-07-13
宝格丽手链、耳环双色金"ALVEARE"珠宝套装	手链内径5.7cm；耳环2.5cm×1.3cm	47,699	纽约佳士得	2022-02-10
宝格丽钻石"SPIGA"手链	5.7cm×5.3cm	189,560	巴黎佳士得	2022-07-07
宝格丽钻石和双色金手镯一对	内径5.7cm×2	202,590	纽约佳士得	2022-06-11

拍品名称	物品尺寸	成交价RMB	拍卖公司	拍卖日期
宝格丽钻石手链	17.5cm×6.7cm	357,744	纽约佳士得	2022-02-10
宝嘉斯仁 祖母绿配贝母及钻石手镯（祖母绿重约10.94克拉）		683,726	香港苏富比	2022-10-07
宝诗龙黄金锁链手链		86,064	巴黎苏富比	2022-09-28
宝诗龙养殖珍珠镶嵌宝石手链	长约190mm	64,548	巴黎苏富比	2022-09-28
宝石"Tiger"手链/胸针		216,014	佳士得	2022-05-25
宝石手链	长16.7cm	672,116	佳士得	2022-11-28
宝石手链		810,054	佳士得	2022-05-25
宝石手链		54,783	香港苏富比	2022-10-12
碧玺、祖母绿和钻石手链、戒指首饰套装		21,135	巴黎苏富比	2022-09-30
碧玺和钻石戒指、手镯	长约195mm	21,135	巴黎苏富比	2022-09-30
碧玺手串	长10.5cm	5,750	中国嘉德	2022-06-01
伯爵 "Possession"钻石手镯一组两只		43,202	香港苏富比	2022-04-15
伯爵黄金和钻石手链	长度约185mm	64,548	巴黎苏富比	2022-09-28
布契拉提黄金和钻石手镯	内周长175mm	206,554	巴黎苏富比	2022-09-28
彩色蓝宝石和钻石手链	17.5cm×1.5cm	516,983	巴黎佳士得	2022-07-07
彩色蓝宝石和钻石手链	长约185mm	60,245	巴黎苏富比	2022-09-28
彩色钻石和钻石戒指、两条手链和一对耳环套装		81,856	巴黎佳士得	2022-07-07
彩色钻石和钻石手链		358,808	纽约佳士得	2022-08-18
彩色钻石配钻石手链（彩色钻石共重27.52克拉）		1,296,086	香港苏富比	2022-04-29
彩色钻石手链		59,508	保利香港	2022-07-13
大卫·韦伯珐琅、红宝石和钻石手链	内周长约150mm	206,554	巴黎苏富比	2022-09-28
大卫·韦伯 金手链	长15.9cm	67,530	纽约佳士得	2022-06-10
大卫·韦伯 水晶和钻石手链	内周长150mm	275,406	巴黎苏富比	2022-09-28
大卫·韦伯 祖母绿袖口手镯	内周长16.5cm	189,560	巴黎佳士得	2022-07-07
当代 翡翠飘绿手镯	内径5.6cm	138,000	中鸿信	2022-09-11
蒂芙尼 "Atlas" K金配钻石手镯及耳环套装		20,544	香港苏富比	2022-10-12
蒂芙尼 ANGELA CUMMINGS 多宝石手链	内周长16.5cm	96,252	纽约佳士得	2022-04-07
蒂芙尼 SEED 珍珠和钻石扣手链	长17.4cm	35,453	纽约佳士得	2022-06-11
蒂芙尼 珐琅和金手链	内周长17.3cm；内径6.0cm	87,523	纽约佳士得	2022-02-09
蒂芙尼 珐琅和钻石手链	内周长约150mm	154,916	巴黎苏富比	2022-09-28
蒂芙尼海蓝宝石和钻石"云"手链	18.3cm×3.2cm	1,847,094	纽约佳士得	2022-06-08
蒂芙尼 黄金手链和黄色吊坠/胸针	手链20.0cm×3.9cm；胸针5.7cm×5.7cm	80,210	纽约佳士得	2022-04-07
蒂芙尼 一对养殖珍珠和钻石手链	长16.5cm×2	63,599	纽约佳士得	2022-02-10
蒂芙尼 装饰艺术钻石手链	长18.7cm	56,147	纽约佳士得	2022-04-07
蒂芙尼 钻石"爵士"手链	15.8cm×0.7cm	64,073	纽约佳士得	2022-08-18
蒂芙尼 钻石手链	长17.2cm	44,112	纽约佳士得	2022-04-08
蒂芙尼 钻石手链	长约180mm	163,522	巴黎苏富比	2022-09-28
多宝石白金手镯(一对)		71,549	纽约佳士得	2022-02-10
多宝石和黑金手链和耳环	手链长17.8cm；耳环6.4cm×0.2cm×2	25,440	纽约佳士得	2022-02-10

拍品名称	物品尺寸	成交价RMB	拍卖公司	拍卖日期
多宝石和钻石手链	长17.6cm	176,463	纽约佳士得	2022-04-07
法国白金钻石手链		75,900	永乐拍卖	2022-07-26
珐琅、石榴石和天然珍珠手链，19世纪末	内周长180mm	15,852	巴黎苏富比	2022-09-30
珐琅彩配钻石手链		10,272	香港苏富比	2022-10-12
珐琅绿松石和金手链	长约170mm	43,032	巴黎苏富比	2022-09-28
珐琅钻石手镯	内周长16.5cm	120,316	纽约佳士得	2022-04-07
珐琅钻石双龙手链	长12.0cm	54,868	纽约佳士得	2022-06-11
梵克雅宝 "SWEET ALHAMBRA" 钻石手链	18.0cm × 0.8cm	137,862	巴黎佳士得	2022-07-07
梵克雅宝 "VINTAGE ALHAMBRA" 手链和耳环珠宝套装		87,523	纽约佳士得	2022-02-09
梵克雅宝 COLLIER 可变形珊瑚绿玉髓 ET 钻石手链	18.5cm × 2.0cm	473,901	巴黎佳士得	2022-07-07
梵克雅宝 半镶手镯和耳环	耳环（1.7—2.1cm）× 0.7cm，手镯内径5.5cm	112,013	巴黎佳士得	2022-07-07
梵克雅宝红宝石和钻石手链和戒指	手链长15.9cm	87,449	纽约佳士得	2022-02-10
梵克雅宝 金手链		55,649	纽约佳士得	2022-02-10
梵克雅宝 金手链	16.5cm × 2.5cm	54,868	纽约佳士得	2022-06-11
梵克雅宝 金手链 约1965年		55,649	纽约佳士得	2022-02-10
梵克雅宝 蓝宝石及钻石手链	长约152mm	876,384	日内瓦苏富比	2022-11-09
梵克雅宝 绿松石和钻石 "PERLÉE COULEURS" 手链		112,294	纽约佳士得	2022-04-07
梵克雅宝 手链	20.0cm × 1.7cm	155,095	巴黎佳士得	2022-07-07
梵克雅宝祖母绿和钻石手镯、戒指	手镯长约185mm	1,032,772	巴黎苏富比	2022-09-28
梵克雅宝 钻石 "LUDO HEXAGONE" 手链，约1940年	长18.0cm	463,007	伦敦佳士得	2022-06-16
梵克雅宝 钻石手链	17.5cm × 1.5cm	646,229	巴黎佳士得	2022-07-07
梵克雅宝 钻石手链	长约180mm	1,291,513	日内瓦苏富比	2022-11-09
梵克雅宝 钻石手链	长15.9cm	361,474	纽约佳士得	2022-04-13
梵克雅宝 钻石手链	长18.1cm	160,384	纽约佳士得	2022-06-11
梵克雅宝 钻石手镯手链	内径5.6cm	94,780	巴黎佳士得	2022-07-07
翡翠蛋面小手链		17,250	永乐拍卖	2022-07-26
翡翠满圈阳绿手镯	58cm × 16.7cm × 9.5cm	322,000	上海嘉禾	2022-01-01
翡翠满圈阳绿手镯	59cm × 15.5cm × 9.1cm	69,000	上海嘉禾	2022-01-01
翡翠满圈阳绿手镯	57cm × 16.9cm × 8.3cm	69,000	上海嘉禾	2022-01-01
翡翠平安镯	圈口5.3cm	35,000	北京兴埠	2022-04-19
翡翠手链		11,500	荣宝斋（南京）	2022-12-08
翡翠手镯		230,000	荣宝斋（南京）	2022-12-08
翡翠手镯		4,370,000	永乐拍卖	2022-07-26
翡翠手镯		138,000	荣宝斋（南京）	2022-12-08
翡翠手镯	外径8cm；内径6.3cm	8,050	西泠印社	2022-08-21

拍品名称	物品尺寸	成交价RMB	拍卖公司	拍卖日期
翡翠手镯一对	内径53.6mm × 2	1,512,100	佳士得	2022-05-25
粉红色刚玉配石榴石及钻石戒指；及钻石手链		54,003	香港苏富比	2022-04-15
弗拉斯卡罗洛珐琅红宝石和钻石手链		68,851	巴黎苏富比	2022-09-28
复古蓝宝石手链	长19.5cm	72,023	伦敦佳士得	2022-06-16
复古钻石、红宝石和黄金手链		27,012	纽约佳士得	2022-06-11
缟玛瑙、红玉髓和钻石手链	长约165mm	30,822	巴黎苏富比	2022-09-30
缟玛瑙和钻石手链	18.0cm × （0.2—1.1cm）	56,006	巴黎佳士得	2022-07-07
格拉夫红宝石及钻石手链	长约170mm	1,383,764	日内瓦苏富比	2022-11-09
古驰养殖珍珠和黄金手链、戒指	手镯内周长160mm	30,822	巴黎苏富比	2022-09-30
古董2.09克拉蓝宝石和钻石手链		46,427	纽约佳士得	2022-06-11
古董蓝宝石和钻石手链	长16.17cm	2,606,910	日内瓦佳士得	2022-11-08
古董蓝宝石和钻石手镯	内周长17.2cm	55,649	纽约佳士得	2022-02-10
海瑞·温斯顿 钻石手链	长18.4cm	419,794	纽约佳士得	2022-06-08
金手链	17.5cm × 2.3cm	46,427	纽约佳士得	2022-06-11
红宝石、蓝宝石、祖母绿和钻石手链	长约170mm	26,419	巴黎苏富比	2022-09-30
红宝石和钻石手链	21.5cm × 3.3cm	208,547	纽约佳士得	2022-04-07
红宝石和钻石手链	18.5cm × 3.2cm	280,710	纽约佳士得	2022-04-08
红宝石和钻石手链	长16.4cm	1,204,913	纽约佳士得	2022-04-13
红宝石和钻石手链	长18.1cm	493,874	伦敦佳士得	2022-06-16
红宝石和钻石手链，海瑞·温斯顿	长约160mm	784,133	日内瓦苏富比	2022-11-09
红宝石及钻石手链	长17.3cm	724,263	佳士得	2022-11-28
红宝石及钻石手链		1,080,072	佳士得	2022-05-25
红宝石配钻石手链		32,200	中国嘉德	2022-12-15
红宝石手镯一对	内径5.5cm × 2	101,295	纽约佳士得	2022-06-11
红玉髓手链	内径5.6cm	36,189	巴黎佳士得	2022-07-07
幻彩镶嵌钻石手链	长18.0cm	36,012	伦敦佳士得	2022-06-16
黄金和黑水晶半宝石首饰	手链长190mm	60,245	巴黎苏富比	2022-09-28
黄金和钻石手链	18.0cm × 2.3cm	224,026	巴黎佳士得	2022-07-07
黄金和钻石手镯		327,044	巴黎苏富比	2022-09-28
黄金钻石手链		28,750	永乐拍卖	2022-07-26
简西奇钻石手链	长约160mm	70,451	巴黎苏富比	2022-09-30
角质 镶钻石手链		39,946	香港苏富比	2022-10-12
金木手链和耳环套装	手镯内周长18.0cm，耳环4.5cm × 3.7cm × 2	189,560	巴黎佳士得	2022-07-07
金手镯	内长周约160mm	60,245	巴黎苏富比	2022-09-28
金手镯	长约195mm	26,419	巴黎苏富比	2022-09-30
金手镯	长约170mm	14,971	巴黎苏富比	2022-09-30
金手镯	长约175mm	22,897	巴黎苏富比	2022-09-30
金手镯	长约190mm	39,629	巴黎苏富比	2022-09-30
金镶翡翠手镯		86,250	西泠印社	2022-08-21
金镶紫色蛋面翡翠手镯		43,700	西泠印社	2022-08-21
金镶紫色蛋面手镯		46,000	西泠印社	2022-08-21
卡地亚 "Colombe de la Paix" 钻石手链		433,027	香港苏富比	2022-10-07
卡地亚 "É croude卡地亚" K金手镯一对		51,843	香港苏富比	2022-04-15
卡地亚 "Love" K金手镯		25,109	香港苏富比	2022-10-12

拍品名称	物品尺寸	成交价RMB	拍卖公司	拍卖日期
卡地亚 "Love" K金手镯		29,674	香港苏富比	2022-10-12
卡地亚 "Maillon Panthère" 钻石手链及戒指套装		45,363	香港苏富比	2022-04-15
卡地亚 "Panthère" 钻石配缟玛瑙及祖母绿手链		2,052,136	香港苏富比	2022-04-29
卡地亚 "Panthère" 钻石配祖母绿及缟玛瑙手镯		1,002,799	香港苏富比	2022-10-07
卡地亚 "Panthère" 钻石手镯		68,478	香港苏富比	2022-10-12
卡地亚 "Perles de Diamants" 钻石手链		68,478	香港苏富比	2022-10-12
卡地亚 "TANIS" 手镯和戒指		172,328	巴黎佳士得	2022-07-07
卡地亚 Agrafe Résille 钻石手链		159,783	香港苏富比	2022-10-12
卡地亚 DIAMONDS "CHARMS" 手链	18.7cm×0.4cm	47,390	巴黎佳士得	2022-07-07
卡地亚 不锈钢和黄金 "PANTHÈRE" 手镯和黄金 "PANTHÈRE" 耳环	手链长16.5cm，内径6.2cm；耳环6.3cm×1.4cm	38,497	纽约佳士得	2022-04-08
卡地亚 彩色钻石和钻石手链	长16.5cm	763,111	纽约佳士得	2022-04-13
卡地亚 吊饰手链	长18.2cm	72,023	伦敦佳士得	2022-06-16
卡地亚 多宝石和钻石蜜蜂吊饰手链	长22.2cm	35,453	纽约佳士得	2022-06-11
卡地亚 珐琅和金色 "白雪公主与七个小矮人" 吊饰手链	长18.0cm	1,044,258	纽约佳士得	2022-06-11
卡地亚 红宝石和钻石手链	18.0cm×1.4cm	3,373,756	纽约佳士得	2022-04-13
卡地亚 黄金 "PANTHÈRE" 手镯、耳环珠宝套装	手镯内周长15.5cm；耳环长3.3cm	219,472	纽约佳士得	2022-06-10
卡地亚 黄金 "爱" 手链	内周长15.0cm	32,077	纽约佳士得	2022-06-10
卡地亚 金钢手链		36,987	巴黎苏富比	2022-09-30
卡地亚 金手链	长195mm	44,032	巴黎苏富比	2022-09-30
卡地亚 钻石手镯及戒指套装		230,000	北京保利	2022-02-03
卡地亚 蓝宝石和钻石手链	长19.1cm	63,599	纽约佳士得	2022-02-01
卡地亚 蓝宝石和钻石手链	17.5cm×1.4cm	1,445,895	纽约佳士得	2022-04-13
卡地亚 蓝宝石和钻石线手链配红宝石和钻石线手链	红宝石手链19.0cm×0.3cm，蓝宝石手链17.3cm×0.3cm	120,629	巴黎佳士得	2022-07-07
卡地亚 青金石和钻石手链	内周长16.0cm	66,879	伦敦佳士得	2022-06-16
卡地亚 三色金 "TRINITY" 手镯	长19.7cm，直径6.4cm	47,740	纽约佳士得	2022-02-09
卡地亚 珊瑚、漆面和钻石手镯	内圆周15.8cm	2,088,516	纽约佳士得	2022-04-13
卡地亚 手链和戒指	手链内周长65mm	36,987	巴黎苏富比	2022-09-30
卡地亚 种子珍珠钻石手链	长19.5cm	61,734	伦敦佳士得	2022-06-16
卡地亚 装饰艺术钻石手链	手链18.5cm	14,965,090	日内瓦佳士得	2022-05-11
卡地亚 钻石、祖母绿和缟玛瑙 "PANTHÈRE" 手镯	长18.0cm	329,249	伦敦佳士得	2022-06-16
卡地亚 钻石 "MAILLON PANTHÈRE" 手链	长19.0cm	92,854	纽约佳士得	2022-06-11
卡地亚 钻石吊饰手链	长17.4cm	86,164	巴黎佳士得	2022-07-07
卡地亚 钻石和白金手链	内径5.6cm	50,647	纽约佳士得	2022-06-10
卡地亚 钻石和黄金 "爱" 手镯	内周15.0cm	43,214	伦敦佳士得	2022-06-16
卡地亚 钻石和绿松石手链	长17.5cm	129,246	巴黎佳士得	2022-07-07
卡地亚 钻石手链	长19.5cm	1,768,974	日内瓦佳士得	2022-11-08
卡地亚 钻石手链	长17.0cm	512,072	日内瓦佳士得	2022-11-08

拍品名称	物品尺寸	成交价RMB	拍卖公司	拍卖日期
卡地亚 钻石手链		1,296,086	香港苏富比	2022-04-29
蓝宝石、彩色蓝宝石和钻石手链，宝格丽	长约190mm	968,634	日内瓦苏富比	2022-11-09
蓝宝石、缟玛瑙、祖母绿和钻石手镯，"Panthère"，卡地亚	内周长约160mm	3,321,032	日内瓦苏富比	2022-11-09
蓝宝石、红宝石和祖母绿手链		37,986	纽约佳士得	2022-06-11
蓝宝石、红宝石和钻石手链	长约190mm	68,851	巴黎苏富比	2022-09-28
蓝宝石、祖母绿和钻石手链	20.6cm×1.8cm	79,499	纽约佳士得	2022-02-10
蓝宝石和钻石手链	长17.5cm	152,400	纽约佳士得	2022-04-07
蓝宝石和钻石手链	长约190mm	26,419	巴黎苏富比	2022-09-30
蓝宝石和钻石手链	内周长约170mm	28,180	巴黎苏富比	2022-09-30
蓝宝石和钻石手链，Chopard	长约160mm	2,859,778	日内瓦苏富比	2022-11-09
蓝宝石和钻石手链，宝格丽	长约170mm	1,752,767	日内瓦苏富比	2022-11-09
蓝宝石和钻石手链、耳环首饰套装		32,077	纽约佳士得	2022-06-10
两金奇迹勋章手镯	5.4cm×5.0cm	43,082	巴黎佳士得	2022-07-07
路易·威登 "Monogram Fusion" 钻石戒指及 "Lockit" 钻石手镯		62,772	香港苏富比	2022-10-12
绿松石配红宝石手链		48,603	香港苏富比	2022-04-15
绿玉髓和钻石手链		34,426	巴黎苏富比	2022-09-28
玛瑙珍珠母金手链		26,419	巴黎苏富比	2022-09-30
满绿翡翠手镯		5,175,000	永乐拍卖	2022-07-26
缅甸翡翠手镯	外径60mm	26,880	中都国际	2022-07-31
缅甸天然尖晶石配祖母绿及钻石戒指及手链套装		32,558	保利香港	2022-10-11
缅甸天然满绿翡翠手镯		2,530,000	北京保利	2022-02-03
清 碧玺18子持珠	珠径1cm	11,500	西泠印社	2022-01-23
清 碧玺镶鎏金手链	内径5.9cm	110,000	浙江御承	2022-12-17
清 冰种飘花翡翠手镯	内径5.88cm；宽1cm	23,000	浙江佳宝	2022-03-13
清 冰种飘阳绿翡翠手镯	内径6cm；宽1cm	103,500	浙江佳宝	2022-03-13
清 翡翠十八子手串	长13cm	63,250	北京保利	2022-07-29
清 翡翠手串		9,200	北京荣宝	2022-07-24
清 翡翠手镯		17,250	北京荣宝	2022-07-24
清 翡翠珠串		17,250	北京荣宝	2022-07-24
清 红宝石翡翠手串	宽10.5cm	86,083	中国嘉德	2022-10-08
清 金铂海蓝宝手串	宽10cm	77,254	中国嘉德	2022-10-08
清 金铂手串	宽9cm	66,218	中国嘉德	2022-10-08
清 糯种飘阳绿翡翠手镯	内径5.5cm；宽0.93cm	23,000	浙江佳宝	2022-03-13
清代 翡翠玉镯（一对）	外径5.65cm；内径5.5cm	34,500	四川灏瀚	2022-01-08
圈口55.5和55.7冰种翡翠手镯		368,000	西泠印社	2022-08-21
让·德普雷斯 珐琅金银手镯	内周长约160mm	68,851	巴黎苏富比	2022-09-28
三颗钻石、红宝石和蓝宝石手链		143,501	纽约佳士得	2022-06-11
三重翡翠配钻石吊坠/胸针及无签名翡翠配钻石手链及耳环	胸针5.1cm×2.5cm；手链长17.0cm；耳环长3.6cm×2	254,396	纽约佳士得	2022-02-10
沙弗莱石配粉红色碧玺及钻石手链及耳坠套装		25,109	香港苏富比	2022-10-12
沙弗莱石配坦桑石及钻石手链		41,042	香港苏富比	2022-04-15

拍品名称	物品尺寸	成交价RMB	拍卖公司	拍卖日期
19世纪制 法国教堂风格祖母绿配红宝石及黑珐琅描金饰手镯	内径5.5cm；重量约66.3g	115,000	西泠印社	2022-08-21
十四件彩色钻石婚礼手镯铝罐		224,026	巴黎佳士得	2022-07-07
手镯、耳环钻石首饰组		39,749	纽约佳士得	2022-02-10
碳纤维、白金、灰色珍珠和钻石手链	内周长约190mm	56,146	伦敦苏富比	2022-09-08
碳纤维、白金、珊瑚和钻石手链		95,448	伦敦苏富比	2022-09-08
天然"哥伦比亚"无油祖母绿配钻石手链（祖母绿及钻石共重16.50及13.89克拉）		2,962,814	香港苏富比	2022-10-07
天然"哥伦比亚"无油祖母绿配钻石手镯（祖母绿共重11.00克拉）		2,592,172	香港苏富比	2022-04-29
天然冰种翡翠手镯		37,802	香港苏富比	2022-04-29
天然翡翠（A货）飘花手镯	内径58mm；重量67.87g	241,500	上海嘉禾	2022-08-28
天然翡翠（A货）手镯	内径58mm	862,500	上海嘉禾	2022-08-28
天然翡翠（A货）手镯	内径60mm	241,500	上海嘉禾	2022-08-28
天然翡翠配钻石手链		1,253,498	香港苏富比	2022-10-07
天然翡翠手镯		1,944,129	香港苏富比	2022-04-29
天然翡翠手镯	内径54.20mm	615,600	保利香港	2022-07-13
天然翡翠手镯	内径约57.49mm	5,426,400	保利香港	2022-10-11
天然翡翠手镯		48,603	香港苏富比	2022-04-15
天然翡翠手镯		64,804	香港苏富比	2022-04-15
天然翡翠手镯		79,892	香港苏富比	2022-10-12
天然翡翠手镯		20,700	保利厦门	2022-10-21
天然翡翠手镯（一对）	手镯内径53.8mm×2	521,469	佳士得	2022-11-28
天然翡翠手镯（一对）	手镯内径54.3mm×2	834,351	佳士得	2022-11-28
天然满绿翡翠平安扣配钻石手链		63,250	保利厦门	2022-10-21
天然满绿翡翠手镯	内径约55.0mm	2,070,000	北京保利	2022-07-28
天然满绿翡翠手镯	内径54.6mm	5,175,000	保利厦门	2022-10-21
天然缅甸未经加热红宝石配钻石手链（红宝石共重约14.83克拉）		118,807	香港苏富比	2022-04-15
天然珍珠、红宝石和钻石"CHIMERA"手镯	内周长15.0cm	3,165,533	日内瓦佳士得	2022-11-08
天然珍珠、蓝宝石和钻石手链	内周长约180mm	258,193	巴黎苏富比	2022-09-28
天然珍珠及钻石手链	手链长17.0cm	1,512,100	佳士得	2022-05-25
维多利亚时期 红宝石镶嵌钻石花卉饰手镯	内径6.2cm；重量31.7g	69,000	西泠印社	2022-01-23
维多利亚时期 黄金灵蛇手镯	重量约41g	51,750	西泠印社	2022-08-21
维多利亚时期 小雏菊花卉钻石手镯	手镯口径6cm；重量约25.47g	108,100	西泠印社	2022-08-21
维多利亚时期 钻石镶嵌黑玛瑙芒星花叶饰手镯	内径5.8cm；重量约39.35g	80,500	西泠印社	2022-08-21
现代 18K金镶翡翠复古手镯		9,200	中国嘉德	2022-09-29
现代翡翠手镯		11,500	北京荣宝	2022-07-24
卡地亚镶嵌 黄水晶和钻石手链	长16.2cm	123,468	伦敦佳士得	2022-06-16
萧邦设计 18K金及钻石手链		24,624	保利香港	2022-07-13
养殖珍珠和钻石手链，"Jawaher"，Marina B	内周长约140mm	461,255	日内瓦苏富比	2022-11-09
养殖珍珠和钻石手链戒指	手链长170mm	60,245	巴黎苏富比	2022-09-28
养殖珍珠和钻石手链一对	内径5.6cm×2	54,868	纽约佳士得	2022-06-11
养殖珍珠和钻石手链	内径5.8cm	387,737	巴黎苏富比	2022-07-07
养殖珍珠及钻石手镯	内周长16.5cm	556,234	佳士得	2022-11-28
养殖珍珠配钻石手链及戒指		39,946	香港苏富比	2022-10-12
养殖珍珠手镯	内径5.5cm	189,560	巴黎苏富比	2022-07-07
一对钻石手链	长17.5cm×2	295,444	纽约佳士得	2022-06-11
一组两件：18K玫瑰金及钻石KELLY CLOCHETTE细码及小码手环		185,411	佳士得	2022-11-26
一组钻石和多宝石首饰		22,260	纽约佳士得	2022-02-10
意大利黄金钻石手镯		460,000	永乐拍卖	2022-07-26
银手镯	内周长180mm	13,210	巴黎苏富比	2022-09-30
印度宝石套装"NAVARATNA"手镯	长18.0cm	7,202	伦敦佳士得	2022-06-16
硬石浮雕手链及戒指		6,848	香港苏富比	2022-10-12
有色钻石及钻石手链		777,651	佳士得	2022-05-25
约1880年 18K黄金镶琅彩配钻石手镯		161,000	西泠印社	2022-08-21
约19世纪 18K金镶天然海水珍珠手镯		48,300	西泠印社	2022-08-21
约20世纪中期 白金镶马贝珠钻石白金手镯		115,000	西泠印社	2022-08-21
约翰·斯伦贝谢珐琅和金手链	内周长约150mm	154,916	巴黎苏富比	2022-09-28
珍罕的天然满绿翡翠手镯	内径约55.6mm	12,075,000	中国嘉德	2022-06-27
珍珠配红宝石、蓝宝石及钻石手链，十九世纪末		15,978	香港苏富比	2022-10-12
珍珠配钻石蓝宝石手链		46,000	西泠印社	2022-01-23
装饰艺术蓝宝石和钻石手链	长18.4cm	79,499	纽约佳士得	2022-02-10
装饰艺术时期（ART DECO）钻石镶嵌祖母绿手链	长16.2cm；重量约36g	138,000	西泠印社	2022-01-23
装饰艺术时期（Art Deco）钻石及蓝宝石手链	长19cm；重量36g	103,500	西泠印社	2022-01-23
装饰艺术时期（ART DECO）18K黄金及钻石手链	链长18.8—20.8cm；饰面宽2.6cm；总重量约7.7g	6,900	西泠印社	2022-08-21
装饰艺术钻石手链	17.7cm×1.4cm	79,499	纽约佳士得	2022-02-10
装饰艺术钻石手链	长18.0cm	92,601	伦敦佳士得	2022-06-16
装饰艺术钻石手链	长17.8cm	103,348	纽约佳士得	2022-02-10
装饰艺术钻石手链	长17.2cm	46,427	纽约佳士得	2022-06-10
紫水晶、石英和银手镯	内周长约53至57mm	4,403	巴黎苏富比	2022-09-30
紫水晶和黄水晶手镯，卡地亚	内周长约160mm	627,306	日内瓦苏富比	2022-11-09
总重18.99克拉哥伦比亚"木佐绿"祖母绿配钻石手链，未经注油	手链长约17.0cm	1,449,000	北京保利	2022-07-28
总重9.71克拉彩色钻石配钻石手链		55,200	北京保利	2022-07-28
总重约17.5克 天然蓝松石手串		8,050	保利厦门	2022-10-21
总重约22.05克拉哥伦比亚祖母绿配钻石手链，未经注油	手链长约16.5cm	2,387,616	保利香港	2022-10-11
总重约2克拉天然彩色钻石配钻石手链		17,250	保利厦门	2022-10-21

拍品名称	物品尺寸	成交价RMB	拍卖公司	拍卖日期
祖母绿、缟玛瑙和钻石手镯，"Tiger"，卡地亚	内周长约160mm	4,428,043	日内瓦苏富比	2022-11-09
祖母绿珐琅手镯		143,750	永乐拍卖	2022-07-26
祖母绿和钻石手链	17.8cm×1.1cm	135,148	纽约佳士得	2022-02-10
祖母绿和钻石手链	长18.0cm	226,359	伦敦佳士得	2022-06-16
祖母绿和钻石手链	长17.5cm	94,780	巴黎佳士得	2022-07-07
祖母绿和钻石手链	长约180mm	42,271	巴黎苏富比	2022-09-30
祖母绿和钻石手镯、胸针		74,854	巴黎苏富比	2022-09-30
祖母绿及钻石手链		8,409,132	佳士得	2022-05-25
祖母绿及钻石手链，1850年	长约170mm	2,583,025	日内瓦苏富比	2022-11-09
祖母绿配钻石手链		51,359	香港苏富比	2022-10-12
钻石、玛瑙及祖母绿"PANTHÈRE"手链		756,050	佳士得	2022-05-25
钻石、祖母绿及玛瑙"Panthère"手链	手链长17.5cm	370,823	佳士得	2022-11-28
钻石"B.ZERO1"手镯		48,670	佳士得	2022-11-28
钻石"Code Barre"手镯		378,025	佳士得	2022-05-25
钻石"Love"手镯	手镯长27.0cm	231,764	佳士得	2022-11-28
钻石和珐琅手链和一对钻石和粉红色碧玺耳环		38,159	纽约佳士得	2022-02-10
钻石和缟玛瑙手链	18.2cm×0.8cm	87,449	纽约佳士得	2022-02-10
钻石和红宝石手链	18.4cm×1.3cm	87,449	纽约佳士得	2022-02-10
钻石和黄金手链	长15.3cm	64,162	纽约佳士得	2022-04-08
钻石和银手链和钻石、祖母绿和木耳环	手链内周长17.8cm；耳环8.7cm×4.1cm×2	15,900	纽约佳士得	2022-02-10
钻石及有色钻石手链	手链长17.8cm	231,764	佳士得	2022-11-28
钻石戒指，耳环及手链套装		18,468	保利香港	2022-07-13
钻石手链	手链长16.7cm	208,587	佳士得	2022-11-28
钻石手链	长16.7cm	3,592,348	佳士得	2022-11-28
钻石手链	长16.5cm	753,234	佳士得	2022-11-28
钻石手链	长16.9cm	2,317,644	佳士得	2022-11-28
钻石手链	长17.1cm	811,175	佳士得	2022-11-28
钻石手链	18.1cm×2.1cm	143,098	纽约佳士得	2022-02-10
钻石手链	18.7cm×2.7cm	160,421	纽约佳士得	2022-04-07
钻石手链		152,400	纽约佳士得	2022-04-07
钻石手链	18.3cm×3.0cm	321,310	纽约佳士得	2022-04-13
钻石手链	长18.0cm	481,965	纽约佳士得	2022-04-13
钻石手链	长18.0cm	235,085	纽约佳士得	2022-06-08
钻石手链	长18.0cm	923,547	巴黎佳士得	2022-06-08
钻石手链	长16.0cm	202,590	纽约佳士得	2022-06-11
钻石手链	长16.5cm	92,854	纽约佳士得	2022-06-11
钻石手链	长17.2cm	50,647	纽约佳士得	2022-06-11
钻石手链	长18.5cm	77,168	伦敦佳士得	2022-06-16
钻石手链	16.2cm×2.5cm	512,583	纽约佳士得	2022-08-18
钻石手链	长约170mm	36,987	巴黎苏富比	2022-09-30
钻石手链	长约180mm	1,014,760	日内瓦苏富比	2022-11-09
钻石手链	长约190mm	738,007	日内瓦苏富比	2022-11-09
钻石手链		756,050	佳士得	2022-05-25
钻石手链		216,014	佳士得	2022-05-25
钻石手链		410,427	佳士得	2022-05-25
钻石手链	长15.9cm	119,248	纽约佳士得	2022-02-10
钻石手链	长17.2cm	206,697	纽约佳士得	2022-02-10
钻石手链	18.7cm×1.7cm	40,518	纽约佳士得	2022-06-11
钻石手链	18.0cm×2.0cm	135,060	纽约佳士得	2022-06-11
钻石手链	长18.0cm	20,578	伦敦佳士得	2022-06-16
钻石手链		51,698	巴黎佳士得	2022-07-07
钻石手链	20.0cm×（0.4—0.7cm）	43,082	巴黎佳士得	2022-07-07
钻石手链	17.7cm×（2.2—2.7cm）	94,780	巴黎佳士得	2022-07-07
钻石手链	18.0cm×0.9cm	51,698	巴黎佳士得	2022-07-07
钻石手链	19.0cm×2.0cm	56,006	巴黎佳士得	2022-07-07
钻石手链	长15.3cm	93,974	纽约佳士得	2022-08-18
钻石手链	长16.5cm	205,033	纽约佳士得	2022-08-18
钻石手链		150,646	佳士得	2022-11-28
钻石手链		68,478	香港苏富比	2022-10-12
钻石手链		19,494	保利香港	2022-07-13
钻石手链		115,000	北京保利	2022-07-28
钻石手链（12颗钻石共重8.64克拉）		68,478	香港苏富比	2022-10-12
钻石手链（19颗钻石共重27.33克拉）		1,823,270	香港苏富比	2022-10-07
钻石手链 梵克雅宝 1950年	长度约180mm	691,882	日内瓦苏富比	2022-11-09
钻石手链（钻石共重24.33克拉）		810,054	香港苏富比	2022-04-15
钻石手链（钻石共重36.54克拉）		3,456,230	香港苏富比	2022-04-15
钻石手链，1950年代		54,783	香港苏富比	2022-10-12
钻石手链，Pederzani	长约175mm	322,878	日内瓦苏富比	2022-11-09
钻石手链，卡地亚	长约180mm	1,383,764	日内瓦苏富比	2022-11-09
钻石手链，由卡地亚 零售	长17.6cm	222,119	纽约佳士得	2022-08-18
钻石手链一组三件		68,478	香港苏富比	2022-10-12
钻石手镯	内周长16.8cm	672,116	佳士得	2022-11-28
钻石手镯	内周长16.0cm	347,646	佳士得	2022-11-28
钻石手镯	长约180mm	81,761	巴黎苏富比	2022-09-28
钻石手镯		151,210	佳士得	2022-05-25
钻石手镯	长180mm	129,096	巴黎苏富比	2022-09-28
钻石手镯	长165mm	64,548	巴黎苏富比	2022-09-28
钻石手镯	长165mm	68,851	巴黎苏富比	2022-09-28
钻石手镯	长190mm	120,490	巴黎苏富比	2022-09-28
钻石手镯	长160mm	172,129	巴黎苏富比	2022-09-28
钻石手镯	长175mm	120,490	巴黎苏富比	2022-09-28
钻石手镯	长180mm	26,419	巴黎苏富比	2022-09-30
钻石双夹胸针手链	手链长16.5cm；每个胸针3.3cm×2.8cm	152,400	纽约佳士得	2022-04-07
钻石胸针及手镯		324,021	佳士得	2022-05-25
左娜设计 天然满绿翡翠"葫芦"配彩色宝石、贝母及钻石手镯		115,000	北京保利	2022-07-28
项链				
钻石项链	长约340mm	35,226	巴黎苏富比	2022-09-30
"豹"铰接式彩色钻石、钻石、蓝宝石和缟玛瑙吊坠项链	吊坠9.0cm×2.9cm，链长52.0cm	1,292,458	巴黎佳士得	2022-07-07
"冬之藏"18K金配钻石贝母套链	全长52cm	368,000	西泠印社	2022-01-23
"华瑞之光"冰种满绿翡翠珠串	珠链长约56.7cm	16,100,000	西泠印社	2022-01-23

拍品名称	物品尺寸	成交价RMB	拍卖公司	拍卖日期
"灵水" 41颗木那坑冰种翡翠珠串	珠串长约58.5cm	20,700,000	西泠印社	2022-08-21
"清心珠" 108颗高冰帝王绿翡翠念珠	珠串长约69cm	2,990,000	西泠印社	2022-01-23
"团圆" 冰种帝王绿翡翠蛋面项链	翡翠 18.82mm × 15.73mm × 50mm	517,500	西泠印社	2022-01-23
"逍遥游" 金镶红宝石项链	项链直径约16cm	322,000	西泠印社	2022-01-23
"钥匙" 吊坠项链，蒂芙尼		115,000	中国嘉德	2022-12-15
"Maillon Panthère" K金配钻石项链，卡地亚 镶嵌		540,036	香港苏富比	2022-04-29
1.54克拉钻石和红宝石吊坠项链	项链长45.7cm	67,530	纽约佳士得	2022-06-11
106.69克拉 "莫桑比克" 帕拉伊巴碧玺配钻石项链		934,426	香港苏富比	2022-10-07
108颗天然满绿翡翠珠配红宝石及钻石项链	珠链长约53.0cm	18,400,000	北京保利	2022-07-28
12.8—13.5mm冰种翡翠珠链		920,000	西泠印社	2022-08-21
17.36克拉沃顿绿祖母绿项链	长约43cm	368,000	西泠印社	2022-08-21
18K白金及钻石项链	周长39cm	463,528	佳士得	2022-11-26
18K黄金镶珍珠及绿松石项链，Unoaerre设计		55,200	中国嘉德	2022-12-15
18K黄金镶钻石 "SPIGA" 项链，宝格丽设计		230,000	中国嘉德	2022-12-15
18K玫瑰金及钻石CHAÎNE D'ANCRE ENCHAÎNÉE项链	项链长度18cm；吊坠长度8cm；镶有226颗钻石，总重量1.51克拉	108,007	佳士得	2022-05-23
1950年代尚美设计 "爱情结" 项圈		218,500	永乐拍卖	2022-07-26
1970年制 豹首饰18K金钻石项圈	长40cm；重量70.7g	71,300	西泠印社	2022-01-23
19世纪头饰、项链、胸针、手链珠宝	头饰5.7cm × 16.0cm；项链长43.5cm；胸针9.9cm × 6.8cm；手链长17.5cm	4,684,195	日内瓦佳士得	2022-05-11
2.01克拉E颜色SI2净度钻石吊坠项链	长40.0cm	96,243	纽约佳士得	2022-04-08
2.01克拉深彩橙黄色钻石吊坠项链	长约395mm	86,064	巴黎苏富比	2022-09-28
2.09克拉钻石项链		66,690	保利香港	2022-07-13
2.27克拉F颜色SI2净度钻石吊坠项链	吊坠长2.5cm；项链长40.5cm	96,243	纽约佳士得	2022-04-08
2.36克拉彩色钻石和钻石项链	项链长41.6cm	184,709	纽约佳士得	2022-06-08
2.58克拉梨形F/VVS1(极优打磨及比例)钻石吊坠项链	项链长40.0cm	521,469	佳士得	2022-11-28
2.73克拉彩色钻石和钻石吊坠项链	吊坠长2.5cm；项链长40.5cm	3,274,395	纽约佳士得	2022-06-08
2.82克拉钻石吊坠项链	吊坠长1.6cm	63,309	纽约佳士得	2022-06-11
2.87克拉梨形浓彩黄色VS1及0.94克拉F/IF钻石吊坠项链	项链长39.0cm	405,587	佳士得	2022-11-28
20世纪初 尖晶石和钻石项链	长39.5cm	4,096,572	日内瓦佳士得	2022-11-08
20世纪早期天然珍珠和钻石项链	长106.0cm	77,168	伦敦佳士得	2022-06-16
20世纪早期天然珍珠和钻石项链	长74.0cm	87,457	伦敦佳士得	2022-06-16
21.33克拉帕拉伊巴配钻石项链		287,500	西泠印社	2022-08-21
22.18克拉梨形D/VVS1 Type IIa钻石吊坠项链	项链长46.0cm，吊坠长5.1cm	14,761,185	佳士得	2022-11-28
23.04克拉莫桑比克帕拉伊巴项链		253,000	西泠印社	2022-01-23
23.15克拉祖母绿和钻石项链	长40.7cm	629,691	纽约佳士得	2022-06-08
23.69克拉花式黄褐色、天然颜色、VVS1净度钻石项链	长约500mm	1,199,262	日内瓦苏富比	2022-11-09
24K祖母绿项链		5,750	中国嘉德	2022-06-01
25.94克拉蓝宝石和钻石项链	长41.7cm	3,258,637	日内瓦佳士得	2022-11-08
28.13克拉莫桑比克帕拉伊巴碧玺配钻石及粉色蓝宝石挂坠项链	长约41cm	513,000	保利香港	2022-07-13
28.47及23.09克拉红色碧玺配钻石及红宝石手链及项链套装		178,250	北京保利	2022-07-28
28.53克拉木佐色祖母绿配钻石项链，未经注油处理		8,262,750	永乐拍卖	2022-07-26
29颗金色养殖珍珠项链	长43.2cm	35,453	纽约佳士得	2022-06-11
3.01克拉D色VS2净度彩色钻石和钻石项链	项链长47.5cm	329,249	伦敦佳士得	2022-06-16
3.50克拉F颜色VVS2净度无荧光单颗钻石项链		603,147	巴黎佳士得	2022-07-07
3.71克拉赞比亚 "沃顿绿" 祖母绿配钻石项链		63,250	中国嘉德	2022-12-15
3.78克拉，深黄色，VVS1净度彩色钻石和钻石项链	长40.5cm	390,983	伦敦佳士得	2022-06-16
36.61克拉帕拉伊巴碧玺配钻石项链	项链长约45.5cm	437,000	北京保利	2022-02-03
4.14克拉及3.13克拉斯里兰卡蓝宝石配钻石吊坠项链及戒指套装		43,700	中国嘉德	2022-12-15
4.32克拉M颜色淡棕色VS2净度钻石吊坠项链		176,463	纽约佳士得	2022-04-07
4.34克拉长方形I/VS2钻石吊坠项链		347,646	佳士得	2022-11-28
4.72克拉长方形W–X/VS1钻石项链	项链长39.0cm	672,116	佳士得	2022-11-28
5.05克拉枕形D/VVS2钻石吊坠项链	项链长43.6cm	1,042,939	佳士得	2022-11-28
5.47克拉浓彩黄色自然色VS1净度钻石和钻石吊坠-项链	吊坠长2.0cm；颈链长40.8cm	481,262	纽约佳士得	2022-04-07
5.80、5.17、5.10、5.07及5.06克拉长方形及5.32克拉正方形H–J/IF–VS2钻石吊坠项链	项链长50.5cm，吊坠长4.9cm	2,027,938	佳士得	2022-11-28
52.88克拉枕形缅甸天然蓝宝石吊坠项链	吊坠长5.6cm，项链长41.5cm	9,684,441	佳士得	2022-11-28
54.03克拉尖晶石吊坠项链	长42.0cm	3,406,687	日内瓦佳士得	2022-05-11
6.4—6.5mm翡翠珠链		43,700	西泠印社	2022-08-21
71.49克拉沃顿绿/Vividgreen祖母绿套装	项链长约48cm；耳饰长约2.8cm × 2	2,300,000	西泠印社	2022-08-21
82颗1.62-0.29克拉椭圆形D–G/VVS2–I1钻石项链	长40.5cm	1,274,704	佳士得	2022-11-28
9.75克拉祖母绿配钻石项链		989,000	永乐拍卖	2022-07-26
ALEXANDRE REZA 金项链	82.7cm × 1.6cm	27,572	巴黎佳士得	2022-07-07
ANGELA CUMMINGS 海蓝宝石项链和赤铁矿项链	项链长38.1cm × 2	25,440	纽约佳士得	2022-02-10
ASCH GROSSBARDT 多宝石珠宝项链、耳环、手链、胸针套装	项链长 49.2cm；耳环 2.5cm × 2；2.5cm × 2；手链长 22.0cm；胸针6.0cm × 6.2cm	126,619	纽约佳士得	2022-06-11

2022翡翠珠宝拍卖成交汇总(续表)

拍品名称	物品尺寸	成交价RMB	拍卖公司	拍卖日期
ASSAEL 单股灰色养殖珍珠和钻石项链	长43.2cm	222,597	纽约佳士得	2022-02-10
BELLE ÉPOQUE 钻石项链	周长34.0cm	2,728,662	纽约佳士得	2022-06-08
BELLE ÉPOQUE 钻石项链	长39.0cm	82,312	伦敦佳士得	2022-06-16
BOTTEGA VENETA 金色 "TORCELLO" 项链	长58.5cm	143,501	纽约佳士得	2022-06-10
BOTTEGA VENETA 金色 "TORCELLO" 项链	长38.1cm	46,427	纽约佳士得	2022-06-10
BOUCHERON 蓝宝石、紫水晶和钻石 "CHOUETTE" 项链	吊坠2.5cm×2.2cm; 项链长40.6cm	32,077	纽约佳士得	2022-06-11
BOUCHERON 钻石和黄金 "DELILAH" 项链	长102.2cm	268,668	纽约佳士得	2022-06-08
BVLGARI 9.53克拉绚丽黄色彩色钻石和钻石项链	长36.5cm	1,070,695	日内瓦佳士得	2022-11-08
BVLGARI 天然和养殖珍珠、钻石和人造宝石项链	最短链长47.0cm	3,724,157	日内瓦佳士得	2022-11-08
CHAUMET 黄金项链和手链套装	项链37.5cm×1.0cm, 手链18.5cm×1.0cm	51,698	巴黎佳士得	2022-07-07
DE BEERS 0.83克拉, 浅蓝色, 自然色, VS2净度彩色钻石和钻石吊坠项链	项链长40.6cm	441,157	纽约佳士得	2022-04-07
Etcetera 彩色钻石配钻石项链		1,196,521	香港苏富比	2022-10-07
FRED 硬币、钻石和金项链	长40.0cm	35,453	纽约佳士得	2022-06-11
GARRARD 钻石项链	长37.5cm	1,749,136	伦敦佳士得	2022-06-16
GEORGES FOUQUET ART DECO 多宝石项链	长83.0cm	681,337	日内瓦佳士得	2022-05-11
GOLD TUBOGAS CHOKER项链	38.1cm×4.0cm	143,501	纽约佳士得	2022-06-11
GRAFF 养殖珍珠、彩色钻石和钻石项链	长35.6cm	118,177	纽约佳士得	2022-06-11
GRAFF 养殖珍珠和钻石项链	项链长35.6cm	174,897	纽约佳士得	2022-02-10
H. STERN 彩色钻石和钻石项链	长78.7cm	46,987	纽约佳士得	2022-08-18
HENRY Dunay 巴洛克养殖珍珠、钻石和金项链	长40.1cm	127,198	纽约佳士得	2022-02-10
Ilias Lalaounis K金项链及手链		36,522	香港苏富比	2022-10-12
ILIAS LALAOUNIS 多宝石、钻石和金项链		56,147	纽约佳士得	2022-04-07
ILIAS LALAOUNIS 黄金项链、手链首饰套装	项链长48.6cm; 手链长18.4cm	42,206	纽约佳士得	2022-06-11
ILIAS LALAOUNIS 蓝宝石、钻石和红宝石项链	长43.2cm	40,105	纽约佳士得	2022-04-07
ILIAS LALAOUNIS 蓝宝石、钻石和红宝石项链	长43.2cm	54,868	纽约佳士得	2022-06-11
JEAN FOUQUET 金项链	40.0cm×(0.3—2.9cm)	103,397	巴黎佳士得	2022-07-07
JEAN FOUQUET 绿松石项链	长37.3cm	120,629	巴黎佳士得	2022-07-07
JUDITH LEIBER 黄金首饰和未签名金项链、耳环套装	项链长39.4cm; 手链内径5.7cm; 耳环3.5cm×2.3cm×2	109,736	纽约佳士得	2022-06-11
JUDITH RIPKA 养殖珍珠和钻石长链项链	长86.9cm	24,061	纽约佳士得	2022-04-08
Louis Gerrad兽首造型钻石项圈		299,000	永乐拍卖	2022-07-26
Lucky Alhambra系列长项链, 梵克雅宝设计		149,500	中国嘉德	2022-12-15
MARIE-FRANCE 圆盘项链	长43.5cm	77,168	伦敦佳士得	2022-06-16
Marina B "Najwa" 宝石配钻石项链		68,478	香港苏富比	2022-10-12
MICHELE DELLA VALLE 祖母绿和彩色蓝宝石多股项链	最短链长40.6cm	35,453	纽约佳士得	2022-06-11
MISH 养殖珍珠和钻石项链		38,159	纽约佳士得	2022-02-10
POIRAY 钻石、珊瑚、金和钢项链	项链长41.0cm	73,239	巴黎佳士得	2022-07-07
POMELLATO 绿玉髓和岩石水晶 "卡普里" 项链、手链、耳环套装	项链长63.2cm; 手链长19.2cm; 耳环长4.9cm×2	39,098	伦敦佳士得	2022-06-16
REZA 蓝宝石、红宝石和钻石项链	长37.0cm	1,489,663	日内瓦佳士得	2022-11-08
REZA 蓝宝石和钻石项链	长50.8cm	3,910,365	日内瓦佳士得	2022-11-08
REZA 蓝宝石和钻石项链	长36.0cm	10,098,394	日内瓦佳士得	2022-05-11
REZA 祖母绿、钻石和养殖珍珠项链	吊坠长3.1cm; 项链长74.6cm	354,532	纽约佳士得	2022-06-10
RIVIERE 钻石项链	长41.2cm	6,424,170	日内瓦佳士得	2022-11-08
SEAMAN SCHEPPS 多宝石和养殖珍珠可变形项链	45.5cm×(3.5—4.0cm)	86,164	巴黎佳士得	2022-07-07
Seaman SCHEPPS COCHOLONG 和金项链和未签名的COCHOLONG耳环和戒指	项链长40.6cm; 耳环直径1.9cm×2	24,063	纽约佳士得	2022-04-07
Seaman SCHEPPS 木制和黄金项链、耳环、戒指首饰套装	项链长45.0cm; 耳环2.2cm×2.2cm×2	24,063	纽约佳士得	2022-04-07
VALENTIN MAGRO 钻石项链、耳环首饰套装	项链长45.7cm; 耳环长5.0cm×2	176,463	纽约佳士得	2022-04-07
VERDURA 粉色碧玺和金项链	长44.0cm	67,631	纽约佳士得	2022-02-09
VERDURA 蓝晶石和金项链	长40.6cm	40,518	纽约佳士得	2022-06-11
VERDURA 绿色碧玺 "围巾" 项链和绿色碧玺和钻石 "绳结" 耳环	项链内周长34.5cm; 耳环长3.0cm×2	638,754	日内瓦佳士得	2022-05-11
ZADORA 粉红色碧玺、彩色钻石和珐琅 "蛇" 项链、手链、耳环、戒指首饰套装	项链长43.2cm	377,815	纽约佳士得	2022-06-08
ZOLOTAS "经典系列" 耳环和项链	耳环5.0cm×3.0cm×2, 项链长42.5cm	129,246	巴黎佳士得	2022-07-07
ZOLOTAS项链和耳环套装	耳环3.0×2.8cm×2, 项链41.5至42.0cm	56,006	巴黎佳士得	2022-07-07
爱德华时期 藤蔓花卉饰钻石晚宴项链	链长34cm; 重量38.7g	287,500	西泠印社	2022-01-23
爱德华时期 蝴蝶结饰钻石镶嵌野生珍珠项链	链长44cm; 总重量约15.87g	9,200	西泠印社	2022-08-21
爱德华时期 斯金纳 (SKINNER&CO.) 定制海蓝宝三件套组	项链3.8cm×2.2cm, 链44cm; 重量16.74g; 耳环3.4cm×1.3cm×2; 重量9.9g	161,000	西泠印社	2022-01-23
爱德华时期 太阳花饰双坠钻石项链	长41cm; 重量约9.3g	74,750	西泠印社	2022-01-23
爱德华时期 藤蔓叶片饰钻石晚宴项链	链长34cm; 重量约38.9g	391,000	西泠印社	2022-08-21
爱德华时期 钻石镶嵌蓝宝石水滴造型项链	长41cm; 吊坠6.5cm×2.6cm; 重量约11.58g	109,250	西泠印社	2022-08-21
爱德华时期 钻石镶嵌珍珠蝴蝶结花卉饰双坠项链	3.5cm×6.5cm; 长44cm; 重量约10.86g	48,300	西泠印社	2022-01-23

拍品名称	物品尺寸	成交价RMB	拍卖公司	拍卖日期
爱德华时期 钻石镶嵌珍珠项链	链长44cm;重量约82.3g	28,750	西泠印社	2022-08-21
爱马仕 "Amulettes Kelly" 钻石项链及 "Amulettes Birkin" 钻石项链		62,772	香港苏富比	2022-10-12
爱马仕 18K黄金镶嵌钻石 CONSTANCE项链		13,800	北京保利	2022-07-28
爱马仕 2021 18K白金镶钻石 FINESSE项链	周长39—41cm	34,728	保利香港	2022-10-11
爱马仕 2021 18K玫瑰金镶钻石 NILOTICUS OMBRE吊坠项链	长42cm	41,040	保利香港	2022-07-11
爱马仕 2021年 18K玫瑰金满镶嵌钻石CONSTANCE项链		34,500	北京保利	2022-07-28
爱马仕 18K玫瑰金及钻石BIRKIN项链		28,750	北京保利	2022-02-03
爱马仕 18K玫瑰金及钻石 KELLY CLOCHETTE 项链		36,800	北京保利	2022-02-03
爱马仕黄水晶项链	项链长79.7cm	43,082	巴黎佳士得	2022-07-07
爱马仕钻石珠宝首饰一组		97,011	香港苏富比	2022-10-12
奥斯卡·海曼兄弟 蓝宝石,祖母绿配红宝石及钻石项链,手链及耳坠套装		740,704	香港苏富比	2022-10-07
奥斯卡·海曼兄弟 蓝宝石、祖母绿和钻石项链	长40.1cm	222,597	纽约佳士得	2022-02-10
奥斯卡·海曼兄弟蓝宝石和钻石项链		320,841	纽约佳士得	2022-04-07
奥斯卡·海曼兄弟 钻石 RIVIÈRE 项链	长39.8cm	422,062	纽约佳士得	2022-06-11
澳白珍珠项链		82,800	永乐拍卖	2022-07-26
白金、钛金属、彩色蓝宝石和钻石项链	内周长约410mm	561,456	伦敦苏富比	2022-09-08
白金镶钻石项链,约2010年制		9,701	香港苏富比	2022-10-10
宝格丽 "B.Zero 1" 宝石项链		29,674	香港苏富比	2022-10-12
宝格丽 "BVLGARI" 钻石配贝母项链及耳坠套装		43,370	香港苏富比	2022-10-12
宝格丽 "MONETE" TUBOGAS 硬币项链和无签名硬币耳环	项链长35.6cm;耳环长1.9cm×2	128,337	纽约佳士得	2022-04-07
宝格丽 "Monete" 古代钱币配宝石及钻石项链		478,608	香港苏富比	2022-10-07
宝格丽 "Serpenti" 钻石项链		1,709,316	香港苏富比	2022-10-07
宝格丽 "咖啡豆" 金项链	长89.0cm	206,793	巴黎佳士得	2022-07-07
宝格丽碧玺、橄榄石和钻石项链	36.5cm×2.0cm	224,026	巴黎佳士得	2022-07-07
宝格丽单股天然珍珠项链	长117.0cm	80,203	纽约佳士得	2022-04-08
宝格丽红宝石和钻石项链	长42.0cm	1,447,842	日内瓦佳士得	2022-05-11
宝格丽硬币、红宝石和黄金 "MONETE" 项链		168,825	纽约佳士得	2022-06-10
宝格丽珍珠贝母和钻石项链	52,838	长约470mm	巴黎苏富比	2022-09-30
宝格丽祖母绿和钻石项链	长430mm	103,277	巴黎苏富比	2022-09-28
宝格丽钻石和粉红色碧玺 "SERPENTI" 珠宝套装	吊坠3.8cm×2.2cm;颈链长43.5cm;手镯内径5.6cm	190,797	纽约佳士得	2022-02-10
宝嘉斯仁 白玉、贝母配红宝石及钻石项链及耳坠套装		2,279,088	香港苏富比	2022-10-07
宝嘉斯仁 "Diaphane Mesh" 钻石项链及耳坠套装		3,418,632	香港苏富比	2022-10-07
宝石吊坠项链	项链长59.5cm,吊坠长3.6cm	1,296,086	佳士得	2022-05-25
宝石首饰套装	项链内周长35.0cm,耳环长2.5cm×2	216,014	佳士得	2022-05-25
碧玺和钻石吊坠项链	碧玺22mm×12mm,项链长410mm	14,090	巴黎苏富比	2022-09-30
玻璃、珐琅和钻石项链,约1902年	长度约435mm	922,509	日内瓦苏富比	2022-11-09
伯爵Piaget "山茶花" 钻石项链		9,200	北京保利	2022-02-03
伯爵设计 "心形" 钻石挂坠项链		38,988	保利香港	2022-07-13
伯爵设计 钻石项链		43,092	保利香港	2022-07-13
铂金钻石项链		690,000	永乐拍卖	2022-07-26
彩黄钻石项链、耳夹套装	项链长400mm	1,291,513	日内瓦苏富比	2022-11-09
彩色蓝宝石和钻石吊坠项链	吊坠长3.4cm;项链长40.5cm	32,925	伦敦佳士得	2022-06-16
彩色蓝宝石和钻石项链	长40.6cm	208,527	纽约佳士得	2022-04-08
彩色蓝宝石和钻石项链	长38.1cm	135,060	纽约佳士得	2022-06-11
彩色蓝宝石和钻石项链	吊坠直径2.7cm;项链长41.0cm	36,012	伦敦佳士得	2022-06-16
彩色钻石和碧玺项链	最长42.5cm	285,460	纽约佳士得	2022-06-08
彩色钻石和钻石项链	长30.5cm	1,958,845	日内瓦佳士得	2022-05-11
彩色钻石和钻石项链	长40.6cm	205,033	纽约佳士得	2022-08-18
彩色钻石和钻石项链和耳环	项链长43.0cm;耳环长2.8cm×2	514,452	伦敦佳士得	2022-06-16
彩色钻石项链及耳环套装		328,320	保利香港	2022-07-13
超凡卓绝 天然翡翠配钻石项链	珠链长约53cm	43,092,000	保利香港	2022-07-13
大卫·尤尔曼紫水晶、银和金项链、手镯、耳环饰品		10,568	巴黎苏富比	2022-09-30
大卫·韦伯 翡翠、红宝石和蓝宝石吊坠项链	吊坠7.9cm×7.2cm;项链长79.5cm	587,712	纽约佳士得	2022-06-08
大卫·韦伯 珊瑚项链		54,783	香港苏富比	2022-10-12
黛琳设计紫罗兰翡翠项链耳坠套装		161,000	永乐拍卖	2022-07-26
黛琳珠宝设计 紫锂辉石,钻石配蓝宝石挂坠项链/耳环		26,676	保利香港	2022-07-13
当代 18K金镶钻翡翠葫芦形项链	直径2cm;重32.97g	402,500	中鸿信	2022-09-11
当代18K金镶钻翡翠水滴形项链	重63.32g	115,000	中鸿信	2022-09-11
当代 翡翠镶钻镶宝石首饰套装	尺寸不一	529,000	北京文奥	2022-01-14
蒂法尼 8.04克拉天然缅甸蓝宝石配钻石项链		182,609	香港苏富比	2022-10-12
蒂芙尼 ANGELA CUMMINGS 黄金项链	内周长34.8cm	167,918	纽约佳士得	2022-06-08
蒂芙尼 ANGELA CUMMINGS 金和铜 "叶子" 项链	长42.0cm	201,501	纽约佳士得	2022-06-08
蒂芙尼 ELSA PERETTI "AEGEAN TOGGLE" 项链	长121.5cm	254,396	纽约佳士得	2022-02-10

2022翡翠珠宝拍卖成交汇总(续表)

拍品名称	物品尺寸	成交价RMB	拍卖公司	拍卖日期
蒂芙尼古董钻石和珐琅地吊坠手表项链	项链长61.0cm	449,834	纽约佳士得	2022-04-13
蒂芙尼 黄金手链和项链套装	手链长20.1cm；项链长42.5cm	103,397	巴黎佳士得	2022-07-07
蒂芙尼 及迪奥 K金项链及手链，及玫瑰石英配钻石耳环一对		51,359	香港苏富比	2022-10-12
蒂芙尼 蓝宝石和钻石吊坠项链	吊坠长2.9cm；项链长43.1cm	377,815	纽约佳士得	2022-06-08
蒂芙尼 养殖珍珠和钻石项链、耳环首饰套装	项链长38.1cm；耳环2.6cm×2.6cm×2	33,389	纽约佳士得	2022-02-10
蒂芙尼 紫水晶和金项链	长35.6cm	37,986	纽约佳士得	2022-06-11
蒂芙尼 钻石首饰一组		13,696	香港苏富比	2022-10-12
蒂芙尼 钻石首饰一组		22,826	香港苏富比	2022-10-12
蒂芙尼 钻石项链及钻石戒指		86,405	香港苏富比	2022-04-15
多宝石吊坠项链、耳环首饰		25,440	纽约佳士得	2022-02-10
多宝石和养殖珍珠项链	长40.8cm	81,856	巴黎佳士得	2022-07-07
多宝石首饰组		15,105	纽约佳士得	2022-02-10
梵克雅宝 宝石长项链	长73.0cm	931,039	日内瓦佳士得	2022-11-08
法贝热 "Ida" 钻石项链		341,863	香港苏富比	2022-10-07
梵克雅宝 "AmoAlhambra" 钻石项链		41,042	香港苏富比	2022-04-15
梵克雅宝 "FLEURETTE" 钻石珠宝套装	项链长42.0cm；耳环长1.0cm×2	256,673	纽约佳士得	2022-04-07
梵克雅宝 "Frivole" 钻石项链		70,204	香港苏富比	2022-04-15
梵克雅宝 "Frivole" 钻石项链及戒指套装		70,204	香港苏富比	2022-04-15
梵克雅宝 "Magic Alhambra" 钻石项链		108,007	香港苏富比	2022-04-15
梵克雅宝 "PLACE VENDÔME" 钻石项链	吊坠直径2.8cm，项链长71.5cm	103,397	巴黎佳士得	2022-07-07
梵克雅宝 "Sweet Alhambra" 珠宝首饰一组		51,359	香港苏富比	2022-10-12
梵克雅宝 "VINTAGE ALHAMBRA" 绿松石项链	长84.8cm	304,799	纽约佳士得	2022-04-07
梵克雅宝 "VINTAGE ALHAMBRA" 缟玛瑙饰板长项链		128,337	纽约佳士得	2022-04-07
梵克雅宝 "VINTAGE ALHAMBRA" 红玉髓项链	长84.8cm	96,252	纽约佳士得	2022-04-07
梵克雅宝 "VINTAGE ALHAMBRA" 青金石饰板长项链	长81.5cm	256,673	纽约佳士得	2022-04-07
梵克雅宝 "VintageAlhambra" K金项链及手链		91,806	香港苏富比	2022-04-15
梵克雅宝 K金戒指及钻石项链 钻石胸针		23,761	香港苏富比	2022-04-15
梵克雅宝 白色珊瑚珠项链	长44.0cm	67,530	纽约佳士得	2022-06-10
梵克雅宝 宝石及钻石长项链	长约980mm	461,255	日内瓦苏富比	2022-11-09
梵克雅宝 虎眼石英 "VINTAGE ALHAMBRA" 长项链		104,273	纽约佳士得	2022-04-07
梵克雅宝绿玉髓 "VINTAGE ALHAMBRA" 项链、手链珠宝套装	项链长87.6cm；手链长19.4cm	192,505	纽约佳士得	2022-04-07
梵克雅宝多宝石和黄金 "PERLÉ E COULEURS" 可变形长项链	项链长90.0cm	104,264	纽约佳士得	2022-04-08
梵克雅宝 红宝石和钻石可变形 "拉链" 项链	45.0cm×1.5cm	5,600,650	巴黎佳士得	2022-07-07
梵克雅宝 红宝石配钻石项链，手链及耳夹套装		296,740	香港苏富比	2022-10-12
梵克雅宝 黄金 "VINTAGE ALHAMBRA" 长项链	长81.3cm	84,412	纽约佳士得	2022-06-10
梵克雅宝 黄水晶、钻石和黄金吊坠项链	吊坠长8.2cm；项链长66.0cm	787,210	纽约佳士得	2022-04-13
梵克雅宝 及尚美 宝石项链两条		29,674	香港苏富比	2022-10-12
梵克雅宝 金 "MAGIC ALHAMBRA" 吊坠项链	吊坠3.8cm×2.7cm；项链长90.0cm	38,501	纽约佳士得	2022-04-07
梵克雅宝 金项链	长46.0cm	77,547	巴黎佳士得	2022-07-07
梵克雅宝 可变形红宝石和钻石项链	项链长40.0cm，吊坠4.4cm×2.4cm	430,819	巴黎佳士得	2022-07-07
梵克雅宝 可变形绿松石和钻石项链	项链长41.3cm，吊坠4.5cm×3.1cm	241,259	巴黎佳士得	2022-07-07
梵克雅宝 孔雀石 "魔法阿尔罕布拉" 项链、耳环珠宝套装	吊坠长3.8cm，项链长90.0cm；耳环长2.0cm×2	88,231	纽约佳士得	2022-04-07
梵克雅宝 孔雀石和钻石 "VINTAGE ALHAMBRA" 长项链	长86.7cm	256,673	纽约佳士得	2022-04-07
梵克雅宝 蓝宝石和钻石珠宝套装	项链长45.0cm；手链长17.0cm；耳环4.1cm×1.7cm×2	1,445,895	纽约佳士得	2022-04-13
梵克雅宝 两条金项链	70.0cm×0.5cm	94,780	巴黎佳士得	2022-07-07
梵克雅宝 两条绿松石 "VINTAGE ALHAMBRA" 项链	长项链长48.5cm	304,799	纽约佳士得	2022-04-07
梵克雅宝 绿松石 "PERLÉ E COULEURS" 项链、耳环、戒指珠宝套装	项链长42.0cm	64,168	纽约佳士得	2022-04-07
梵克雅宝 绿松石 "VINTAGE ALHAMBRA" 项链	长43.5cm	160,384	纽约佳士得	2022-06-10
梵克雅宝 绿松石 "VINTAGE ALHAMBRA" 长项链	长86.7cm	401,052	纽约佳士得	2022-04-07
梵克雅宝 绿松石和钻石项链	长37.6cm	137,862	巴黎佳士得	2022-07-07
梵克雅宝 绿松石配钻石项链、戒指及耳坠套装，约1970年		7,065,173	香港苏富比	2022-10-07
梵克雅宝 玛瑙、珍珠母和钻石 "BOUTON D'OR" 吊坠项链	项链长47.5cm；吊坠4.0cm×4.0cm	160,421	纽约佳士得	2022-04-07
梵克雅宝 玛瑙 "MAGIC ALHAMBRA" 吊坠项链	吊坠长3.8cm；项链长90.0cm	38,501	纽约佳士得	2022-04-07
梵克雅宝 扭纹金项链和手链套装	手链长18.0cm，项链长38.5cm	301,573	巴黎佳士得	2022-07-07
梵克雅宝 青金石、绿松石和钻石 "BOUTON D'OR" 吊坠项链	项链长47.5cm；吊坠4.0cm×4.0cm	128,337	纽约佳士得	2022-04-07
梵克雅宝 珊瑚和黄金首饰套装		503,753	纽约佳士得	2022-06-08
梵克雅宝 一对玛瑙 "VINTAGE ALHAMBRA"	长43.3cm×2	104,273	纽约佳士得	2022-04-07
梵克雅宝 珍珠母贝 "魔法阿尔罕布拉" 项链、耳环珠宝系列	项链长40.6cm	224,589	纽约佳士得	2022-04-07
梵克雅宝 祖母绿、红宝石配钻石及缟玛瑙项链		15,112,524	香港苏富比	2022-10-07

拍品名称	物品尺寸	成交价RMB	拍卖公司	拍卖日期
梵克雅宝 祖母绿和钻石吊坠/胸针和钻石项链	吊坠5.4cm×4.1cm；项链长40.6cm	4,088,025	日内瓦佳士得	2022-05-11
梵克雅宝 钻石"MAGIC ALHAMBRA"吊坠项链	吊坠长3.8cm；项链长90.0cm	160,421	纽约佳士得	2022-04-07
梵克雅宝 钻石和多宝石"POMPON"长项链	长68.0cm	2,570,481	纽约佳士得	2022-04-13
梵克雅宝 钻石和黄金项链、耳环首饰套装	项链长38.1cm；耳环2.0cm×1.8cm×2	101,295	纽约佳士得	2022-06-11
梵克雅宝 钻石项链	长38.0cm	133,757	伦敦佳士得	2022-06-16
梵克雅宝 钻石项链、手链和戒指套装	项链长39.0cm，手镯内径5.6cm	146,479	巴黎佳士得	2022-07-07
梵克雅宝 钻石项链配83.21克拉"哥伦比亚"祖母绿及钻石挂坠		7,344,489	香港苏富比	2022-04-29
梵克雅宝设计 18K金及虎眼石"VINTAGE ALHAMBRA"项链		82,080	保利香港	2022-07-13
翡翠蛋面项链	12.2cm×10.4cm	86,250	荣宝斋（南京）	2022-12-08
翡翠及钻石吊坠项链		129,608	佳士得	2022-05-25
翡翠及钻石吊坠项链		140,409	佳士得	2022-05-25
翡翠及钻石吊坠项链/胸针		54,003	佳士得	2022-05-25
翡翠及钻石首饰套装		259,217	佳士得	2022-05-25
翡翠及钻石项链		540,036	佳士得	2022-05-25
翡翠满色套链	19cm×15cm×7cm	207,000	上海嘉禾	2022-01-01
翡翠珠及钻石项链		1,836,122	佳士得	2022-05-25
翡翠珠链（51颗）	12.5-12.8cm	483,000	上海嘉禾	2022-01-01
翡翠珠项链	项链长49.7cm	59,178,945	佳士得	2022-05-25
橄榄石和钻石项链	项链长46.5cm，吊坠6.5cm×3.1cm	94,780	巴黎佳士得	2022-07-07
高级珠宝系列18K白金及钻石CHAÎNE D'ANCRE项链	周长39cm；镶有3475颗钻石，总重量32.33克拉	626,441	佳士得	2022-05-23
哥伦比亚"木佐色"祖母绿配钻石项链		1,437,500	中国嘉德	2022-12-15
格拉夫彩色钻石和钻石项链、手链、耳环首饰套装	项链长38.1cm；手链长17.0cm；耳环长7.0cm	295,444	纽约佳士得	2022-06-10
格拉夫红宝石和钻石项链、耳环首饰套装	项链长36.8cm；耳环2.2cm×1.7cm	755,630	纽约佳士得	2022-06-08
古董天然珍珠和钻石项链	长39.5cm	2,048,352	纽约佳士得	2022-04-13
古董紫水晶、祖母绿和黄金吊坠项链	长38.1cm	55,649	纽约佳士得	2022-02-10
古董钻石RIVIÈRE项链	长41.0cm	1,028,903	伦敦佳士得	2022-06-16
海瑞·温斯顿 蓝宝石和钻石项链		1,873,678	日内瓦佳士得	2022-05-11
海瑞·温斯顿 祖母绿和钻石项链	项链长41.2cm	14,559,532	日内瓦佳士得	2022-05-11
海瑞·温斯顿 钻石项链	长38.1cm	6,464,831	纽约佳士得	2022-06-08
海蓝宝石和钻石吊坠项链	吊坠60mm×30mm	44,032	巴黎苏富比	2022-09-30
海瑞·温斯顿 钻石项链配4.26克拉天然"哥伦比亚"无油祖母绿及钻石挂坠		1,937,225	香港苏富比	2022-10-07
海瑞·温斯顿设计，总重约65.75克拉哥伦比亚祖母绿配钻石项链，未经注油	项链长约40cm	22,572,000	保利香港	2022-07-13
海瑞·温斯顿钻石项链		1,025,590	香港苏富比	2022-10-07

拍品名称	物品尺寸	成交价RMB	拍卖公司	拍卖日期
海瑞·温斯顿钻石项链配8.02克拉梨形D色内部无瑕钻石挂坠，1960年		5,400,360	香港苏富比	2022-04-29
红宝碧玺配钻石戒指；及蓝宝石配钻石项链		34,562	香港苏富比	2022-04-15
红宝石、蓝宝石、祖母绿和钻石项链、手链、耳坠首饰，海瑞·温斯顿，1970年	项链长约395mm	2,998,154	日内瓦苏富比	2022-11-09
红宝石和蛋白石项链和戒指套装	项链长45.0cm	17,233	巴黎佳士得	2022-07-07
红宝石和黄金项链、吊坠耳夹	项链长420mm，耳夹长45mm×2	33,464	巴黎苏富比	2022-09-30
红宝石和钻石吊坠项链	吊坠30mm×17mm	111,884	巴黎苏富比	2022-09-28
红宝石和钻石项链	长440mm	43,032	巴黎苏富比	2022-09-28
红宝石和钻石项链，格拉夫	长约390mm	691,882	日内瓦苏富比	2022-11-09
红宝石和钻石项链，海瑞·温斯顿	长约380mm	2,952,029	日内瓦苏富比	2022-11-09
红宝石及钻石项链	长43.0cm	463,528	佳士得	2022-11-28
红宝石及钻石吊坠项链		237,615	佳士得	2022-05-25
红宝石及钻石项链		2,376,158	佳士得	2022-05-25
红宝石及钻石项链	项链长43.5cm	2,808,187	佳士得	2022-05-25
红宝石及钻石项链及耳环套装	项链内周长36.5cm，耳环长9.3cm×2	432,028	佳士得	2022-05-25
红宝石配钻石颈链	项链长约357cm	138,000	中国嘉德	2022-12-15
蝴蝶结项圈		17,250	永乐拍卖	2022-07-26
幻彩镶嵌钻石项链	长40.8cm至42.8cm	113,179	伦敦佳士得	2022-06-16
黄金、缟玛瑙和微马赛克项链、胸针、耳坠		73,155	巴黎苏富比	2022-09-28
黄金和钻石"骑士精神"项链、耳夹		645,482	巴黎苏富比	2022-09-28
黄金和钻石项链、耳环	项链长410mm	189,341	巴黎苏富比	2022-09-28
黄金钻石项链"Balls"梵克雅宝1940年	长约360mm	1,060,885	日内瓦苏富比	2022-11-09
黄水晶和钻石项链、耳环首饰套装	项链长43.2cm；耳环长6.3cm×2	63,599	纽约佳士得	2022-02-11
灰色养殖珍珠项链	长44.0cm	35,453	纽约佳士得	2022-06-11
吉安玛利亚布契拉提提金项链，"军团"，1983	长约370mm	60,245	巴黎苏富比	2022-09-28
极珍罕及重要天然"帝王绿"翡翠配钻石套装		39,735,506	香港苏富比	2022-04-29
尖晶石和珍珠项链	33.7cm×2.5cm	25,665	纽约佳士得	2022-04-08
尖晶石长链带	长约200cm	322,878	日内瓦苏富比	2022-11-09
金链颈链	长77.0cm	51,674	纽约佳士得	2022-02-10
金镶冰种翡翠耳环戒指项链套组		287,500	西泠印社	2022-08-21
金镶玻璃种佛公项链		10,350	西泠印社	2022-08-21
金镶珍珠项链		184,000	西泠印社	2022-08-21
金项链	长约430mm	24,658	巴黎苏富比	2022-09-30
金项链	长约580mm	33,464	巴黎苏富比	2022-09-30
金项链	长420mm	53,360	巴黎苏富比	2022-09-28
金项链		21,135	巴黎苏富比	2022-09-30
金项链、胸针、戒指	项链内周长400mm，胸针50mm×30mm	36,987	巴黎苏富比	2022-09-30

2022翡翠珠宝拍卖成交汇总(续表)

拍品名称	物品尺寸	成交价RMB	拍卖公司	拍卖日期
精美的76.46克拉的心形钻石及46颗钻石项链	长39.3cm	32,783,928	纽约佳士得	2022-06-08
卡地亚 "Agrafe" 养殖珍珠配钻石项链		319,072	香港苏富比	2022-10-07
卡地亚 "Agrafe" 钻石项链		45,363	香港苏富比	2022-04-15
卡地亚 "Agrafe" 钻石项链及戒指套装		47,935	香港苏富比	2022-10-12
卡地亚 "CaresseD' Orchid é es" 钻石项链		193,722	香港苏富比	2022-10-07
卡地亚 "JCC" 黄金项链	项链长95.0cm	112,013	巴黎佳士得	2022-07-07
卡地亚 "Panthère de 卡地亚" 陶瓷配缟玛瑙及祖母绿项链		159,783	香港苏富比	2022-10-12
卡地亚 "Panthère" K金及银配钻石项链		54,783	香港苏富比	2022-10-12
卡地亚 "Panthère" K金配珐琅彩及祖母绿项链		43,202	香港苏富比	2022-04-15
卡地亚 "Panthère" 宝石配钻石项链、手链		1,538,384	香港苏富比	2022-10-07
卡地亚 "Panthère" 祖母绿、缟玛瑙配珐琅彩及钻石项链		319,072	香港苏富比	2022-10-07
卡地亚 "Panthère" 钻石配缟玛瑙及祖母绿项链		1,709,316	香港苏富比	2022-10-07
卡地亚 "龙胆" 项链	长39.5cm	68,931	巴黎佳士得	2022-07-07
卡地亚 "美好年代" "Resille" 钻石项链, 1909年		3,418,632	香港苏富比	2022-10-07
卡地亚 "Muslim Prayer Bead" 黄金长项链	内周长约72cm	350,553	日内瓦苏富比	2022-11-09
卡地亚 DIAMOND "LANIÈRES" 吊坠项链	吊坠长4.8cm；项链长38.1cm	32,077	纽约佳士得	2022-06-11
卡地亚 多宝石和黄金 "PANTHÈRE DE 卡地亚" 项链	吊坠长3.0cm；项链长45.0cm	54,868	纽约佳士得	2022-06-10
卡地亚 多宝石虎头吊坠项链	项链长64.0cm；吊坠直径6.9cm	1,873,678	日内瓦佳士得	2022-05-11
卡地亚 红宝石、蓝宝石和钻石项链	海军蓝绳长35.0cm；黑绳长33.0cm	240,608	纽约佳士得	2022-04-08
卡地亚 黄金多股项链	长39.4cm	238,496	纽约佳士得	2022-02-10
卡地亚 及宝格丽 "Draperie" K金配钻石项链及 "Piramide" 黄水晶戒指		140,409	香港苏富比	2022-04-15
卡地亚 金 "PANTHÈRE" 项链	长38.7cm	75,971	纽约佳士得	2022-06-10
卡地亚 金蝴蝶结项链	项链长42.8cm	34,466	巴黎佳士得	2022-07-07
卡地亚 金项链	长38.1cm	54,868	纽约佳士得	2022-06-10
卡地亚 蓝宝石和钻石项链	长43.2cm	1,044,258	纽约佳士得	2022-04-13
卡地亚 玛瑙和钻石项链	内周长40.6cm	3,724,157	日内瓦佳士得	2022-11-08
卡地亚 养殖珍珠和金项链	长67.0cm	33,765	纽约佳士得	2022-06-10
卡地亚 养殖珍珠和钻石项链	长约610mm	30,822	巴黎苏富比	2022-09-30
卡地亚 种子珍珠和钻石项链	长约450mm	123,289	巴黎苏富比	2022-09-30
卡地亚 珠宝首饰一组		36,522	香港苏富比	2022-10-12
卡地亚 祖母绿和钻石 "PANTHÈRE" 胸针/项链	豹长4.8cm	66,879	伦敦佳士得	2022-06-16
卡地亚 钻石、缟玛瑙和祖母绿 "PANTHÈRE DE 卡地亚" 项链	项链长76.2cm	2,015,012	纽约佳士得	2022-06-08
卡地亚 钻石、祖母绿和缟玛瑙 "PANTHÈRE DE 卡地亚" 项链	吊坠长13.1cm，项链可调节长度从70.0cm起	461,774	纽约佳士得	2022-06-08
卡地亚 钻石和多颗宝石 "PANTHÈRE DE 卡地亚" 吊坠项链	吊坠长6.2cm；项链可调节（最大）约70.0cm	963,930	纽约佳士得	2022-04-13
卡地亚 钻石和缟玛瑙 "AMULETTE DE 卡地亚" 项链	长56.0cm	158,998	纽约佳士得	2022-02-10
卡地亚 钻石和三色金 "TRINITY" 珠宝套装	项链长46.0cm(可调节)	143,219	纽约佳士得	2022-02-09
卡地亚 钻石流苏项链和耳环	项链长77.0cm；耳环长7.5cm × 2	205,781	伦敦佳士得	2022-06-16
卡地亚 钻石配黑玛瑙及祖母绿 "美洲豹" 项链	美洲豹挂坠长约10cm	1,744,200	保利香港	2022-07-13
卡地亚 钻石项链		2,962,814	香港苏富比	2022-10-07
卡地亚 钻石项链	长37.5cm	732,393	巴黎佳士得	2022-07-07
卡地亚 钻石项链		64,804	香港苏富比	2022-04-15
卡地亚 钻石项链/冠冕, 1930年		3,240,216	香港苏富比	2022-04-29
卡地亚设计 天然珍珠配钻石项链	项链长约43cm	636,120	保利香港	2022-07-13
可变形红玉髓和钻石项链		38,774	巴黎佳士得	2022-07-07
蓝宝石、钻石及祖母绿 "PANTHÈRE" 吊坠项链	项链长64.0cm，吊坠长14.3cm	3,024,201	佳士得	2022-05-25
蓝宝石和钻石吊坠项链		129,096	巴黎苏富比	2022-09-28
蓝宝石和钻石项链	内周长34.3cm	2,979,325	日内瓦佳士得	2022-11-08
蓝宝石和钻石项链	长37.8cm	361,474	纽约佳士得	2022-04-13
蓝宝石和钻石项链	长38.1cm	168,825	纽约佳士得	2022-06-11
蓝宝石和钻石项链	项链长43.2cm	101,295	纽约佳士得	2022-06-11
蓝宝石和钻石项链, 梵克雅宝		5,719,556	日内瓦苏富比	2022-11-09
蓝宝石和钻石项链和耳环套装	项链长40.0cm；耳环长1.9cm × 2	113,179	伦敦佳士得	2022-06-16
蓝宝石及钻石首饰套装		216,014	佳士得	2022-05-25
蓝宝石配钻石项链		324,021	香港苏富比	2022-04-15
蓝宝石配钻石项链		36,522	香港苏富比	2022-10-12
蓝宝石配钻石项链及蓝宝石配钻石戒指		14,837	香港苏富比	2022-10-12
两条养殖珍珠和钻石项链	黑色项链长38.1cm；灰色项链长33.0cm	118,177	纽约佳士得	2022-06-11
两条钻石和多宝石项链	十股项链长45.7cm；狮子图案项链长35.6cm	35,774	纽约佳士得	2022-02-10
路易·威登 珠宝首饰一组		70,204	香港苏富比	2022-04-15
绿松石、红宝石、蓝宝石和钻石项链	长46.0cm	66,879	伦敦佳士得	2022-06-16
绿松石和金色项链	长70.0cm	52,132	纽约佳士得	2022-04-08
绿松石和金项链	长37.3cm	48,122	纽约佳士得	2022-04-08
绿松石和钻石项链、手链、耳环	项链长420mm、手链长180mm、耳环长25mm × 2	223,767	巴黎苏富比	2022-09-28
满绿翡翠塔链	直径0.8-1.1cm	69,000	浙江佳宝	2022-03-13
缅甸天然冰种翡翠蛋面项链		41,400	北京保利	2022-02-03
缅甸天然鸽血红红宝石项链	项链长41.5cm	2,085,879	佳士得	2022-11-28
缅甸天然满绿翡翠珠链及手镯套装		43,700	北京保利	2022-02-03

拍品名称	物品尺寸	成交价RMB	拍卖公司	拍卖日期
缅甸天然紫罗兰翡翠珠链		25,300	北京保利	2022-02-03
莫布森灰色珍珠母贝和钻石项链、手链、耳环、戒指首饰套装	项链长38.1cm；手链15.9cm×1.6cm；耳环2.9cm×1.9cm×2	304,799	纽约佳士得	2022-04-07
木化石、养殖珍珠和钻石项链		35,226	巴黎苏富比	2022-09-30
七股天然珍珠项链		713,650	纽约佳士得	2022-06-08
清 白金嵌钻石嵌翡翠首饰（一套五件）	尺寸不一	169,725	香港福羲国际	2022-04-17
清 翡翠108子朝珠	珠径1.3cm	28,750	西泠印社	2022-01-23
清 翡翠108子朝珠	珠径1.2cm	20,700	西泠印社	2022-08-21
清 翡翠朝珠	总长110.5cm	14,950	中贸圣佳	2022-09-26
清 翡翠水晶朝珠	珠径1.2cm	98,285	香港福羲国际	2022-12-28
清 翡翠镶金项链	直径33cm	80,148	香港福羲国际	2022-04-17
清乾隆 翡翠镂雕阴刻纹念珠	长28.8cm	754,336	香港福羲国际	2022-04-17
三个多宝石项链		55,649	纽约佳士得	2022-02-10
三股养殖珍珠、红宝石和钻石项链	最短链长38.1cm	60,152	纽约佳士得	2022-04-08
三色金项链	内周长360mm	94,671	巴黎苏富比	2022-09-28
珊瑚、养殖珍珠和钻石项链	内周长360mm	61,645	巴黎苏富比	2022-09-30
珊瑚和钻石十字架吊坠项链	吊坠9.5cm×7.5cm；项链长70.5cm	192,786	纽约佳士得	2022-04-13
珊瑚项链	长约550mm和660mm	13,210	巴黎苏富比	2022-09-30
尚美黄金和钻石项链、耳夹	项链长370mm，耳夹长30mm×2	36,987	巴黎苏富比	2022-09-30
19世纪制 教堂风格祖母绿配红宝石彩色珐琅描金饰珠宝套组	项链长41cm；耳环6cm×2.4cm×2；项链重量约69.33g；耳环重量约20.11g	540,500	西泠印社	2022-08-21
双色金珠宝项链、手镯、耳环大师套装	项链长58.8cm	103,348	纽约佳士得	2022-02-10
坦桑石、钻石和多宝石项链、吊坠、戒指首饰套装	项链长40.0cm，吊坠4.1cm×2.5cm	143,501	纽约佳士得	2022-06-11
天然"巴西"亚历山大变色配钻石项链（亚历山大变色石共重约50.59克拉）		4,900,039	香港苏富比	2022-10-07
天然"帝王绿"翡翠珠配钻石及红宝石项链	长约550mm和520mm	25,727,467	香港苏富比	2022-10-07
天然冰种翡翠蛋面配满绿翡翠及钻石吊坠项链		43,700	保利厦门	2022-10-21
天然翡翠"福豆"配钻石挂坠项链		194,940	保利香港	2022-07-13
天然翡翠蛋面项链	项链内周长39.5cm	20,279,385	佳士得	2022-11-28
天然翡翠雕配天然翡翠珠项链；及天然翡翠雕配钻石挂坠		91,305	香港苏富比	2022-10-12
天然翡翠吊坠项链	项链长59.0cm，吊坠长6.5cm	1,738,233	佳士得	2022-11-28
天然翡翠吊坠项链	项链长43.5cm，吊坠长8.5cm	1,738,233	佳士得	2022-11-28
天然翡翠吊坠项链	项链长50.3cm，吊坠长3.4cm	1,738,233	佳士得	2022-11-28

拍品名称	物品尺寸	成交价RMB	拍卖公司	拍卖日期
天然翡翠吊坠项链		81,117	佳士得	2022-11-28
天然翡翠吊坠项链		55,623	佳士得	2022-11-28
天然翡翠葫芦吊坠项链		25,494	佳士得	2022-11-28
天然翡翠配宝石及钻石项链/胸针		864,057	香港苏富比	2022-04-29
天然翡翠配宝石及钻石项链/胸针		97,206	香港苏富比	2022-04-15
天然翡翠配钻石耳环及项链套件	项链长约454mm，耳环长约38mm×2	230,000	中国嘉德	2022-12-15
天然翡翠配钻石项链		129,608	香港苏富比	2022-04-15
天然翡翠配钻石项链		216,513	香港苏富比	2022-10-07
天然翡翠配钻石项链		64,804	香港苏富比	2022-04-15
天然翡翠配钻石项链及耳环套装		71,820	保利香港	2022-07-13
天然翡翠项链、耳环首饰套装	项链长45.5cm，耳环长2.3cm×2	115,882	佳士得	2022-11-28
天然翡翠玉珠项链	长71.0cm	1,738,233	佳士得	2022-11-28
天然翡翠珠（A货）项链	重量181.47g	379,500	上海嘉禾	2022-08-28
天然翡翠珠配红宝石项链及天然翡翠珠、红宝石配钻石耳坠一对		21,685	香港苏富比	2022-10-12
天然翡翠珠项链		51,359	香港苏富比	2022-10-12
天然海螺珠配珍珠及钻石项链，卡地亚 钻石链扣		1,937,225	香港苏富比	2022-10-07
天然满绿翡翠"福豆"配钻石项链		25,300	北京保利	2022-07-28
天然满绿翡翠蛋面配钻石项链		345,000	北京保利	2022-07-28
天然满绿翡翠蛋面配钻石项链	项链长46.5cm	3,220,000	北京保利	2022-07-28
天然满绿翡翠葫芦配钻石开口式吊坠项链		92,000	保利厦门	2022-10-21
天然满绿翡翠配钻石项链		92,000	北京保利	2022-07-28
天然满绿翡翠素牌吊坠项链	链长约48cm	1,012,000	保利厦门	2022-10-21
天然满绿翡翠珠链		690,000	保利厦门	2022-10-21
天然满绿翡翠珠配钻石及红宝石项链	珠链长60.0cm	6,900,000	北京保利	2022-07-28
天然缅甸未经加热红宝石配钻石项链		22,826	香港苏富比	2022-10-12
天然缅甸未经加热红宝石配钻石项链及耳环套装（红宝石共重约69.01克拉）		1,082,567	香港苏富比	2022-10-07
天然双色翡翠配钻石项链	项链长约474mm	299,000	中国嘉德	2022-12-15
天然珍珠和钻石项链	最短链43.0cm	1,256,903	日内瓦佳士得	2022-11-08
天然珍珠和钻石项链		48,126	纽约佳士得	2022-04-07
天然珍珠和钻石项链	长约380mm	25,819	巴黎苏富比	2022-09-28
天然珍珠和钻石项链	长130cm	40,105	纽约佳士得	2022-04-07
天然珍珠和钻石项链	长385mm	22,897	巴黎苏富比	2022-09-30
天然珍珠及钻石吊坠项链	项链长47.5cm，吊坠长5.0cm	2,808,187	佳士得	2022-05-25
天然珍珠配钻石长项链		1,253,498	香港苏富比	2022-10-07
天然珍珠项链	长45.5cm	231,764	佳士得	2022-11-28
天然珍珠项链	项链长73.5cm	289,705	佳士得	2022-11-28
天然珍珠项链	长43.5cm	102,890	伦敦佳士得	2022-06-16
天然珍珠项链	长约560mm	26,419	巴黎苏富比	2022-09-30
天然珍珠项链配卡地亚钻石胸针扣	胸针3.8cm×1.9cm；最短链50.8cm	755,630	纽约佳士得	2022-06-08

拍品名称	物品尺寸	成交价RMB	拍卖公司	拍卖日期
天然紫罗兰翡翠配钻石吊坠项链		43,700	保利厦门	2022-10-21
天然紫罗兰翡翠配钻石及彩色宝石珠链、手链、戒指及耳环套装		287,500	北京保利	2022-07-28
天然紫罗兰翡翠珠项链		23,000	北京保利	2022-07-28
天然紫色翡翠及绿色翡翠配钻石吊坠项链	项链长545mm（可调节），吊坠47.5mm×24.5mm	437,000	中国嘉德	2022-06-27
天然紫色翡翠配钻石项链及手链		31,957	香港苏富比	2022-10-12
铜和138.770克拉melo珍珠吊坠项链，Hemmerle	珍珠（23.43—23.67mm）×32.06mm	1,383,764	日内瓦苏富比	2022-11-09
椭圆形缅甸天然蓝宝石吊坠项链	项链长44.5cm，吊坠长4.6cm	347,646	佳士得	2022-11-28
维多利亚时代钻石头饰	头饰6.0cm×12.7；项链长36.5cm	425,836	日内瓦佳士得	2022-05-11
维多利亚时期 月桂叶片饰钻石冠冕（Tiara）"可做项链"	直径14cm；宽2.9cm	632,500	西泠印社	2022-01-23
维多利亚时期 蝴蝶结卷叶纹花卉饰钻石项链	链长39cm	322,000	西泠印社	2022-01-23
维多利亚时期 花叶饰珍珠及钻石珠宝套组	吊坠2.6cm×3.4cm；链长38cm；重量22.25g	24,150	西泠印社	2022-08-21
维多利亚时期 花叶饰钻石项链	吊坠5cm×3.5cm；长44cm；重量约10.83g	40,250	西泠印社	2022-08-21
维多利亚时期 紫水晶配珍珠项链	链长42cm；重量约36.62g	86,250	西泠印社	2022-08-21
现代 翡翠项链		28,750	中国嘉德	2022-09-29
现代 珍珠项链		5,750	中国嘉德	2022-09-29
限量版18K白金及钻石PRÉ CIEUX BIRKIN项链	链条长66cm	150,646	佳士得	2022-11-26
限量版18K玫瑰金及钻石PRÉ CIEUX KELLY项链	链条长60cm	110,088	佳士得	2022-11-26
萧邦Chopard 钻石项链		9,200	北京保利	2022-02-03
萧邦镶宝石和黄金项链、耳钉、手链	项链内周长360mm	163,522	巴黎苏富比	2022-09-28
萧邦"动物世界系列之熊"K金配玛瑙项链及耳环一对		21,601	香港苏富比	2022-04-15
新艺术风格"IVY LEAVES"玻璃项链	长102.5cm	27,572	巴黎佳士得	2022-07-07
新艺术时期 18K金镶嵌祖母绿、珐琅彩绘项圈	吊坠6.1cm×4.2cm；重量61.5g	92,000	西泠印社	2022-01-23
岩石水晶和钻石心形项链	项链长51.0cm，吊坠2.5—3.5cm	43,082	巴黎佳士得	2022-07-07
养殖珍珠、蓝宝石和钻石项链	36.0cm×（2.8—4.3cm）	56,006	巴黎佳士得	2022-07-07
养殖珍珠、紫水晶和钻石项链、手链首饰组	手链长19.0cm；项链长59.0cm	11,318	伦敦佳士得	2022-06-16
养殖珍珠和钻石吊坠项链、耳夹	吊坠长45mm；耳夹33mm×16mm×2	24,658	巴黎苏富比	2022-09-30
养殖珍珠和钻石项链	长47.0cm	88,223	纽约佳士得	2022-04-08
养殖珍珠和钻石项链	长约368mm	17,613	巴黎苏富比	2022-09-30
养殖珍珠和钻石项链梵克雅宝1970年	长约410mm	968,634	日内瓦苏富比	2022-11-09
养殖珍珠和钻石项链、耳环、戒指首饰套装		76,193	纽约佳士得	2022-04-08
养殖珍珠和钻石项链和耳环	项链长42.5cm；耳环2.5cm×1.6cm×2	56,006	巴黎佳士得	2022-07-07
养殖珍珠配红宝石长项链		9,180	香港苏富比	2022-04-15
养殖珍珠配蓝宝石及钻石项链		42,550	中国嘉德	2022-06-27
养殖珍珠配钻石及碧玺项链		20,521	香港苏富比	2022-04-15
养殖珍珠配钻石及彩色宝石项链		74,750	北京保利	2022-07-28
养殖珍珠配钻石项链		54,783	香港苏富比	2022-10-12
养殖珍珠配钻石项链/胸针		75,605	香港苏富比	2022-04-15
养殖珍珠配钻石项链及手夹套装		171,196	香港苏富比	2022-10-12
养殖珍珠配钻石项链及耳坠套装		17,120	香港苏富比	2022-10-12
养殖珍珠配钻石项链及耳坠套装		85,598	香港苏富比	2022-10-12
养殖珍珠项链		28,081	佳士得	2022-05-25
养殖珍珠项链和多排CHOKER养殖珍珠和钻石项链		51,698	巴黎佳士得	2022-07-07
养殖珍珠项链套装		15,390	保利香港	2022-07-13
一套灰色养殖珍珠和钻石首饰	项链长42.2cm；耳环5.9cm×2.6cm×2	151,942	纽约佳士得	2022-06-10
一组两件: 18K玫瑰金及钻石FARANDOLE项链及18K玫瑰金及钻石CHAÎNE D'ANCRE CONTOUR手环		75,323	佳士得	2022-11-26
有色蓝宝石项链、胸针及耳环首饰套装	项链长38.5cm，耳长4.7cm×2，胸针宽7.4cm	347,646	佳士得	2022-11-28
御木本 养殖珍珠配钻石套装		23,761	香港苏富比	2022-04-15
珍罕的天然满绿翡翠配红宝石及钻石珠链	珠链总长约550mm	19,550,000	中国嘉德	2022-06-27
珍珠和钻石吊坠项链	链长39.5cm，吊坠长3.95cm	189,560	巴黎佳士得	2022-07-07
珍珠及钻石吊坠项链		378,025	佳士得	2022-05-25
珍珠颈链，布郭拉提设计	项链长约317mm	101,200	中国嘉德	2022-12-15
珍珠母贝"Alhambra"项链及戒指	项链长86.0cm	139,058	佳士得	2022-11-28
珍珠母贝饰项链、耳环及戒指套装	项链长86.3cm，耳环1.5cm×2	173,823	佳士得	2022-11-28
种子珍珠和钻石 Bayadere项链	长约980mm	51,639	巴黎苏富比	2022-09-28
紫色蛋面翡翠项链		402,500	西泠印社	2022-01-23
紫水晶橄榄石彩色钻石和钻石项链、一对耳环和戒指套装	项链长38.0cm，耳环长4.0cm×2	73,239	巴黎佳士得	2022-07-07
总重101.43克拉缅甸红宝石配钻石项链，未经加热	项链长约42cm	3,898,800	保利香港	2022-07-13
总重26.50克拉赞比亚"艳绿色"祖母绿配钻石项链		74,750	北京保利	2022-07-28
总重33克拉坦桑石项链戒指套组		402,500	西泠印社	2022-08-21
总重60.68克拉缅甸抹谷星光红宝石项链，未经加热	项链长约48.6cm	747,500	北京保利	2022-02-03
总重9.73克拉赞比亚"艳绿色"祖母绿项链		63,250	北京保利	2022-02-03
总重17.5克 天然蓝松珠石链		9,200	保利厦门	2022-10-21
总重5.6克 天然蓝松石蛋面配钻石吊坠项链		5,750	保利厦门	2022-10-21

拍品名称	物品尺寸	成交价RMB	拍卖公司	拍卖日期
祖母绿、玛瑙及钻石"PANTHÈRE"吊坠项链		410,427	佳士得	2022-05-25
祖母绿、自然珍珠及钻石吊坠项链	长度约420mm	784,133	日内瓦苏富比	2022-11-09
祖母绿、钻石和多宝石项链	长46.0cm	3,213,101	纽约佳士得	2022-04-13
祖母绿、钻石及有色钻石"Majestique"吊坠项链		1,404,093	佳士得	2022-05-25
祖母绿和彩色钻石吊坠项链	长40.6cm	52,137	纽约佳士得	2022-04-07
祖母绿和钻石吊坠项链、胸针、耳环首饰套装	项链长80.0cm；吊坠胸针4.7cm×3.3cm；耳环长2.4cm×2	605,175	日内瓦佳士得	2022-11-08
祖母绿和钻石项链	项链长40.6cm	304,771	纽约佳士得	2022-04-08
祖母绿和钻石项链	项链长43.2cm	320,767	纽约佳士得	2022-06-11
祖母绿和钻石项链	项链长40.6cm	219,472	纽约佳士得	2022-06-11
祖母绿和钻石项链	长约390mm	51,639	巴黎苏富比	2022-09-28
祖母绿和钻石项链，Bhagat	长度约400mm	5,535,054	日内瓦苏富比	2022-11-09
祖母绿和钻石项链，Ronald Abram	长约390mm	7,380,072	日内瓦苏富比	2022-11-09
祖母绿和钻石项链、耳环	项链内周长370mm	860,643	巴黎苏富比	2022-09-28
祖母绿及钻石吊坠项链	长约400mm	461,255	日内瓦苏富比	2022-11-09
祖母绿及钻石项链	项链长41.0cm	1,296,086	佳士得	2022-05-25
祖母绿及钻石项链		313,220	佳士得	2022-05-25
祖母绿配钻石项链		75,969	保利香港	2022-10-11
祖母绿项链		110,088	佳士得	2022-11-28
祖母绿珠子和钻石项链	长48.9cm	2,168,843	纽约佳士得	2022-04-13
钻石RIVIÈRE项链	长41.5cm	118,177	纽约佳士得	2022-06-11
钻石"十字架"挂坠项链		26,676	保利香港	2022-07-13
钻石吊坠项链	项链长410mm	24,098	巴黎苏富比	2022-09-28
钻石吊坠项链	长约370mm	830,258	日内瓦苏富比	2022-11-09
钻石吊坠项链	长约455mm	1,107,011	日内瓦苏富比	2022-11-09
钻石吊坠项链		918,061	佳士得	2022-05-25
钻石吊坠项链	吊坠长3.0cm	33,685	纽约佳士得	2022-04-08
钻石吊坠项链		104,293	佳士得	2022-11-28
钻石吊坠胸针项链	细链长33.8cm；吊坠胸针5.6cm×4.9cm	52,137	纽约佳士得	2022-04-07
钻石和多宝石项链，配以古董坠饰	长40.6cm	713,650	纽约佳士得	2022-06-08
钻石及水晶"MOLÉ CULES D'ADRÉ NALINE"项链		216,014	佳士得	2022-05-25
钻石及养殖珍珠项链、手链及耳环套装	项链长37.5cm，手链长17.9cm，耳环长3.0cm×2	370,823	佳士得	2022-11-28
钻石首饰套装	项链长44.0cm，手链长16.0cm，耳环长1.7cm×2	3,456,230	佳士得	2022-05-25
钻石首饰套装		280,818	佳士得	2022-05-25
钻石项链	内周长39.0cm	463,528	佳士得	2022-11-28
钻石项链	长38.5cm	811,175	佳士得	2022-11-28
钻石项链	长38.7cm	1,216,763	佳士得	2022-11-28
钻石项链	长40.0cm	3,070,878	佳士得	2022-11-28
钻石项链	项链长42.5cm	42,352,185	佳士得	2022-11-28
钻石项链	项链长39.0cm	2,268,151	佳士得	2022-05-25

拍品名称	物品尺寸	成交价RMB	拍卖公司	拍卖日期
钻石项链	长62.6cm	883,603	纽约佳士得	2022-04-13
钻石项链	长41.5cm	1,091,465	纽约佳士得	2022-06-08
钻石项链	41.5cm×1.5cm	755,630	纽约佳士得	2022-06-08
钻石项链	项链长36.2cm	1,007,506	纽约佳士得	2022-06-08
钻石项链	长约430mm	258,193	巴黎苏富比	2022-09-28
钻石项链	内周长420mm	172,129	巴黎苏富比	2022-09-28
钻石项链	长约340mm	295,203	日内瓦苏富比	2022-11-09
钻石项链	长约390mm	1,476,014	日内瓦苏富比	2022-11-09
钻石项链	长413mm	507,380	日内瓦苏富比	2022-11-09
钻石项链	长约370mm	5,996,309	日内瓦苏富比	2022-11-09
钻石项链		102,606	香港苏富比	2022-04-15
钻石项链		151,210	香港苏富比	2022-04-15
钻石项链		864,057	佳士得	2022-05-25
钻石项链		280,818	佳士得	2022-05-25
钻石项链		1,944,129	佳士得	2022-05-25
钻石项链	长37.6cm	1,007,506	纽约佳士得	2022-06-08
钻石项链	长42.7cm	160,384	纽约佳士得	2022-06-11
钻石项链		102,890	伦敦佳士得	2022-06-16
钻石项链	长链项链长77.4cm	410,066	纽约佳士得	2022-08-18
钻石项链	长约370mm	172,129	巴黎苏富比	2022-09-28
钻石项链	内周长335mm	361,470	巴黎苏富比	2022-09-28
钻石项链	长370mm	163,522	巴黎苏富比	2022-09-28
钻石项链	内周长400mm	240,980	巴黎苏富比	2022-09-28
钻石项链		154,916	巴黎苏富比	2022-09-28
钻石项链	长470mm	137,703	巴黎苏富比	2022-09-28
钻石项链	长440mm	55,942	巴黎苏富比	2022-09-28
钻石项链		207,000	中国嘉德	2022-12-15
钻石项链		405,587	佳士得	2022-11-28
钻石项链		112,700	永乐拍卖	2022-07-26
19世纪末 钻石项链	长约370mm	103,277	巴黎苏富比	2022-09-28
钻石项链，格拉夫	长410mm	2,767,527	日内瓦苏富比	2022-11-09
钻石项链，卡地亚	长410mm	2,398,523	日内瓦苏富比	2022-11-09
钻石项链，约1900年	长约360mm	784,133	日内瓦苏富比	2022-11-09
钻石项链、手链	手链长180mm，项链长500mm	189,341	巴黎苏富比	2022-09-28
钻石项链、手链和耳环		189,560	巴黎佳士得	2022-07-07
钻石项链和耳环一对	项链长390mm	688,514	巴黎苏富比	2022-09-28
钻石项链及耳坠一对	项链长度约320mm	461,255	日内瓦苏富比	2022-11-09
钻石项链及蓝宝石配钻石戒指		41,042	香港苏富比	2022-04-15
钻石胸针/吊坠项链		81,005	佳士得	2022-05-25
钻石长链项链	长133.6cm	201,501	纽约佳士得	2022-06-08
钻石长项链		125,544	香港苏富比	2022-10-12
袖 扣				
BUCCELLATI 蓝宝石、红宝石、祖母绿和黄金袖扣		47,699	纽约佳士得	2022-02-10
爱彼 皇家橡树系列 全新精钢袖扣，约2015年制		17,120	香港苏富比	2022-10-10
爱马仕两对多宝石和黄金袖扣		30,210	纽约佳士得	2022-02-10
白金、粉红钛、钻石和红宝石袖扣一对	长约18mm×2	22,458	伦敦苏富比	2022-09-08

拍品名称	物品尺寸	成交价RMB	拍卖公司	拍卖日期
百达翡丽Nautilus一对白金袖扣，约2015年制		32,402	香港苏富比	2022-04-15
宝石及钻石袖扣三对		10,272	香港苏富比	2022-10-12
蒂芙尼 JEAN SCHLUMBERGER "DOLPHIN" 金红宝石袖扣	袖扣头2.9cm×2	35,774	纽约佳士得	2022-02-10
蒂芙尼 Schlumberger设计K金配钻石及珐琅彩袖扣及饰钉礼服套装		25,109	香港苏富比	2022-10-12
梵克雅宝 红宝石袖扣一对	2.1cm×2.6cm×2	22,403	巴黎佳士得	2022-07-07
梵克雅宝 蓝宝石和金袖扣	袖扣头 2.0cm×0.6cm×2	27,825	纽约佳士得	2022-02-10
古董玉髓和金袖扣	袖扣头2.0cm×2	63,599	纽约佳士得	2022-02-10
红宝石和钻石连衣裙袖扣套装，约1910年及以后	袖扣宽1.2cm；最大螺柱长度 1.3cm	92,601	伦敦佳士得	2022-06-16
卡地亚 ART DECO 钻石和珐琅袖扣	袖扣头长1.3cm×2	67,530	纽约佳士得	2022-06-10
卡地亚 蓝宝石袖扣	底座直径1.6cm	46,301	伦敦佳士得	2022-06-16
卡地亚 袖扣和领带别针		17,491	伦敦佳士得	2022-06-16
蓝宝石和钻石礼服袖扣套装	袖扣和衬衫耳钉头 1.3cm×1.2cm×2	40,518	纽约佳士得	2022-02-10
蓝宝石袖扣	袖扣头 1.1cm×1.3cm×2	21,947	纽约佳士得	2022-02-10
两对蓝宝石和钻石袖扣		30,210	纽约佳士得	2022-02-10
两对钻石袖扣		13,515	纽约佳士得	2022-02-10
玫瑰金、碳纤维和橙色蓝宝石袖扣一对		39,302	伦敦苏富比	2022-09-08
民国 翡翠无量寿佛银花丝扣一对	高4.8cm×2	13,225	中贸圣佳	2022-06-26
三对黄金 蒂芙尼 袖扣		44,116	纽约佳士得	2022-04-07
碳纤维、白金、白色和灰色珍珠、玉髓和钻石袖扣一对	直径约30mm×2	35,933	伦敦苏富比	2022-09-08
碳纤维、白金、缟玛瑙和钻石袖扣一对		31,442	伦敦苏富比	2022-09-08
碳纤维、黄金和祖母绿袖扣一对		179,666	伦敦苏富比	2022-09-08
碳纤维、金色和粉色钛金属、粉色碧玺和粉色蓝宝石袖扣一对	长25mm×2	42,671	伦敦苏富比	2022-09-08
手袋、晚装包				
18K黄金镶钻石晚宴包，梵克雅宝设计	165mm×198mm×49mm	368,000	中国嘉德	2022-12-15
20世纪早期蓝宝石和钻石晚装包	13.0cm×12.0cm	51,445	伦敦佳士得	2022-06-16
宝格丽双色金和蓝宝石 "MELONE" 晚装包	13.7cm×8.9cm×3.2cm	151,126	纽约佳士得	2022-06-08
宝格丽钻石、蓝宝石和金色 "MELONE" 晚装包	15.0cm×8.5cm×5.1cm	335,835	纽约佳士得	2022-06-08
宝诗龙金色和钻石晚装包	170mm×85mm	111,884	巴黎苏富比	2022-09-28
宝石晚宴包、打火机及香烟盒		243,352	佳士得	2022-11-28
黄金和钻石晚装包	18.0cm×9.5cm×（2.1cm—4.1cm）	94,780	巴黎佳士得	2022-07-07
卡地亚 20世纪早期黄金和蓝宝石晚装包	（13.6—23.0cm）×12.0cm	77,547	巴黎佳士得	2022-07-07
卡地亚 ART DECO 钻石和多宝石晚装包	外壳 16.5cm×15.8cm×2.5cm	39,749	纽约佳士得	2022-02-10

拍品名称	物品尺寸	成交价RMB	拍卖公司	拍卖日期
卡地亚 钻石和黄金手袋	8.6cm×4.6cm×3.3cm	87,449	纽约佳士得	2022-02-10
卡地亚 钻石晚装包和未签名装饰艺术珊瑚和钻石晚装包	卡地亚包 20.1cm×17.5cm×8.0cm	67,574	纽约佳士得	2022-02-10
养殖珍珠、钻石和黄金晚装包	14.0cm×9.4cm×4.6cm	111,298	纽约佳士得	2022-02-10
裸石				
101.27克拉、F色、VVS1净度未镶嵌钻石		21,679,913	日内瓦苏富比	2022-11-08
15.10克拉长方形阶梯式切割艳彩蓝颜色内部无瑕钻石		386,532,910	香港苏富比	2022-04-27
15.18克拉圆形D色完美无瑕钻石		11,829,552	香港苏富比	2022-10-07
15.78及15.77克拉D色TYPE IIa钻石一对，净度内部无瑕		22,572,000	保利香港	2022-07-13
18.88克拉圆形D色完美无瑕钻石		14,116,369	香港苏富比	2022-04-29
20.03克拉和20.19克拉，D色，无瑕级，以及IIa类裸钻一对		30,486,726	日内瓦苏富比	2022-11-09
20.23克拉D色无瑕出色的抛光和对称性IIa型钻石		13,593,336	纽约佳士得	2022-06-08
22.88克拉圆形D色完美无瑕钻石		15,440,821	香港苏富比	2022-10-07
25.33克拉圆形D色完美无瑕钻石		20,028,478	香港苏富比	2022-04-29
3.01克拉钻石		256,500	保利香港	2022-07-13
3.02克拉D色钻石		307,800	保利香港	2022-07-13
3.03克拉D色TYPE IIa全美钻石，净度无瑕		575,000	北京保利	2022-07-07
3.24克拉钻石		94,780	巴黎佳士得	2022-07-07
3.50克拉J色VS1净度未镶嵌钻石		240,608	纽约佳士得	2022-04-07
4.31克拉D颜色VVS2净度无荧光钻石		1,033,966	巴黎佳士得	2022-07-07
4.61克拉D颜色SI1净度未镶嵌钻石		681,788	纽约佳士得	2022-04-07
5.01克拉D色内部无瑕疵未镶嵌钻石		1,788,511	日内瓦佳士得	2022-05-11
5.09克拉E色钻石		977,500	北京保利	2022-07-28
5.31克拉D色VS2净度未镶嵌钻石		641,683	纽约佳士得	2022-04-07
5.84克拉G颜色VVS1净度钻石		1,292,458	巴黎佳士得	2022-07-07
7.49克拉的帕拉伊巴碧玺		77,547	巴黎佳士得	2022-07-07
756颗不同形状的红宝石组		190,797	纽约佳士得	2022-02-10
8.67克拉I色VS2净度微弱荧光钻石		1,120,130	巴黎佳士得	2022-07-07
ROCK 一颗非凡的228.31克拉，G颜色，VS1净度钻石		146,548,383	日内瓦苏富比	2022-05-11
THE RED CROSS DIAMOND 一颗极好的205.07克拉浓彩黄色，自然色VS2净度彩色钻石		95,855,323	日内瓦苏富比	2022-05-11
非洲之光103.49克拉，D色，无瑕，出色的抛光和对称性，IIa型钻石		133,827,726	纽约佳士得	2022-06-08
翡翠紫罗兰蛋面		34,500	上海嘉禾	2022-01-01
未镶嵌1.95克拉I颜色VS2净度钻石		51,258	纽约佳士得	2022-08-18
未镶嵌15.03克拉枕形祖母绿		2,895,684	日内瓦佳士得	2022-05-11
未镶嵌23.41克拉枕形蓝宝石	16.84mm×15.19mm×9.66mm	3,351,741	日内瓦佳士得	2022-11-08
未镶嵌399颗形状各异的祖母绿		103,348	纽约佳士得	2022-02-10
未镶嵌的10.36克拉彩色蓝宝石		109,736	纽约佳士得	2022-06-10
未镶嵌的多种宝石组		317,995	纽约佳士得	2022-02-10
一组七颗彩色钻石		1,080,072	香港苏富比	2022-04-29

拍品名称	物品尺寸	成交价RMB	拍卖公司	拍卖日期
一组三件 3.03、2.02及2.01克拉D色钻石		564,300	保利香港	2022-07-13
卓越的45.46克拉D色无瑕IIa型钻石		29,410,458	纽约佳士得	2022-04-07
其他佩饰件（把玩件、簪、翎管……）				
清 翡翠玉翎管（两件）	尺寸不一	17,250	中鸿信	2022-09-11
清 翡翠螭龙纹别子	长8.2cm；宽2.8cm	43,700	西泠印社	2022-01-23
清 翡翠发簪	长18.2cm	36,800	华艺国际	2022-09-23
清 翡翠翎管	高7.5cm	11,500	北京荣宝	2022-07-24
清 翡翠瑞兽衔灵芝把件	高3cm；长7.8cm	19,550	西泠印社	2022-08-21
清式18K金镶白玉芝兰纹香囊	长6cm；宽5cm；高1.4cm	13,800	浙江佳宝	2022-03-13
清晚期 翡翠竹寿图翎管	长6.5cm	5,750	华艺国际	2022-09-23
晚清 翡翠飘绿花烟嘴	14cm×1cm	6,900	中贸圣佳	2022-07-13
19世纪晚期天然珍珠和钻石头饰	4.0cm×17.0cm	979,423	日内瓦佳士得	2022-05-11
20世纪 双龙戏珠翡翠香囊	直径5.5cm；厚1.4cm	11,500	浙江御承	2022-08-28
彩色钻石配钻石头饰		91,305	香港苏富比	2022-10-12
蒂芙尼 ELSA PERETTI 金色蛇发饰	5.4cm×2.9cm	13,506	纽约佳士得	2022-06-11
珐琅、珍珠母和牛角梳	高约165mm	103,277	巴黎苏富比	2022-09-28
梵克雅宝 电木和钻石烟嘴	长约105mm	30,822	巴黎苏富比	2022-09-30
非凡的19世纪天然珍珠和钻石头饰	头饰 9.7cm×15.5cm×14.5cm；项链长39.5cm	16,181,764	日内瓦佳士得	2022-05-11
翡翠巧雕把件	2.4cm×5.8cm×1.3cm	40,000	北京兴雅	2022 04 19
金腰带	腰带长71.5cm	115,882	佳士得	2022-11-28
卡地亚 拉丝金腰带	84.0cm×（3.5—7.0cm)	241,259	巴黎佳士得	2022-07-07
一组珠宝设计		22,636	伦敦佳士得	2022-06-16
玉髓、水晶和翡翠围巾	长约107mm	30,822	巴黎苏富比	2022-09-30
祖母绿和钻石头饰，归属于MARZO	头饰 6.7cm×14.7cm；手链长21.0cm；项链长33.5cm	1,533,009	日内瓦佳士得	2022-05-11
钻石头饰，约1900年	内周长约270mm	571,956	日内瓦苏富比	2022-11-09

陈设件

摆件

拍品名称	物品尺寸	成交价RMB	拍卖公司	拍卖日期
明 翡翠镂雕仙鹿驮瓶摆件	高20.5cm	138,000	西泠印社	2022-01-23
18世纪邵逸夫爵士收藏翠玉童子枕	长22cm	1,026,068	香港苏富比	2022-04-29
清早期 翡翠雕荷花鸳鸯	高8.5cm；长11cm	253,000	保利厦门	2022-10-22
清中期 翡翠俏色巧雕年年有余	长16.2cm	218,500	北京保利	2022-02-03
清 翡翠雕凤凰摆件（两件）	通高36.5cm×2	196,570	香港福義国际	2022-12-28
清 翡翠雕灵猴献寿摆件	高9cm	11,500	西泠印社	2022-08-21
清 翡翠雕刘海戏金蟾摆件	高6.7cm	43,700	西泠印社	2022-08-21
清 翡翠雕刘海戏金蟾摆件	高6.7cm	40,250	西泠印社	2022-01-23
清 翡翠福禄寿花篮	高12.5cm；直径12.5cm	32,200	华艺国际	2022-09-23

拍品名称	物品尺寸	成交价RMB	拍卖公司	拍卖日期
清 翡翠观音	高20.3cm	37,950	北京中汉	2022-06-28
清 翡翠镂雕一束莲摆件	高1cm；长14.5cm；宽5.7cm	9,200	西泠印社	2022-08-21
清 翡翠婴戏摆件	长11.8cm	345,000	北京保利	2022-07-17
清 翡翠长寿纹花插	高10cm（带座）	51,750	华艺国际	2022-09-23
清/民国 翡翠龙龟摆件	高6.5cm；长6.8cm	40,250	广东崇正	2022-12-25
"龙" 摆件		8,625	中国嘉德	2022-06-27
GENE MOORE, 蒂芙尼 银质珐琅马戏团人偶		320,841	纽约佳士得	2022-04-07
当代 翡翠冰糯种春带彩山子（带座）	翡翠42cm×36cm；62cm×22cm（连座）	2,645,000	广东崇正	2022-12-25
翡翠摆件西厢记山水人物图	8.111cm×5.372cm×3.5cm	632,500	上海嘉禾	2022-11-20
翡翠佛手摆件	高18cm（连座）	552,000	荣宝斋（南京）	2022-12-08
翡翠荷塘清趣摆件	15cm×14cm×8cm	63,250	荣宝斋（南京）	2022-12-08
翡翠麒麟摆件（一对）	6.5cm×6cm	63,250	荣宝斋（南京）	2022-12-08
翡翠三色山子摆件	9.5cm×9cm	920,000	荣宝斋（南京）	2022-12-08
卡地亚 20世纪中叶银鎏金珐琅花篮两件	5.0cm×5.0cm×8.0cm	39,098	伦敦佳士得	2022-06-16
卡地亚 珐琅银花篮一对	7.4cm×6.6cm×9.0cm×2	222,597	纽约佳士得	2022-02-10
民国 翡翠白菜	长13.5cm；重量500g	23,000	江苏汇中	2022-08-17
民国 翡翠人物摆件（带木座）（一组两件）	带座11.5cm×7.5cm×3cm；带座14.5cm×2.3cm×10cm	28,750	广东崇正	2022-04-07
天然翡翠 "年年有余" 摆件	翡翠190.0mm×165.0mm×68.0mm	1,274,704	佳士得	2022-11-28
熊形状的银色铃铛	高10.2cm	82,312	伦敦佳士得	2022-06-16
一只熊形状的镶宝石银铃铛	长12cm	82,312	伦敦佳士得	2022-06-16
清 翡翠雕螭龙灵芝纹如意摆件	长32.3cm	80,500	西泠印社	2022-08-21
清 翡翠如意头发簪	长12.8cm	20,700	西泠印社	2022-01-23
清代 翡翠如意把件	14cm；重量234g	200,263	哈布斯堡	2022-07-30
清晚期 翡翠雕 "福寿" 如意	长39cm	287,500	北京荣宝	2022-07-24
满绿翡翠镶18K金如意挂件		34,500	江苏汇中	2022-08-17
清 翡翠雕群鹤祝寿山子摆件	带座高11cm；高7.6cm；长17.5cm	17,250	西泠印社	2022-08-21
清 翡翠雕仕女	高19.2cm	126,500	中国嘉德	2022-12-26
清 翡翠雕太湖石山子（带座）	带座高26.8cm	20,700	华艺国际	2022-09-23
清 翡翠仿宋人笔意山子	高10cm；长30cm	13,440	上海联合	2022-08-13
清 翡翠仿太湖石英雄山子摆件	高16cm	36,800	西泠印社	2022-01-23
清 翡翠观音	高31.5cm	92,000	北京保利	2022-07-17
清 翡翠观音像	高28cm	187,618	华艺国际	2022-11-27

拍品名称	物品尺寸	成交价RMB	拍卖公司	拍卖日期
清 翡翠巧色雕飞鹰子山子摆件	高13.5cm	32,200	西泠印社	2022-08-21
清 翡翠仕女	高29.8cm	86,250	北京保利	2022-07-17
清 翡翠释迦牟尼(带佛龛)	高8.5cm	11,500	广东崇正	2022-04-17
当代冰糯种春带彩翡翠送子观音摆件	翡翠15.5cm×26cm	402,500	广东崇正	2022-12-25
当代 翡翠春带彩紫气东来山子摆件	高51cm(连座);长36cm;纯高32cm	2,645,000	广东崇正	2022-08-11
翡翠达摩摆件	6.5cm×7.5cm	71,300	荣宝斋(南京)	2022-12-08
翡翠观音	高17.5cm	6,900	北京保利	2022-07-17
翡翠山水高士山子	高30cm	5,750	北京保利	2022-07-17
翡翠仕女	高28cm(含座);高23.9cm(不含座)	6,488	台北艺珍	2022-09-25
翡翠仕女	高22.7cm(不含座);高26.4cm(含座)	6,488	台北艺珍	2022-09-25
邵逸夫爵士收藏翠玉观音菩萨头像	高40.5cm	702,046	香港苏富比	2022-04-29
天然翡翠"观音"摆件		1,840,000	北京保利	2022-07-28
银配宝石塑像两件		51,843	香港苏富比	2022-04-15
屏				
COVEN-LACLOCHE 古董硬石、钻石和红宝石镜框	11.0cm×6.9cm	33,389	纽约佳士得	2022-02-10
清 翡翠浮雕高士游南山图红木插屏	高46cm,长31.8cm,宽7cm;屏心28cm,宽18.8cm	92,000	西泠印社	2022-01-23
清 翡翠山水纹插屏	高44.8cm	115,000	华艺国际	2022-09-23
清代 翠玉雕松下老人圆屏	宽22.7cm	31,146	台北艺珍	2022-09-25
蒂芙尼 纯银六件套高尔夫球座		5,615	纽约佳士得	2022-04-07
天然冰种翡翠配K金竹节勺		13,800	保利厦门	2022-10-21
生活器皿				
瓶				
清中期 翡翠链瓶	高15.8cm	195,500	北京保利	2022-07-17
清中期 翡翠兽面纹活环葫芦盖瓶	高24cm	207,000	华艺国际	2022-09-23
清中期 翡翠婴戏图瓶(带盖)	高19.8cm	575,000	华艺国际	2022-07-29
清 翡翠凤凰牡丹瓶	高15cm;宽17.5cm	364,201	华艺国际	2022-11-27
清 翡翠浮雕双龙纹花口瓶	高16.5cm	161,000	西泠印社	2022-01-23
清 翡翠夔纹兽錾耳瓶	高13.5cm	16,100	中贸圣佳	2022-08-14
清 翡翠龙凤盖瓶	连座高17.7cm	253,000	华艺国际	2022-09-23
清 翡翠龙纹盖瓶	高35cm	195,500	中贸圣佳	2022-10-27
清 翡翠狮钮仿古羊首活环耳赏瓶	高28cm	51,750	西泠印社	2022-08-21
清 翡翠象耳仿古盘龙钮寿字纹大赏瓶	高37.5cm	425,500	西泠印社	2022-01-23
清 翡翠小赏瓶	高6.3cm;重量50g	8,050	江苏汇中	2022-08-17
清代 翠玉出戟花觚	高18cm(不含座)	41,220	台北艺珍	2022-03-06
清代 翡翠雕双耳盖瓶	高11.5cm	9,048	台北艺珍	2022-08-14
JOHN RUBEL 复古绿松石、红宝石和金色香水瓶组		51,674	纽约佳士得	2022-02-10
MELLERIO 两个古董玛瑙和金香瓶		23,850	纽约佳士得	2022-02-10
蒂芙尼 古董钻石和金色香水瓶		20,670	纽约佳士得	2022-02-10
两个古董多宝石和岩石水晶香水瓶		19,080	纽约佳士得	2022-02-10

拍品名称	物品尺寸	成交价RMB	拍卖公司	拍卖日期
两个古董红宝石、岩石水晶和珐琅香水瓶		22,260	纽约佳士得	2022-02-10
两个古董蓝宝石、橄榄石和钻石香水瓶	香水瓶6.7cm×1.9cm×1.3cm	67,574	纽约佳士得	2022-02-10
一组古董多宝石和钻石物品		55,649	纽约佳士得	2022-02-10
一组古董金、银和多宝石物品		67,574	纽约佳士得	2022-02-10
壶				
翠玉雕仿古云纹提梁盖壶	高24.8cm	528,595	纽约佳士得	2022-09-23
明治 纯银"尚美堂"堂号翡翠钮壶(带供箱)	高21cm	20,700	广东崇正	2022-12-25
炉				
20世纪 翡翠螭龙纹麒麟钮龙耳炉	高24.5cm	115,000	中国嘉德	2022-06-01
清 翡翠狮耳衔环三足炉	外径19.6cm	3,708,230	佳士得	2022-11-29
清 翡翠饕餮纹双龙耳活环狮钮盖炉	通高16cm;直径16.8cm	776,622	香港福羲国际	2022-08-20
清 邵逸夫爵士收藏 翠玉瑞兽钮双龙活耳瓜棱式三足盖炉	高21cm	1,836,122	香港苏富比	2022-04-29
清中期 翡翠活环耳香炉	宽16cm	1,725,000	北京保利	2022-07-28
盒				
20 世纪中叶烟盒丝绸外壳	15.0cm×5.3cm×0.9cm	49,387	伦敦佳士得	2022-06-16
BOUCHERON 复古银、红宝石和镀银粉盒	7.5cm×5.6cm×1.2cm	9,260	伦敦佳士得	2022-06-16
BUCCELLATI 金贝壳紧凑型	10cm×7.6cm×2.8cm	95,399	纽约佳士得	2022-02-10
BUCCELLATI 银质和皮革首饰盒		31,800	纽约佳士得	2022-02-10
BUCCELLATI 祖母绿、钻石和金粉盒	7.3cm×7.3cm×0.2cm	27,825	纽约佳士得	2022-02-10
LACLOCHE FRÈRES ART DECO 钻石、珍珠和珐琅盒	5.1cm×5.1cm×1.1cm	30,210	纽约佳士得	2022-02-10
LACLOCHE FRÈRES 珐琅和金香瓶和两个未签名的珐琅和金盒		95,399	纽约佳士得	2022-02-10
LACLOCHE FRÈRES 装饰艺术珐琅和金粉盒	7.0cm×4.8cm	44,116	纽约佳士得	2022-04-07
STRAUSS, ALLARD & MEYER 装饰艺术钻石和多宝石化妆盒	6.0cm×4.5cm	379,856	纽约佳士得	2022-06-16
VERDURA 贝壳香水瓶和珐琅盒		33,389	纽约佳士得	2022-02-10
宝格丽金钻粉盒装卡地亚 金钻盒		39,749	纽约佳士得	2022-02-10
宝格丽双色烟盒	9.0cm×6.5cm×1.6cm	51,445	伦敦佳士得	2022-06-16
宝诗龙巴黎金粉盒	8.0cm×8.5cm	36,189	巴黎佳士得	2022-07-07
宝石化妆盒	化妆盒5.9cm×4.3cm	139,058	佳士得	2022-11-28
梵克雅宝 黄金、钻石和蓝宝石粉盒	7.2cm×5.9cm×1.1cm	55,649	纽约佳士得	2022-02-10
梵克雅宝 金粉盒	82mm×60mm×17mm	52,838	巴黎苏富比	2022-09-30
古董钻石、彩色钻石和多宝石表壳	8.2cm×5.6cm×2.0cm	317,995	纽约佳士得	2022-02-10
黄金烟盒	135mm×80mm×10mm	83,661	巴黎苏富比	2022-09-30
金粉化妆盒	90mm×75mm	86,064	巴黎苏富比	2022-09-28
卡地亚 ART DECO 黄金、钻石和珐琅化妆盒	8.1cm×5.7cm×0.9cm	60,158	纽约佳士得	2022-04-07
卡地亚 翡翠、种子珍珠和珐琅表壳	4.6cm×4.6cm×2.2cm	71,549	纽约佳士得	2022-02-10

拍品名称	物品尺寸	成交价RMB	拍卖公司	拍卖日期
卡地亚 金表壳	8.8cm×7.6cm×1.6cm	31,800	纽约佳士得	2022-02-10
卡地亚 金色口红表盒		21,135	巴黎苏富比	2022-09-30
卡地亚 装饰艺术钻石和珐琅粉盒	8.2cm×4.6cm	52,137	纽约佳士得	2022-04-07
拉克洛什兄弟 珐琅金粉盒	98mm×58mm×15mm	73,155	巴黎苏富比	2022-09-28
莱森兄弟黄金烟盒	100mm×80mm	40,435	巴黎苏富比	2022-09-30
清 翡翠鹌鹑盖盒		32,200	中国嘉德	2022-06-27
清代 翡翠团凤盖盒	长4.8cm；高2cm	12,209	台北艺珍	2022-06-12
清乾隆 翡翠雕福禄万代盖盒	宽13.3cm	230,000	永乐拍卖	2022-07-25
三个 蒂芙尼 JEAN SCHLUMBERGER 金盒和一个 JEAN SCHLUMBERGER 金盒		87,449	纽约佳士得	2022-02-10
镶宝石金镶银香烟盒	宽10.8cm	154,336	伦敦佳士得	2022-06-16
镶有宝石和扭索纹珐琅的银鎏金盒	直径4.5cm.	41,156	伦敦佳士得	2022-06-16
银，玳瑁，贝母和宝石 盒子一组		10,272	香港苏富比	2022-10-12
装饰艺术翡翠、钻石及珐琅盒	9.1cm×6.7cm×1.7cm	103,348	纽约佳士得	2022-02-10
杯				
蒂芙尼 黄金和硬石古董组		51,674	纽约佳士得	2022-02-10
清 翡翠高足杯一对	高17.9cm；高28cm	43,700	中贸圣佳	2022-07-25
清 翡翠龙耳匜形杯	高3.3cm；长7.5cm	8,050	西泠印社	2022-08-21
清中期 翡翠活酒环圆杯一对带座	7.5cm×5cm×2	172,500	中贸圣佳	2022-07-13
碗、盘				
清 翡翠盖碗（一对）	1.高8.3cm；口径10.5cm；2.高8.3cm；口径10.5cm	34,500	西泠印社	2022-08-21
清乾隆 翡翠雕菊瓣钮盖碗成对	口径9.5cm×2	345,000	中鸿信	2022-09-11
清中期 翡翠薄胎满工碗一对	14.5cm×6.5cm×2	207,000	中贸圣佳	2022-07-13
四个卡地亚 黄金和珐琅收纳托盘		43,724	纽约佳士得	2022-02-10
镶有珠宝的镀银镶玻璃 KOVSH	长17.8cm	113,179	伦敦佳士得	2022-06-16
香筒				
清 翡翠雕莲瓣纹香插一对	高3.5cm（含座）；翡翠：长5.9cm，长5.7cm	161,000	中国嘉德	2022-12-27
蒂芙尼 和让·斯伦伯格多宝石和黄金制品		75,524	纽约佳士得	2022-02-10
文房用品				
翡翠山水诗文笔筒	高11cm	9,200	北京保利	2022-07-17
三个古董多宝石印章		38,159	纽约佳士得	2022-02-10
JEAN MAHIE 玛瑙和金镇纸		22,260	纽约佳士得	2022-02-10
梵克雅宝 绿松石和钻石开信刀	14.4cm×2.2cm	30,210	纽约佳士得	2022-02-10
翡翠巧雕荷叶鱼篓洗	9cm×5cm	11,500	荣宝斋（南京）	2022-12-08
精美缅甸天然翡翠毛笔		102,600	保利香港	2022-07-13
卡地亚 玉髓和绿松石翻页器	26.8cm×4.7cm	75,524	纽约佳士得	2022-02-10
清 翡翠浮雕松竹梅臂搁	长20cm	40,250	西泠印社	2022-01-23
腕表、怀表				
19世纪早期珍珠和绿松石怀表	表盘直径4.7cm	56,006	巴黎佳士得	2022-07-07
BUCCELLATI 钻石和黄金 "AGALMACHRON" 腕表		219,472	纽约佳士得	2022-06-11

拍品名称	物品尺寸	成交价RMB	拍卖公司	拍卖日期
BVLGARI 珊瑚和玛瑙 "SERPENTI" 手链腕表		2,048,286	日内瓦佳士得	2022-11-08
GÜBELIN 钻石手链腕表		39,098	伦敦佳士得	2022-06-16
JAHAN 钻石和珍珠母贝腕表		33,765	纽约佳士得	2022-06-11
K金配红宝石及钻石手链/腕表，复古时期		21,601	香港苏富比	2022-04-15
PÉRRY & FILS 女士黄金蓝宝石腕表	长17.0cm	41,156	伦敦佳士得	2022-06-16
Reference G249 黄金镶钻石及红宝石链带腕表，配红宝石及珍珠链带，附带红宝石链带，约1990年制		51,359	香港苏富比	2022-10-10
埃贝尔女士黄金腕表		36,987	巴黎苏富比	2022-09-30
爱彼黄金女士腕表	表壳22mm×24mm	28,180	巴黎苏富比	2022-09-30
爱马仕 "CAPE COD" 腕表和香奈儿 "MADEMOISELLE" 腕表		30,210	纽约佳士得	2022-02-10
爱马仕复古红宝石和黄金腕表		52,137	纽约佳士得	2022-04-07
百达翡丽 黄金女士腕表		21,135	巴黎苏富比	2022-09-30
百达翡丽女士黄金腕表		60,315	巴黎佳士得	2022-07-07
宝格丽 钻石配红宝石及祖母绿腕表		1,823,270	香港苏富比	2022-10-07
宝格丽 "Serpenti Misteriosi" 养殖珍珠配祖母绿及钻石腕表		2,962,814	香港苏富比	2022-10-07
宝格丽 "TUBOGAS" 黄金腕表		94,780	巴黎佳士得	2022-07-07
宝格丽 "TUBOGAS" 腕表		133,757	伦敦佳士得	2022-06-16
宝格丽金色女士腕表		103,277	巴黎苏富比	2022-09-28
宝格丽精钢和玫瑰金钻石 "SERPENTI" TUBOGAS腕表	表壳35mm	76,200	纽约佳士得	2022-04-07
宝格丽女士黄金钻石腕表		30,822	巴黎苏富比	2022-09-30
宝格丽女士金手镯腕表	长约380mm	94,671	巴黎苏富比	2022-09-28
宝格丽祖母绿、钻石和黄金 "SERPENTI" 手链腕表	表壳长12.5mm	2,555,015	日内瓦佳士得	2022-05-11
宝诗龙黄金钻石女士腕表		25,819	巴黎苏富比	2022-09-28
宝石 "Secret Panda" 腕表		280,818	佳士得	2022-05-25
伯爵翡翠与黄金女士袖口腕表	表壳24mm×24mm	301,225	巴黎苏富比	2022-09-28
伯爵红宝石和钻石女士腕表	表壳28mm×32mm	79,258	巴黎苏富比	2022-09-30
伯爵红宝石黄金女士手链腕表		129,096	巴黎苏富比	2022-09-28
伯爵红宝石黄金钻石女士腕表		48,435	巴黎苏富比	2022-09-30
伯爵虎眼女士腕表	表壳25mm×32mm	86,064	巴黎苏富比	2022-09-28
伯爵黄金和软玉女士腕表		64,548	巴黎苏富比	2022-09-28
伯爵黄金女士腕表		9,687	巴黎苏富比	2022-09-30
伯爵女士白金钻石腕表		41,156	伦敦佳士得	2022-06-16
伯爵女士黄金钻石手链腕表	直径约25mm	25,819	巴黎苏富比	2022-09-28
伯爵女士珊瑚金手链腕表		103,277	巴黎苏富比	2022-09-28
伯爵青金石和黄金女士腕表		86,064	巴黎苏富比	2022-09-28
伯爵青金石和软玉女士腕表	表壳18mm×28mm	172,129	巴黎苏富比	2022-09-28
伯爵钻石 "MISS PROTOCOLE" 腕表		29,544	纽约佳士得	2022-06-10
伯爵钻石腕表		80,192	纽约佳士得	2022-06-10
德拉诺黄金女士腕表	长度约190mm	30,822	巴黎苏富比	2022-09-28
蒂芙尼 钻石腕表和钻石胸针	胸针3.9cm×1.8cm	79,499	纽约佳士得	2022-02-10
法兰克穆勒女士黄金腕表		15,852	巴黎苏富比	2022-09-30

2022翡翠珠宝拍卖成交汇总（续表）

拍品名称	物品尺寸	成交价RMB	拍卖公司	拍卖日期
梵克雅宝 "CADENAS" 腕表	表壳2.5cm×1.2cm；手链17.0cm	47,390	巴黎佳士得	2022-07-07
梵克雅宝 "Cadenas" 钻石腕表		594,039	香港苏富比	2022-04-29
梵克雅宝 黄金怀表		28,180	巴黎苏富比	2022-09-30
梵克雅宝 钻石 "CHARMS" 腕表		56,147	纽约佳士得	2022-04-07
罐子手表		17,646	纽约佳士得	2022-04-07
海瑞·温斯顿·蒙特雷·德·丹姆 "BI-RETROGRADE" 钻石腕表		73,239	巴黎佳士得	2022-07-07
黄金和钻石女士腕表		14,971	巴黎苏富比	2022-09-30
黄金女士腕表		17,613	巴黎苏富比	2022-09-30
积家钻石腕表搭配2.14克拉钻石和钻石胸针	胸针5.7cm×2.0cm	86,164	巴黎佳士得	2022-07-07
江诗丹顿女士镶钻腕表	长18.0cm	32,925	伦敦佳士得	2022-06-16
江诗丹顿钻石腕表	长16.5cm	587,712	纽约佳士得	2022-06-08
精钢镶钻女士腕表		35,226	巴黎苏富比	2022-09-30
卡地亚 "Panthère Espiègle de 卡地亚" 钻石配缟玛瑙及祖母绿腕表		626,749	香港苏富比	2022-10-07
卡地亚 "Saynete Panda Dècor" 限量出产钻石及黑色刚玉配祖母绿、缟玛瑙及珐琅彩腕表		1,404,093	香港苏富比	2022-04-29
卡地亚 "TANK DIVAN" 和 "TANK FRANCAISE" 不锈钢腕表		33,389	纽约佳士得	2022-02-10
卡地亚 "俘虏" 钻石女士手表	表盘直径35mm	81,856	巴黎佳士得	2022-07-07
卡地亚 "曲线方形" 女士腕表	表盘1.9cm×2.6cm	30,157	巴黎佳士得	2022-07-07
卡地亚20世纪早期钻石鸡尾酒腕表	内部周长15.0cm	133,757	伦敦佳士得	2022-06-16
卡地亚 BELLE ÉPOQUE 钻石、珐琅和种子珍珠吊坠腕表	吊坠长7.0cm；项链长56.3cm	92,854	纽约佳士得	2022-06-10
卡地亚 白金和钻石 "BALLON BLEU" 腕表		109,736	纽约佳士得	2022-06-10
卡地亚 黄金 "TONNEAU" 腕表		33,765	纽约佳士得	2022-06-11
卡地亚 黄金红宝石钻石女士腕表		66,048	巴黎苏富比	2022-09-30
卡地亚 黄金女士腕表		28,180	巴黎苏富比	2022-09-30
卡地亚黄金女士腕表，"美国坦克"		24,658	巴黎苏富比	2022-09-30
卡地亚 黄金钻石女士腕表		114,483	巴黎苏富比	2022-09-30
卡地亚 金钢女士腕表 "Tanis"		473,354	巴黎苏富比	2022-09-28
卡地亚 金色女士腕表		22,897	巴黎苏富比	2022-09-30
卡地亚 玫瑰金 "TORTUE" 腕表		59,089	纽约佳士得	2022-06-11
卡地亚 美国坦克钻石手表		103,397	巴黎佳士得	2022-07-07
卡地亚 秘密复古钻石手表		73,239	巴黎佳士得	2022-07-07
卡地亚 女士 "对角线" 钻石腕表		56,006	巴黎佳士得	2022-07-07
卡地亚 女士金钻腕表		51,445	伦敦佳士得	2022-06-16
卡地亚 限量出产 "Panthère" 沙弗莱石配钻石及缟玛瑙 腕表		1,481,407	香港苏富比	2022-10-07
卡地亚 限量出产 "Panthère" 钻石配缟玛瑙及宝石 腕表		1,823,270	香港苏富比	2022-10-07
卡地亚 钻石和白金 "TANK FRANÇAISE" 腕表		46,427	纽约佳士得	2022-06-10
卡地亚 钻石和黄金 "LA DONA" 腕表		50,647	纽约佳士得	2022-06-11
卡地亚 钻石和黄金 "LA DONA" 腕表		71,751	纽约佳士得	2022-06-11
卡地亚 钻石和黄金 "TANK AMERICAINE" 腕表		35,453	纽约佳士得	2022-06-11
卡地亚 钻石女士手链腕表	13.3cm×0.4cm	275,724	巴黎佳士得	2022-07-07
劳力士 DATEJUST黄金和钻石腕表		56,590	伦敦佳士得	2022-06-16
劳力士黄金女士腕表		154,916	巴黎苏富比	2022-09-30
劳力士黄金女士腕表		17,613	巴黎苏富比	2022-09-30
劳力士蓝宝石和钻石女士腕表	长度约180mm	57,242	巴黎苏富比	2022-09-30
名士黄金和钻石女士腕表		14,090	巴黎苏富比	2022-09-30
女士黄金钻石手链腕表		15,492	巴黎苏富比	2022-09-28
女士腕表		68,931	巴黎佳士得	2022-07-07
女士腕表		77,547	巴黎佳士得	2022-07-07
女士钻石腕表	长度约185mm	94,671	巴黎苏富比	2022-09-28
欧米茄黄金和钻石青金石女士腕表		17,613	巴黎苏富比	2022-09-30
让·萨默为 DeLaneau 黄金和钻石女士腕表		51,639	巴黎苏富比	2022-09-30
萨卡尔虎眼金女士腕表		13,210	巴黎苏富比	2022-09-30
萨卡尔黄金女士腕表		26,419	巴黎苏富比	2022-09-30
涂鸦女士三金腕表		28,180	巴黎苏富比	2022-09-30
萧邦-LUC青金石和黄金女士腕表		103,277	巴黎苏富比	2022-09-28
萧邦黄金镶钻女士腕表		52,838	巴黎苏富比	2022-09-30
宇舶 "BIG BANG JEANS" 钻石腕表		82,312	伦敦佳士得	2022-06-16
宇舶 "BIG BANG 伯爵灰" 赤铁矿腕表		66,879	伦敦佳士得	2022-06-16
钻石配碧玉精雕镂空领表，爱彼怀表		140,409	香港苏富比	2022-04-29
其他物品				
FABERGÉ 银和扭索饰珐琅台钟	直径8.0cm	172,328	巴黎佳士得	2022-07-07
ROYAL 铜鎏金 沙漏时计配浮动红宝石、祖母绿、蓝宝石一组三只		115,000	北京保利	2022-02-03
梵克雅宝 钻石、红宝石和红榴石旅行时钟		47,699	纽约佳士得	2022-02-10
皇室旧藏钻石及珐琅乔治四世徽章，1820年		2,952,029	日内瓦苏富比	2022-11-09
卡地亚 BELLE ÉPOQUE 紫水晶、石英和珐琅台钟	5.5cm×4.2cm×7.5cm	67,574	纽约佳士得	2022-02-10
卡地亚 漆、缟玛瑙和钻石座钟		137,862	巴黎佳士得	2022-07-07
卡地亚 装饰艺术多宝石和钻石台钟	7.5cm×7.5cm	190,797	纽约佳士得	2022-02-10
卡地亚装饰艺术金色和珐琅旅行时钟	4.7cm×2.9cm×0.6cm	47,699	纽约佳士得	2022-02-10
卡地亚 装饰艺术软玉、钻石和珐琅台钟	8.0cm×8.0cm×2.2cm	95,399	纽约佳士得	2022-02-10
卡地亚装饰艺术摇滚水晶和珊瑚翠台钟	高8.0cm	267,515	伦敦佳士得	2022-02-10
欧洲玛瑙、红宝石、珐琅和黄金台钟	7.6cm×7.6cm	51,674	纽约佳士得	2022-02-10
欧洲装饰艺术软玉、珊瑚和钻石台钟	8.2cm×6.8cm×2.0cm	67,574	纽约佳士得	2022-02-10